JN060558

森の国　水の国

岐阜百秀山

清水 克宏

ナカニシヤ出版

飛騨の高嶺

三俣蓮華小屋から夜明けの槍・穂高展望

焼岳中尾ルート　　ジャンダルムへ（奥穂高岳）

御嶽山三ノ池

6

1

2

3

4

5

7

1　双六岳、ハクサンイチゲの群生

2　南岳に咲くウサギギク、オンタデ、タカネヤハズハハコ、ミヤマキンポウゲ

3　御嶽山飛騨頂上付近のオトギリソウ、ヨツバシオガマ、ミヤマアキノキリンソウなどの見事な群生

4　御嶽山飛騨頂上付近にはコマクサの大群落がある

5　御嶽山飛騨頂上付近のイワギキョウ

6　ライチョウ（弓折岳）

7　三俣蓮華岳初秋、綿毛の実をつけるチングルマの群生越しに眺める槍ヶ岳

十石山からの乗鞍岳

飛騨・美濃の深山

漆山岳のブナ林の雪原からの飛騨山脈の眺望

1

2

3

1　白木峰の山上は、湿原や草原が広がり、７月にはニッコウキスゲ、ササユリ、オオバギボウシなどの花が咲き乱れる

2　簗谷山の落葉広葉樹林には早春の花が多く見られ、窪地にはクマガイソウの群落がある

3　六谷山のブナ林を彩るイワカガミの群落

和良大洞山からの御嶽山・阿寺山地の展望

1

1　湯舟沢山から眺める恵那山の大らかな山容

2　ササ原が広がる湯舟沢山〜富士見台の縦走路からは、赤石山脈が一望のもと

3　断層活動でできた阿寺山地は名瀑の宝庫。付知川西股谷を豪快に落ちる高樽の滝

3　　2

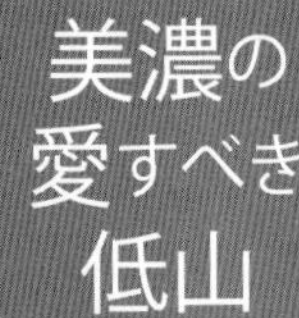

金華山から眺める冬の伊吹山

1　ふるさとのシンボルとなっている山も多い。笠置山の夕映え

2　貝月山ヒフミ新道から伊吹山を望む

3　養老山地笙ヶ岳の新緑。ケヤキの大木やシロモジなど低山の自然がひときわ輝くひととき

三森山鈴ヶ根尾根からの美濃高原展望

金生山から見る養老山地

1

2

3

美濃の道なき山

1　晩秋の千回沢。大カツラを見上げる

2　残雪のブナ純林をたどり、若丸山をめざす

3　沈下橋を越え門入へ

1

3

2

笹ヶ峰雪稜の巨大な雪庇を越える

白山信仰の道

夕映えに輝く白山へと続く長大な雪稜（野伏ヶ岳から）

1　泰澄の伝説が伝わる巨大な石徹白の大杉。ここが現在、白山美濃禅定道の登山起点となっている

2　銚子ヶ峰山頂直下の母御石（ははごいし）は、女人禁制の歴史を伝える。背後は丸山

3　美濃禅定道の最初の関門だった桧峠から大日ヶ岳へと登る

2

3

1

はじめに

日本は海の国であるとともに山の国でもある。大陸プレートであるユーラシアプレート、北米プレートに、海洋プレートである太平洋プレート、フィリピン海プレートが沈み込む場所に形成された日本列島は、地殻変動が活発で火山も多く、世界的にみても山岳密集地帯となっている。

日本の山の数は、国土地理院の二万五千分の一地形図に名前のある山だけでも二万以上あり、標高三〇〇〇mを超える高山から里山までバラエティーに富んでいる。また、四季の変化が大きく水に恵まれていることから植生も豊かであり、登山にはまことに恵まれた環境にある。

その中でも、日本中央部の内陸に位置する岐阜県は、県面積に対する森林の比率が八一％と全国第二位で、飛驒山脈（北アルプス）をはじめ、飛驒高地、木曽山脈（中央アルプス）、阿寺山地、美濃高原、伊吹山地、両白山地など、さまざまな個性を持つ山域を擁する山岳県であり、登山の楽しみにあふれている。

——さて、それでは、岐阜県のどの山に登ろうか？

登山は、基本的に自由なものである。どのような山を目指してもいいし、どのようなスタイルで登っても構わない。しかし、人に与えられた時間には限りがあり、せっかくならば「佳き山」にと望むのが自然ではないだろうか。

いうまでもなく、このような要求を満たすものとして、一九六四年に刊行された深田久弥著の『日本百名山』

が大きな役割を果たしてきた。日本百名山は、一種のブームとなり、追随する形で「地域版百名山」の類が数多く出版された。それらを、二番煎じと言ってしまうことはたやすいけれども、膨大な日本の山岳の中から、どんな山に登っていけばいいのか見当を付ける役割には、無視できないものがある。

実際、私も、日本の山岳の魅力に取りつかれ、全都道府県の山々を巡り歩いてきたが、日本山岳会選定の『日本三百名山』や、同会編著の約四千の山が収録された『新日本山岳誌』などとともに、「地域版百名山」の類をその手掛かりとして大いに役立ててきた。特に、清水栄一著の『信州百名山』（一九七八年初版、一九九〇年改訂版）は、氏が深い愛情と長い年月をかけて登ったふるさと信州の山の選りすぐりの紹介となっており、数々の「佳き山」との出会いをもたらしてくれた。

わが岐阜県でも、同種のものとして、一二四の山を収録した『ぎふ百山』（岐阜県山岳連盟編集、岐阜日日新聞社発行）が、今から四五年前の一九七五（昭和五〇）年に刊行されている。同書は、一〇年近い連盟をあげての踏査に基づいており、日本山岳会が一九七八年に『日本三百名山』を選定するよりもさらに遡る、先鋭的な取り組みのひとつだった。

しかし、『ぎふ百山』刊行後の長い歳月は、岐阜県の山々を大きく変貌させた。東海北陸自動車道が開通し、僻遠の地とされた白川郷付近の山々が中京地方や京阪神地方から日帰りも可能となった。また、福地山、簗谷山などに新たに登山道が開かれ、多くの登山者を集めるようになった。

その一方で、揖斐川源流部に日本最大の貯水量を持つ徳山ダムが完成したことにより、林道が水没し、アプローチがきわめて困難になってしまった山々もある。また、数千年ぶりに噴火活動期に入った御嶽山、活動の沈静化に伴い登山解禁となった焼岳など、自然環境も変化している。そして、夕森山や屏風山（美濃高原）のように、第二次大戦後の物資不足の時代から高度経済成長の時代にかけて皆伐されながら、五〇年あまりの時を経て、再生しつつある山もある。

四五年の歳月は、山に対する価値観も変化させた。地球科学、生物学など山岳に関連する研究の進展と、インターネットの普及などがあいまって、登山や山岳に関する知識・情報が膨大に共有・集積され、アルピニズムだけではない、多様な価値観で山を見、さまざまなスタイルで山に親しむことが受け容れられるようになった。例えば、美濃や飛騨の奥山に残るような、「その名もほとんど知られていない深い樹林の山々」である白神山地が一九九三年にユネスコの世界遺産に登録されたのも、その象徴といえるだろう。

そろそろ岐阜県についても、多様な価値観が併存する今の時代に即した「佳き山」が改めて選定されてもいい時期が来たのではないだろうか――そういう思いのもとに、約五年掛けて独力で百の山岳を選び出したのが本書である。

本来それは、『ぎふ百山』に準じたステップが踏まれるべきものでは、との忸怩（じくじ）たる思いは常にあった。その一方、深田久弥の『日本百名山』や、清水栄一の『信州百名山』が広く支持されてきたのも、山へのあふれる愛情をもった一個人が選定することで、統一された視点による妥協のない山選びがなされたからこそでは、との思いもあった。

本書が、岐阜県民には、わが故郷に佳き山ありとの誇りを持っていただく一助となれば、そして、山を愛する皆さまには、岐阜の山岳の佳さを知ってもらい、足しげく通っていただく手がかりとなれば、ふるさと岐阜への、そして人生を豊かなものにしてくれた日本の山岳へのささやかな恩返しになるのではと願っている。

目次

コラム

写真　清水克宏
黒野こうき（6）
小島梯次（8・コラム1）
木下喜代男（12）
草川啓三（65）

扉写真

●上段右から左へ
越美山地／笹ヶ峰
飛騨山脈／南岳からの北穂高岳
白山山地／新緑の銚子ヶ峰登山道
●中段右から左へ
鈴鹿山脈／烏帽子岳のシャクナゲ
美濃高原／二ツ森山を見上げる
白山山地／別山大屏風からの白山
●下段右から左へ
越美山地／ホハレ峠から門入へ
白山山地／白川郷からの白山北縦走路
越美山地／蠅帽子嶺からの能郷白山

岐阜百秀山位置図

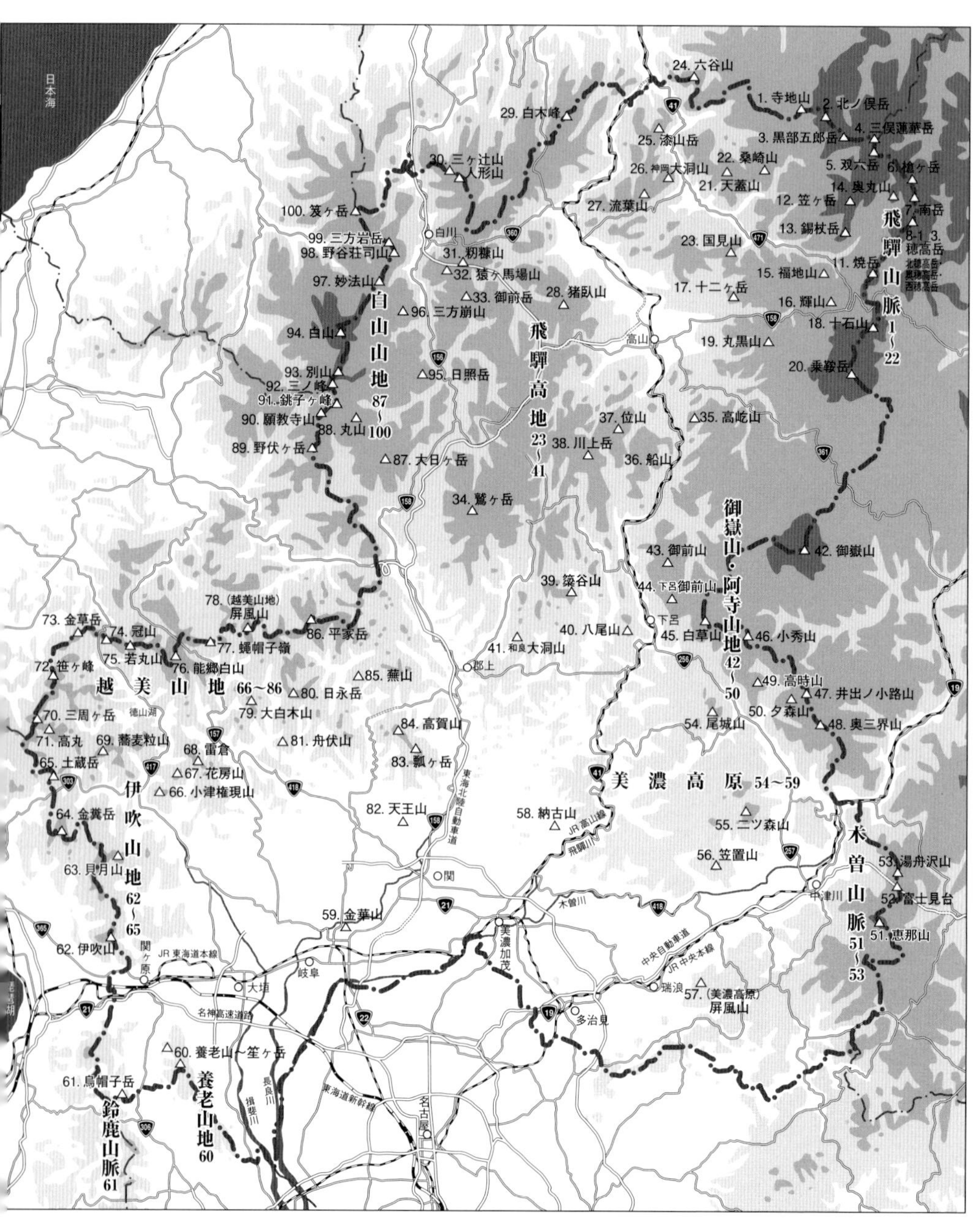

日本海
1. 寺地山
2. 北ノ俣岳
3. 黒部五郎岳
4. 三俣蓮華岳
5. 双六岳
6. 槍ヶ岳
7. 南岳
8-1 3. 穂高岳
11. 焼岳
12. 笠ヶ岳
13. 錫杖岳
14. 奥丸山
15. 福地山
16. 輝山
17. 十二ヶ岳
18. 十石山
19. 丸黒山
20. 乗鞍岳
21. 天蓋山
22. 桑崎山
23. 国見山
24. 六谷山
25. 漆山岳
26. 神岡大洞山
27. 流葉山
28. 猪臥山
29. 白木峰
30. 三ヶ辻山
人形山
31. 籾糠山
32. 猿ヶ馬場山
33. 御前岳
34. 鷲ヶ岳
35. 高屹山
36. 船山
37. 位山
38. 川上岳
39. 簗谷山
40. 八尾山
41. 和良大洞山
42. 御嶽山
43. 御前山
44. 下呂御前山
45. 白草山
46. 小秀山
47. 井出ノ小路山
48. 奥三界山
49. 高時山
50. 夕森山
51. 恵那山
52. 富士見台
53. 湯舟沢山
54. 尾城山
55. 二ツ森山
56. 笠置山
57. (美濃高原)屏風山
58. 納古山
59. 金華山
60. 養老山～笙ヶ岳
61. 烏帽子岳
62. 伊吹山
63. 貝月山
64. 金糞岳
65. 土蔵岳
66. 小津権現山
67. 花房山
68. 雷倉
69. 蕎麦粒山
70. 三周ヶ岳
71. 高丸
72. 笹ヶ峰
73. 金草岳
74. 冠山
75. 若丸山
76. 能郷白山
77. 蠅帽子嶺
78. (越美山地)屏風山
79. 大白木山
80. 日永岳
81. 舟伏山
82. 天王山
83. 瓢ヶ岳
84. 高賀山
85. 蕪山
86. 平家岳
87. 大日ヶ岳
88. 丸山
89. 野伏ヶ岳
90. 願教寺山
91. 銚子ヶ峰
92. 三ノ峰
93. 別山
94. 白山
95. 日照岳
96. 三方崩山
97. 妙法山
98. 野谷荘司山
99. 三方岩岳
100. 笈ヶ岳
飛驒山脈 1～22
白山山地 87～100
飛驒高地 23～41
御嶽山・阿寺山地 42～50
越美山地 66～86
美濃高原 54～59
伊吹山地 62～65
木曽山脈 51～53
養老山地 60
鈴鹿山脈 61
白川
高山
下呂
郡上
関
岐阜
大垣
関ヶ原
美濃加茂
多治見
瑞浪
中津川
名古屋
徳山湖
JR 東海道本線
JR 中央本線
JR 高山線
中央自動車道
名神高速道路
東海北陸自動車道
東海道新幹線
木曽川
飛驒川
長良川
揖斐川

凡例

山名	地元の呼び方を優先して記載(1)
別名	現在使われている別名や、過去に使われていた別名の主なものを記載
標高	国土地理院の二万五千分の一地形図による(2)（以下、本書では「地形図」という）。
三角点	山頂にある三角点の等級と基準点名を記載、山頂に三角点がない場合は「なし」と記載し、山頂付近に三角点がある場合は付記
登山適期	登山道がある山では、登山道を利用しての適期を記載 登山道がない山では、登りやすい時期を適期として記載 低山で夏は避けたい山には、夏△と表示
登山道	◎　全ルート整備（商業・観光ベースに乗った整備） ○　おおむね整備（整備状況にはムラあり） △　踏み跡程度（ルートファインディング要） －　登山道なし（積雪期またはヤブ漕ぎ覚悟）
標準コースタイム	登山道がある山では、諸ガイドブックや地図の最新版、地元観光協会のHPなどを参考に記載。ただし、個人差があり、登山道の状況でも大きく変動するので、参考値と考えていただきたい
難易度	Ⅰ　登り3時間以内の山 Ⅰ+　登り3時間以内の山のうち、Ⅱ、Ⅲと同様一定の登山技術が必要な山 Ⅱ　登り5時間以内の山 Ⅲ　登り5時間を超える山 S　登山道がなく、ルートファインディング技術に加え、次の技術が必要 登攀技術　雪山技術　ヤブ漕ぎ（より高度なものは二個表示）
登山記録	筆者が実際に登った記録であり、天候、単独行／グループ登山、装備などで標準コースタイムとは大幅に異なる場合もしばしばある。標準通りにはいかないのが登山だが、特にブレが大きいものには、※で注を入れた。

○本文の表記

・本文中の標高は、二〇二〇年一一月現在の地形図により、小数点第一位四捨五入で記載。現在、地形図は電子化され標高は頻繁に補正されるようになったため、本書と現地の標識とが異なっている場合があり、今後本書と最新の地形図が異なる場合も起こると考えられる。

・登山家などの個人名は、原則として敬称略。

（1）岐阜県の特徴として、地元では明確に呼ばれている山名があり、登山者が多い山でも、地形図に山名の記載がない山が多いことがある（例：福地山、簗谷山、大白木山など）。また、地形図が地元の呼び方を反映しているとは言えない場合もある（下呂御前山〔地形図　空谷山〕、奥三界山〔同　奥三界岳〕、小津権現山〔同　権現山〕など）。

（2）従来二万五千分の一地形図には、三角点の標高だけが記載されていたが、近年国土地理院では、日本の主な山一〇〇三山について、三角点の標高のほかに、最高地点の位置・標高を地形図に記載するようになった（例：御嶽山　三角点三〇六三・六m　最高点三〇六七m、恵那山　三角点二一九〇・三m　最高点二一九一mなど）。このような場合は、最高点を記載し、三角点の欄に、三角点の標高を付記。

岐阜県の山岳概要

岐阜県について

岐阜県は、本州中央部に位置する海に面さない内陸の県で、長野・愛知・三重・滋賀・福井・石川・富山の七県と県境を接しており、そのうち、濃尾平野でつながる愛知・三重県境の一部を除くと、すべて山が境界になっている。県の面積一〇六万二一一七ha（全国七位）に対し、森林の面積は八六万一六三六ha（五位）で、森林率は八一％（二位）に及ぶ。そして日本の標高三〇〇〇m以上の高峰二一山のうち九山が集中する「山岳県」である。

岐阜県は、七世紀に律令制が布かれてから明治維新により廃藩置県が実施されるまでは、美濃国、飛騨国という二つの国で、南部の美濃地方と、北部の飛騨地方とは、地勢も風土も大きく異なる。

美濃地方は、南部に伊勢湾岸から続く濃尾平野が広がり、太平洋側の海洋性気候の影響を受け比較的温暖で、県庁所在地の岐阜市などの市街地や農耕地が集まり、県の人口の大半がここに集中している。ただし、北西部の滋賀・福井県境の山岳地帯は、標高こそ一〇〇〇m台にとどまるものの、日本海を渡る北西の季節風の影響を直接受け、飛騨地方北西部とともに日本有数の豪雪地帯となっており、人口密度がきわめて低い。

一方、飛騨地方は、三〇〇〇m級の峰が連なる飛騨山脈をはじめ、ほぼ全域が山岳地帯で、平地は高山盆地などわずかに限られ、人口密度はきわめて低い。内陸性気候で一年を通じ比較的降水量が少なく夏は冷涼で冬は寒さが厳しい。また、北西部は、冬季に日本海を渡る季節風の影響を受け、豪雪に閉ざされる。

同じ県でありながら、地勢や風土の大きく異なる両地方をつなぐものとして、川がある。木曽三川（木曽川・長良川・揖斐(いび)川）は、飛騨や美濃の山々の雨や雪をひろく集め、濃尾平野をうるおして伊勢湾に流れ込む。街道の整備が進んでいない時代には、物流において川の果たす役割は大きかった。また、木曽三川の水の恵みを受けて濃尾平野には農耕地帯が広がるが、その一方で洪水にもたびたび見舞われたことから、水源である白山や御嶽山などを水神・農耕神とする山岳信仰が根付いてきた。川によって美濃と飛騨は結ばれてきたのである。

岐阜県の山岳を構成する山域

岐阜県の山岳というと、「北アルプス」とも呼ばれる飛騨山脈がまず思い浮かぶが、そのほかにも様々な個性を持つ山脈・山地・高地・高原等（以下、これらを合わせ「山域」という）が存在する（「岐阜百秀山位置図」8頁参照）。

まず県の北東部の富山・長野県境には、**飛騨山脈**（最高峰：奥穂高岳三一九〇m）がそびえ、その南に独立した火山である**御嶽山**（三〇六七m）が続く。飛騨地方中央部には、**飛騨高地**（最高峰：猿ヶ馬場山一八七五m）の一〇〇〇m台の山々がひしめく。東部の長野県境には、阿寺（あてら）断層によって形成された**阿寺山地**（同：小秀山一九八二m）と**木曽山脈**の南端部分（岐阜県側最高峰：恵那山二一九一m）が連なる。さらにその南には、愛知県から続く準平原の美濃・三河高原の岐阜県部分である**美濃高原**（同：二ッ森山一二二四m）が広がる。

濃尾平野を挟んで、県の西南部の三重・滋賀県境沿いには、**養老山地**（最高峰：笙ヶ岳九〇八m）、鈴鹿山脈の北端部分（岐阜県側最高点：点名／谷山九九三m〔三国岳南〕）、**伊吹山地**（最高峰：伊吹山一三七七m）が続く。そして北西部の福井・石川・富山県境には白山と能郷白山に代表される両**白山地**（同：白山二七〇二m）の山々が横たわる。同山地は、能郷白山（一六一七m）を主峰とする福井県境の越美山地と、白山を主峰とする石川・富山県境の白山山地とに細分される。[1]

また、濃尾平野には、金華山（三二九m）のように、古生代のペルム紀から中生代の三畳紀に堆積した非常に硬いチャートが侵食されずに残った部分が山として点在している。

岐阜県の自然

⑴ 気候

岐阜県は、美濃地方南部に濃尾平野があり、飛騨地方と美濃地方の北部および滋賀・福井県境部は山岳地帯が占める。美濃地方の平野部は、太平洋側の海洋性気候の影響を受け、気温の較差も少なく比較的温暖で、夏期は南東季節風が山岳に衝突して雨を降らせるため多雨である。

一方、山岳地帯は標高一〇〇〇～三〇〇〇mの山が連なり、内陸性気候区に属し、気候の較差（最高気温と最低気温の差）が大きく、夏季は冷涼だが冬季は寒冷で、日本海を渡る北西季節風が雪を降らせるため積雪量が多く、豪雪地帯や特別豪雪地帯に指定されている。ただし、日本海から離れた飛騨地方南部や美濃地方東部（東濃地方）は、比較的積雪が少ない。また、美濃地方の山岳地帯は、夏場は太平洋側の海洋性気候の影響を受け多雨であることから、年間を通じて降水量が多い。

年間降水量をみると、本州中央部に位置する他の都府県と比較して、岐阜県はほぼ全域にわたって非常に多いことが分かる（図1）。この豊富な水が森を育て、清流の源となる。岐阜県が「森の国」「水の国」であるゆえんでもある。

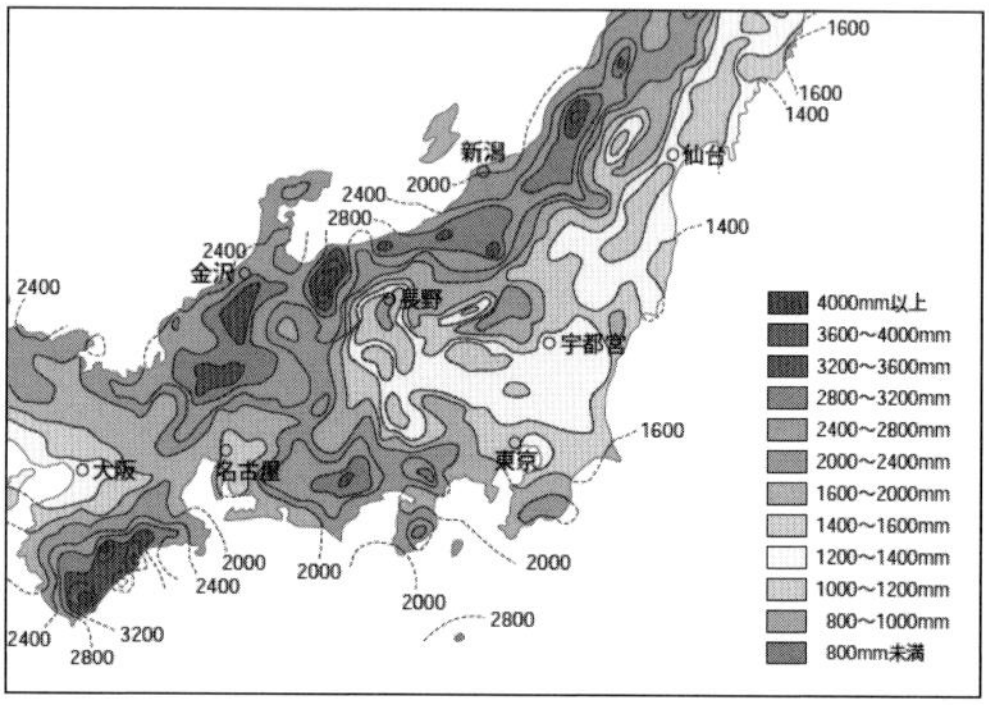

図1　年間降水量分布
国土地理院「新版日本国勢地図」より

(2) 地質

岐阜県の東方（長野県側）にフォッサマグナ（中央地溝帯）があり、これが東北日本と西南日本の地質的境界となっている。さらに西南日本は、中央構造線を境として北側の西南日本内帯と南側の同外帯に分けられる。

岐阜県は、西南日本内帯の東端に位置し、その地質構造は、おおよそ飛騨帯、飛騨外縁帯、美濃帯、領家帯の四つに区分される（詳細は79頁参照）。

(3) 植生

岐阜県は、濃尾平野の海抜〇メートル地帯から標高三〇〇〇m級の山岳地帯まで標高差が大きいため、標高に従い暖帯から寒帯までの変化に富んだ植生がみられる（表1）。

県南部の平野部を中心とする丘陵帯（標高〇～六〇〇±一〇〇m）は、気候的には暖温帯に属し、本来の植生は、シイ・カシなどの常緑広葉樹林（照葉樹林）だった。しかし、平野部に接する、いわゆる「里山」では、アカマツ林やコナラ林に代表される代償植生となっていることが多く、かつての姿をとどめるのは、鎮守の森や、長く留山とされた金華山などに限られる。

山地は、高度を増すにしたがい、山地帯、亜高山帯、高山帯に移行する。そのうち、山地帯（六〇〇～一五〇〇±

一〇〇m）は、気候的には冷温帯に属し、ブナに代表される落葉広葉樹林に覆われるが、第二次世界大戦後に大規模に皆伐され、スギやヒノキなどの植林地に置き換わったり、放置され二次林になったりしている山も多い。そのような中で、両白山地（白山山地）の白山山系の山裾に残されたブナの原生林は、世界遺産の白神山地と並びわが国有数の規模を誇る。

亜高山帯（一五〇〇～二四〇〇±一〇〇m）は、気候的には亜寒帯に属し、コメツガ、トウヒ、シラビソを主とする針葉樹林が広がり、高山帯への移行部には落葉広葉樹低木からなるダケカンバ帯が発達している。特に、日本海側気候の影響を強く受けた豪雪地帯の白山山系は、ダケカンバを主体とする落葉広葉樹林が多い。

飛騨山脈や白山山系などの高山帯（二四〇〇±一〇〇m以上）は、気候的には寒帯に属し、ハイマツがよく発達している。また、高山草原や湿原では、コマクサ、クロユリ、チングルマなどの高山植物の群落がみられる。なお、高山帯のある日本の山で最も西にある白山は、植物分布の西限となるものも多い。

表１　中部地方の垂直分布帯

岐阜県 HP「岐阜県の自然環境の概要」より

垂直分布（標高）	気候帯	植生
丘陵帯 （0 ～ 600 ± 100m）	暖温帯 （暖帯）	照葉樹林
山地帯（低山帯） （600 ～ 1,500 ± 100m）	冷温帯 （温帯）	落葉広葉樹林
亜高山帯 （1,500 ～ 2,400 ± 100m）	亜寒帯	常緑針葉樹林
高山帯 （2,400 ± 100m 以上）	寒帯	低木林

山と人との関わり

(1) 生産の場所

日本は、大部分が温帯に位置し、季節風の影響から、世界的に見ても多雨地帯で、植物の再生力が高い。そのため、アジア大陸などでは比較的早い段階で農耕文化に置き換わった狩猟採集文化が、山岳地方を中心に、農耕文化と重層する形で長い間残された。

山岳県である岐阜県では、ことに山と人の関わりが深かった。古代から卓越した技能で知られた「飛騨の匠」は、豊富な木材を背景に腕を磨き、全国各地の寺社建築などにその技を発揮した。また、阿寺山地は、古くから日本有数のヒノキの産地として知られ、京都、名古屋、江戸の寺社、城郭建築を用材面で支えた。

さらに、山と人の暮らしの関わりに目を向けると、杣人や、猟師のほか、明治中期頃までは、美濃を中心に轆轤（ろくろ）細工を生業とする木地屋が、良質な材木を求めて二〇～三〇年単位で山中を移住していた。焼畑耕作もかつては盛んで、白山山麓においては、昭和三〇年代まで行われ、稗・粟などが輪作方式によって栽培されていた。また、山中では古代から山師が活動し、鉱山開発が行われ、神岡鉱山は東洋一の亜鉛鉱だった。木曽三川やその支流の船運が利用できる山域を中心に、薪炭の製造も盛んで、プロパンガスに置き換わるまで、都市部に大量に供給された。

このような、山と人との関わりは、国内自給の時代が遠ざかるとともに次第に薄らいでいったものの、今でも木地屋の活動を物語るロクロ沢、木地屋渓谷といった地名や、山中で出合う炭焼き窯や焼畑の出作りの跡などに、その名残りをみることができる。

⑵信仰の場所

生活の基盤を支える山岳への感謝・畏敬の念は、山を信仰の対象ともした。山での狩猟や採集を糧とする山の民にとって、「山の神」は大切な存在だった。また、農耕開始以降、農民にとって山は、「山の神＝田の神」の住処として、「誕生・再生」の象徴とされた。

中国や朝鮮半島から、仏教や道教などがもたらされてからは、日本の山岳信仰も、それらの影響を受けながら宗教としての体裁を整えていった。『続日本紀』にその名の見える飛鳥時代の呪術者で、修験道の基礎を開いたとされる役行者が葛城山などを本拠としたように、山岳は奈良時代以前から霊力を得る修行の場であった。霊山として知られる立山や白山が開山されたのも飛鳥時代から奈良時代にかけてとされる。平安時代に入り、最澄や空海によって唐からもたらされた密教は、比叡山や高野山を拠点としながら、祈祷などを通じて貴族社会を中心に浸透していく中で、山岳の持つ力を、積極的に取り入れていった。その過程において、神と仏は融合し、修験道と呼ばれる日本固有の山岳宗教が形成された。

中世を通じ、修験道は、僧兵を擁する山岳寺院等を拠点として世俗社会に対しても力を誇るようになった。そのため江戸時代に入ると、幕府は、慶長一八（一六一三）年に修験道法度を定め、修験者（山伏）は、真言宗系の当山派か、天台宗系の本山派のどちらかに属さねばならないことにするなど宗教統制を強めた。そのような制約から、修験者の活動は「里修験」が中心となっていき、山と修験の直接的な関係はやや希薄となった。その後、江戸時代の後半に入ると、商品経済の発達とともに、市民社会が豊かなものとなり、富士講などのように、物見遊山も兼ねた信仰登山が広く行われるようになった。なお、文化九（一八一二）年に『日本名山圖會』を著した画家谷文晁や、白山・立山・富士山をひと夏で登った池大雅など、画人や文人たちは、スケッチや詩作にと、宗教を離れ自由かつ行動的に諸国の山を巡っている。

谷文晁筆『日本名山圖會』のうち恵奈山（恵那山）
（国立国会図書館デジタルアーカイブ）

明治維新によって、国学の精神を背景とした急進的な改革が始まると、一八六八（明治元）年の神仏分離令に続き、一八七二（明治五）年には修験禁止令が出され、修験者は強制的に還俗させられ、また廃仏毀釈運動の中で、その信仰施設も破壊された。今でも、登山道沿いの古い石造物を注意深く見ると、首を折られた石仏や、文字を削り取られた石碑にその跡を見出すことができる。

飛騨国や美濃国の山岳は、比較的都に近くにありながら高峰がそびえていることから、古くから山岳信仰の中核となってきた山が多い。その中でも、白山と御嶽山の信仰は、全国に及んでおり、そのお膝元の本県では、山上から両山を遥拝した、「御前岳」「御前山」という名を持つ山が多いのも特徴となっている。

さらに、幕府による宗教統制が厳しかった江戸時代においても、笠ヶ岳を開いたとされる円空（一六三二～一六九五年）や、槍ヶ岳を開いた播隆（一七八六～一八四〇年）など、ストイックに山に向き合った山岳修行僧が、飛騨や美濃の山々を舞台に活躍したことも特筆される。

(3)「近代登山」の展開

一九世紀にヨーロッパアルプスを舞台にイギリス人を中心にスポーツとしての登山「アルピニズム」が興隆した。日本における「アルピニズム」は、一八七四（明治七）年、ガウランド、アトキンソン、サトウの三人のイギリス人のパーティーが、ピッケル等を用いて六甲山を登ったのが始まりとされる。ガウランドは、英国をはじめ各国で広く読まれ何度も版を重ねた『日本についてのハンドブック（A Handbook for Travellers in Japan）』において、「信州と飛騨の境にある山脈は『Japanese Alps』と呼ぶのにふさわしい」と紹介し、「日本アルプス」の命名者とされる。

ガウランドの影響を受けた第二世代ともいえるウォルター・ウェストンも、一八九六（明治二九）年『日本アルプスの登山と探検』を英国で出版し、その中で岐阜県に関わる山岳として、御嶽山（登頂一八九二年）、乗鞍岳・槍ヶ岳（一八九二年）、恵那山・笠ヶ岳（一八九三年）を紹介している。そして、同書の感化を受けた小島烏水らが、ウェストンとの出会いをきっかけとして、一九〇五（明治三八）年、日本山岳会を設立、「日本人による初登頂」を競い合った。ただし日本の山岳は、修験者などによってすでに登られている場合がほとんどであったため、「アルピニズム」は、「近代登山」とも呼び換えられた。

「近代登山」は、欧米から最新の技術と思想を導入しながら展開していった。しかし、アルプスやヒマラヤと日本の山岳は、標高も地勢も気候も大きく異なり、さらに日本の場合、日常生活や信仰の場として長い山との関わりの歴史もある。そのため、ヨーロッパなどとは異なる独自の登山技術や登山文化を発展させ、現在では世界有数の登山人口を誇っている。例えば、山頂をつなぎながら登山する「縦走」は、山が密集し稜線が発達した日本山岳の特徴に応じて独自の発達を遂げた登山方法であり、その背景には修験道の「回峰行」の伝統がある。また、「沢登り」も、多雨で渓谷が山頂直下までつながる日本山岳において発達したもので、ロッククライミングの用具や技術等を取り入れつつも、「わらじ」を活用し、伝統的な猟師たちの技術も活かされている。

さらに、一九六四年刊行の深田久弥著『日本百名山』は、谷文晁著の『日本名山圖會』を念頭にしていたと言われ、古くからの霊山が多く選ばれている。そのような背景もあり、一九九〇年代から中高年を中心にブームとなった名山登山は、江戸期の富士講など山岳巡礼兼物見遊山に先祖返りした様相を呈した日本独特の登山形態となっている。

岐阜県においても、日本山岳会設立の三年後の一九〇八（明治四一）年に、飛驒山岳会が設立され一時期は海外遠征も盛んに行われた。その一方で、飛驒地方および美濃地方の山岳の特徴に順応した、個性的な登山方法も発達をとげてきた。

例えば、寒冷で多雪の山が多い飛驒地方では、積雪期にスキーやわかんなどを使った登山が盛んに行われてきた。また、美濃地方の滋賀・福井県境部の山々は、標高が一〇〇〇m台であるにもかかわらず、冬季日本海からの季節風のため豪雪に閉ざされ人口密度も低いため、登山道のないヤブ山が多い。この山域では、森本次男著『樹林の山旅』（一九四〇年刊）や高木泰夫著『奥美濃―ヤブ山登山のすすめ』（一九八七年初版刊）などの影響を受け、「ヤブ山登山」が一ジャンルとして形成されている。また、飛騨地方、美濃地方とも美しい渓谷に恵まれ、沢登りも広く行われている。

まとめ

本州中央の内陸に位置する岐阜県は、標高三〇〇〇m以上の高峰を持ち、森林率が八一％に及ぶ日本有数の山岳県である。ただし、同じ山岳県である山梨県や長野県と異なる特徴として、三〇〇〇m以上の高峰がある一方海抜〇メートル地帯もあり標高差が大きく、さらに、南北に一五〇km、東西に一二〇km以上の距離があることから、気温や降水量・積雪量などに地域差が大きく、その結果、植生等も変化に富み、風土も、南北については美濃地方と飛騨地方の違い、東西については東日本的な要素と西日本的な要素の違いがみられる。このような多様性こそが、岐阜県山岳のひとつの特徴となっており、岐阜県の山々を一巡すれば、日本の山岳のさまざまな様相をひととおり経験することができる。

また、岐阜県の山岳のもうひとつの特徴として、多くの登山客を集める全国的に広く知られた名山や、手軽に登れる都市近郊の山々を持つ一方で、日本海寄りの豪雪地帯を中心に、本州中央部にありながら登山道がない、手つかずの樹林の山々を多く残していることがある。これらの山は、最初は取り付きにくいかもしれないが、登山者や観光客でにぎわう山にはない、魂に直接響くような独特の魅力が秘められている。登山道のない山には、ルート探索能力に加え、ヤブ漕ぎなどに耐える体力と、人に頼らない心の強さが求められることもある。しかし、登山はポイントラリーではないのだから、山の仲間たちともに、自分の技量や、「山を読む力」を段階的に高めていきながら、安全第一で山を選んでいけばいい。そんな選択の幅の広さや自由さが岐阜県の山にはある。

しばしばオーバーユースが問題となる日本百名山などの賑わいにへきえきしている登山者、冒険心あふれる登山者ならば、ほとんど誰にも会わず地図をにらみながらようやく頂きにたどり着ける経験に、より登山の原点に近い感動を得られるのではないだろうか。

（1）従来「加越山地（加賀越前山地）」と呼ばれていたが、白山が石川・岐阜両県にまたがること、一九五八年に福井県大野郡石徹白村が岐阜県に編入されたこと、富山県にもまたがることなど実態と会わない名称であるため、本書では、近年国土地理院が使用している「白山山地」という名称を用いることとした。

飛騨山脈

1 寺地山
2 北ノ俣岳
3 黒部五郎岳
4 三俣蓮華岳
5 双六岳
6 槍ヶ岳
7 南岳
8 穂高岳
　1 北穂高岳
　2 奥穂高岳
　3 西穂高岳
11 焼岳
12 笠ヶ岳
13 錫杖岳
14 奥丸山
15 福地山
16 輝山
17 十二ヶ岳
18 十石山
19 丸黒山
20 乗鞍岳
21 天蓋山
22 桑崎山

位置

飛騨山脈[1]は、岐阜県、富山県、長野県にまたがり、南は野麦峠あたりから立ち上がり、北は新潟県親不知で日本海に沈む長大な山脈で、標高三〇〇〇m級の日本を代表する山岳が連なり、「北アルプス」とも通称されている。主要な部分は中部山岳国立公園に指定されている。

同山脈は、主稜線、立山連峰、後立山連峰、常念山脈などに細分され、そのうち主稜線の岐阜・長野県境には、山脈の最高峰で両県の最高峰でもある奥穂高岳や、槍ヶ岳、火山である焼岳や乗鞍岳が連続する。また、岐阜・富山県境には、北ノ俣岳や黒部五郎岳などが連なり、三俣蓮華岳が三県の境界となっている。主稜線の縦沢岳から南西方向に分岐する稜線には、岐阜県内の山としては最高峰の笠ヶ岳（二八九八m）がある。

気候

おおよそ中央高地式気候のエリアとなり、夏は冷涼、冬季は寒冷で、雨や雪の量は比較的少ない。ただし、日本海を渡る北西季節風が直接ぶつかる北西部は日本海側気候の影響を受け多雪である。また、標高が高く冷涼なことから、雪渓や雪田がよく発達している。

自然

⑴山脈の形成

飛騨山脈は、太平洋プレートが北アメリカプレートの下から、さらにその先のユーラシアプレートの下に潜り込む過程においてマグマが生成され、上部の地殻に貫入することに伴う隆起と、マグマの熱による地殻の厚みが減少したところに、応力が集中し挫屈したことによる隆起とにより形成された。隆起活動の時期は二回あると考えられており、最初の活動期は二五〇万年前から一五〇万年前、次の活動期は八〇万年前以降で、活動初期は下からの力、その後東西からの大きな圧力による褶曲作用によって盛り上がったとされている。その後、マグマの上昇により焼岳、アカンダナ山、乗鞍岳などの火山が形成された。

(2)植生など

飛騨山脈は、浸食が進み、急峻な山が多く、岩盤が露出して土壌の発達が悪いため、植物相は白山連峰などと比較すると貧弱である。ただし、高山帯の比較的なだらかな部分には、大規模な高山植物のお花畑が見られる。飛騨山脈の北部と南部では積雪量に相当の差があり、日本海に近い北部に比べ、比較的雪の少ない南部では亜高山帯針葉樹林がよく発達している。森林限界は、南部では二四〇〇～二五〇〇m程度だが、北部では積雪のため森林限界が大幅に下がっている地域もある。森林限界以上では、ハイマツが見られライチョウなどが生息する。

人との関わり

飛騨山脈は、標高が高く峻険で雪に覆われる期間も長いため、長らく猟師や杣人がわずかに入るだけの空白地帯になっていた。江戸時代に入ると、加賀藩では立山と白山の奥山の国境警備と、重要な樹木の保全のために「奥山廻り」という見分役を組織し、定期的に巡察させていた。松本藩では江戸時代前期から木材伐採のため上高地を開発し、杣小屋などが置かれた。そして、飛騨国では、元禄五（一六九二）年に幕府が直轄領として以来、地役人に山廻りをさせており、彼らが作成した国絵図を見ると、江戸時代後半には越中および信濃国境の山々をおおむね把握していたことがわかる。

また、飛騨には、江戸時代前期の修験僧円空が多くの仏像を残しているが、彼が乗鞍岳や笠ヶ岳を開いたと伝えられる。笠ヶ岳は、一七八二（天明二）年高山宗猷寺（そうゆうじ）の南裔（なんねい）が登頂した後、四〇年間の空白を経て、一八二三（文政六）年播隆が再興した。その頂上から槍ヶ岳の姿を望んで大願を起こし、一八二八（文政一一）年槍ヶ岳を開山している。

明治時代以降は、飛騨山脈の登山史こそ近代登山史といっても過言ではないため、ここでは省略する（「岐阜県の山岳概要」山と人との関わり(3)〔15～16頁〕参照）。

（1）「飛騨山脈」は、一八八九（明治二二）年原田豊吉が『日本地質構造論』において命名した。

飛騨山脈

1

飛驒山脈

寺地山

てらじやま

一九九六・〇m　三等（三角点名／大山）

日本を代表する山岳地帯である飛驒山脈――北アルプスの登山口、上高地や新穂高温泉は、多くの登山者を集め山岳観光地としてにぎわっている。そんなにぎわいとは無縁なように、飛驒市神岡から富山市有峰に抜ける有峰林道の、県境を貫く飛越トンネルの岐阜県側入口の脇にも飛驒山脈への登山口がひっそりと開かれている。ここから県境の稜線をたどり北ノ俣岳（標高二六六二m）で立山連峰の稜線に至る登山道は、飛越新道と呼ばれ、その最初に出会うピークが寺地山（一九九六m）である。

『岐阜百秀山』は、この静かな登山口から始めたい。

北ノ俣岳登山道からの寺地山

二万五千分の一地形図／有峰湖、下之本

適期　6月中旬～10月中旬

登山道　◎

標準タイム　飛越トンネルからのルート：登り3時間、下り2時間30分

難易度　Ⅱ

登山届をポストに入れ、熊鈴を鳴らしながら、県境稜線へと分け入っていく。歩き始めの緊張感は、いつも命を新しくしてくれるようだ。ササ原の送電線下をくぐり、しばらく進むと、登山道はコメツガやクロベなどのすばらしい針葉樹林に包まれる。飛驒山脈は、峻険で山岳美に優れるけれども、その分岩盤が露出して土壌が少ないこともあって樹林帯は案外貧しいことが多い。しかしその西端にあたる岐阜・富山

［登山記録］（…：徒歩）
2017年7月28日（金）　曇時々晴
飛越トンネル飛驒側9：20…神岡新道合流点11：30…寺地山山頂12：40～12：50…北ノ俣避難小屋13：50（泊）

〈メモ〉

●寺地山の名は、山麓にあった吉城郡寺地村にちなむ。「向井左近大夫何某菩提所此所に有し故に、寺地と名に負たるとなむ申傳へたる」（『斐太後風土記』）。

●寺地山および北ノ俣岳の登山口のある飛越トンネルは、飛驒市神岡町から大規模林道高山大山線（林道和佐府線）、または富山市からの有峰林道で向かう。林道は、残雪や土砂崩れ等で不通のことも多いので、利用時は自治体のＨＰ

県境あたりは、山容が穏やかで、なおかつ豪雪地帯であることから、豊かな樹林帯を持ち、派手さはないが山の深さを心ゆくまで味わうことができる。

標高を上げていくと、登山道を包む樹林は、豪雪の高山帯を代表するオオシラビソに移り変わる。足もとがぬかるみ、ミズバショウの大きな葉が被さるあたりで森が途切れ、まばゆい緑に包まれた小さな湿原に出合う。ニッコウキスゲの黄、イワイチョウやワタスゲの白が散らばり、湿原の向こうには、笠ヶ岳が姿を見せる。

もうワンピッチで寺地山の山頂に至る。三等三角点の標石の手前に、頭の丸い一風変わった三角点の標石があり、「主三角點」と刻まれている。これは明治時代に国土地理院の前身となる陸軍参謀本部陸地測量部の測量に先駆け、旧農商務省山林局が設置したもの。江戸時代天領であった飛騨地方の主だった山林が国有化され山林局の管轄下に入った歴史を物語る。

山頂は、やや丈の低いオオシラビソとササに覆われあまり見晴らしがきかないが、登山道を一〇〇mほど先に進み、いったん下りに差し掛かる手前まで出ると、視界は大きく広がり真正面に北ノ俣岳がおおらかな姿を現す。このままあの頂きへ、そしてさらにその彼方へと進んでいきたくなる。

飛越トンネルから山頂までは、登り三時間、夏山縦走の折などは、単なる通過点となってしまうかもしれない。しかし、六月のミズバショウ、七月のニッコウキスゲなど湿原の花を楽しんだり、秋に色づく樹林越しに飛騨山脈の新雪の峰々を遠望したりと、日帰りでも十分に楽しめる山である。

等で事前確認されたい（林道については、以下本書共通）。

●有料の有峰林道は、夜間通行止めなので注意。

●一八四二m地点に出る神岡新道は、廃道状態になって久しい。

●寺地山までの登山道は、高層湿原を行くため常にぬかるんでいる。往復だけなら長靴でもいい。

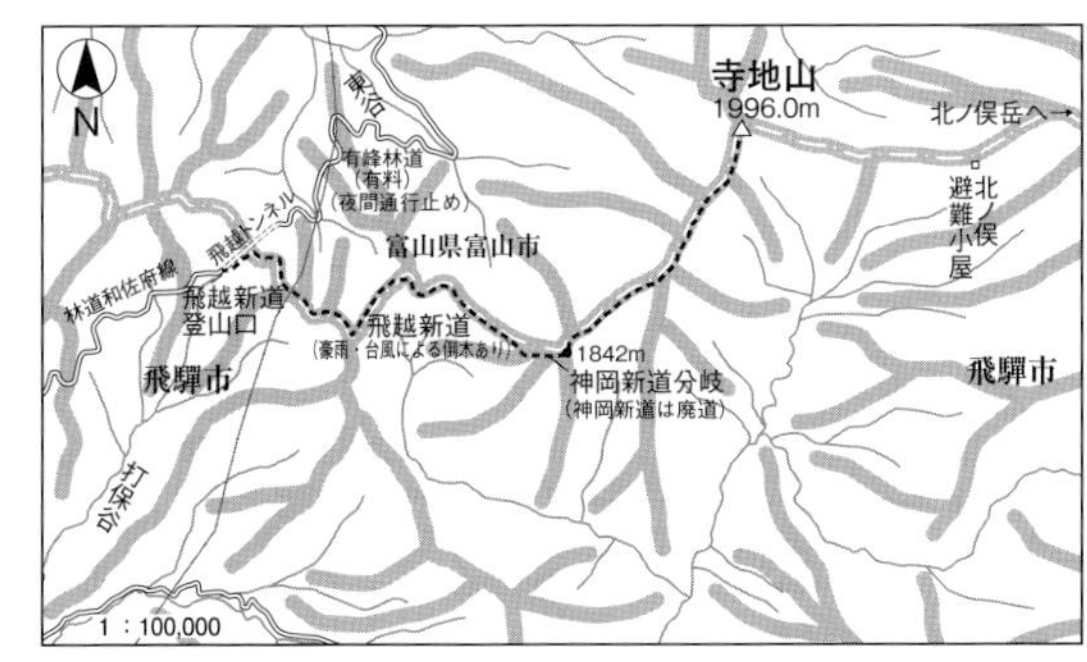

2

きたのまただけ　別名　上ノ岳

北ノ俣岳

二六六二ｍ

二六六一・三ｍ三等（三角点名／北保嶽）最高点のやや北に位置

二万五千分の一地形図／薬師岳、三俣蓮華岳、有峰湖

適期　7月～10月上旬

登山道　◎

標準タイム　①太郎平小屋から：登り2時間、下り1時間30分　②飛越トンネルから：登り6時間、下り4時間10分

難易度　Ⅲ

北ノ俣岳（標高二六六二ｍ）は、岐阜・富山県境稜線に位置し、飛騨山脈西部にあたる立山連峰に属している。山名は、岐阜県（旧飛騨国）側に流れる北ノ俣川に由来するもので、富山県（旧越中国）では上ノ岳と呼ばれていた。

山頂へは、①「西銀座ダイヤモンドコース」と呼ばれる富山県の折立登山口側から槍ケ岳に向かう縦走路(1)をたどるか、②有峰林道の飛越トンネル入口から始まる飛越新道で高層湿原の中を直登するかになる。そのどちらで頂きに立つかによって印象はずいぶん異なる。

西銀座ダイアモンドコースからの北ノ俣岳

まず、①の縦走路からご紹介したい。折立登山口から四時間三〇分の登高で太郎平小屋のある太郎兵衛平に出る。ここからは立山連峰の稜線となり、北に向かえば薬師岳を経て立山に至り、北ノ俣岳へは南に向かう。小屋からひと登りの太郎山（二三七三ｍ）を通過し、広い稜線を約二時間登りつめると、ゆったりした山容の北ノ俣岳山頂にたどり着く。

表銀座や裏銀座に次ぐ人気を誇る縦走路上の山々が強い個性を主張している中で、

（1）「縦走」は、山頂と山頂をつないでいく登山方法で、わが国で独自の発達をとげた。日本のように連続して登頂できる規模の山岳が密集し、なおかつ登山道や山小屋が網を張り巡らせるように整備されている地域は世界でも限られる。また、信仰に基づいた回峰行が行われていたことも、この登山方法が定着した背景にある。

［登山記録］（―：車、…：徒歩）
２０１７年7月28日（金）　曇時々晴
―飛越トンネル飛騨側9：20…神岡新道合流点11：30…寺地山山頂12：40…北ノ俣避難小屋13：50（泊）
29日（土）　曇・霧夕方雨
北ノ俣避難小屋4：15…北ノ俣岳

いかにもおだやかな姿で迎えてくれるので、印象がやや薄く感じられるかもしれない。しかし、そのおだやかさは土壌がよく保たれていることを示すもので、縦走路沿いはハイマツに覆われ、夏になるとチングルマ、ハクサンイチゲ、コイワカガミなどの高山植物に埋め尽くされ、花の山となる。山頂からは、北に薬師岳、黒部源流、雲ノ平、東に黒部五郎岳をはじめ、鷲羽岳、三俣蓮華岳、槍ヶ岳、笠ヶ岳等が雄大に展開する。

次に、②の飛越新道を直登するルートをご紹介する。寺地山（一九九六ｍ）からいったん下った後、再度オオシラビソの樹林帯を登り返すと、標高二〇五〇ｍあたりで樹林は途切れ、大規模な湿原が始まる。登山道が木道となってしばらくで、右手（南）に小さな三角屋根の北ノ俣避難小屋が樹林の中にうずくまっている。飛騨山脈にありながら近代登山黎明期をおもわせる簡素な小屋で、沢から引かれた冷たい水がありがたい。

小屋を後に木道を進むと、南斜面に展開する高層湿原に散らばる池塘にワタスゲの白い綿毛が光り、北ノ俣岳の姿が逆さに水面に映る。にぎやかな縦走路にはない静寂のひとときは、山と自分の距離をより近いものに感じさせてくれる。木道を登り詰めるとハイマツ帯の岩屑だらけの道沿いにお花畑が展開し、縦走路との三差路にたどり着くと一気に展望が開ける。山頂はもう近い。

ルートや季節を変えて訪れれば、時に応じたいい表情を見せてくれる――北ノ俣岳は、そんな包容力あるおおらかな山である。

6：10…黒部五郎岳9：30…黒部五郎小舎11：45～12：15…三俣蓮華岳14：15…双六岳15：55…双六小屋16：45（泊）

〈メモ〉

●神岡振興事務所が管理する北ノ俣避難小屋は老朽化して一時使用中止になっていたが、二〇二一年改修予定。

3

くろべごろうだけ　別名　中ノ俣岳・鍋岳

黒部五郎岳

二八三九・七ｍ　三等（三角点名／黒部）

二万五千分の一地形図／三俣蓮華岳

適期　7月～9月

登山道　◎

標準タイム　三俣蓮華岳山頂から：往路・復路とも3時間30分
北ノ俣岳山頂から：3時間

難易度　Ⅲ

黒部五郎岳（標高二八四〇ｍ）は、飛騨山脈西部の立山連峰に属し、折立登山口から槍ヶ岳を結ぶ岐阜・富山県境の縦走路「西銀座ダイヤモンドコース」の北ノ俣岳と三俣蓮華岳の間に位置する。直登ルートはなく、富山県側から入っても、岐阜県側から入っても、長い縦走路をたどってようやくたどり着く遥かな山である。

山名に人名のような「五郎」と付くのは、岩がゴロゴロした場所をさす「ゴーロ」という言葉に当て字をしたもので、越中側の呼び名になる。飛騨側では、中ノ俣川にちなみ中ノ俣岳と呼ばれ、江戸時代の飛騨国の絵図にもこの名で記されている。

この山の一番の個性は、東方向に氷河が岩肌を浸食した痕跡である圏谷（カール）を持つことで、山体に比較してその規模が大きい。ちょうど欠けた鍋のように見えることから、かつては「鍋岳」とも呼ばれていた。

「西銀座ダイヤモンドコース」を北ノ俣岳方向からたどると、赤木岳を過ぎて中俣乗越まで下った後、黒部五郎岳に向けた急登が待っている。登山道には石がゴロゴロ

三俣蓮華岳より見る黒部五郎岳

（1）初代の黒部五郎小舎は、一九二三（大正一二）年、伊藤孝一（一八九二―一九五四年）によって建てられた。彼は、尾張徳川家の御用商人であった伊藤家七代目で、大正一二年に「雪の立山、針ノ木越え」、翌一三年に「雪の薬師、槍越え」を、山の盟友百瀬慎太郎、赤沼千尋（燕山荘設立者）と共に敢行し、日本初の本格的な雪山登山記録映画『日本アルプス雪中登山』を製作した。同映画は、各地で上演され、アルピニズムの普及に大きな貢献をした。一九三一（昭和六）年に事業が破産したことなどから彼の名は長年忘れ去られていたが、近年ようやく日本登山史の中で再評価されている。

と積み重なり、山名もなるほどと思わせられる。縦走路から眺めるうちは大きくおだやかな山に見えるが、山頂直下の分岐点にたどり着くと、そこが圏谷の縁で、足下に氷河によって大きくえぐり取られた谷が広がるのが目の当たりになる。分岐点から右手（南）に取ると山頂を経て稜線を進むルートで、アップダウンが激しい不安定な岩稜の道となる。そのため、メインの縦走路は、分岐点から左手の圏谷の底へと迂回し、黒部五郎小舎で稜線のルートと合流する。

　まずは分岐に荷物を置いて山頂を往復する。北側に黒部川の源流部を見下ろす位置にあたり、雲ノ平の大空間をはさんで、北ノ俣岳、薬師岳、鷲羽岳などがおおらかに居並び、東の稜線の先には、三俣蓮華岳、双六岳、槍ケ岳、穂岳連峰、笠ヶ岳などが、それぞれの個性でおいでよと誘っている。

　分岐に戻って再び荷物を背負い、一気に圏谷の底まで一五〇m程ジクザグに大下りする。岩と雪の急斜面は、雪解けした場所からチングルマやハクサンイチゲなどの広大なお花畑に変わっている。圏谷の底には羊背岩や堆石（モレーン）など氷河が削り運んだ岩々が横たわり、その間を雪解けの清冽な水が流れている。岩の上で一服し、周囲を取り巻く圏谷を見渡しながら太古を想う。

　圏谷を抜け出て、相変わらず岩のゴロゴロした樹林の登山道を下り、黒部五郎岳と三俣蓮華岳中間の鞍部に出ると、五郎平のお花畑の草原が展開し、その奥に歴史ある黒部五郎小舎が姿を現す。(1)小舎前のベンチでひと休みし、三俣蓮華岳に向けふたたび樹林帯の中を登り返すうち、いつしか足もとのゴロゴロの岩はなくなっていた。

［登山記録］（…：徒歩）
２０１７年７月29日（土）　曇・霧夕方雨
北ノ俣避難小屋４：15…北ノ俣岳６：10…赤木岳７：00…黒部五郎岳９：30…黒部五郎小舎11：45～12：15…三俣蓮華岳14：15…双六岳15：55…双六小屋16：45（泊）

4

三俣蓮華岳

みつまたれんげだけ　別名　鷲羽岳・鷲ノ羽岳

二八四一・四ｍ　三等（三角点名／三ツ又）

二万五千分の一地形図／三俣蓮華岳

適期　7月～9月

登山道　◎

標準タイム　双六小屋から：稜線ルート2時間15分、中道ルート2時間、巻道ルート2時間
三俣山荘から：登り40分、下り30分

難易度　Ⅲ

三俣蓮華岳は、富山・長野・岐阜三県の県境——古くは越中・信濃・飛騨の三国境——に位置する。ミツマタという名の通り、立山連峰の稜線と、後立山連峰の稜線、槍ヶ岳西鎌尾根の稜線がこの山から三方に派生し、それぞれの稜線の間が黒部川、高瀬川、神通川の源流となっている。かつて越中側では鷲羽岳と呼ばれ、加賀藩の「奥山廻り」において「立山七十二峰」最奥の三国境の山として重要視された。

現代の登山ルートとしても重要な地点で、①長野県の高瀬ダムから烏帽子岳、野口五郎岳、鷲羽岳などを経る「裏銀座コース」、②富山県の折立から北ノ俣岳、黒部五郎岳などを経る「西銀座ダイヤモンドコース」がこの山で合流し、双六小屋を経て西鎌尾根で槍ヶ岳に繋がる。また、一九五五年に③岐阜県の新穂高温泉から双六小屋まで「小池新道」が開かれ、現在これが三俣蓮華岳への最短ルートとなっている。

飛騨山脈のいずれの方向からも最奥に位置し、しかも三方に谷があって視界を遮るものがないため展望は三六〇度抜群で、北に雲ノ平や鷲羽岳、水晶岳、烏帽子岳など、

双六岳からの三俣蓮華岳

［登山記録］（…：徒歩）

２０１８年８月５日（日）晴

南岳小屋４：40…槍ヶ岳８：15…双六小屋13：00…双六岳14：05…三俣蓮華岳15：15…三俣山荘16：20（泊）

６日（月）晴のち曇

三俣山荘４：40…三俣蓮華岳５：45…（中道）…双六小屋７：40…鏡平10：10…小池新道入口12：40…新穂高温泉14：00

〈メモ〉

●一九〇六（明治三九）年、陸地測量部の測量官佐々木戸次郎が富山県大山の山案内人宇治長次郎同行のもとに選点・観測している。点の記には「俗称　三ツ又岳」と記される。当時国有林を所管していた農商務省山林局の主三角點が山頂に残るので、陸地測量部に先

西に黒部五郎岳や薬師岳など、南東に槍ヶ岳、笠ヶ岳などが、広い空間にゆったり浮遊するように並ぶ。

また、三俣蓮華岳は双六岳とともに中生代の花崗閃緑岩から成る山で、二つの山を結ぶ東斜面には、氷河地形である圏谷がある。両山は尾根道と、圏谷を横切る巻き道とでつながれ、どちらもハイマツと高山植物のお花畑の中を行く歩きやすい道で、特に女性の人気が高い。七月の梅雨明け前後の頃は、チングルマが斜面を白く埋め尽くし、その後を追うように、ウサギギク、ヨツバシオガマ、シナノキンバイ、ハクサンイチゲなどが咲き競い、巻き道にはコバイケイソウの白い穂花がみられる。八月も半ばを過ぎると、チングルマは、綿毛になった種子を風車のようにつけ、朝夕には斜光の中一面に輝く。

山頂の北、鷲羽岳との間のハイマツ覆われた鞍部に三俣山荘とテント場がある。どの登山口から入山しても途中一泊は必要な遠い小屋である。戦後荒廃した小屋を引き継いだ故伊藤正一の、波乱に満ちた人生については山の名著『黒部の山賊』に詳しい。小屋は息子さんたちがしっかり守られているが、正一が私財を投じて開いた湯俣川沿いの伊藤新道が、亜硫酸ガスの影響で吊橋のワイヤが腐朽して落ち、廃道状態なのは惜しまれる。

夕暮れ時小屋の外に出てみると、湯俣川と赤茶色に剥き出しとなった硫黄岳の稜線の向こうに、槍ヶ岳から北鎌尾根へと続く険阻な稜線が、思わぬ近さで横たわっている。夕映えのひととき、数々の歴史を刻んだ光景の中にたたずむのも、三俣蓮華岳の幸いのひとつである。

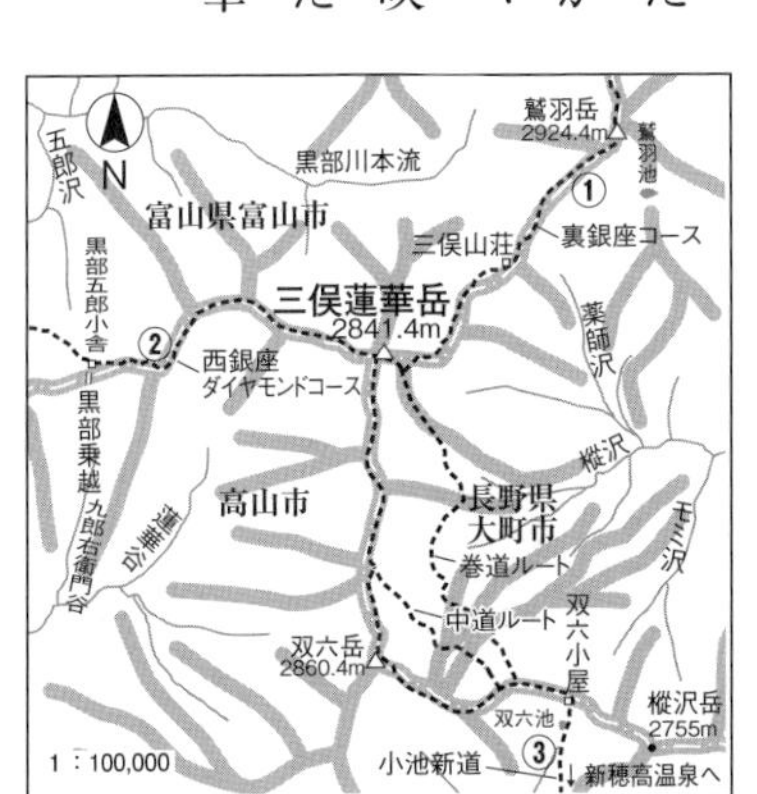

行し山林局の測量が実施されたと考えられる。

●一九一〇（明治四三年）年、日本山岳会の小島烏水と高頭仁兵衛が上條嘉門次を案内人として槍ヶ岳から薬師岳方向に縦走した際に登頂し、彼ら「近代登山」を標榜する者にとって処女地であるこの山に「三俣蓮華岳」と名付けた。陸地測量部の地形図が当初は奥山廻り以来の鷲羽岳の山名であったのを、強引に現在の名に変えた経緯は、深田久弥著『日本百名山』の鷲羽岳の章に詳しい。

5

すごろくだけ

双六岳

二八六〇・四m　二等（三角点名／中保岳）

二万五千分の一地形図／三俣蓮華岳、笠ヶ岳

適期　6月中旬〜10月中旬

登山道　◎

標準タイム　新穂高温泉から：登り8時間15分、下り6時間

難易度　Ⅲ

　高原川の支流双六川は、翡翠色の水をたたえた渓流で、その名は下流部の河畔にある神々が双六[1]で遊んだ伝説を持つ「盤の石」という方形の石にちなむ。上流は金木戸川と名を変え、さらに源頭部は双六谷と呼ばれる深い谷となる。谷を詰めた先にある頂きが双六岳（標高二八六〇m）で、かつては山深い飛騨の中でも神々の住処をおもわせるような最も奥まった山だった。

　一九五五年、双六岳直下にある双六小屋の経営者小池義清らが、新穂高温泉に直結する小池新道を拓いた。これにより、双六小屋は立山連峰や後立山連峰から西鎌尾根を経て槍ヶ岳へ向かう起点として、さらに弓折岳、抜戸岳を経て笠ヶ岳に向かう起点として、重要な役割を担うこととなった。それに伴い双六岳も飛騨山脈主稜線の岐阜県側の玄関口にある山として親しまれるようになった。

　標高約一一〇〇mの新穂高温泉から双六岳までは、一七〇〇mあまり高度を稼がなくてはならない。しかし、急登の連続する表銀座コースの合戦尾根や裏銀座コースのブナ立尾根などに比べると、比較的登りやすいルート取りになっている。しかも途

小池新道からの双六岳

（1）ここでいう双六は、長方形の盤で遊ぶバックギャモンのようなゲーム。

［登山記録］
（「3　黒部五郎岳」、「4　三俣蓮華岳」参照）

〈メモ〉
●山頂に三角点が設置されたのは、槍ヶ岳や笠ヶ岳と同じ一九〇二（明治三五）年。参謀本部陸地測量部の直井武によって二等三角点が選点され、鈴木孫太郎によって観測が行われている。
●いわゆる「近代登山」としては、一九一三（大正二）年、田部重治らが島々から徳本峠を越え、上高地と槍ヶ岳を経て立山温泉に至る北アルプス大縦走の際に初登頂しており、翌一九一四年には、小島

中に左俣谷河畔のわさび平小屋や、池塘に鏡のように槍ヶ岳や穂高岳が映し出される鏡平小屋があるので、自分に合った行程を立てやすい。登山道沿いの鏡平や花見平、そして双六岳の山頂付近に高山植物のお花畑が展開することから、縦走登山ばかりでなく、双六岳そのものをめざす登山者も多く、夏山シーズンともなると、小屋もテント場も大変な賑わいをみせる。

　さて、小屋を後に山頂に向かおう。

　双六岳は深成岩の花崗閃緑岩でできた椀を伏せたような茫洋と大きく丸い姿で、その上に火山岩のデイサイトの小さな丘状の山頂部が載り、秀麗な山容とは言い難い。しかし、その東斜面には氷河地形である圏谷（カール）があって、雪解けとともに白いチングルマやハクサンイチゲ、黄色のウサギギク、シナノキンバイ、ミヤマダイコンソウ、紅いハクサンフウロ、ヨツバシオガマなどが咲き誇り、夢の中を歩くような気分にさせてくれる。ハイマツの茂みから、ライチョウも顔を出す。

　一方、山頂周辺は砂礫と中小の岩に覆われ周氷河地形の階段状構造土や条線構造土が見られる。歩を進め、小丘状の二等三角点のある頂きに立つ。双六小屋では西鎌尾根の途中にある樅沢岳に隠れていた槍ヶ岳が何より大きい。さらに登山道の要だけあって穂高岳、笠ヶ岳、三俣蓮華岳、黒部五郎岳、薬師岳、立山、鷲羽岳など、飛驒山脈のスター級の山岳がひしめきあう。唯一ぽっかり空間の開けた双六谷の遥かに目を泳がせると、白山連峰が雲に浮かんでいた。

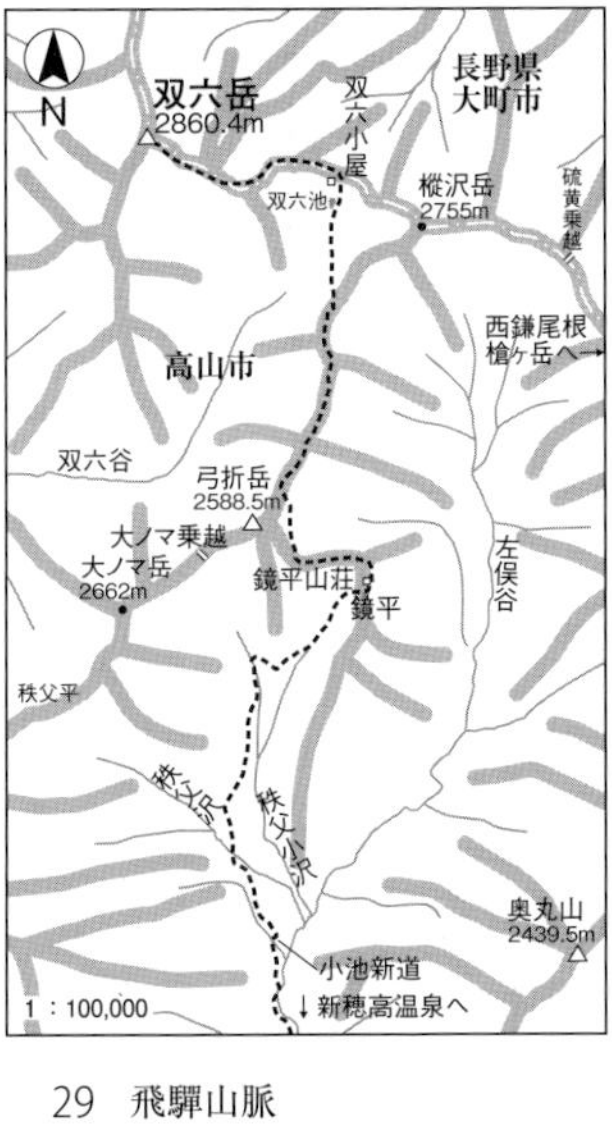

烏水らが双六谷を遡行し、笠ヶ岳に至っている。

●双六川最奥の金木戸集落（廃村）の観音堂にあった円空作の六面の観音像（現在は高山市上宝町桂峯寺蔵）の背中の銘文に元禄三（一六九〇）年、観音像の背銘「四五六嶽」とあるのがこの山の文献上の初出。円空はこの山に登頂し、双六川の源であることから双六岳の名をあてたと考えられる。

6

槍ヶ岳（やりがたけ）

三一八〇m

（二等三角点名／鎗ヶ岳が設置されたが、亡失扱い）

二万五千分の一地形図／槍ヶ岳

適期　7月～10月上旬

登山道　◎

標準タイム　（メモ参照）

難易度　Ⅲ

槍ヶ岳は飛騨山脈南部、長野・岐阜県境の主稜線にあり、標高は三一八〇m、日本第五の高峰で、同山脈では、三一九〇mの奥穂高岳に次ぐ。槍の穂先のような三角錐の頂きは、日本の山岳でも別格の存在として人々の心をひきつけ、「日本のマッターホルン」などともいわれる。飛騨山脈は「日本アルプス」、「北アルプス」などと通称されるけれども、この山がなかったら、そのような呼び方は生まれてこなかったのではないだろうか。

槍ヶ岳の天を衝く山容は、江戸時代の浄土宗の修行僧播隆の心も捉えた。一八二三（文政六）年および翌年に、飛騨から笠ヶ岳に登頂した播隆は、槍ヶ岳を遥拝し、その登頂を決意する。しかし、飛騨側からはかなわず、一八二六（文政九）年信濃の玄向寺立禅和尚の仲介により、安曇郡小倉村（現・安曇野市三郷地区）の村役人中田九左衛門の女婿で飛騨新道の建設に携わり周辺に詳しい中田又重（又重郎）の案内のもと、当時松本藩の森林開発が進んでいた上高地に入り、梓川を遡って槍沢の岩屋を根拠とし槍の肩付近まで登り、一八二八（文

飛騨乗越からの槍ヶ岳

（1）ガウランドの槍ヶ岳登頂の年について、彼自身は登山記録を残しておらず、山崎安治著『日本登山史』（一九六九年、白水社）では、小島烏水がガウランドの登山記録をイギリス人鉱山学教授ジョン・ミルンが明治一三年一二月四〇（ママ）日、アジア教会で行った「日本における氷河時代の遺跡」という講演の記事から発見し、明治一一（一八七八）年七月二八日に登ったとしている。しかし、その後、ガウランドが、一八七七年に同僚ディロンとともに飛騨入りした時の外務省発行の『外国人旅行免状』、およびこれを受けて高山町が周辺の村へ便宜をはからうよう発行した『添え状』、および町がガウランドらの通過があったことの岐阜県令への報告が確認さ

播隆筆『鎗ヶ嶽繪圖』（個人蔵・黒野こうき氏提供）

政一二）年槍ヶ岳の初登頂を成し遂げた。

明治維新を挟んで、一八七七（明治一〇）年、ウィリアム・ガウランドが外国人として槍ヶ岳に初登頂[1]し、一八九二（明治二五）年には ウォルター・ウェストンも山頂に立っている。そして、一九〇二（明治三五）年七月七日には参謀本部陸地測量部の直井武陸地測量手により、選点（三角点の位置を決めること）・造標（測定用の櫓を組むこと）され、中嶋摧陸地測量手により観測、標石埋定がされている。[2] そして同年八月一七日に、小島烏水と岡野金次郎が、測量時のハイマツの切り開きをたどり、測量櫓を目印に登頂。これが「日本近代登山の幕開け」と近代登山史に記されるものである。

槍ヶ岳というと槍の穂先のような山頂部がイメージされるが、これはマッターホルンと同様、氷食尖峰と呼ばれる氷河の浸食作用によって削り残された部分で、山体全体は四方に尾根を伸ばして実に大きく、東鎌尾根、北鎌尾根、西鎌尾根、そして穂高岳へ続く稜線と、いずれをたどっても、嫌というほどそのスケールの大きさを実感させられる。登山道も多様で、長野県側からは、①中房温泉から燕岳、大天井岳を経て東鎌尾根を詰める「表銀座ルート」、②高瀬ダムから烏帽子岳、鷲羽岳、三俣蓮華岳などを経て西鎌尾根を詰める「裏銀座

れ、同年槍ヶ岳と乗鞍岳に登ったことが明らかになっている。

（2） 中嶋は、測量以前、「山頂は今のやうに平面の所は全然なく屋根のやうに∧形だつたので少しけづりとつて平にして測量標石を立てた。（中略）そんなわけで、槍の頂上は私達に依つて削られた為、嚴密に云ふと實際の高さよりもそのときから何デシメートルか低くなつて仕舞つたわけです」と後に語っている（中嶋摧氏に初期の測量時代を訊く『山と渓谷』32号 一九三五年 p20）。

また、現在も標石は山頂にあるものの、地面に埋設・固定されていない状態になっているため、国土地理院では「亡失」扱いとなっており、地形図でも単なる標高点扱いとなっている。

ルート」、③上高地から槍沢を詰める「槍沢ルート」がある。富山県側からは、④折立から太郎山、北ノ俣岳、黒部五郎岳、三俣蓮華岳、双六岳などを経て西鎌尾根を詰める「西銀座ダイヤモンドコース」がある。そして岐阜県側からは、⑤新穂高温泉から蒲田（がまた）川右俣谷に入り、槍平を経て飛騨沢を詰める「槍平ルート」、⑥二〇〇五年新たに整備された、同温泉から左俣谷に入り、わさび平から奥丸山を経て西鎌尾根の千丈乗越に合流する「わさび平ルート」がある。そのほか、飛騨山脈の主稜線を行く「槍穂高縦走ルート」、さらにバリエーションルートとして、「北鎌尾根」などを数えることができる。

　この山には、様々なルートで幾たび登ったことだろう。

　最初に登ったのは、登山を始めて間もない頃、新穂高温泉から小池新道を経て西鎌尾根からだった。テント山行の初体験で、ペース配分も分からないまま先輩の背中を追い長大な尾根を詰めていくうちに足が攣ってしまった。それでも、何とか尾根を登り切り、槍の穂先に立った時の達成感は、今も登山の原点になっている。

　五月連休、上高地から入山し、残雪の槍沢をベースにピッケルを雪に突き立てて、滑落停止の練習を繰り返した雪上訓練の手ごたえ。一〇月ナナカマドの紅葉が燃える東鎌尾根の表銀座ルートをたどり、どんどん槍が迫ってくる縦走の楽しさ。その下山に、バリエーションルートの「氷河公園」とも呼ばれる圏谷の天狗原に回り道し、雪渓が消える秋にようやく姿を現す天狗池に見た「逆さ槍」も目に焼き付いている。

　槍ヶ岳から穂高連峰を経由し焼岳まで主

【登山記録】（…：徒歩）

2012年7月26日（木）晴
新穂高温泉鍋平駐車場6：45…白出沢9：13…滝谷避難小屋10：18…槍平小屋11：25（昼食）…千丈乗越分岐13：58…飛騨乗越16：00…槍ヶ岳山荘16：20

2018年8月5日（日）晴
南岳小屋4：40…南岳山頂4：52…中岳山頂6：15…大喰岳山頂6：50…槍ヶ岳山荘7：30～7：40…槍ヶ岳山頂8：15…槍ヶ岳山荘8：30…千丈乗越9：25…左俣岳山頂10：45…樅沢岳山頂12：35…双六小屋13：00…双六岳山頂14：05～14：15…三俣蓮華岳山頂15：12～15：25…三俣山荘16：20

〈メモ〉
〔標準コースタイム〕
①「表銀座ルート」
登り15時間30分
②「裏銀座ルート」
登り22時間30分
③「槍沢ルート」
登り9時間45分、下り8時間

稜線を縦走した折の初日の日没直前、この山の頂きに立ったときのことも忘れ難い。ハシゴや鎖が取り付けられた槍の穂先部分には、多くの登山客が列を作っているのが常で、その夕べも、団体登山の高校生たちが身動き取れないほど団子になってにぎやかに取り付いていた。山上の大渋滞に辟易しつつも、飛騨山脈最難といわれる明日からのルートを確認しておかねばと、その後ろについて、ようやく山頂に立つことができた。と、「夕飯までに帰るぞ」の教師の声に高校生たちが一斉に下山してしまい、独り取り残されてしまった。静まりかえった残照の頂きで、圧倒的な量感をもって重畳する、大喰岳、中岳、南岳、北穂高岳、涸沢岳、前穂高岳、奥穂高岳に向かい合い、明日からの厳しい行程に武者震いしながらも、自分の命を生きている手応えを感じ取ることができた。登山者として極みの瞬間がそこにあった。

西鎌尾根からの槍ヶ岳

④「西銀座ダイヤモンドコース」
登り21時間
⑤「槍平ルート」
登り10時間、下り7時間
⑥「わさび平ルート」
登り10時間45分、下り9時間
●ヘルメット携帯が推奨されている。

7

南岳

みなみだけ

三〇三二・九ｍ　三等（三角点名／北穂高）

飛騨山脈のハイライトというべき槍ヶ岳と穂高岳をつなぐ岐阜・長野県境の主稜線にありながら、大喰岳（標高三一〇一ｍ）、中岳（三〇八四ｍ）、南岳（三〇三二ｍ）は不遇な山たちである。いずれも日本に二一山しかない三〇〇〇ｍ峰なのに、槍・穂縦走の通過点のような扱いを受けてきた。しかしそのうち南岳は、次のとおり岐阜県を代表する山岳のひとつとしてもっと光が当たっていい魅力を持っている。

まず、南岳とその南の北穂高岳（三一〇六ｍ）の間には、最低部が二七四八ｍまで落ち込んだ「大キレット」と呼ばれる大きなＶ字形に切れ込む岩稜帯があるため、南岳は独立した山岳としての風格がある。[1] この大キレットは、一九〇九（明治四二）年穂高岳側から槍ヶ岳へ初縦走した鵜殿正雄が、最も苦労をした難所で、槍ヶ岳から延びる尾根の南端にあたることから、南岳の名はこの時彼が命名している。

また、難所が控えていることもあって、岐阜県側の槍平から直登する②南岳新道や、長野県側の槍沢から「氷河公園」とも呼ばれる天狗原を経由し南岳の北で主稜線に出る③エスケープルートが付けられてい

南岳新道から見上げる南岳

二万五千分の一地形図／穂高岳

適期　7月～10月上旬

登山道　①③④◎　②○

標準タイム　①槍ヶ岳山荘から：2時間40分　②南岳新道槍平小屋から：登り4時間10分、下り3時間　③横尾から天狗原経由：6時間10分　④北穂高小屋から：3時間20分（難路）

難易度　Ⅲ

（1）各ピーク間の距離は、槍ヶ岳（直線距離で約七〇〇ｍ）大喰岳（六五〇ｍ）中岳（一二五〇ｍ）南岳（一八五〇ｍ）北穂高岳（八〇〇ｍ）涸沢岳（八五〇ｍ）奥穂高岳で、南岳は北の中岳、南の北穂高岳と独立峰たる距離を確保している。

（2）南岳小屋は一九六一年営林署が建設した「南岳避難小屋」を前身とし、一九八六年に山小屋として営業を開始した。また、現在の南岳新道は、前身の登山道が一九九八年の地震で崩れ、翌年に二〇〇〇年開催のインターハイのコースとして上宝村が県の予算補助を受け整備したもの。

（3）実は南岳がもっとも立派に見えるのが蝶ヶ岳で、横尾尾根と屏風岩が額縁のように切り取り、

る。さらに山頂直下に南岳小屋もある。[2] そのため、この山を登山の目的地とすることができ、さらに槍ヶ岳とつなぐことで、バリエーション豊かな登山体験もできる。

　ここでは、八月の南岳新道を紹介したい。

　槍ヶ岳をめざす登山者でにぎわう槍平小屋の東に開かれた南岳新道登山口は、いたって静か。針葉樹林帯の中をしばらく登ると、おびただしい岩が転がる荒れた南沢に出る。注意深く踏み跡やマークを確認しながら対岸に渡る。急な尾根道を息を切らしながら登高し、槍平側を振り返ると、まず奥丸山の丸い姿が、そして壮大な圏谷を抱きこむ笠ヶ岳と抜戸岳が現れる。森林限界を超え、ハシゴのかかる痩せた岩の尾根道に出ると、行く手に重厚な南岳のピークが見えてくる。尾根を離れ、鎖のある斜面をへつるあたりが、本ルートの最難所。雪田を横切ると、ジグザグの登りがはじまり、雪の消えたところからみごとなお花畑になる。登りきった大キレットを南に控えた小平地に、石垣に囲まれた南岳小屋とキャンプ地がある。

　稜線を北にひと登りして山頂に立つ。南の穂高側には長谷川ピーク、飛騨泣きなどの稜線上の難所や、日本を代表するロック・クライミングの舞台である滝谷が荒々しく展開する。そして北には、岩の塊のような中岳、大喰岳の向こうに槍ヶ岳が鋭い穂先を突き立てる。西に笠ヶ岳、東に屏風岩越しに蝶ヶ岳が見える。[3] 小屋もあることから山岳写真撮影にも格好だろう。

　この静かな展望絶佳の山は、もっと評価されていい。岐阜県側からより安心して登れるよう、更なる登山道の整備が望まれる。

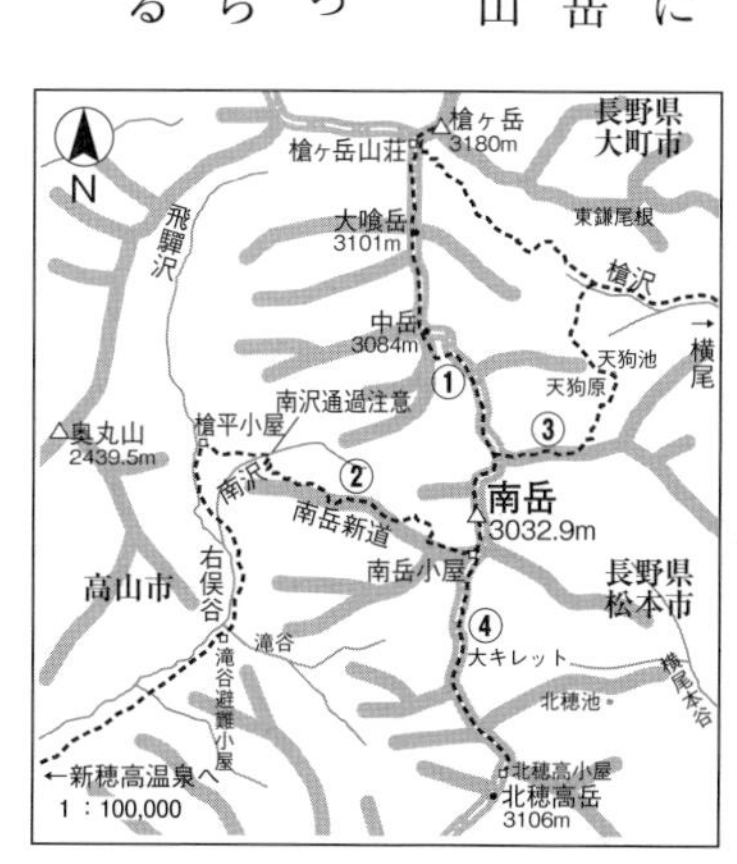

圏谷を持つこの山の風格に気付かされる。

【登山記録】（…：徒歩）
２０１８年８月４日（土）晴
新穂高温泉５：００…槍平小屋９：０５…南岳小屋１３：０５…南岳山頂１３：２５…南岳小屋（泊）

〈メモ〉
●南岳新道は、ハシゴなどの小補修はされているものの、全体の老朽化は否めない。南沢も荒れており注意が必要。
●ヘルメットを携帯したい。

8

穂高岳（ほたかだけ）

二万五千分の一地形図／穂高岳

［主要なピーク］
●奥穂高岳／三一九〇m　三角点なし
●涸沢岳／三一一〇m　三等「奥穂高」三角点三一〇三m
●北穂高岳／三一〇六m　三角点なし
●前穂高岳／三〇九〇m　一等「穂高岳」
●西穂高岳／二九〇九m　三等「前穂高」
●明神岳／二九三一m　三角点なし

「穂高岳」は、「白山」や「大雪山」と同様、特定のピークの名ではなく、連峰の総称で、最高峰の奥穂高岳をはじめ、北穂高岳、涸沢岳、前穂高岳、西穂高岳、明神岳などの長野・岐阜県境の峰々で構成されている。近代登山の幕開け以来、北側の槍ヶ岳とともにアルピニズムの象徴的な存在として、日本中の登山者を集めてきた。

　穂高岳と槍ヶ岳は、約一七五万年前の、当時存在した巨大火山の噴火によってもたらされた火砕流の堆積した溶結凝灰岩が、その後一〇〇万年かけて二〇〇〇メートルほど隆起して形成されたと考えられている。さらに数万年前の氷河期には、氷河の浸食作用によって涸沢にみられるような深い圏谷（カール）が刻み込まれた。そんな長い時が作り上げた荒々しくも神々しい岩と雪の光景に胸をときめかせたことが原体験となっている岳人も多いのではないだろうか。

十石山からの穂高岳

　ここで、穂高岳をめぐる歴史をひもといてみたい。穂高岳の名は、信濃国三ノ宮の穂高神社およびその主祭神穂高見命（ほたかみのみこと）に関わる。穂高神社は安曇野市穂高にある本宮（里宮）のほか、上高地明神池の入口に奥

（1）信濃国側で穂高岳の名が記された記録の初出は、元禄九（一六九六）年に幕府が各国の主要大名らに作成を命じた、元禄国絵図の下図と思われる『師岡本信州筑摩郡安曇郡図』（松本市立博物館蔵）に「保高嶽」とあるもの。なお、幕府が各国の諸大名に作成を命じた江戸期の正式な「国絵図」は、正保、元禄、天保の三回作成されているが、いずれにも穂高岳にあたる山の名は記されていない（松本市・松本市教育委員会二〇一七年『上高地保存管理計画改訂版』）。ちなみに、江戸時代は地図のことを「絵図」と呼んでおり、「地図」という用語は明治になって学校教育に導入され一般化した。

また、幕末嘉永二（一八四九）

宮があり、奥宮では少なくとも江戸中期から二〇年に一度の遷宮行事が行われてきた。上高地も、かつては奥宮の神域として「神垣内」「神河内」などと記された。

上高地の開発は、江戸時代前期の松本藩による木材伐採の開始に始まる。元禄時代にはすでに田代、明神（徳郷）、徳沢、横尾ほか一二ヶ所に杣小屋があり、明神には藩役人が常駐していた。穂高神社は、北九州にルーツがある海人の一族である安曇氏の祖神を祀り、本来海との関わりが深いが、松本藩の所領地にあるため、上高地の開発とともに奥宮が置かれ、山岳との関係を深めていったと考えられる。ただし、江戸時代において穂高岳とは、奥宮あたりから眺められる明神岳から前穂高岳あたりを指しており、その岩峰の重なりを御幣に見立て御幣岳とも呼ばれていた(1)。

一方、江戸時代の飛驒国側では、穂高岳とはどのような存在だったのだろうか。飛驒高山藩は、代々金森氏が藩主を務めていたが、元禄五（一六九二）年、六代目頼時の時に突然移封となり、飛驒国は幕府直轄領となった。これは飛驒国の金や木材などの豊富な資源に幕府が目をつけたとの説もある。元禄八（一六九五）年、幕府は大垣藩主戸田采女正氏定に命じて飛驒全土の検地を行わせ、この時に作成された詳細な国絵図が現存する。そこに硫黄（硫黄嶽＝焼岳の飛驒側の呼称）、鑓ヶ嶽、笠ヶ嶽は記されているものの穂高岳はない。ようやく幕末の絵図に「穂高嶽」が登場する(2)。

いずれにしても、今では槍ヶ岳と並んで飛驒山脈を代表する山岳とされる穂高岳も、江戸期の飛驒の人々には、ほとんど知られず、信濃側も含めその全容はまだ把握されていなかったことが伺われる。そのような中で穂高岳をも活躍の舞台とした山岳修行

年の『善光寺道名所図会』に、御幣のような形であるとして「穂高嶽」が描かれているが、これは明神岳から前穂高岳あたりを描いたものと考えられる。

（2）安政三（一八五六）年二木氏作成の私的な国絵図や、高山陣屋の御用絵師松村梅宰の画による木版の『官許飛驒国中全図』など。

（3）荒々しい彫りあとをみせる「円空仏」で知られる円空は、江戸前期の山岳修行僧。槍ヶ岳の開山で知られる播隆は、江戸後期の浄土宗の僧。

高山市上宝町桂峯寺蔵の円空作の十一面観音像（実際には六面が彫られている）には、元禄三（一六九〇）年の年号と「保多迦嶽」など六つの山名が記される。この像は、双六川の上流金木戸川沿いの最奥の集落金木戸の観音堂に伝わったが、廃村に伴い桂峯寺に移されたもの。これが現在確認できる穂高岳の山名が記された最古の記録であり、円空が穂高岳に登っていた可能性がある。

また、文政一一（一八二八）年

僧の円空や播隆の活躍が特筆される(3)。

明治に入ると、穂高岳は陸軍参謀本部陸地測量部による山岳測量が進められるとともに、一九世紀にヨーロッパアルプスを舞台としてイギリスを中心に広まったスポーツとしての登山「アルピニズム」の舞台としても脚光を浴びる。彼らを案内人として支えたのが、上高地の上條嘉門次や、上宝村中尾集落の中島作之助をはじめとする地元猟師など、山に生きる人々だった。

岳人憧れのジャンダルム（奥穂高岳側から）

まず、明治二六（一八九三）年八月には陸地測量部の測量官舘潔彦が上條嘉門次とともに前穂高岳に初登頂、その直後ウォルター・ウェストンも嘉門次の案内で前穂高岳に登頂している。奥穂高岳の初登頂は、同三九（一九〇六）年測量官の阿部郡治で、岐阜県側の白出沢から中島作之助を案内人にして登頂している。さらに、阿部は同年、飛騨側の小鍋谷から西穂高岳にも初登頂している。

金木戸観音堂に伝わった円空作十一面観音像とその背銘〔右〕（桂峯寺蔵・小島梯次氏撮影）

七月二〇日槍ヶ岳に初登頂を果たした播隆が、八月一日には穂高嶽にも登り名号を刻んだ石柱を最高頂に安置したと『播隆言行録』に記載されている。播隆自身が描いた絵図にも穂高に「仏安置」と記されている。しかし円空や播隆が、穂高嶽のどの頂きに登ったかは明らかではない。

（4）ただし、涸沢岳を北穂高岳、北穂高岳を東穂高岳とするなど、現在とは異なる山名もあった。穂高の各ピークの名前が現在のものになったのは大正年間。このような経緯があり、三角点の基準点名

明治末から大正には、西洋のアルピニズムに感化された日本人登山家の登頂が始まるが、穂高岳については、鵜殿正雄の活躍が特筆される。明治四二（一九〇九）年八月、老練な嘉門次とともに穂高～槍縦走、大正二（一九一二）年八月にも再び嘉門次とともに西穂～奥穂縦走を行い、それまで漠然と穂高岳と呼ばれていたものに、登山記録『穂高岳槍ヶ岳縦走記』の中でピークごとに山名を付けていった(4)。

その後、冬季初登頂・初縦走が行われるとともに、北穂高岳の滝谷などにロッククライミングのルートが次々と開拓された。その一方、大正五（一九一六）年、のちの首相・東久邇宮が槍ヶ岳に登山するにあたり、島々～徳本峠、明神～槍ヶ岳の登山道が整備され、今田重太郎が大正一三（一九二四）年、白出（しらだし）のコルに石室を造り、翌一四（一九二五）年に穂高岳山荘の前身となる穂高小屋を開業するなど、山小屋や登山道の整備が進む。そして登山は大衆化されていった。

第二次世界大戦をはさみ、先鋭的なアルピニズムの舞台は海外に移り、昭和四五（一九七〇）年新穂高ロープウェイが開業、一九九〇年代には「日本百名山」ブームが起こるなど、穂高岳をめぐる世相は、めまぐるしく移り変わった。

しかし、人が何を求めるかは変わっても、穂高岳は人間どもの思惑をはるかに超越した原初の姿でそこにある。それこそが穂高岳に向かい合う時、われわれの胸の奥ふかくを震わせる根源なのではないだろうか。

と山名に食い違いが生じている。

8-1

北穂高岳

きたほたかだけ

三一〇六m

三角点なし

二万五千分の一地形図／穂高岳

適期　7月～9月

登山道　◎

標準タイム　①上高地から涸沢経由：9時間　②穂高岳山荘から：2時間35分　③南岳小屋から：3時間45分

難易度　Ⅲ

北穂高岳は、穂高連峰のもっとも北に位置する。標高は三一〇六mと、奥穂高岳（三一九〇m）や涸沢岳（三一一〇m）に次ぐけれども、岳人――特にクライマーにとっては、特別な存在で、「北穂」と呼ぶ時、雪と岩の鮮明なイメージがそこに浮かび上がる。

地形図を開いてみると、穂高連峰の中でも、北穂高岳周辺の特に飛騨側の等高線の稠密なことは群を抜いている。登山道の整備されている山のなかでは、日本で最も難易度が高い山のひとつだろう。

①メインの登山道は、上高地から涸沢を経由しているが、同じく涸沢から奥穂高岳へ向かうザイテングラート（ドイツ語で支稜線の意味）と呼ばれる登山道と比べても、急傾斜で岩場が多いため鎖場が多く難易度も高い。

また、②奥穂高岳から涸沢岳を経て北穂高岳に至る主稜線の縦走路は、特に涸沢岳からD沢のコルを経て涸沢槍に登り返しさらに下る部分に鎖や梯子が連続し、一般登山道ではあるものの、相当な緊張感を強いられる。

そして、③主稜線を北穂高岳から南岳に

南岳からみた北穂高岳

（1）ただし、錫杖岳などは今もロッククライマーの人気を集めており、二極分化したといった方がいいかもしれない。

【登山記録】（…：徒歩）

2012年7月27日（金）晴

槍ヶ岳山荘4：40…大喰岳5：15…中岳5：55…天狗原への分岐6：42…南岳7：00…南岳小屋7：15…長谷川ピーク8：50…（飛騨泣き）…北穂高小屋10：50～11：30…（涸沢ルート途中まで往復）…稜線分岐13：10…最低コル14：22…涸沢岳15：30…穂高岳山荘15：55

〈メモ〉

●登山道は整備されているが、いずれのルートも落石、滑落などの事故が多発しており、慎重に行動

向かう間には大キレットと呼ばれる稜線が不安定に落ち込んだ難所がある。一九〇九（明治四二）年八月、鵜殿正雄が上條嘉門次の案内のもとに奥穂高岳に登頂し、日本初の槍ヶ岳への縦走を行った際の記録『穂高岳槍ヶ岳縦走記』では、「峰頭を仰ぐと危岩が転げ落ちそうで、思わず首がすくむ、足下は何十丈だかしれぬ深谷、ちょっとでも踏みそこなうものなら、身も魂もこの世のものとは思われぬ」と、その通過を最大の難関として記している。そのような険阻な場所だけあって、南岳側から大キレット越しに向かい合う北穂高岳は、アルピニズムという価値観から見た山岳美の極致で、朝に夕に見飽きることはない。

　さらに、北穂高岳を特別なものにしているのは、滝谷だろう。涸沢岳から北穂高岳にかけての飛騨側は、岩尾根がひしめき合い壮絶な光景を作り出しており、「岩の墓場」とも呼ばれる。一九二五（大正一四）年、関西ロック・クライミング・クラブの藤木九三と、早大の四谷竜胤および小島六郎が、どちらも飛騨の山案内人と共に、同じ八月一三日に初登攀して以来、日本におけるロッククライミングの主戦場となった。

　安曇節に「鳥も止まらぬ　滝谷尾根で　若き情熱を　燃やしけり」とうたわれた当時を実体験として知る岳人も次第に少なくなって、現在クライミングの中心は、オリンピック競技ともなるスポーツクライミングや、フリークライミングに移行している。(1)

　しかし、時は流れても、北穂高岳に向かい合えば、自然の厳かさ、そして人間存在の小ささ・かけがえのなさを鮮明に感じ取ることができるのではないだろうか。

する必要がある。特に悪天での無理な行動は避けたい。ヘルメットは必携。

北穂高岳～涸沢岳間は気の抜けない難場

8-2

飛騨山脈

奥穂高岳（おくほたかだけ）

三一九〇m

三角点なし

穂高連峰の最高峰奥穂高岳（標高三一九〇m）は、富士山（三七七六m）、赤石山脈の北岳（三一九三m）に次ぐ日本第三の高峰で、飛騨山脈の最高峰、岐阜県および長野県の最高峰でもある。

奥穂高岳がそのように特別な存在であると明らかになったのは案外新しい。江戸時代は、明神岳から前穂高岳あたりが「穂高嶽」とみなされていた。明治二六（一八九三）年に陸地測量部の測量官館潔彦が上條嘉門次の案内で前穂高岳に一等三角点を置き、点名を「穂高岳」としたのも、このような当時の認識に基づく。その後、明治三九（一九〇六）年、測量官の阿部郡治が初登頂し、奥穂高岳が、最高峰と判明した。そして、明治四二年（一九〇九）八月、鵜殿正雄が嘉門次とともに前穂高岳から奥穂高岳を経由し、槍ヶ岳まで縦走しており、これが「近代登山」としての初登頂となる。

現在では、奥穂高岳は、槍ヶ岳と並び、岳人憧れのピークであり、夏山シーズンともなると多くの登山者を集めている。

奥穂高岳へのルートとして、現在もっともよく登られているのは、①上高地から日

ジャンダルムからの奥穂高岳

二万五千分の一地形図／穂高岳

適期 7月～9月

登山道 ①～④◎　⑤○

標準タイム ①上高地涸沢ルート：登り9時間30分、下り7時間15分　②上高地岳沢ルート：登り9時間30分、下り5時間40分　③新穂高温泉白出沢ルート：登り9時間、下り5時間30分

難易度 ①～④ Ⅲ、⑤ Ⅲ

［登山記録］（…：徒歩）

2019年8月3日（土）　晴時々曇

岳沢5：00…天狗のコル7：50…ジャンダルム10：00…奥穂高岳山頂12：00…（吊尾根）紀美子平14：10…（重太郎新道）…岳沢16：45（泊）

〈メモ〉

●奥穂高岳に一般登山者でも登れるようになったのには、山頂直下にある「穂高岳山荘」の果たしてきた役割も大きい。上宝村蒲田出身で穂高の名ガイドだった今田重太郎（一八九八−一九九三年）が、穂高稜線の避難小屋の必要性を痛感し、一九二四（大正一三）年奥穂高白出のコルに石室を造り、翌一九二五年、穂高岳山荘の前身となる穂高連峰初の山小屋「穂高小

本有数の圏谷（カール）涸沢を経由し、ザイテングラートを経由するルートである。カラフルな涸沢のテント場や、秋にはナナカマドの燃えるような紅葉を楽しめる。

そのほかに、②上高地から岳沢を経て重太郎新道で前穂高岳との吊尾根をたどるルート（前穂高岳往復を入れて九時間三〇分）がある。岳沢と前穂高岳間の重太郎新道部分が急斜面で梯子なども多く、特に下山で使う時は十分注意したい。

岐阜県側からのルートである、③新穂高温泉から白出沢を遡行するルートは喧噪を避けたい向けにいいだろう。ただし、白出沢の浮石の多いガレ場と、雨天時の増水には十分注意したい。

岐阜・長野県境稜線を行くルートとしては、④北穂高岳から涸沢岳を経由するルート（三時間）がある。北穂高岳の項で触れたように岩場の難所が連続するので、滑落しないよう慎重に確保し、落石に注意する必要がある。

そのほか、⑤西穂高岳からジャンダルム（前衛峰）を経由するルート（七時間）もあるが、落石が多くホールドもしっかりしていない難コースで、熟達者向きである。

詳細なルート案内は、最新の情報がガイドブックやインターネット上にあふれているので、それに任せた方がいいが、色とりどりのテントの花が咲く涸沢からザイテングラートをたどるもよし、天空に緊張感のあるシルエットを描く吊尾根を眺めながら重太郎新道に汗するもよし、地味ながら、静けさに包まれた白出沢ルートをもくもく進むのもまたよし。——季節や、技量、そして心のありようにしたがい、さまざまな登り方のできる懐の深い山であり、また山を読み、自然を感じ取る力を試される山でもある。

屋」（二〇人収容）を始め、登山者の増加に合わせ大改装（一〇〇人収容）後、一九五八（昭和三三）年に現在の名前となった。戦後、上高地から岳沢を経由する直登ルート「重太郎新道」を拓いたのも彼であり、白出沢にも「重太郎橋」の名を残す。

●二〇二〇年の岐阜・長野県境群発地震の震源に近い岳沢は、その被害が大きかった。直近の登山情報を確認されたい。

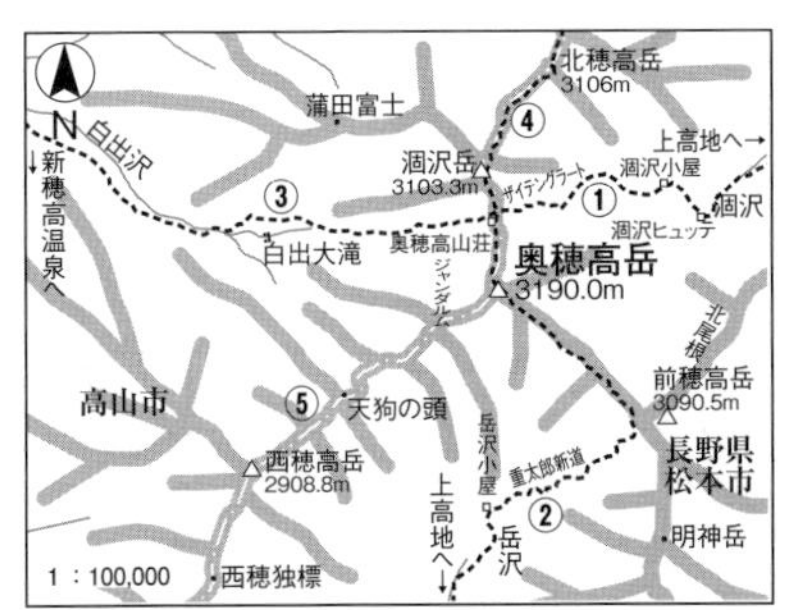

8-3

西穂高岳

にしほたかだけ

二九〇八・八m　三等（三角点名／前穂高）

　穂高連峰において西穂高岳はやや異質な存在である。標高は二九〇九mと三〇〇〇mに満たず、その山容も、上高地側から見る場合、奥穂高岳からいったん天狗のコルで落ち込んだ飛騨山脈主稜線が、天狗岩、間ノ岳、西穂高岳とほぼ同じ高さのピークを突き立てた後、ピラミッドピーク、西穂独標、丸山と次第に標高を落としていくノコギリ状の岩峰の一ピークに過ぎないようにも見える。

　また、新穂高温泉から二一五六mの千石平にある西穂高口駅まで通年営業の新穂高ロープウェイで上がれ、途中の丸山あたりまでは観光客がハイキングを楽しんでいる光景も、北穂や奥穂では見られない。

西穂独標からの西穂高岳（左）、奥穂高岳（中央）、前穂高岳（右）

　山頂へのルートのうち、①長野県上高地からのルート（登り七時間一〇分、下り四時間四〇分）は、一泊二日で登られることが多いが、②岐阜県側の新穂高温泉から新穂高ロープウェイを利用するルート（登り四時間四五分、下り三時間三〇分）であれは、早立ちすれば日帰りも可能となる。どちらも、オオシラビソなど針葉樹林の中によく踏まれた登山道があり、主稜線上の西穂山荘で合流する。森林限界にある飛騨山

二万五千分の一地形図／穂高岳

適期　7月～9月（無雪期）
積雪期は丸山までは初級訓練に好適だが、その先は本格的な技術が必要

登山道　◎

標準タイム　①上高地から：登り7時間10分、下り4時間40分　②新穂高ロープウェイ千石平駅から：登り4時間45分、下り3時間30分

難易度　①上高地側：Ⅲ
②新穂高側：Ⅱ

【登山記録】
（＝ロープウェイ、…：徒歩）

2012年7月29日（土）
晴れ時々霧　小屋で雷雨
穂高岳山荘5：05…奥穂高岳5：45…ジャンダルム7：00…天狗のコル（岳沢分岐）8：30…天狗岳9：15…間ノ岳10：10…西穂高岳11：35…独標12：40…西穂山荘13：55～14：10…上高地分岐14：25…焼岳山荘17：10

2019年9月7日（土）　晴
新穂高温泉・鍋平駐車場（駐車）6：25…新穂高ロープウェイしらかば平駅7：00＝千石平駅7：20…登山口7：35…西穂山荘8：15…丸山8：45…西穂独標9：10…ピラミッドピーク9：40…西穂高岳山頂10：30～11：15…独標11：55…西穂山荘13：30～14：00…千

脈主稜線唯一の通年営業の山小屋で、雪上訓練の拠点として使われることも多い。

山荘を後に、ハイマツの広々と展開する主稜線を登高するとき、西穂高岳は、稜線を横から見た時のノコギリの歯の一片のような山容とは打って変わり、手前の丸山、西穂独標、ピラミッドピークがひとつに重なり、背後の奥穂高岳が隠れることもあって、登高意欲がかき立てられる。

丸山（二四五二ｍ）までの登山道は、広くおだやかで、左に白山連峰や笠ヶ岳、右に上高地越しに八ヶ岳や赤石山脈、富士山などをながめながら漫歩でき、ロープウェイを利用した軽装の観光客も混じる。しかし、西穂独標（二七〇一ｍ）が近付くにつれ、急峻な痩せ尾根に変わり、本格的な岩稜の世界に入る。滑落や落石などの遭難も多発しているので、ヘルメット着用が必須となる。

ピラミッドピークを経て、ようやく立つ西穂高岳のピーク。目の前には、前穂高岳と吊尾根でつながる奥穂高岳が大きく立ち塞がり、奥穂と西穂の間には、ジャンダルム、天狗岩、間ノ岳と、主稜線のうちでも別格の悪所が控える。

奥穂高岳の先に目を転じると、北穂高岳、槍ヶ岳、西鎌尾根を経て笠ヶ岳まで蒲田川を囲むように岩の稜線が続き、その奥に、黒部五郎岳や立山なども頭をのぞかせている。

穂高岳とは岩と雪の大伽藍の総称で、奥穂高岳のピークに立っただけで、穂高岳に登ったとしてしまうのは、あまりにもったいないと思う。そんな奥深い魅力に満ちた山岳が、わが岐阜県にあり、季節を変えながら足しげく通える幸いを、改めてかみしめた。

石平駅14：40＝しらかば平駅14：50…鍋平15：20

〈メモ〉

●ロープウェイで二一五六ｍの千石平駅に立つことができるので、容易な山のようにとらえられがちだが、丸山から先で滑落などによる遭難も頻繁に発生している。他の飛騨山脈の山々と同様、登山届の提出が義務付けられ、ヘルメット着用は必須。

11

焼岳

やけだけ

二四五五・五ｍ　二等（三角点名／焼岳）

別名　硫黄岳

「火山大国」ともいえる日本の中でも、焼岳は今なお活発な噴気活動を続ける活火山中の活火山である。(1)山頂部は溶岩ドームとなっており、直径約三〇〇ｍの火口を取り囲んで火口壁の南峰（標高二四五五六ｍ）と、北峰（二四四四ｍ）がそそり立つ。一九一五（大正四）年の大噴火による泥流で梓川が堰き止められ大正池ができ、その後一九六二（昭和三七）年にも大爆発を起こし、以後長い間登山禁止となっていた。ようやく北峰までは一九九二年に登山が解禁されたが、二等三角点のある最高点の南峰は、今も立入禁止となっている。硫黄で黄色く染まった山頂付近の噴気孔から噴煙が上がり、かつて飛騨側で硫黄岳と呼ばれていたのもうなづける。

大地のエネルギーを感じさせる迫力ある姿は登山者をひきつけ、登山道が四方から通じている。①上高地ルートは、かつて泥流が梓川を埋め大正池を作りだし、今も土石を押し出し続ける峠沢に沿って登高し、焼岳の荒々しい姿を体感できる。六月のウェストン祭の頃には、登山口周辺をニリンソウが真っ白に埋め尽くす。②新中の

福地山からの焼岳

二万五千分の一地形図／焼岳

適期　6月～10月上旬
新中ノ湯ルートは積雪期もよく登られる

登山道　◎
①上高地ルート：登り4時間、下り3時間
②新中の湯ルート：登り3時間、下り2時間
③主稜線縦走ルート：西穂山荘から4時間
④中尾ルート：登り4時間30分、下り3時間30分

標準タイム

難易度　①～④Ⅱ

（1）活火山とは、「概ね過去一万年以内に噴火した火山及び現在活発な噴気活動のある火山」と定義されている（気象庁『日本活火山総覧第4版追補版』）。日本は世界の陸地面積の〇・二五％に過ぎない国土に世界に約一五〇〇ある活火山の一一一、実に七％超が集中している。

（2）天正一三（一五八五）年、松倉城主姉小路（三木）秀綱が、豊臣秀吉の命を受けた金森長近（後の初代高山藩主）に追われ信濃国に落ちゆく途中討たれたものを祀った社だという。

[登山記録]（…：徒歩）
２０１９年10月20日（日）
霧　山上は快晴
中尾尾温泉（駐車）7：40…登山

湯ルートは、登山口の標高が一六〇〇mともっとも高いため、往復五時間と最短で、初級者も日帰りで山頂に立つことができる。また、③県境稜線には西穂高岳から割谷山を経由する縦走ルートもある。

長野県側のルートが、いつもにぎわっているのに対し、岐阜県側の、④高山市上宝(かみたから)町中尾からはじまる中尾ルートは、関東方面から遠く、登山口が標高約一二〇〇mと最も低く長丁場となることもあって、登山者はいたって少ない。しかし樹林が美しく、数々の歴史に彩られた名ルートである。

今は山岳リゾートに変貌した中尾は、大正から昭和初期の「探検登山」の時代に名だたる山案内人を輩出したことで知られる。水蒸気をもうもうと吹きあげる源泉の脇を通り林道を進み登山口に出る。沢を渡り取り付く原生林に包まれた尾根道は、特に苔むしたブナの巨木が圧巻で、登山口が低いからこそ、雪の多い飛騨側だからこそ出会える飛騨山脈きっての美しい森である。標高一九〇〇mあたりで、秀綱神社(2)の鳥居に出会うと間もなく旧中尾峠と噴火で被災し移転した焼岳小屋のある新中尾峠との分岐がある。樹林帯を抜け出て旧中尾峠に立つと、荒々しい溶岩ドームが姿を現し、硫黄の臭いが鼻をつく。たどり着いた北峰の頂きからは、北側に上高地から立ち上がる明神岳から前穂高岳、吊尾根で結ばれた奥穂高岳、槍ヶ岳、笠ヶ岳に至るまで名山高峰が展開する。南には正賀湖と呼ばれる火口湖や南峰越しに乗鞍岳、そして東には木曽山脈と赤石山脈の向こうに富士山――飛騨山脈屈指の展望がそこにあった。

口7：50…秀綱神社9：50…新道・旧道分岐9：55…焼岳北峰山頂11：40～11：50…焼岳小屋13：20…登山口15：20

〈メモ〉

●活火山であり、登山届提出が義務付けられている。ヘルメットは必携。

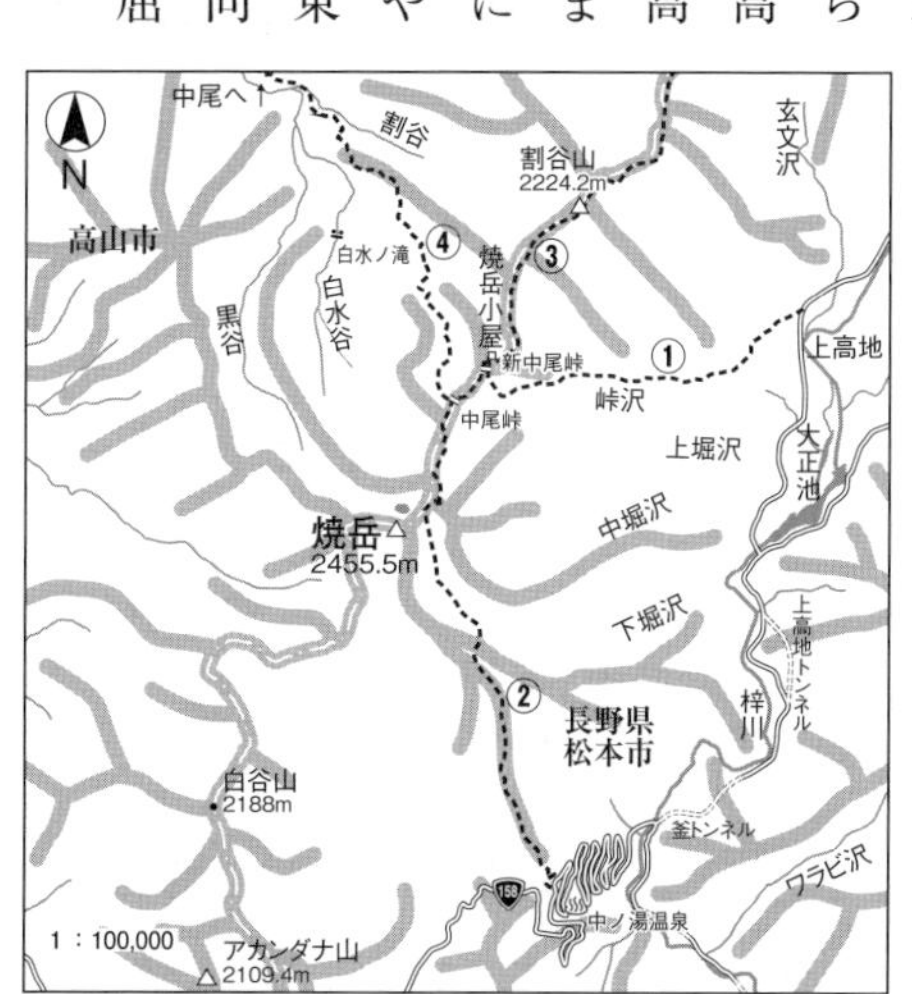

12

飛騨山脈

かさがたけ

笠ヶ岳

二八九七・六ｍ　二等（三角点名／笠ヶ岳）

別名　迦多賀嶽（かたがたけ）、肩ヶ嶽、大ヶ嶽（かさがたけ）

二万五千分の一地形図／笠ヶ岳

適期　7月中旬～10月上旬

登山道　◎

標準タイム　①新穂高温泉から笠新道：登り8時間50分
②〃　弓折岳経由：登り10時間40分
③〃　クリヤ谷経由：登り9時間50分

難易度　①～③Ⅲ

岐阜県を代表する山岳をひとつ挙げるとすれば、槍でも穂高でもなく、笠ヶ岳（標高二八九八ｍ）ではないだろうか。

県境――その多くは明治以前の国境――は山々の稜線をつないで定められていることが多い。飛騨山脈もまさにその通りで、槍ヶ岳、穂高岳、焼岳、乗鞍岳は長野県境に、三俣蓮華岳は長野・富山県境に、黒部五郎岳は富山県境に位置している。そのような中にあって、槍ヶ岳や穂高連峰と蒲田川を挟んで西に並行する稜線上の笠ヶ岳は、裾野から山頂まで他県に接していない美しい独立峰で、その位置付けは長野県にとっての常念岳と共通するところがある。

西穂高岳千石園地から望む笠ヶ岳（左）と抜戸岳（右）

笠ヶ岳は、名のとおり山頂部が整った円錐形をしており、しかも穂高方向から見ると岩肌にはっきりとした横縞が見えるため、なおさら笠の形らしく見える。この横縞は、笠ヶ岳の成り立ちを示すもので、白亜紀末この場所に存在したカルデラ火山内部の厚い火砕流堆積物と溶岩が繰り返し堆積し、その後の北アルプスの隆起に伴って激しく浸食されて今の笠ヶ岳が形作られたことを物語っている。山体部分は、一・六㎞北側に稜線を連ねる抜戸岳（二八一三ｍ）と一

（1）播隆が記した『加多賀嶽再興記』には、円空の笠ヶ岳登頂は元禄年中とある。

また、双六川最奥の集落金木戸の観音堂に伝わった円空作の六面の観音像の銘文に、「頂上六仏元禄三年　冂／乗鞍嶽　保多迦嶽　□御嶽　／　伊応嶽　錫杖嶽　四五六嶽　／□利乃六嶽　本地處　□六権現」と記される。□御嶽の部分を、東京国立博物館東洋室長浅見龍介氏は「於御嶽（おおだけ）」すなわち笠ヶ岳と考察している。円空は登頂後仏像にその旨を記す先例があり、元禄三年に笠ヶ岳に登頂した可能性が高い。

（2）南裔は高山の名刹宗猷寺（臨済宗妙心寺派）の第十世の禅師で、若い時期に江戸で仏教を学ぶ傍ら書の大家三井親和に篆書と

体となっており、その南東面上部には、播隆平、杓子平、秩父平などの氷河遺跡の圏谷（カール）があり、下部には穴毛谷が深く刻まれている。

笠の形に整った独立峰であるため、どちらの方角からも見付けやすい。溶岩台地の雲ノ平から見ると、整った三角錐の姿がおどろくほど間近に迫るし、槍ヶ岳から穂高連峰の縦走中は、抜戸岳から続く稜線の南端に立ち上がる優しげな姿がずっと励ましてくれる。また、乗鞍岳側からは、頂きが鋭角に引き絞った形に見え、積雪期の白い頂きはひときわ神々しい。高山盆地からも眺めることができ、春になると山頂直下に白い馬の雪形が現れ、これを「代掻き馬」と呼んで、田植えの目安にした。

里からも拝むことのできる端正な山容は、古くから人々の心をとらえ、次のとおり江戸期から登られた歴史がある。

一六九〇（元禄三）年(1)？
　円空が初登頂し開山
一七八二（天明二）年(2)
　高山宗猷寺の南裔が登頂
一八二三（文政六）年
　播隆が登頂し再興、翌年、播隆と村人らが道標の石仏と、山頂に奉納する仏像を運び登頂(3)

特に、笠ヶ岳を再興した播隆が、その山頂から槍ヶ岳の神々しい姿を拝み開山を決意し、文政一一（一八二八）年に成し遂げたことは、よく知られている。

一方、明治に入ってからの近代登山史では、槍や穂高よりも登頂も登山道の開発も一〇年程度遅れている。ウォルター・ウェストンが登頂を試み山麓の蒲田で案内人を探そうとしたが、「笠ヶ岳の峡谷には神聖なる神が住んでいて、穀物が実る間は、人々は外国人を山の中に案内すると、暴風

篆刻を学んだ文化人でもある。天明二年六月、地元の今見右衛門の案内で、本覚寺の第十四世住職嶺州や地役人などを伴い笠ヶ岳に登頂。仏像と鉄札を奉納した。同時期は天災地変が多く大規模な飢餓が発生するなどしていたため災いの鎮護祈願が目的であったともいわれる。四〇年後に登った播隆が笠ヶ岳頂上で奉納された仏像を確認、鉄札を持ち帰り、今見右衛門に話を聞いた内容を『迦多賀嶽再興記』（文政六年）に記している。また本覚寺第十五世住職椿宗は播隆の笠ヶ岳再興に協力し、文政八年『大ヶ嶽之記』を残している。

（3）播隆は、文政六年六月頃に登頂後、本覚寺椿宗和尚と相談し名主の協力を得て七月二九日登山道を完成。その御礼に八月五日再度登頂した際、ご来迎（ブロッケン現象）の希瑞が出現した。

（4）ウェストンの著書『日本アルプスの登山と探検』の記述を検証し、彼が登ったのは笠ヶ岳ではなく、抜戸岳であったとする説が、二〇一六年「飛騨学の会」におい

雨が襲うばかりか、本人はおろか、そこに住む人々にも神罰がたちどころに及ぶ」（ウェストンの日記）、として二年続けて断られ、三年目の一八九四（明治二七）年、地元の猟師の案内で穴毛谷を遡行し、ようやく登頂したとされる。(4) 陸地測量部が山頂に二等三角点を設置したのが一九〇二（明治三五）年、小島烏水らが双六谷から登り穴毛谷に下ったのが一九一三（大正二）年、山頂直下に笠ヶ岳山荘が建設されたのは一九三二（昭和七）年となる。

槍ヶ岳からの笠ヶ岳。背後に白山が浮かぶ

登山ルートは三つあって、いずれも東側の蒲田川上流の左俣谷沿いに登山口はある。最短は、①笠新道で、登山口はわさび平の手前（南側）にある。一九六四（昭和三九）年翌年の第二〇回国民体育大会に合せて開設され、最短な分、飛騨山脈でも屈指の急登として知られる。氷河が作りだした圏谷（カール）である杓子平に出ると、高山植物のお花畑が展開し、抜戸岳と笠ヶ岳を結ぶ稜線上の登山道まで続いている。

て木下喜代男氏より出されている。

ウェストンは同書で、笠ヶ岳登山について山の様子や出会った人などについて詳述しており、穴毛谷を北へ登り、笠ヶ岳と北東の抜戸岳をつなぐ稜線に出た後、「右に折れ、北東へ鋭い痩せ尾根に沿って頂上まで突き進んだ」と記している。しかし、笠ヶ岳へ行くには左へ折れ、南西方向に進まなくてはいけないなどの方向の食い違いや、頂上について「堆石標（ケルン）を見た」とあるが、播隆が一八二四年に置いた阿弥陀如来像に関する記述がないなど、不自然な点が多い。氏は、ウェストンがこのとき登ったのは笠ヶ岳ではなく抜戸岳だったと結論付けている。氏は、猟師たちは笠ヶ岳は頂上に阿弥陀如来を祭る聖なる山で、異教徒を登らせるわけにはいかないと、ウェストンをあえて抜戸岳に導いたと推測している。

【登山記録】（……徒歩）
※北ノ俣岳からの縦走
2017年7月30日（日）

時間はかかるが一般向けなのは、②弓折岳からの縦走路をたどるルートで、わさび平を経て一九五五（昭和三〇）年に開かれた小池新道をとり、槍ヶ岳の展望台としても知られる鏡平を経て、弓折岳直下で双六岳方向から続く稜線に入り抜戸岳で笠新道からのルートと合流した後、笠ヶ岳に至る。

三つ目が、③クリヤ谷ルートで、一九二七（昭和二）年、秩父宮が槍ヶ岳から笠ヶ岳へと縦走した際に開かれた道で、かつてはこちらが笠新道と呼ばれていた。下山に使われることが多く、クリヤの頭からクリヤ谷の沢に沿い下降し、槍見温泉に至る。雷鳥岩やクリヤの頭などの岩峰を巻き、ロッククライミングの舞台として知られる錫杖岳を眺めながらのルートだが、クリヤ谷下部で渡渉があり、急な増水などに十分な注意が必要となる。

山頂の二等三角点の手前には岩に囲われた祠があり、播隆が奉納した仏像のレプリカが納められている。飛騨山脈のメインルートの喧騒を離れ、槍ヶ岳をはじめとする大展望を堪能するも良し、この同じ場所に立った先人たちを偲ぶもまた良しの、清々しき頂きである。

笠ヶ岳山頂にありし頃の播隆奉納の阿弥陀如来像。現在は新平湯温泉村上神社蔵（木下喜代男氏提供）

双六小屋6：50…弓折乗越8：00…弓折岳8：45…抜戸岳12：00…抜戸岩13：00…笠ヶ岳山荘13：40…笠ヶ岳14：00…笠ヶ岳山荘14：15（泊）　霧時々雨

31日（月）　曇のち晴

笠ヶ岳山荘5：20…笠ヶ岳山頂5：40〜6：00…クリヤの頭下降点9：10…渡渉点（吊橋跡）11：50…槍見温泉登山口12：30

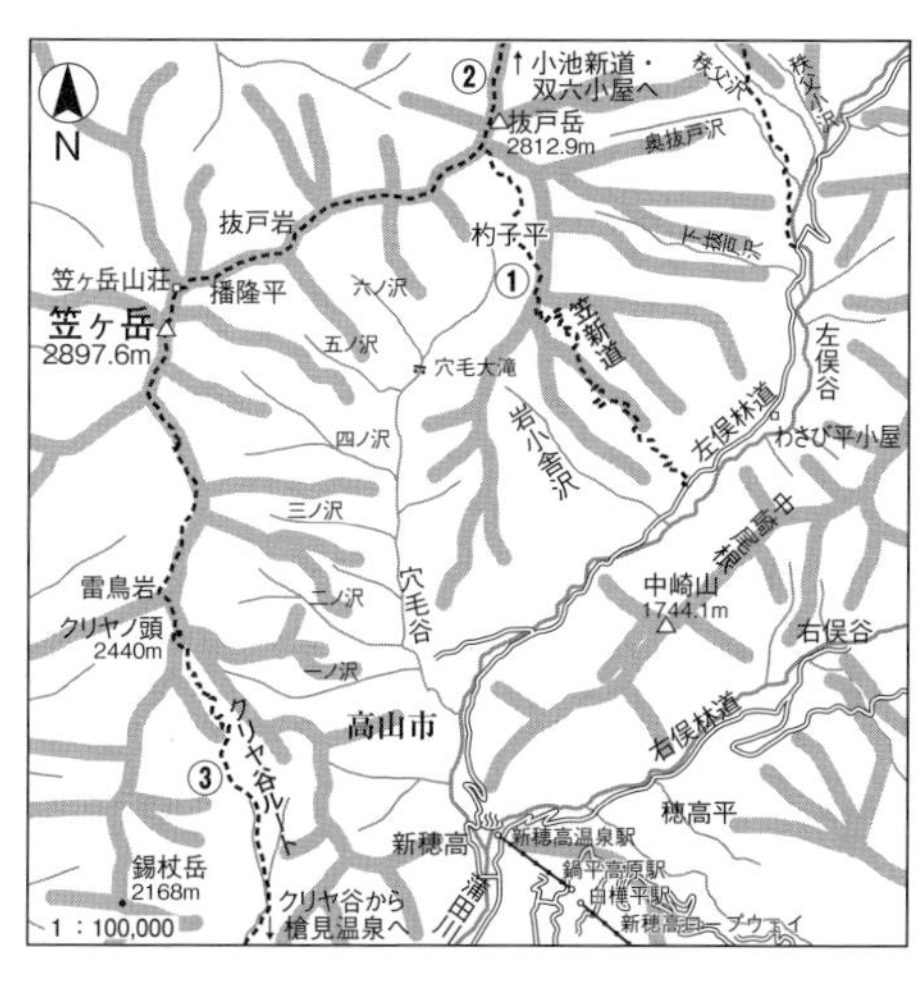

13

飛騨山脈

しゃくじょうだけ

錫杖岳

二一六八m　三角点なし

錫杖岳（標高二一六八m）は、笠ヶ岳（二八九八m）から南に大木場の辻（二二三三m）へと続く尾根上に突き出す岩の峰である。標高はこの山域で特筆するほどではない。しかし、笠ヶ岳のクリヤ谷ルートをたどる途中、錫杖沢出合から高度差四〇〇mに及ぶ大岩峰＝前衛フェースが岩襞を重ねそそり立つのを目の当たりすれば、この山がクライマーにとって特別の山であることが一目にしてご理解いただけるとおもう。(1)

石英斑岩と玢岩からなる岩峰群は、錫杖沢を挟んで左に南峰、三本槍、右に本峰、烏帽子岩、前衛フェースに分かれる。特に前衛フェースはわが国有数のスケールを持ち、飛騨山岳会をはじめ岐阜県の山岳会が冬季初登攀などを競った舞台でもあった。スポーツクライミング隆盛の現在も、錫杖の岩峰に挑むクライマーは多い。

一方、登山対象としては、あまり登られておらず、登山道もない。岩だらけの錫杖沢を遡行するため、ルートファインディングと登攀の技術がいずれも不可欠で、無雪期登山としては本書で最も難易度が高い。

われわれは八月初旬、長丁場に備え山麓の中尾口で前夜泊し、この山に臨んだ。

錫杖沢からの錫杖岳前衛フェース

二万五千分の一地形図／笠ヶ岳

適期	7月～10月中旬
登山道	ー
標準タイム	ー
難易度	S++

（1）山名の初出は金木戸観音堂に伝わった、円空作の六面の観音像の元禄三（一六九〇）年の背銘（詳細は「12 笠ヶ岳」の（1）参照）。

（2）地形図の二一六八mピークは、この地点より少し先の岩峰になるが、そこに到達するのは一般登山としては危険であり、ピッケルのある部分が山頂とされている。

【登山記録】（…：徒歩）

2020年8月2日（日）晴

（前夜中尾口テント泊）

中尾口5：10…笠ヶ岳クリヤ谷登山口5：15…渡渉点6：05…錫杖沢出合6：45…錫杖岩小屋7：20…鞍部10：00…錫杖岳山頂11：00～11：30…渡渉点16：40…登山口17：35

槍見温泉のクリヤ谷ルート登山口から入山。同ルートの難所、穴滝の先の渡渉を無事通過し、錫杖沢出合で笠ヶ岳に向かうクリヤ谷ルートと別れる。ここから見上げる壮大な岩峰が前衛フェースで、その背後に本峰フェースがあり、さらに奥が錫杖岳ピークとなる。同行のNu先輩によると、手掛りとなる草木も少なく、穂高よりグレードが高いほどだという。そのうち白壁と呼ばれるとりわけ難しい部分に先日逝かれたS先輩とザイルを結び挑まれた話を伺う……今日も岩場にはコールの声が響いている。

山頂に向け、錫杖沢を遡行する。途中にある錫杖の岩屋はクライマーの宿りの場。このあたりから前衛フェース越しに眺める穂高連峰のシルエットはひときわ壮麗。錫杖本沢を詰めていくと、左右に分かれる二俣に出る。右の沢に入り、さらに二つに分かれる沢の右側から左側にトラバースしてヤブを漕ぎながら登高すると鞍部に出る。二俣以降はクライマーが通らずルートが不明瞭になるので、注意がいる。

鞍部は踏み跡も定かでなく倒木も多いが、稜線左手（西）に入ると明確になり、そそり立つ本峰も見えてくる。ササ付きの斜面を浮石に注意しながら慎重にへつり、最後の登りで岩峰の先にピッケルが埋め込まれたピークに到達[2]。狭い山頂の岩の上から錫杖沢を見渡すと、手前左手に錫杖岳のシンボル、烏帽子岩が屹立する。

帰路も気を抜けない。大岩をへつる箇所では補助ザイルを出す。緊張の続く長丁場な分、達成感はずっしり重かった。

※下山は遅めのピッチ。
〈メモ〉
●登山道はなく、クライマーの踏み跡や、踏み迷いもみられるので自己責任でルートファインディングが必要。足元の状態が確認しにくい下りにも十分注意がいる。天候を選び、余裕を持って行動したい。
●登山届が義務付けられ、ヘルメット必携。単独行は避けたい。

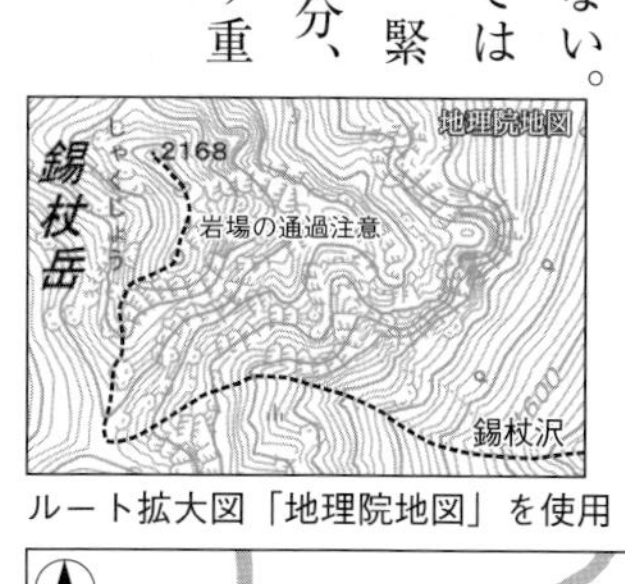

ルート拡大図「地理院地図」を使用

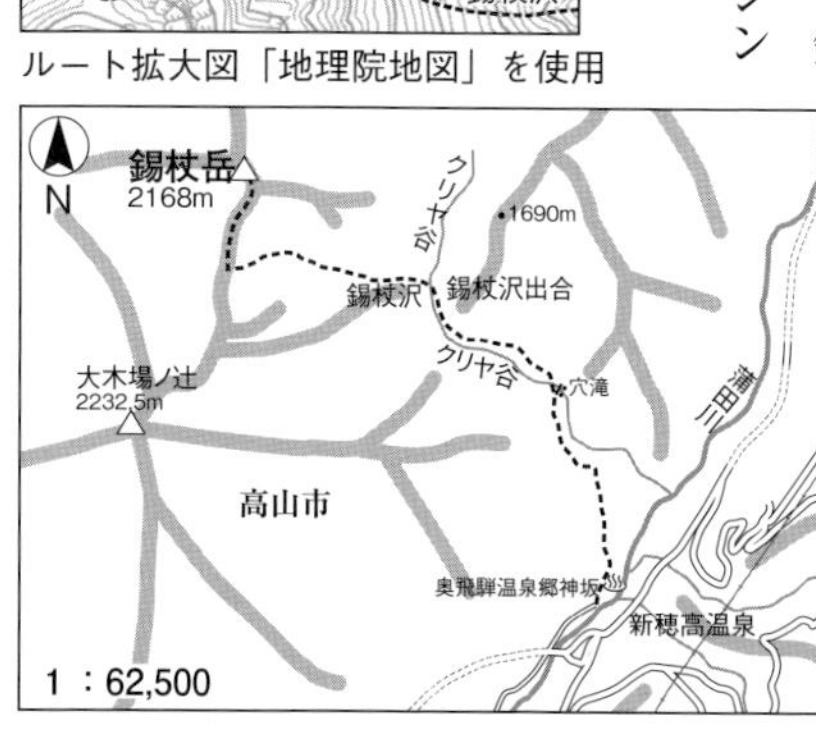

14

飛騨山脈

奥丸山

おくまるやま

二四三九・六ｍ　三等（三角点名／犬公望）

二万五千分の一地形図／笠ヶ岳、穂高岳

適期　7月～10月中旬

登山道　◎

標準タイム　①新穂高温泉から右俣谷（槍平経由）：登り6時間5分　②新穂高温泉から左俣谷（わさび平経由）：登り5時間40分

難易度　Ⅲ

上高地と並ぶ飛騨山脈南部の登山基地としてにぎわう新穂高温泉(1)。蒲田川はここで右俣谷と左俣谷に分かれる。右俣谷を遡ると、奥穂高岳の登山口白出沢出合や、槍平小屋を経て槍ヶ岳に至る。左俣谷を遡ると、笠新道登山口や、わさび平小屋を経て小池新道に入り双六岳に至る。

この二つの谷に挟まれた、槍ヶ岳の西鎌尾根から派生する中崎尾根上に奥丸山（標高二四四〇ｍ）は位置する。名前のとおり丸い山頂部はハイマツ帯で、右俣谷を挟んで東に槍ヶ岳から穂高連峰、左俣谷を挟んで西に双六岳から笠ヶ岳と向かい合うという、飛騨山脈南部を展望するには絶好の場所にある。

南岳新道からの奥丸山。背後は笠ヶ岳

奥丸山山頂へは、①右俣谷の槍平小屋からの直登ルートがメインとなるが、二〇〇五年に②左俣谷のわさび平小屋の先、小池新道との分岐点が登山口となるルートが開かれた。さらに③槍ヶ岳西鎌尾根の千丈乗越から中崎尾根をたどるルートもある。

この山は地図を開くたび気になっていた。槍ヶ岳登山を台風接近のため断念した折、計画初日だけが晴れの予報だったため、「とりあえず槍を拝みに行こう」と仲間を

（1）新穂高温泉は、古くから開かれていた蒲田温泉などを母体とする。近代登山の黎明期には槍ヶ岳、穂高連峰、笠ヶ岳などへの登山基地として重要な役割を果たし、同地中尾村の樵や猟師たちが、優秀な山岳ガイドとして活躍した。しかし、一九二〇（大正九）年、笠ヶ岳の穴毛谷で発生した土砂崩れにより蒲田温泉が壊滅し、上高地が一九三四（昭和九）年のバス路線開通で、観光地として脚光を浴びていくのと対照的に復興は進まなかった。ようやく第二次世界大戦後、小池新道（一九五五年）、笠新道（一九六五年）などの登山道が開かれ、さらに一九七〇年新穂高ロープウェイも開通した。そして一九九七年中部縦貫自動車道の安房トンネルが開通し、関東方

誘い、左俣谷側から入山し、右俣谷へ下山する周回コースでたどった。

新穂高温泉から左俣林道を進むと、わさび平小屋の屋根越しに、奥丸山の丸みを帯びた山容が姿を現す。小屋から二〇分ほど先の橋のたもとで双六小屋に向かう小池新道を左手に分け、橋を渡った右手に奥丸山の登山口がある。樹林帯に入り込むと、踏み跡はしっかりしてくる。下丸山の巻き道から下丸沢を渡ると急登が始まる。シラビソやクロベ、ブナなどの深い森は、江戸時代から伐採の進んだ上高地側と比べ、より原初の姿をとどめている。登山口から二時間あまりで中崎尾根上の分岐に出る。

山頂を目指す尾根道は、ぐっと穏やかになり、ニッコウキスゲが咲く斜面の向こうに、槍ヶ岳から、大喰岳、中岳、南岳と、標高三〇〇〇m以上のピークが連なって見える。

分岐から一時間あまりで三等三角点奥丸山の山頂に到着。北側の展望も得られ、三六〇度飛騨山脈の山々に取り囲まれる。笠ヶ岳の雄姿もさることながら、かつてアルピニズムの先鋭的な舞台となった北穂高岳の滝谷に真正面から向かい合えたのは、感慨無量だった。「槍に立てば槍は見えない、笠に立てば笠は見えない、展望だったら奥丸山は飛騨山脈南部でピカ一だよ」と、槍に登れず悔しがっている仲間を慰める。

山頂を後にして、約一時間で右俣谷側槍平小屋に到着。こちらのルートは小屋から近いこともあってか、崩落した痩せ尾根を通過する箇所以外は、登山道整備も行き届いている。晩秋、槍や穂高が小屋仕舞いする頃、この山の頂きに立つのも、また格別だろうと思った。

面からのアクセスも格段に良くなって、登山基地としての重要性はいっそう増している。

【登山記録】（…：徒歩）
2018年7月27日（金）晴
新穂高温泉8：30…わさび平小屋9：40〜9：50…分岐10：15…奥丸山登山口10：20…中崎尾根分岐（昼食）12：10〜12：30…奥丸山山頂13：40〜14：20…槍平小屋15：10（泊）

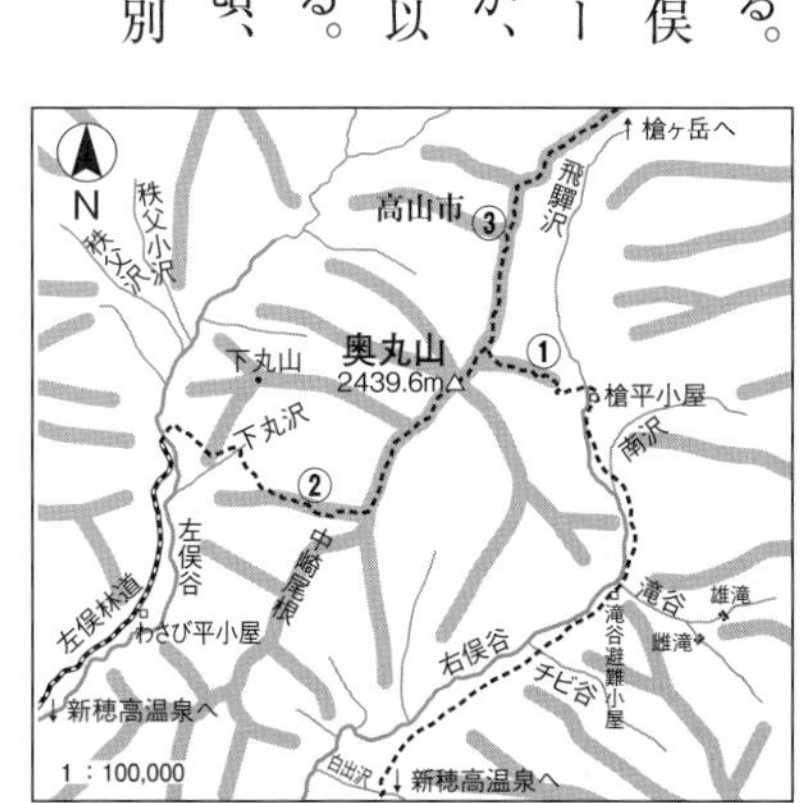

15

飛騨山脈

福地山

ふくじやま

一六七一・七m　三等（三角点名／崩岩）

二万五千分の一地形図／焼岳

適期　5月〜10月　残雪期2月下旬〜4月上旬
登山道　◎
標準タイム　登り2時間15分、下り2時間
難易度　Ⅰ

飛騨山脈の山ふところに抱かれる平湯・福地・新平湯・栃尾・新穂高温泉からなる奥飛騨温泉郷は、全国第三位の温泉湧出量を誇る。そのうち、「日本百名湯」にも選ばれている福地（ふくじ）温泉の背後に福地山はそびえる。

地形図で福地山の周辺をみると、穂高連峰や槍ヶ岳を右俣谷側に、笠ヶ岳を左俣谷側に擁する蒲田川は、新穂高温泉で二つの谷を合わせた後、この山にぶつかるようにして西に折れ、高原川に流れ込む。そのため、福地山は標高こそ一六七二mにとどまるものの、蒲田川の両側に展開する飛騨山脈南部の山々をダイレクトに展望できる好位置にあることが分かる。このように名湯に登山口を持ち、眺望に恵まれているにもかかわらず、地形図に山名さえ載っておらず、知名度が低いのは、登山道が二〇〇四年に整備されたばかりのデビューして日も浅い山だからだろう。

新穂高温泉蒲田川からの福地山

国道四七一号線との間に高原川を挟み、落ち着いたたたずまいをみせる福地温泉は、平安時代村上天皇が当地に訪れたとの伝説が残る古い温泉である。メイン道路が

（1）篠原無然（一八八九－一九二四年）は、奥飛騨に大きな影響を残した大正デモクラシーを体現したような社会教育家で、兵庫県出身、本名は禄次。早稲田大学を中退後、一九一四（大正三）年、上宝村第一小学校の代用教員となり、以降奥飛騨を中心に青年の教育や工女の待遇改善などに尽力した。そのかたわら、地元の青年たちに「北アルプスを山岳公園に」と説き、乗鞍岳の平湯からの登山道を整備、桔梗ヶ原などの命名者でもある。ところが、一九二三（大正一二）年、ある工女の自殺を彼と結びつける素封家を中心とした無然排斥運動が起きる。関東大震災への救援もあって、いったん彼は飛騨を離れるが、翌一九二四年一一月平湯に戻るため

朝市の開かれる路地と交差する場所が登山口。しばらくスギの植林地を登っていくと、植生はミズナラなどの落葉広葉樹に変わる。登山道脇に立てられた「獣出没注意」の標柱は、手彫りの立派なもので、登山道整備にかけた地元の熱意が伝わってくる。登山道は、小型ブルドーザーで開いたそうで、ゆったりした道幅でジグザグに標高を上げている。

途中登山道は、山腹コースと、急登だが展望のいい尾根コースに分かれ、再度「無然平」と呼ばれる小平地で合流する。奥飛騨に大きな影響を残した社会教育家篠原無然(1)が山籠もりをした場所だといい、その座像がたたずんでいる。

再度山腹・尾根コースに分かれたあたりから、クロベ（ネズコ）など針葉樹中心の原生林になり、合流してしばらくの第三展望台からは、焼岳が真正面に眺められる。

登山口からほぼ二時間あまりで、福地山山頂に到着。焼岳が荒々しく迫り、その左手（北）には槍ヶ岳、穂高連峰、右手（南）には乗鞍岳が並び立つ。

下山すると、すぐ目の前に民家風の共同浴場「石動（いするぎ）の湯」があるのが嬉しい。囲炉裏で焼いた五平餅が食べられるほか、入浴者は、同じ建物内の化石館を無料で見学できる。福地で産出されたコノドントという生物の化石は、オルドビス紀（四億四千万年以上前）に遡る日本最古の化石で、「福地の化石産地」は国天然記念物、化石館の化石標本は県天然記念物に指定されている。

風呂上がり河原に出ると、福地山は柔らかい円錐形の姿をのぞかせていた。

標高が低い分、登山口から手軽にわかんやスノーシューで入山でき、冬も人気が高い。宿を取り朝日や夕焼けに染まる峰々を眺めれば、趣きはさらに深まるだろう。

安房峠を越えようとして雪に見舞われ遭難、三六年の生涯を閉じる。平湯温泉に彼の記念館がある。

【登山記録】（…：徒歩）
２０１８年７月23日（土）　晴
福地山登山口８：15…（尾根コース）…無然平９：20…（谷コース）…第四展望台10：00…福地山山頂10：20…（尾根コース）…無然平11：05…（尾根コース）…登山口11：50

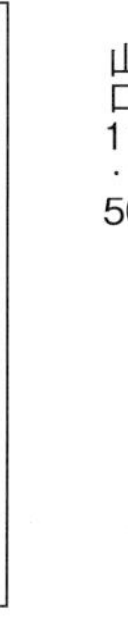

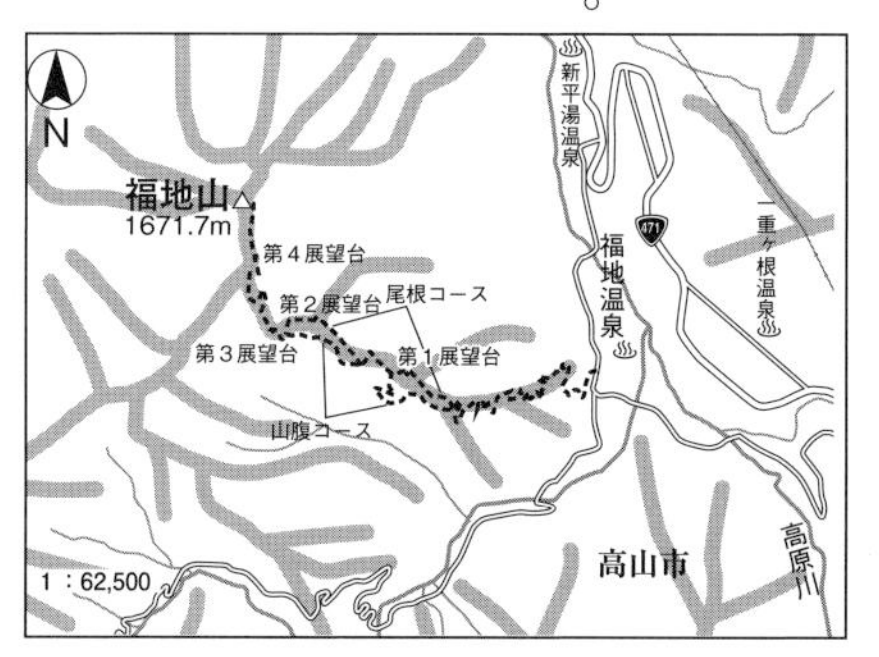

輝山

てらしやま　別名　照山、向山、酒もり山

二〇六三・四ｍ　二等（三角点名／貝塩）

輝山(1)（標高二〇六三ｍ）は、飛騨山脈南部の焼岳や乗鞍岳などをつなぐ県境稜線と、高原川を挟んで向かい合っている。二〇〇〇ｍを越える独立峰ながら、飛騨山脈のそうそうたる山岳の対岸にある森林限界以下の山で、鬱蒼とした針葉樹とササに覆われていたため、長い間登山の対象とはみられず、現在も登山道はない。

この山が脚光を浴びるようになったのは、道路事情がよくなり、近年山スキーに格好の山として知られるようになってからで、地元飛騨山岳会では一九九〇年から七年連続で親睦スキー大会を開催している。

無雪期はヤブにびっしり覆われ展望も得られないが、ササが厚い雪の下となる冬になると、登山条件は一変する。高山市街と平湯温泉を結ぶ国道一五八号線から、冬季閉鎖された平湯峠を通る県道五号線（乗鞍高原線）を使って入山でき、基本的な雪山の技術があれば、日帰りで登ることができる。

登山ルートとしては、①県道五号線を平湯峠までたどり、一九七五ｍピークを経由する東南尾根のルート、②峠の手前、送電線の巡視路から入山する南尾根のルートを

十石山からの輝山、背後は白山山地

二万五千分の一地形図／焼岳

適期　2月～4月

登山道　ー（無雪期はヤブ深く見晴らしがきかず、積雪期が適期）

標準タイム　ー

難易度　S❄

（1）輝山（てらしやま）という山名は、地元旧上宝村平湯で「向山」と呼ばれていたのを、大正期に当地を拠点に飛騨地方の教育・社会活動に力を尽くした篠原無然が、朝日に一番早く照らされる山として命名したもの。旧丹生川村側では「酒もり山」と呼ばれていた。

（2）ただし、尾根より西は雪崩の発生しそうな不安定な急斜面なので、立ち入りは控えたい。

【登山記録】（—：車、…：徒歩）
2019年2月24日（日）快晴
—国道158号線平湯トンネル手前（駐車）6：45…県道5号線分岐6：55…送電線21号鉄塔巡視路分岐7：10…21号鉄塔7：25…林道7：40…輝山山頂9：05～9：

取られることが多い。ここでは、②のルートをご紹介したい。

早立ちし、国道沿いの駐車場に車を置き、冬季通行止めになったスキーのトレースがいくつも残る県道五号線に入り一五分ほど進むと、送電線の21号鉄塔のある南尾根に取り付く巡視路入口がある。巡視路は尾根の急斜面にジグザグに刻まれ、無理なく進むことができる。尾根上に立つ鉄塔で巡視路は途切れ、灌木のまばらに生えた斜面を、つぼ足で登っていくと、林道に出合う。尾根西側の針葉樹林を伐採するためのものだったようで、伐採された部分が真っ白な斜面となり、山スキーに格好の尾根になったということらしい。(2) アイゼンを着け尾根を直登していくと、明るく開けた西側斜面の向こうに、白山山地の全貌が遮るものもなく展開する。

尾根の上部は伐採を逃れた針葉樹林帯となり、たどり着いた山頂はシラビソが疎らに生え、幹に取り付けられた小さな山名標識があるばかりで森閑としている。山頂直下の木立の切れた場所に出ると、厳冬期の穂高連峰や槍ヶ岳が近寄りがたい風格で迫る。少し場所を移すと笠ヶ岳の頂きも目の当たりになる。

帰路は、乗鞍岳に向かい合いながら下っていく。ウサギの足跡と、自分の足跡しかないのは気分がいい。眼下には、ほおのき平スキー場が見下ろせ、その先に、位山三山が並ぶ。

安房トンネルの開通で、関東からも訪れやすくなり、バックカントリースキーのブームとともに、スキーヤーの人気はさらに高まっていくのだろう。わかんやスノーシューで、ゆっくり山岳観察しながらの登山にも魅力の山である。

50…平湯トンネル手前11：00

〈メモ〉

●残雪期が登山適期の山。国道一五八号線の、冬季閉鎖された県道五号線分岐の手前に駐車スペースがある。本文の送電線巡視路をたどるルートのほか、県道五号線を平湯峠までたどり、尾根に取り付くルートが取られている。

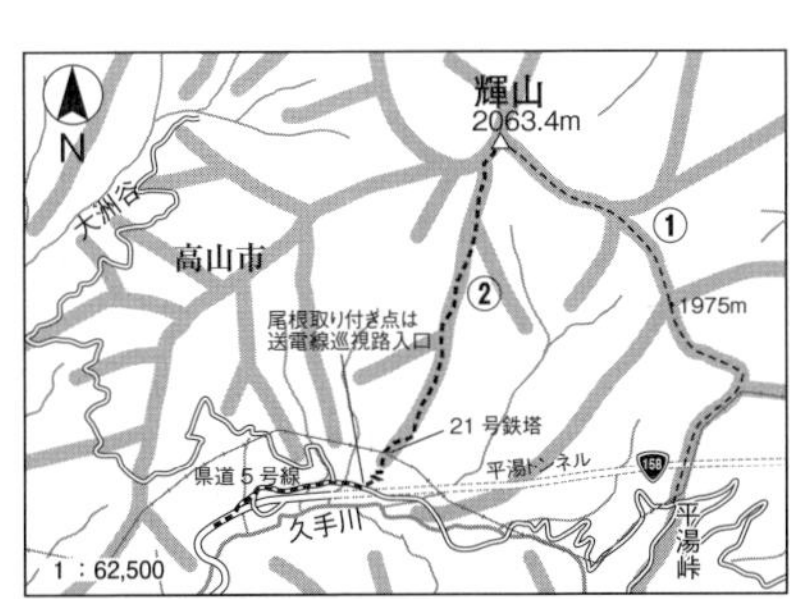

17

じゅうにがたけ 十二ヶ岳

一三二六・六m　三等（三角点名／十二ヶ岳）

二万五千分の一地形図／旗鉾、町方

適期　4月～11月

登山道　◎

標準タイム　瓜田登山口から：登り30分　下り20分

難易度　Ⅰ

十二ヶ岳は、飛騨山脈主稜線の平湯峠から西に伸びた台地状の尾根にあり、高山市丹生川町（旧大野郡丹生川村）のほぼ中央におだやかに波打つように横たわる。その山名は、尾根や沢が複雑に入り込み、十二の山襞（やまひだ）を作っていることにちなむという。(1)地形図を見ると、実に多くの沢がこの山に生まれ、流れ出ていることが分かる。

標高一三二七mは、美濃地方なら高峰だろうが、丹生川あたりは里でも標高七～八〇〇mあり、里山のたたずまいである。しかし、飛騨山脈の西端という好位置にあり、なおかつ南側に小八賀川、北側に荒城川があって大きく空間が広がり、飛騨山脈方向、高山盆地方向それぞれ大展望が得られるため、山頂は近年公園風に整備された。その一方、山上には養蚕繁栄のために祀られた笹山神社があり、山麓の折敷地（おしきじ）の集落を中心に、今も毎年八月一日に例大祭が執り行われる信仰の山としての側面も持ち続けている。

地元で親しまれている山だけに、登山道は南麓の瓜田、北麓の折敷地、さらに瓜田と御敷地をつなぐ西側の大規模林道の途中に開かれ、どれもよく踏まれている。

国立乗鞍青少年交流の家付近からの十二ヶ岳

(1) 山頂にある日時計の説明版には、山名の由来として、山襞が一二あるためと記した後、続けて「異説」として「山頂から一二の山々が望めるところから」と紹介し、その一二の山とは、「乗鞍岳、御岳、白山、薬師岳、黒部五郎岳、笠ヶ岳、槍ヶ岳、北穂高岳、奥穂高岳、西穂高岳、前穂高岳、焼岳だと考えられている」としている。しかし、穂高岳の個々のピークに山名が付けられたのは、一九〇九（明治四二）年、鵜殿正雄が奥穂高岳から槍ヶ岳を初縦走し、各峰に名を付けてからなので、この「異説」が作られたのはそれ以降のことで、一二の山を表したという大きな日時計とともに、余計な作りものと感じた。

一一月初旬の抜けるような秋晴れの朝、瓜田集落からこの山をめざした。

木の神を祀る伊太祁曽(いたきそ)神社の前から大規模林道に入り、瓜田谷沿いに標高を上げていくと収穫を済ませた棚田が果てるあたりで右手に八本原林道が分かれ、十二ヶ岳登山道案内図がある。

同林道に入ると、ふたたび分岐があり、「十二ヶ岳登山口」の道標が立てられている。右手に行く八本原林道と分かれ左手の十二ヶ岳林道に入る。車でさらに二㎞ほど進むこともできるが、最短ルートの瓜田登山口からだと三〇分ほどで山頂に着いてしまうようなので、分岐手前に車を置き歩くこととする。スギやヒノキの間に輝くミズナラやホウノキの黄葉、カエデの紅葉を透かし、位山三山がのぞく。

林道に尾根が突き出した部分に瓜田登山口はある。落葉を踏みしめながら急な尾根道を二〇分あまり登り、折敷地からのルートに出合うあたりで笹山神社の鳥居が見えてくる。階段をひと登りで展望台の櫓、笹山神社の社殿、大きな日時計などがある山頂に出る。櫓に登ると西側に視界が開け、高山盆地や白山連峰が眺められる。

山頂直下から東斜面にかけては、黄葉したブナ巨木の森が広がる。山頂東の小ピークに移動すると、東側が大きく開け、里山の向こうに、北ノ俣岳、薬師岳、黒部五郎岳、三俣蓮華岳、笠ヶ岳、錫杖岳、槍ヶ岳、南岳、鋭鋒を連ねる穂高連峰、焼岳、乗鞍岳そして御嶽山が、新雪をまとい連なっている。山国飛騨といっても、これほど至近で飛騨山脈の大展望を眺められる手ごろな里山はそれほど多くない。

【登山記録】（—：車、…：徒歩）
2017年11月3日（金）晴
—国道158号線—八本原林道分岐点（駐車）6：50…瓜田登山口7：25…折越登山道との合流点7：40…十二ヶ岳7：50〜8：15…（十二ヶ岳の水場往復）…瓜田登山口8：25…駐車地点8：45

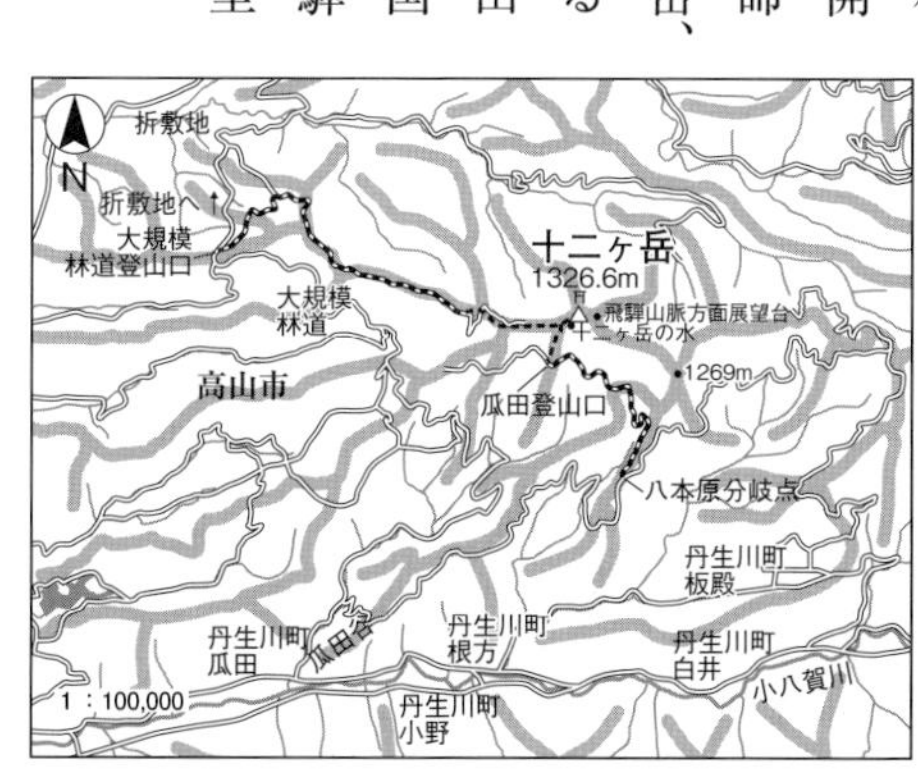

18

飛騨山脈

十石山

じゅっこくやま

二五二四・九m　二等（三角点名／十石山）

飛騨山脈、いわゆる「北アルプス」は、中部山岳国立公園に指定され、名だたる名山高峰が全国からの登山者を集めている。登山道の整備は行き届き、商業ベースに乗った山小屋が要所にあって、安心して登れるけれども、その分「自分」と「山」との距離を感じてしまうこともある。そんな中で、最近登山道が開かれたばかりの十石山は、素朴で手作り感あふれる山である。

十石山は標高二五二五m、乗鞍岳と焼岳をつなぐ岐阜・長野県境稜線のほぼ中間に位置している。複合火山である乗鞍岳の「乗鞍二十三峰」のひとつに数えられるものの、最高峰の剣ヶ峰からは北に約七km離れ、湯川上流のタルノ沢で隔てられており、独立した峰を形成している。

江戸時代以前、安房峠は、安房山と十石山の間にあり、十石山の名は、一日十石（千升）の米が峠を越えて運ばれたことにちなむという。旧安房峠が廃道となった後、アルピニズムの時代に入ってからも十石山に登山道は開かれず、焼岳と乗鞍岳の間は、長い間登山空白地帯となっていた。一九五二年に長野県乗鞍高原の有志が山頂直下に、かつての峠をしのび十石峠避難小

焼岳からの十石山。背後は乗鞍岳

二万五千分の一地形図／乗鞍岳

適期　6月〜10月

登山道　◎

標準タイム　白骨温泉から：登り3時間40分、下り3時間

難易度　Ⅱ

［登山記録］

2016年8月20日（土）　晴のち曇

白骨温泉（駐車）8：40…林道の登山口9：00…十石山標識9：15…十石峠避難小屋12：10…十石山山頂12：20…十石峠避難小屋12：30〜13：00…登山口15：00…白骨温泉15：15

2019年4月20日（土）快晴

白骨温泉—登山口（林道脇駐車）7：20…十石山山頂11：30〜11：50…十石峠避難小屋11：55〜12：55…登山口15：40

〈メモ〉

●長野県側の白骨温泉が登山口になる。今は閉鎖されている上高地乗鞍林道（スーパー林道）C線を進み、道の左手から取り付く。しばらくは、やや分かりにくいが、

屋を作ったが倒壊。一九九一年に長野県の有志が小屋を再建し、白骨温泉側から順次登山道が整備されて、十石山はようやく世に知られるようになった。

　この山には八月と四月に登った。

　名湯白骨温泉の奥にある林道をしばらく進むと、十石山登山道の目立たない入口がある。細い道をたどると「至十石山」の標識に出合い、後は明確な一本道となる。カラマツの植林帯を過ぎると、一抱え以上もあるコメツガやオオシラビソの深々とした森に入る。上高地一帯は江戸時代松本藩が伐採を進めたため、これだけ見事な針葉樹林帯はなかなかお目にかかれず、ゆっくり味わいながら登高する。

　標高二三〇〇mを越えるあたりで森林限界を越え、ハイマツ帯となる。秋の色濃い小規模なお花畑と砂礫の道を登り詰めた先に、避難小屋が見えてくる。飛騨山脈では数えるほどしかない貴重な無人小屋はしっかり使い込まれ、小屋を守る岳人たちの心意気が伝わってくる。南へ五分ほどの山頂は、人の背丈ほどのハイマツに囲まれ、展望はきかない。見晴らしがいいのは小屋のすぐ北のピークで、焼岳と乗鞍岳の中間地点という抜群のロケーションを楽しんだ。

　四月に雪上訓練を兼ねて再訪した折は、空は紺碧、体力は要るが難場はなく、訓練には格好。半ば雪に埋もれた避難小屋を経て山頂に立つ。頂きからの展望は、想像を超え雄大で、南にそのまま歩いて行けそうな複合火山乗鞍岳の峰々、北に奥穂高岳と前穂高岳をつなぐ吊尾根、西にたなびく雲のようにたおやかな白山連峰、すべて見飽きることはなかった。

登りに入ると登山道は明確になる。

●白骨温泉にある「噴湯丘と球状石灰石」は、全国にわずか二〇件しかない鉱物・地質関係の特別天然記念物。

●岐阜県側からは、平湯温泉からの乗鞍岳登山道か、乗鞍岳畳平から金山岩（二五三二m）を経由して山頂をめざすことになるが、金山岩以降はハイマツのヤブ漕ぎを強いられる難路。

●最近山スキーヤーにも人気の山。

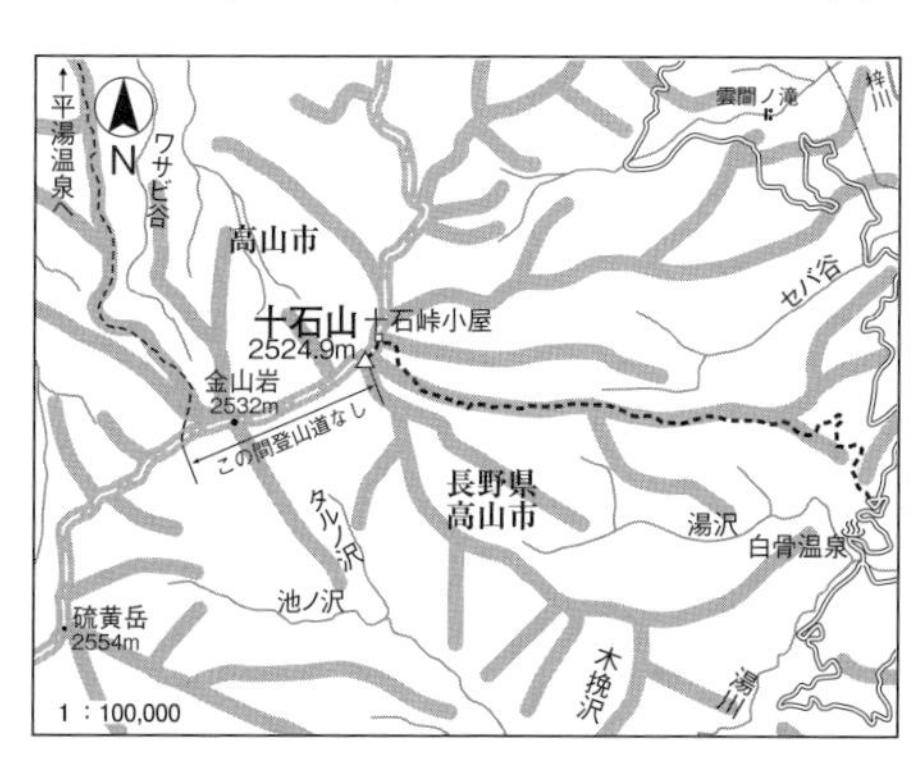

19

丸黒山

まるくろやま

一九五六・三m 三等（三角点名／丸黒）

飛騨の幸いのひとつに、御嶽山、乗鞍岳、穂高岳、槍ヶ岳、笠ヶ岳、白山など、わが国きっての名山霊峰を、至近で眺められる手軽な山に恵まれていることがある。

丸黒山は、そのような地の利に恵まれた代表的な山である。乗鞍岳西面の千町尾根から続く丸黒尾根上に位置し、標高一九五六mと、高山市街近郊の山では最も高い。しかし標高一五一〇m地点の国立乗鞍青少年交流の家まで車道が伸び、屋外活動を目的とした丸黒山までの登山道が整備されているので、登山口と山頂の標高差は約四五〇m、往復四時間三〇分程度と初級者でも十分日帰りができる。(1)

この山に、カラマツの芽吹き時に登った。

登山口となる日影平は、かつては牧場で、乗鞍青少年交流の家に隣接して飛騨高山スキー場があり、高原らしく明るく開けている。キャンプ場を抜け、車両通行止めのカラマツ林の中の林道を、オリエンテーリングの標識などを眺めながら進んでいく。エンレイソウ、ツバメオモト、マイヅルソウなど、白く清楚な花が道沿いを飾っている。

林道は、日影峠で終点となる。南に開け、

枯松平からの丸黒山

二万五千分の一地形図／飛騨青屋、乗鞍岳

- 適期　5月〜10月
- 登山道　◎
- 標準タイム　国立乗鞍青少年交流の家から：登り2時間30分、下り2時間
- 難易度　Ⅱ

(1) これだけ好条件がそろいながら、あまり知られていないのは、登山道が開かれたのが、乗鞍青少年交流の家の前身、国立乗鞍青年の家開設の一九七五年と、比較的新しいためだろう。

(2) 枯松平という名の由来は、明治時代から第二次世界大戦中にかけて乗鞍岳山中で操業した平金鉱山に由来するもので、精錬所から立ち上る煙により、あたり一帯の樹木が枯れてしまったためだというが、自然の回復力はそんな歴史も消し去っている。

(3) 岐阜県周辺で主三角点が確認されているのは、三俣蓮華岳、黒部五郎岳、大日ヶ岳北東稜線のいっぷく平と丸黒山の四ヶ所。

御嶽山が眺められる峠には、「日影平乗鞍岳線歩道起点」の標識が立つ。ここから乗鞍岳までえんえん一四㎞に及ぶ同歩道は、一般には千町尾根ルートと呼ばれ、丸黒山の登山道は、その前半六㎞部分にあたる。

峠を過ぎると登山道らしくなり、穂高連峰や笠ヶ岳が樹の間にのぞく。ブナの木平から鞍部の岩井谷乗越までいったん下ると、稜線を進む新道と巻き道の旧道が並行する。ふたつの道が再び出合う場所が枯松平(2)で、カラマツの芽吹きの淡い緑に包まれた休憩にいい避難小屋がある。一本となった登山道は、やがてえんえんと続く階段となる。「ガンバル坂」という標識が出ており、夏に青少年諸君が元気に汗を流しながら登っていく姿が目に浮かぶ。その先に、「根性坂」もひかえているので、気は抜けない。ようやく白山見晴台という踊り場に出て、一息つきながら西を振り返ると、白山連峰が白く空に浮かんでいる。

さらに登りつめると、南北に長い丸黒山の山上部分にたどり着く。おだやかになった登山道を、南端の山頂に向け進んでいくと、稀少な頭の丸い旧農商務省山林局の主三角点(3)に出会う。あたりはいつしか、コメツガなどの針葉樹が混じり、足もとの林床をバイカオウレンの白い小花が埋め尽くしている。

空が開け、三等三角点と祠のある山頂に到着。残雪に覆われた長大な千町尾根を延ばす乗鞍岳が、圧倒的なスケールで眼前に展開。さらに北東には、焼岳の向こうに吊り尾根が特徴的な奥穂高岳と前穂高岳や槍ヶ岳、北西には笠ヶ岳や黒部五郎岳が連続する。特に、笠ヶ岳の山頂の笠の部分が鋭角に引き絞られ、凛々しく見えるのが、新鮮な驚きだった。

【登山記録】(―:車、…:徒歩)
2017年5月20日(土)快晴
―国立乗鞍青少年交流の家(駐車)8:15…日影平山分岐8:45…日影平山8:50…分岐8:55…枯松平避難小屋9:50…(ガンバル坂・根性坂)…丸黒山11:20―(千町尾根経由乗鞍岳へ)

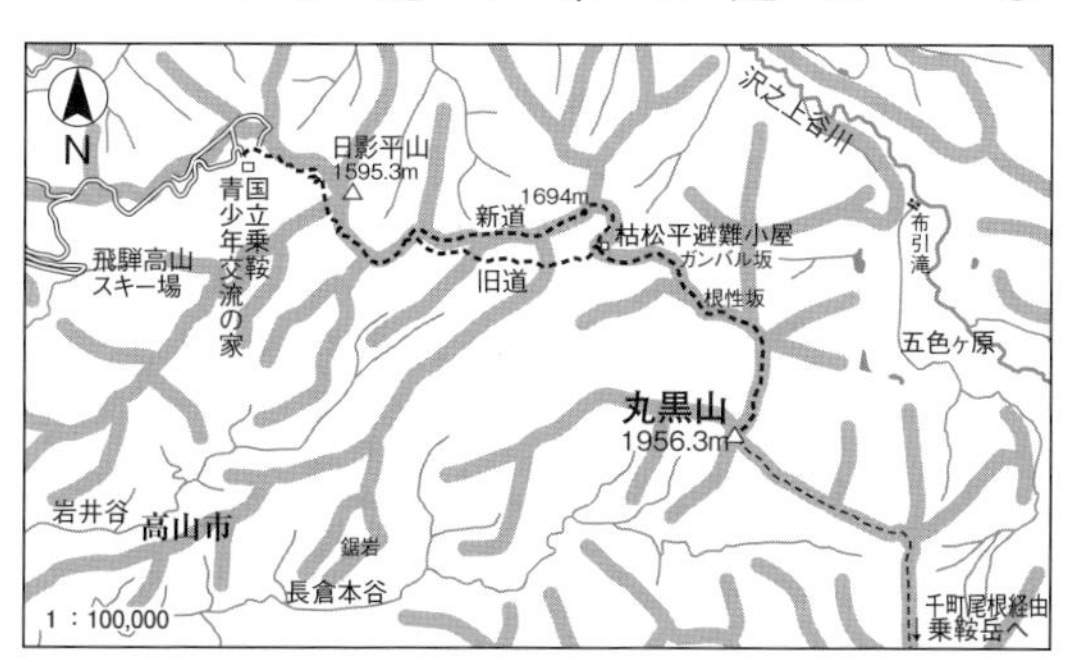

乗鞍岳

のりくらだけ

三〇二五・七m　一等（三角点名／乗鞍岳）

別名　愛宝山、位山、鞍ケ嶺、朝日岳山、酒もり山

二万五千分の一地形図／乗鞍岳

適期　6月中旬〜10月

登山道　①畳平からのコース◎　位ヶ原からのコース◎　平湯からのコース◎　②千町尾根コース○（長丁場でルートファインディング要）

標準タイム　畳平から：登り1時間30分〜2時間、下り1時間30分、位ヶ原から：登り1時間50分、下り1時間30分

難易度　①I　②S↑（残雪期S❄）

乗鞍岳は、飛騨山脈の南部、岐阜県高山市と長野県松本市にまたがる剣ヶ峰（標高三〇二六m）を主峰とする複合火山で、火山としては、富士山、御嶽山に次ぐ日本第三位の標高を持つ。剣ヶ峰を含め、カルデラを構成する朝日岳、大日岳など山頂八峰をはじめ、摩利支天岳、富士見岳など二三の峰を連ね、広大な裾野を広げている。山域は二五〇km²におよび、飛騨山脈で最大の規模を誇る。

その山名は、飛騨側から眺めた山容が馬の鞍のように見えるためで、少なくとも江戸前期にはこの名が定着していた。高山盆地など飛騨各所から大きく親しく眺められ、飛騨人（ひだびと）にとってふるさとの山であり、その関わりの歴史は長い(1)。

高根村からの乗鞍岳

明治維新を経て、同一〇（一八七七）年には、イギリス人ウィリアム・ガウランドらが乗鞍岳に外国人として初登頂している。その後、美濃生まれの修験者無尽秀全の教えを受けた朝日村の上牧太郎之助が乗鞍岳へ至る登山道を拓く。さらに、「板殿仙人」とも呼ばれた丹生川村の板殿正太郎が、明治から大正にかけて、登山道の整備や遭難者の救助にあたった。また、大正期の奥飛

（1）平安時代の歴史書『日本三代実録』で、貞観一五（八七三）年、飛騨の国司が大野郡愛宝山に三度紫雲がたなびくのを見たとの瑞兆を朝廷に奏上したとある愛宝山（あぼうやま）、「衣手の色まさりけり信濃なるくらゐのやまは君かまにまに」といった古歌にある位山が乗鞍岳だと考えられている。

乗鞍岳の名は、正保元（一六四四）年江戸幕府が各国に提出を求めた正保国絵図の信濃国のもの（上田藩の写し）に「乗鞍嶽」とあるのが、現在確認されている初出（正保飛騨国絵図は現存しない）。元禄八（一六九五）年の飛騨国絵図にも乗鞍嶽の記載がある。また、江戸時代前期に飛騨に多くの仏像を残した山岳修行僧円空は、乗鞍岳にも登り、魔王岳と摩利支天岳を

騨の先覚的な社会教育者、篠原無然が平湯分校の代用教員を務めるかたわら、社会教育を行い、奥飛騨を日本の山岳公園にしようと、青年団を率いて乗鞍岳に登り、平湯からの登山道を拓いている。このようにして、大正時代になると、相当多くの登山者があった。

昭和に入り、第二次世界大戦が本格化した昭和一六（一九四一）年、乗鞍岳の歴史を大きく変える出来事が起こる。陸軍による航空機エンジンの高地実験場を乗鞍岳に建設する計画が持ち上がり、その工事のため、畳平に至る自動車道が敷設されることになったのである。濃尾乗合自動車株式会社の当時の社長上嶋清一は、平和になったら脚光を浴びるだろうと、巨額の資金を投じ、バスの運行ができるよう道路幅を広げておいた。その読みが当たり、実験場は成果が得られないまま終戦を迎え、戦後間もない昭和二四（一九四九）年に、登山バスの営業運転が始まる。これが、道路改良後有料道路乗鞍スカイラインとなり、次いで長野県側から一般車が走行可能な最高所（県境二七一六ｍ地点）を走る乗鞍エコーラインが開通し、モータリーゼーションの流れと相まって乗鞍岳の観光地化が一気に進んだ。しかし、それに伴い、環境破壊が深刻となり、登山対象としての乗鞍岳の魅力は失われ、登山道も廃道化していった。

平成一五（二〇〇三）年、有料道路の償還期限となった乗鞍スカイラインは無料化されるとともに環境保全のためマイカー乗り入れ規制を実施し、バスとタクシーしか畳平まで入れなくなった。その結果、山岳としての魅力が見直されることとなった。

広大な山だけに登山道はいくつもあるが、現在は荒廃しているものもある。ここでは①畳平からのコース、②千町尾根コースと

命名、開山したと伝えられる。
信濃国では、朝陽がまず当たる山であることから、朝日岳とも呼ばれていた。その名は、山頂八峰のひとつに残される。

（2）明治三二（一八九九）年旧朝日村青屋から乗鞍の大日岳まで二〇㎞の信仰の道を独力で開いた上牧太郎之助が、さらに道中安全のため、八八箇所に二体ずつ計一七六体石仏を安置したもののひと組だった。

【登山記録】（―：車、…：徒歩）

２０１６年８月11日（木・山の日）晴

朴ノ木平バスターミナル5：45―畳平バスターミナル7：15…肩の小屋8：00…乗鞍剣ヶ峰山頂8：50〜9：05…肩の小屋9：20〜10：10…畳平10：55…魔王岳11：20…畳平11：50―朴ノ木平12：35

２０１７年５月20日（土）〜21日（日）快晴

20日

―国立乗鞍青少年交流の家（駐

いう、対照的な二ルートを紹介したい。

①畳平からのコースは、乗鞍スカイラインの終点標高二七〇二mの畳平を起点とする最短ルートで、剣ヶ峰山頂まで一時間半から二時間ほどと、我が国で最も気軽に三〇〇〇m峰の山頂に立てる。このコースに、八月の「山の日」、登山初心者のわが家族を案内した。

シャトルバスで畳平まで上がり、肩の小屋（二八〇〇m）までは、業務用の車両も走る道なので、心おきなく赤石山脈や木曽山脈、八ヶ岳などの展望や、コマクサなど足元の高山植物の観察に専念できる。小屋で長野県側の位ヶ原（二三五〇m）からのコースと合流すると、ようやく岩の登山道となる。山頂小屋を経て一等三角点と乗鞍奥宮の祠のある最高点剣ヶ峰山頂に立ち、コロナ観測所や乗鞍の峰々越しに穂高連峰、槍ヶ岳、笠ヶ岳、黒部五郎岳など日本を代表する山岳風景を指さしながら紹介し、幸せなひと時を過ごした。なお、平湯から畳平まで登山道が整備されており、片道だけ登山して日帰りすることもできる。

対照的に骨のあるのが、②千町尾根のコースで、国立乗鞍青少年交流の家のある日影平（一五〇〇m）から入山し、丸黒山

日和田高原からの乗鞍岳。千町尾根の長いシルエットが印象的

車）8：15…日影平山分岐8：45…丸黒山11：20…奥千町避難小屋15：45

21日

奥千町避難小屋5：10…乗鞍岳山頂9：40…奥千町避難小屋13：10～13：30…丸黒山16：10…国立乗鞍青少年交流の家18：40―

〈メモ〉

●②千町尾根コースは丸黒山から千町ヶ原に出るまでがあまり整備されておらず、ヤブが被っており、通行注意。

●千町尾根は、子ノ原口（高山市高根町）からのルートもあるが現在一般登山者は通行禁止。

●長野県側は乗鞍高原から登山道が開かれ、一般には乗鞍エコーライン沿いの位ヶ原（二三五〇m）から登られることが多い。

●西側の溶岩台地に多彩な滝や池塘を擁する秘境五色ヶ原に、平成一七（二〇〇四）年に事前予約制・有料のトレッキングコースも開かれた。

を経て千町尾根で剣ヶ峰に至る往復一泊二日を要する長大なルートである。五月下旬、山仲間と、このルートで山頂を目指した。

　新緑に染まる丸黒山（一九五六ｍ）までの登山道はよく整備されている。しかしその先は、人の気配が薄くなり、大きなものの中に放り出された心地になる。尾根通しの登山道は最初こそササが被さりつつも明確だが、コメツガやダケカンバの深い森がオオシラビソの純林に変わるあたりから、溶岩台地らしく取りとめなく広くなる。残雪も出てくるので目印の赤布を付けながらルートを外さないよう慎重に進んでいく。

　傾斜が緩やかになったあたりで広い雪原に出る。千町ヶ原と呼ばれ、夏は池塘の周りにワタスゲの白い穂が揺れる別天地だという。再びオオシラビソの樹林帯を抜け標高を上げると、奥千町ヶ原に出る。行く手に乗鞍が大きく迫り、南に御嶽山が長い裾野を引き、北に笠ヶ岳が鋭角の頂きを空に突き出している。そんな山屋にとって天国のような場所に奥千町避難小屋がつつましく立っている。夜更けは、満天の星だった。

　翌朝日の出前にアイゼンを付け出発。朝日に輝くハイマツと雪の尾根を登高するうち、御嶽山の展望できる小ピークの雪面に二体の石仏が顔を出しているのに出合う。[2] ハイマツを漕ぎ、雪と岩を踏みしめ、一日半かけてたどり着いた剣ヶ峰から眺める飛騨山脈は、真夏のそれとは違い、宇宙の一部のようだった。

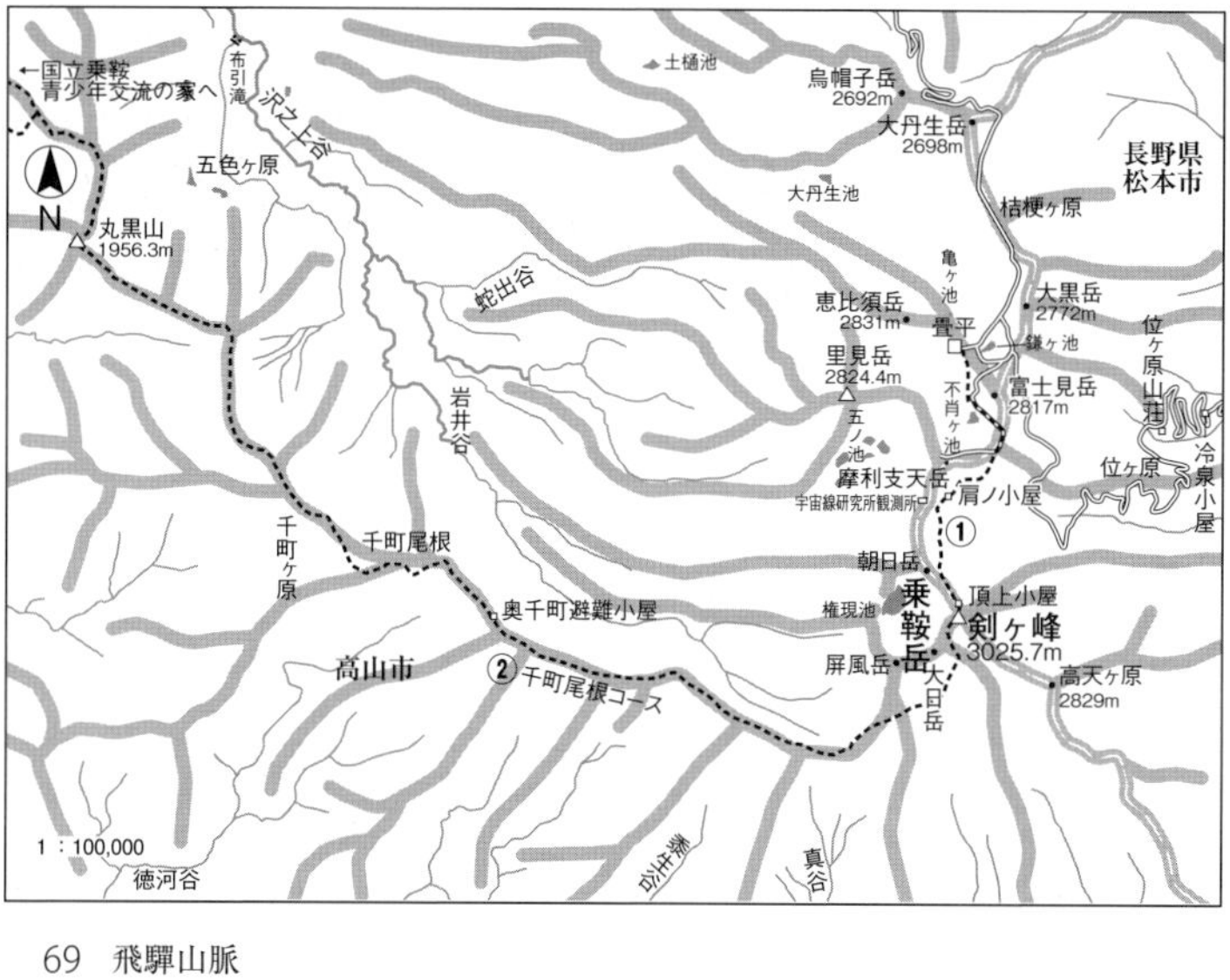

天蓋山（てんがいさん）

一五二七・二ｍ　二等（三角点名／廿五山）

天蓋山（標高一五二七ｍ）は、飛騨市と高山市にまたがり、ゆったり裾を広げた、たおやかな北飛騨の山である。その名は、山容が天蓋（仏像の上にかざす　きぬがさ）に似ていることにちなむといわれる。登山口は、山之村の森茂（もりも）集落に開かれている。

山之村は、地図にない村である(1)。高原川沿いの神岡市街の東にそそり立つ急峻な山中にのどかに開けた土地で、牧場や田畑の間に、森茂をはじめ七つの集落が散らばり、行政上は飛騨市神岡町森茂といった表記になるが、山之村牧場や山之村キャンプ場があり、小中併設の学校も山之村小中学校と名付けられている。

大鼠山中腹・森茂北ノ俣林道からの天蓋山

二万五千分の一地形図／鹿間、下之本

適期　4月下旬～11月上旬
登山道　◎
標準タイム　登り2時間15分、下り1時間30分
難易度　Ⅰ

天蓋山は、そんな高みにある村から登りだすため、往復四時間ほどで気軽に登山でき、山頂からの展望がとりわけいい。登山を始めたいという娘と連れ合いの三人で、雪深い土地が新緑に輝く六月初旬に訪れた。

一九八九年に開通した高山市上宝町から富山県有峰湖方面に抜ける大規模林道で山吹峠を越えて山之村に入る。若草が萌え始めた牧場の先に、おだやかな山里の風景が待っていた。茅葺き屋根の家や、板倉とい

（1）その呼称は古く、幕府が作成を命じた「国絵図」にはないが、地役人が作成した国絵図などに七集落名（森茂・伊西・岩井谷・下之本・瀬戸・和佐府・打保）とともに「山ノ村」が記載される。

（2）二〇〇九年神岡青年会議所が創立五五周年を記念して、田部井淳子に揮毫を依頼したものをもとにしている。田部井は同年一二月一日、天蓋山に訪れ、日記に「今日は素晴らしい天気の中、天蓋山に登りました。三六〇度山が見えました。標柱の私の字見てください。槍ヶ岳も劔岳もみえます。（中略）本当に素晴らしい眺めのところです。」と記している。同会議所は二〇一一年に解散したが、今も旧メンバーで標柱の補修などをされている。

う板張りの倉庫の散在する集落は、これだけ山深いところにありながら開放的で、空に近い場所という実感がある。

山之村道の駅の道の向かいにある山之村キャンプ場の奥、標高約一〇〇〇mの地点が登山口となる。せせらぎ沿いにはじまる登山道は、よく整備され、雪深い土地の六月ならではの、ブナやミズナラのみずみずしい緑に包まれている。道沿いには薄桃のタニウツギや白いエンレイソウの花などが目を楽しませてくれる。「タニウツギの花は、田植えの目印にされたんだよ」などと説明。

谷を離れると、「急坂」といういかにも手作りの立札があり、看板にいつわりなしの木の根がむき出しになった胸突き坂がしばらく続く。雀平という展望地を経て、約二時間で天蓋山山頂に到着。二等三角点脇に、女性世界初のエベレスト登頂者の田部井淳子揮毫の大きな山名標柱(2)が立ち、その周りを取り囲んで、丸いベンチ兼山名案内板が設置されている。

三六〇度広がる残雪のパノラマは、何ともすばらしい。奥大日岳、剱岳、立山、薬師岳、北ノ俣岳、黒部五郎岳、双六岳、槍ヶ岳、笠ヶ岳、焼岳、乗鞍岳、御嶽山、白山…なかなかこれだけの山岳風景をこんな簡単に見られる山はないんだよと、同行二人に熱く語っても、「フリーズドライのスープおいしいね」などと、食事の方に気を取られている様子。まあ、山の楽しみ方は人それぞれでいいのでしょう。下山の途中、「登山っていいかも」と娘が漏らしたので、引率者としても、はるばる誘った甲斐があった。

北飛騨の美しい自然と、飛騨山脈主稜線の迫力ある展望が気軽に楽しめる。誰にでもおすすめできる佳き山である。

【登山記録】（—：車、…：徒歩）
2016年6月4日（土）　晴のち曇
—飛騨清見I.C—山吹峠—山之村キャンプ場（駐車）7：55…登山口8：00…雀平9：25…天蓋山山頂10：00〜10：30…雀平…キャンプ場11：50—

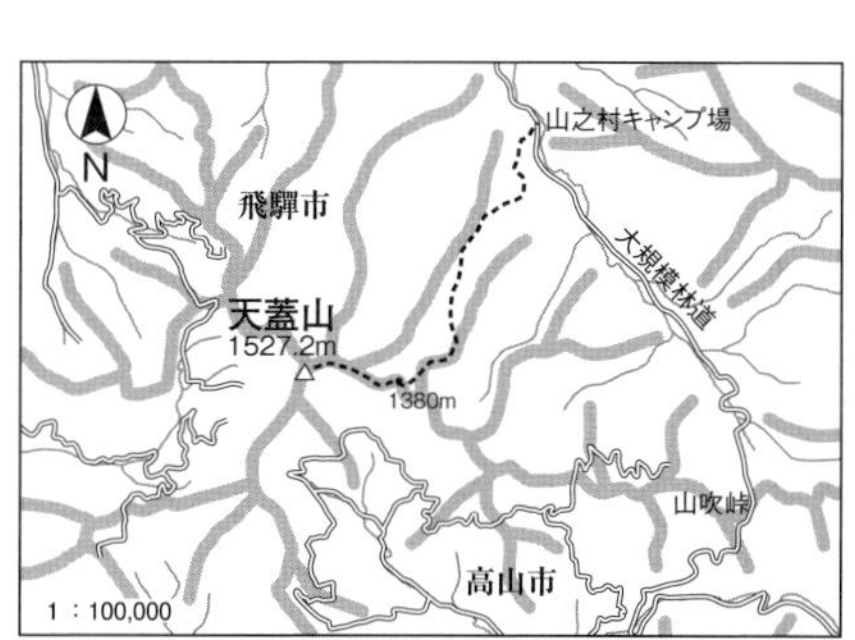

飛驒山脈

22

くわさきやま
桑崎山
一七二八・〇ｍ　三等（三角点名／深戸）

二万五千分の一地形図／下之本

適期　２月中旬～４月（積雪期）
登山道　ー
標準タイム　（積雪期山吹峠から：登り２時間30分程度）
難易度　S❄

　飛驒の山というと、長野・富山県境の飛驒山脈主稜線や、石川・福井県境の白山連峰など、森林限界を超える山岳地帯をイメージされることが多いのではないだろうか。しかし、それらの山岳地帯に挟まれた飛驒地方の中央部には、飛驒山脈の前衛峰や飛驒高地の、標高二〇〇〇ｍに満たない全山樹林に包まれた山々がうち重なりあう。この山ひだが重畳する土地こそが飛驒の国ともいえる。飛驒の岳人たちは、そんな山々の「そのまま」を愛し、沢を遡行し、ヤブを漕ぎ、わかんやスキーを駆使して自在に登ってきた。

漆山岳からの展望。手前が桑崎山、背後は笠ヶ岳

　飛驒山脈主稜線の西に連なる桑崎山（標高一七二八ｍ）もそのように登られてきた山のひとつで、高山市上宝町と飛驒市神岡町山之村の境界に位置する。その山名は、越中の鍬崎山（二〇九〇ｍ）と同様、鍬の刃先のように丸い形をしていることにちなむともいわれ、名前に違わぬ穏やかな山容を見せている。(1) 登山道はなく、ヤブの押さえられる残雪期、上宝町と神岡町をつなぐ大規模林道の両町境界にあたる山吹峠から登られることが多い。(2) ただし、大規模林道は積雪期に通行止めとなるため、峠へは神

（1）越中の鍬崎山には富山藩主だった佐々成政の埋蔵金伝説が伝わるが、埋蔵されたのは桑崎山との伝説もある。

（2）無雪期に山吹峠北の林道の途中から尾根に取り付き、ヤブ漕ぎして登頂もできるが、やはりヤブが押えられ大展望の期待できる残雪期が登山適期だろう。

（3）山吹峠には、平成元（一九八九）年に当時の上宝村と神岡町が建立した林道開通記念碑と、この峠がかつて越中国と信濃国を結ぶ鎌倉街道であったとのいわれを記した石碑が並んでいる。

〔登山記録〕（—：車、…：徒歩）
２０１８年３月17日（土）快晴
—（国道四一号線、県道四八四号線）—森茂集落山之村キャンプ場

岡町の市街地から県道四八四号線回りで山之村に入り、徒歩で向かうこととなる。

　この山に寺地山から笠ヶ岳まで縦走した相棒と登った。

　山之村は、日本の山里の原風景ともいえるたたずまいを残し、夏場にはその風景にあこがれる都会人で牧場やキャンプ場が賑わう。しかし、雪に閉ざされた季節は、息を止めたかのように白く静まっている。キャンプ場先の除雪区間終了地点に駐車、雪原に変わった山之村牧場に出ると、桑崎山の丸い姿が見えてくる。

　山吹峠でスノーシューを装着。尾根に取り付いてしばらくは稜線が複雑に左右するので、地図を確認し目印の赤テープを付けていく。上宝町側の二次林、山之村側のスギの植林の境界線を登っていくと傾斜が急になり、アイゼンに履き替える。登ってきた尾根の向こうに白山連峰が望まれる。

　一五五〇mあたりからはダケカンバの明るい疎林に変わり、幹に付けられた山スキー用の赤ペンキの目印をたどりながら登高し、桑崎山山頂に到着、相棒とがっちり握手。三等三角点は、雪の下深くに埋もれ、樹林の間に飛騨山脈が近い。

　よりよく山々の姿を見たくて、少し南の遮るもののない斜面まで下りてみると、そこは思わず声をあげてしまうほど素晴らしい山岳展望台。北ノ俣岳、黒部五郎岳、三俣蓮華岳、双六岳、笠ヶ岳とわれわれが縦走した稜線が手に取るよう。さらに槍ヶ岳、乗鞍岳、御嶽山、西の白山と錚々（そうそう）たる県境の山々が連なり、穂高岳が見えないことも含め、江戸時代に描かれた国絵図の国境の姿と重なり合う。そして中央部をくろぐろと埋め尽くす樹林の山々。飛騨の風土を実感する光景がそこにあった。


先の除雪終了地点（駐車）8：30…山吹峠9：20…桑崎山山頂11：30～12：35…山吹峠13：45…駐車地点14：25—

〈メモ〉
●山吹峠から一二九七m地点あたりまでは地形がはっきりしないので、確実にルートファインディングしていく。上部は明確な尾根で、ルートは比較的たどりやすい。

岐阜百秀山
コラム1

円空の山

本書をまとめるにあたり、美濃と飛騨の山や里を随分と回った。不思議なことに、まるで先回りするかのようにあちこちで円空と播隆の足跡に出会った。荒々しい彫りあとをみせる「円空仏」で知られる円空は、江戸前期の山岳修行僧。槍ヶ岳の開山で知られる播隆は、江戸後期の浄土宗の僧。二人の生きた時代には一五〇年ほどの隔たりがある。まずは美濃・飛騨の山に円空の足跡をたどってみたい。

桂峯寺蔵　円空作
十一面観音菩薩立像
（小島梯次氏撮影）

1　高賀山（一二二四ｍ）

円空は、寛永九（一六三二）年、美濃で生まれた。諸説あるが、羽島市上中町（旧中島郡中村）が出生の地として有力とされる。同地は木曽川と長良川に挟まれた「輪中」と言われる土地で、たびたび水害に見舞われている。若い頃の行動は定かではなく、郡上市美並町神明神社の寛文三（一六六三）年の棟札のある天照皇太神など三体の像が最初期の像として残る。この時期、円空は高賀山の東麓、長良川の支流粥川沿いにある岩屋などで修行をし、仏を彫った。高賀山は、歴史的には白山信仰と関わりが深いが、鎌倉時代以降は虚空蔵菩薩信仰を中心とした山岳信仰の拠点となっていた。

2　伊吹山（一三七七ｍ）

寛文六（一六六六）年一月彼は厳冬期の弘前藩弘前城下を追われ、その後蝦夷（北海道）に渡り多くの仏像を残している。そのうち伊達市有珠町善光寺蔵の観音像の背中には「うすおく乃いん小嶋　江州伊吹山平等岩僧内　寛文六年丙午七月二十八日　始山登円空（花押）」と刻まれている。なんと彼は寛文三年に噴火したばかりの有珠山に登頂していたのである。また、この背銘によって、彼が伊吹山の平等岩を拠点とする伊吹修験の僧と自称していたことが分かる。彼が高賀山の山麓から津軽や蝦夷に行くというのは唐突に感じられるが、伊吹山は、北国街道と中山道をつなぐ越前と美濃の最短路、北国脇街道に面している。越前は津軽や蝦夷と物資の流通などで密接に結びついており、寛文三年の有珠山噴火のような最新情報も入り得る。白山が万治二（一六五九）年噴火をしたこともあってか、円空は火山に対して関心が高かったようで、富士山に噴煙の上がる絵を残したりしている。円空は伊吹山周辺で有珠山噴火の情報をつかんだ上で津軽・蝦夷方面をめざしたのではないだろうか[1]。

3　白山（二七〇二ｍ）

円空は、長良川の源と考えられていた白山に特別な畏敬の念を抱いており、没後九五年経った寛政二（一七九〇）年刊の伴蒿蹊の『近世畸人伝』に、「富士山に籠り、又加賀白山に籠る」と記されている。円空が実際に白山に登った記録は残されていないが、寛文一二（一六七二）年、白山美濃禅定道の起点（馬場）である郡上市白鳥町白山中宮長滝寺の別当寺院（神社を管理する寺院）阿名院に十一面観音像を残している。(2) また石徹白大師堂にもそれより十年程後の様式の円空仏が確認できたので、(3) 白山には幾度か登ったと考えられる。

4　乗鞍岳（三〇二六m）

乗鞍岳は、古くから霊山として信仰されていたが、山頂には立ち入らず、一定の場所まで登り遙拝されていた。天和三（一六八三）年、円空は乗鞍岳山上の大丹生池に魔人が棲むと恐れられていた言い伝えを払拭するために千体仏を彫り、池に沈め祈祷して迷信を封じたと伝えられる。乗鞍岳と十石山の間にある金山岩の下に祀られた乗鞍権現の祠にも歓喜天と宇賀弁財天を安置している（現在は8で後述の禅通寺蔵）。

5　御嶽山（三〇六七m）

貞享三（一六八六）年、円空は長野県木曽郡南木曽町三留野の天満宮に六月、等覚寺に八月に像を残しており、この時期御嶽山に登ったと考えられる。当時は、山頂の御嶽神社奥社登拝にあたり、麓で七五日または一〇〇日の精進潔斎という厳しい修行が必要とされ、この厳しい修行を行った者だけが年一回の登拝を許されていた。なお、天明五（一七八五）年に黒沢口の登拝道を開き、軽精進での登山を普及させた覚明は、円空の阿弥陀如来像を念持仏にしていたと伝わる（名古屋市清音寺蔵）。

6　二十五山（にじゅうごやま）（現在一一五三m）

飛騨市神岡町の背後にそびえる二十五山は、山頂に寒気をもたらす笈破霧（おいわれきり）と呼ばれる霧がかかり、農作物の被害が出ることがしばしばあった。元禄初年頃（貞享年間とも）、冷害による飢饉に見舞われた折、当地を訪れた円空が、山頂に阿弥陀二十五菩薩像を奉納。円空像は地元の崇敬を受けてきた。飛騨山脈の好展望地だった二十五山は、鉱山開発で山頂部が削り取られ、阿弥陀二十五菩薩像は山麓和佐保集落の光円寺に下ろされている。

7　再び伊吹山

元禄二（一六八九）年三月、円空はかつて修行した伊吹山に再び訪れ、中腹にある太平寺集落に十一面観音像を残している（太平寺集落は廃村になり、現在は米原市春照（すいじょう）の観音堂蔵）。

春先に快晴の伊吹山山頂に立つと、残雪の白山、乗鞍岳、御嶽山、そして笠ヶ岳と穂高岳を拝むことができ、円空は若き日に遠く拝んだ聖なる峰々を、生涯をかけて登りきろうとの決意をもってこの場所を訪れたのではないかと思われてならない。ちなみに伊吹山は、かつて山頂に弥勒堂があった弥勒信仰の山で、山岳寺院弥高寺跡に入定窟が残るなど、円空の信仰および行動に大きな影響を与えたことは間違いがない。

8　笠ヶ岳（二八九八m）、焼岳（二四五六m）、穂高岳、錫杖岳（二一六八m）、双六岳（二八六〇m）

播隆が著した『迦多賀嶽再興記』（文政六（一八二三）年）に、「元禄年中円空上人登頂　大日如来ヲ勧請シ奉リ阿観百日密行之霊跡也」と記されている。また、双六川最上流部の集落金木戸の観音堂に伝わった十一面観音像（金木戸は廃村となり現在は高山市上宝町桂峯寺蔵。実際には六面の観音）の背銘に、「頂上六仏　元禄三年（一六九〇年）門／乗鞍嶽　保多迦嶽　□御嶽　／伊応嶽　錫杖嶽　四五六嶽　／□利乃六嶽本地處□六権現」とあり、□御嶽の部分を、東京国立博物館の浅見龍介氏は「於御嶽（おおだけ）」すなわち笠ヶ岳と考察している。つまり、頭上の六仏は、乗鞍嶽（乗鞍岳）、保多迦嶽（穂高岳）、於御嶽（笠ヶ岳）、伊応嶽（硫黄岳＝焼岳）、錫杖嶽（錫杖岳）、四五六嶽（双六岳）を表していることになる。

円空は、乗鞍岳、笠ヶ岳に登ったことは間違いないと考えられるが、果たして穂高岳、焼岳、錫杖岳、双六岳に登ったのだろうか。

穂高岳については、その文献上の初出は、元禄九（一六九六）年に作られた『元禄国絵図』の下図と思われる『師岡本信州筑摩郡安曇郡図』にある「保高嶽」の記載とされる。しかし、円空の元禄三年の背銘にある「保多迦嶽」はこれより先の時期であり、最古の記録といえる。当時穂高岳の全容はまだ把握されていなかったので、どの部分かは不明だが、登っていた可能性は高い。

焼岳については、円空は元禄三年から翌年まで奥飛騨温泉郷の禅通寺に逗留し寺及び周辺に円空仏を残しており、当時焼岳の南に平湯峠が通っていたので登りやすかったはずで、笠ヶ岳に登るルートを観察するためにも登っていたと考えていいだろう。なお、禅通寺の背後の一四三六mピークは円空山と通称される。

錫杖岳と双六岳については、前記背銘が山名の記録上の初出となる。この二つの山は、信仰の対象になるほど目立つ山ではない。さらに錫杖岳については周辺に山岳修験に関わる名の山はないこと、双六岳については「盤の石」に由来する双六川の名は当時から使われていたが、その源流の山に名前があった記録はないことから、いずれも円空命名と考えていいのではないだろうか。[4]

円空より一〇〇年ほど後に笠ヶ岳に登頂した高山宗猷寺の南裔や、一三〇年ほど後に登頂した播隆は笠谷から登っているようだが、円空が滞在した当時は、幕府の直轄地となり山林開発が進む以前で、この山域の情報はまだ圧倒的に少なかった。円空は寛文一三（一六七三）年と延宝三（一六七五）年に大峰山で修行し、稜線をつないで登る回峰の経験を積んでいる。円空は西側の二十五山や、東側の焼岳などから周辺の稜線を観察のうえ、錫杖岳を経て笠ヶ岳に登頂し、双六岳から双六谷に下り、最初の集落である金木戸に飛騨の六岳を完登できた感謝の念を込め背銘に記したのではないだろうか。

なお、十一面観音と同時に作られた今上皇帝像には「元禄三庚午九月廿六日　今上皇帝　当国万仏十□仏作巳」とあり、その記載内容には議論があるが、作仏においても、ほぼ同時期に大きな区切りをつけたことは間違いない。円空は飛騨の地を去った直後の元禄五年、飛騨国は藩主金森氏が移封され、幕府の直轄領となる。

9　再び高賀山

円空は、高賀山南麓の関市洞戸の高賀神社とその境内にあった蓮華峯寺周辺に、貞享元（一六八四）年、元禄五（一六九二）年に逗留している。飛騨での厳しい修行を終えた元禄五年には、十一面観音、善女竜王、善財童子像など畢生の大作を残し、また村人の願いで降雨を祈って大般若経を読誦し、見事雨を降らせている。時に円空六一歳。そして台座に、「釜且入定也」の文字を刻んだ歓喜天像を残し、当地で最後の千日行に入る。行を終えた円空は、元禄八（一六九五）年、自らの寺である弥勒寺に移り、ほど近い長良川河畔で入定したと言われている。

高賀山山頂からは、濃尾平野とともに、伊吹山、白山、御嶽山、乗鞍岳、穂高岳そして笠ヶ岳など、彼に関わる数々の山がまるでその生涯のパノラマのように一望できる。山頂にたたずむと、円空の万感の想いが伝わってくるようでならない。

（1）円空は、高賀山山麓にいる間に見られなかった水瓶を持つ大ぶりな十一面観音像を津軽や蝦夷、帰路立ち寄った恐山周辺や秋田に残し、さらに寛文一一（一六七一）年羽島市観音堂にも残している。伊吹山は越前から近江、大和にかけての十一面観音信仰が特に篤い地域に接しており、山麓には、渡岸寺の国宝十一面観音像のように、水瓶を持った等身大前後の像が数多く残されている。津軽・蝦夷に渡る前、伊吹山周辺で拝んだ十一面観音像の影響を受けたと考えるのが自然だろう。

（2）美濃・飛騨に一七〇〇体あまり円空仏が伝わるにもかかわらず、白山山地およびその山麓に円空仏はきわめて少ない。この一帯は、戦国時代に北陸地方から入ってきた浄土真宗が浸透し、長滝寺の坊院の多くも浄土真宗本願寺派に改宗している。白山信仰の中心となるホトケも、御前峰の本地仏（本地垂迹説に基づく。白山のカミの本来の姿であるホトケ）十一面観音菩薩から、大汝峰の本地仏阿弥陀如来にシフトしている。阿名院は、その名の通り阿弥陀信仰の寺院で、円空の十一面観音像は、その後白山権現と同一視される伊弉冉尊を祭神とする白鳥町の白鳥神社に移されたのも、以上のような背景があったからではないだろうか。

（3）白山美濃禅定道の登山基地ともいえる石徹白集落の大師堂には、明治初年の神仏分離で、白山中居神社の神体仏であった虚空蔵菩薩像が伝わる。ここに社家に伝わった円空仏があることが今回偶然にも確認できた。

（4）江戸期の絵図類をみると、錫杖嶽がどの山を指すかは流動的で、円空の記す「錫杖嶽」が現在の錫杖岳だと断言はできない。しかし、笠谷でなく尾根から笠ヶ岳をめざしたとするなら、現在の錫杖岳と同一とするのが合理的だろう。

【参考文献】

◎長谷川公茂著『円空の生涯』（二〇一五年　人間の科学新社刊）
◎「東京国立博物館140周年　特別展『飛騨の円空―千光寺とその周辺の足跡―』」カタログ（二〇一三年）
◎小島梯次著『円空仏入門』（二〇一四年　まつお出版刊）

飛騨高地

23 国見山
24 六谷山
25 漆山岳
26 (神岡)大洞山
27 流葉山
28 猪臥山
29 白木峰
30 三ヶ辻山／人形山
31 籾糠山
32 猿ヶ馬場山
33 御前岳
34 鷲ヶ岳
35 高屹山
36 船山
37 位山
38 川上岳
39 籾谷山
40 八尾山
41 (和良)大洞山

位置

飛騨高地は、飛騨山脈、両白山地に挟まれた標高一〇〇〇～一八〇〇m前後の高地で、飛騨地方を中心に、北は富山県南部、南は美濃地方北部に及び、最高峰は猿ヶ馬場山（標高一八七五m）。飛騨山地、飛騨高原と呼ばれることもある。中央部に、高山盆地がある。

そのうち位山（一五二九m）、川上岳（一六二六m）、鷲ヶ岳（一六七二m）をはじめとする東西方向に連なる山々は日本海と太平洋の分水嶺[1]となっており、それ以北の降水は庄川、宮川（いずれも神通川の上流部）となって日本海へ、以南は飛騨川、長良川となって太平洋に注いでいる。

気候

北西部は、日本海を渡る季節風が直接山岳にぶつかるため、日本海側気候の影響を受ける豪雪地帯で、長期間積雪に覆われる。

一方、南東部は、中央高地式気候であり、夏冬ともに降水量が少ない。特に下呂市周辺の南飛騨には、初冬でも雪を踏まずに登山できる山もある。

自然（地質・植生など）

地質は、岐阜県北部から富山県南部にかけて古い地質帯である飛騨帯が広く横たわる。ここに東洋有数の鉱山であった神岡鉱山が位置した。その南に狭長に、飛騨外縁帯が分布する。[2]

植生は、本来、ブナに代表される落葉広葉樹林帯であり、おおよそ一五〇〇m以上は常緑針葉樹林帯となる山域であるが、林業地帯でもあり、高山盆地周辺を中心としてヒノキ、スギ等の人工林に置き換わっている山も多い。ただし、白川郷の背後の山となる猿ヶ馬場山周辺や、富山県境の北飛騨の山など、北西部の豪雪地帯は、登山道のない山も多く、手付かずの原生林が残る。

人との関わり

飛驒高地は、乗鞍岳など高峰が連なる飛驒山脈と、霊峰白山を擁する両白山地に挟まれ、最高峰の猿ヶ馬場山でも一八七五mにとどまり、森林限界を越えない。その分、森林資源に恵まれ、さらに神岡に代表される鉱山も江戸時代以前から開発されてきた。

飛驒地方は、高山盆地や、古川国府盆地などを除くと、平地には恵まれない分、人々は、里のまわりを取り囲む飛驒高地の山々に、生活の糧を得てきた。江戸幕府も森林資源や鉱物資源を重要視し、一六九二（元禄五）年に、高山藩藩主金森氏を移封し、天領としている。現在も、美濃地方と比較して、国有林が際立って多い。

飛驒高地の山は、高峰の連なる飛驒山脈や霊峰白山をハレ（晴れ）の山とするなら、ケ（褻）の山ともいえる。その中で、三角錐の整った姿と山頂部に巨石群を持つ位山は、飛驒一宮水無神社の神体とされ、古来より信仰を集めてきた。また、御前岳（一八一六m）や「八尾御前」とも呼ばれる八尾山（一一〇一m）のように、白山や御嶽山を遥拝するために登られた山もある。

（1） 異なる水系の境界線を分水界と言う。日本の場合、その多くは山の稜線であり、これを分水嶺と呼ぶ。日本海に流れ込む水系と太平洋に流れ込む水系を分ける北海道から九州までの分水界を「中央分水界」といい、その最高点は乗鞍岳（三〇二六m）である。

（2） 岐阜県の東方（長野県側）にフォッサマグナ（中央地溝帯）があり、これが東北日本と西南日本の地質的境界となっている。さらに西南日本は、中央構造線を境として北側の西南日本内帯と南側の同外帯に分かれる。岐阜県は、西南日本内帯の東端に位置し、その地質構造は、おおよそ次の四つに区分される。

○飛驒帯

県最北部の飛驒市河合町・宮川町・神岡町などに分布する飛驒変成岩は、日本列島の中でも古い岩石（四億年前以前）の一つとされ、これを取り巻く船津花崗岩類（一億八千万年前）も古い花崗岩として知られる。

○飛驒外縁帯

飛驒帯を取り巻く幅数km の狭い地帯は飛驒外縁帯と呼ばれ、古生層が分布。また、これらに接している槍ヶ岳、高山市北部などは断層運動で地下深部から上昇した結晶片岩や蛇紋岩が分布。

○美濃帯

飛驒外縁帯の南側に古生代末期から中世代の中頃までに海で堆積した砂岩、泥岩、チャート、石灰岩、緑色岩からなる美濃帯が広く分布。

○領家帯

多治見市と岩村町を結んだ線の南側には領家花崗岩が分布するほか、中古生層起源の変成岩が分布。

飛驒高地

国見山

くにみやま

一三一八・二m　三等（三角点名／国見山）

二万五千分の一地形図／船津、長倉、町方、旗鉾

適期　4月〜11月
登山道　◎
標準タイム　登り30分　下り20分
難易度　Ⅰ

日本には、国見山という名の山が実に多い[1]。「国見」とは、「天皇や地方の長（おさ）が高い所に立って、国の地勢、景色や人民の生活状況を望み見ること。もと春の農耕儀礼で、一年の農事を始めるにあたって農耕に適した地を探し、春の豊穣を予祝したもの」（『大辞泉』小学館）というから、日本における登山の原点ともいえる行事だったのだろう。岐阜県では、高山市丹生川町と同市上宝町にまたがる国見山（標高一三一八m）がある。北の高原川、南の荒城川に挟まれ、古代人の好みそうなすっきり整った円錐形の頭を持ち上げる[2]。

この山の西側の鞍部を丹生川と上宝を結ぶ古代から続く道が通り、その境界に駒鼻峠（一一六四m）がある。国名に「斐太」または「斐陀」の字が用いられていたのが「飛驒」の字があてられる機縁となった神馬を産した場所だという[3]。時代が下り、天正一〇（一五八二）年、飛驒を二分した松倉城主三木自綱と高原諏訪城主江間輝盛との八日町の戦いが荒城川沿いで繰り広げられ、敗走して岩井戸の山城に立て籠もった江間勢を討つため三木の軍勢が越えていったのもこの峠だった。

呂瀬集落からの国見山

（1）『日本山名辞典』（三省堂）には国見山が四三山、さらに国見岳も一九山掲載されている。

（2）南麓の呂瀬集落のかつてロッセスキー場があったあたりから山容がよく眺められる。

（3）『続日本紀』によると、大宝二（七〇二）年四月、神馬が献上され、朝廷では瑞祥として大赦を行い、国司らの位を進め、同国の百姓には三年の免税を賜った。大津皇子の謀反事件に連座して飛驒国に流されていた新羅僧幸甚（行心）の子隆観が、この時の大赦で都に戻った。

献上された神馬は「大黒（おおぐろ）」といい、『万葉集』に、「ぬばたまの斐太の大黒見るごとに巨勢の小黒し思ほゆるかも」という歌が収められている。この瑞祥を機に、国

多くの歴史を秘めた山ではあるけれども、登山道はなく、冬場スキーで登られていた。しかし、近年地元の有志により駒鼻峠からの登山道が開かれたため、手軽に登れる山となった。

九月のよく晴れた朝、この山を訪れた。北麓の県道四七一号線から駒鼻峠に向かう林道めいた市道に入る。木立の中をうねうねと登っていくと、少し開けた場所に神馬大黒の名を刻んだ大岩、そのいわれを書いた明治時代の碑、その碑を復元した昭和五六年の碑、さらに高山市が史跡に指定した碑が並ぶ。

たどり着いた駒鼻峠のササ原の斜面に登山道が開かれている。登山道沿いは若いブナやミズナラが多いが、ところどころ伐採を逃れた風格ある樹が現れ、目を楽しませてくれる。三〇分ほどで国見山山頂に到着。登山道整備に合わせ北側が広く伐採されたため、いきなり目の前に飛騨山脈の大パノラマが展開する。

まず圧巻なのが、間近に迫る笠ヶ岳。槍ヶ岳がその背後になるのは唯一残念だが、西は北ノ俣岳から、黒部五郎岳、穂高連峰、焼岳、乗鞍岳までが、荘厳な朝の光にまばゆい。地図で確かめると、南側も刈り払えば広く高山や国府方面が眺められそうだ。

帰路、県道沿いに七人塚塔というのがあった。江場輝盛が決戦に敗れ討ち死にし、敗走してきたその家臣たち七人がもはやこれまでと主家に従って自決したのを憐れんだ土地の人が、祠を立て供養してきたが、それが朽ちたので碑をたてて霊を弔ったとある。飛騨人が歴史や伝説を大事にし、記憶しようとする努力は、生半可ではないと、改めて敬服した。

名の表記には、野生の馬や葦毛の馬を意味する「騨」の字を当て、「飛騨国」が用いられるようになったという。

【登山記録】（—：車、…：徒歩）
2016年9月3日（土）快晴
—飛騨清見IC—（県道四七七号線、市道）—駒鼻峠（駐車）6：55…国見山山頂7：20～7：45…駒鼻峠8：05—呂瀬集落（山容を確認し往路で帰途）

24

六谷山

ろくたんやま

一三九七・五ｍ　一等（三角点名／六谷山）

二万五千分の一地形図／東茂住

適期　5月～10月　夏△

登山道　○（電力会社の反射板巡視路を利用）

標準タイム　登り1時間30分　下り1時間10分

難易度　Ⅰ＋

今でも飛騨人にとって、岐阜・富山県境は、「飛越国境」と言った方が耳に馴染むのではないだろうか。国境の山々のうち、最も北に位置する山のひとつに、六谷山（ろくたんやま）がある。(1) その名は、六つの谷を持つことにちなみ、五つの谷までは富山県側に流れ、残る茂住（もずみ）谷が岐阜県側に流れて飛騨市神岡町東茂住に至る。登山口は、この東茂住側から入る茂住峠にある。

茂住は、神岡鉱山の中心地のひとつで、その歴史は天正一三（一五八五）年羽柴秀吉から飛騨一国を与えられた金森長近が越前の商人糸屋彦次郎宗貞（のちに茂住宗貞と称する）を呼び寄せ、鉱山開発に当たらせたことに遡るといわれる。そんな歴史を秘めた茂住の背後にそびえるこの山に、新緑が深まる五月下旬に訪れた。

高原川に沿う越中東街道とも呼ばれる国道四一号線を北上し、東茂住の街並みに入ると、今も立派な石垣を残す茂住宗貞の屋敷跡に建つ金龍寺と、スーパーカミオカンデで知られる東京大学宇宙線研究所附属神岡宇宙素粒子研究施設の研究棟が隣り合って並んでいる。その少し高山寄り、駐在所

茂住峠までの林道からの六谷山

（1）岐阜県最北端の山は、六谷山の西隣のキラズ山（一一八八ｍ）で、山名は、神の祟りを恐れ伐採が禁じられていたことに由来する。ただし今は富山県側に付けられた登山道沿いは、山頂以外スギ植林に覆われている。なお、谷を「たん」と呼ぶのは、日本海側の方言。

［登山記録］（—：車、…：徒歩）

２０１９年5月26日（日）快晴

—東茂住7：15—（林道）—茂住峠（駐車）8：00…六谷山山頂9：20～9：35…反射板9：45～9：50…山頂10：00…茂住峠11：20—（キラズ山へ）

〈メモ〉

●茂住峠までの約八㎞の林道は、通行止めとなることもあり、舗

の脇の細い路地が、茂住峠への林道の入口となる。この峠越えの林道は、かつて亜鉛鉱山のあった富山側の長棟集落へとつながり、江戸時代には、越中街道の裏街道として使われていた。未舗装の山道は路面が荒れ緊張を強いられるが、トチ、ホウ、カツラなどのほれぼれする巨木が次々と登場する。何とかパンクもせず、石の地蔵さまがふたつ並ぶ茂住峠に到着。

熊鈴をつけ、ホイッスルを鳴らしながら登山開始。登山道は、電力会社の通信用反射板の巡視路に重なり、一定の刈り払いはされている。二次林はしばらくでまばゆい新緑のブナ純林の森に変わり、足元にはイワカガミが咲き乱れる。急斜面に付けられた巡視路のプラスチックの階段を登りつめると傾斜がやや緩み、ササ原から西に、白山連峰や、山頂方向が眺められる。

稜線に出ると、ブナは風雪にさらされ灌木状態となっているため視界が広がり、飛騨高地の山並みのうえに、御嶽山、乗鞍岳、笠ヶ岳が、白く大きな姿を現わす。行く手に顔を出す六谷山の丸い山頂部は、直下にある反射板が目印がわりになる。

登山口から一時間半足らずで六谷山山頂に到着。登山時間は短めでも、峠までが遠く、大きな一等三角点の標石も拝めるので、登頂の満足感は大きい。山頂北側のササをかき分けると、さすが県最北に近い山、剱岳をはじめ立山連峰の展望が大きく広がる。西南に続く巡視路をヤブを漕ぎながら反射板まで足を延ばすと、高原川を挟んで漆山岳、さらに飛越国境の山々の果てに白山連峰が眺められる。

帰路、林道から見上げた六谷山は、谷底から吹き上げる風にホウの大木が白い花を揺らし、緑の塊としてそこにあった。

装がない悪路のため、事前確認し、慎重に通行したい。長棟は廃村となり峠から先は通行止め。

●登山道は、電力会社の反射板の巡視路を利用する。登山道並みの整備はされていないので、ヤブが被ることもあり、踏み跡をきちんとたどること。熊鈴は必携。

25

飛騨高地

漆山岳

うるしやまだけ　別名　上ノ岳（かみのたけ）

一三九三・一m　二等（三角点名／漆山岳）

二万五千分の一地形図／鹿間、打保

適期　1月～4月（積雪期）

登山道　ー（ヤブ山のため残雪期が適期）

標準タイム　ー（登り4時間　下り2時間30分程度）

難易度　S❄

高山市街から県庁所在地の岐阜市までは約一三五kmもあるが、富山市であれば、高原川沿いの国道四一号線でも、宮川沿いの国道三六〇号線でも九〇km足らずで、しかもそこには海がある。漆山岳(1)（標高一三九三m）は、そのうち国道四一号線沿いの、高山・富山両市のほぼ中間の岐阜県側にそびえている。沿道ではもっとも山深いあたりで、冬は豪雪に閉ざされ、無雪期は背丈を越すヤブに覆われ、登山道はない。

　登山適期は天候が安定し、ヤブが残雪の下となって、わかんなどで自在に歩ける早春のわずかな期間に限られるため、飛騨の岳人にさえあまり登られていない。山麓には、高原川右岸に東漆山、左岸に西漆山の集落があって、かつて一帯は木地屋が活躍した場所だった。飛騨高地の中でもとりわけ深山の気配を色濃く残すこの山に憧れ、三月の快晴の日を選んで訪れた。

　国道四一号線の雪崩対策用のスノーシェッドの木地屋洞門を抜け、東漆山の集落を行き過ぎると、左手に赤い漆山橋が見えてくる。対岸が西漆山集落で、その背後に長い稜線を朝日に輝かせた漆山岳が急峻

国道41号線から仰ぐ漆山岳

（1）漆山岳は、山名に「山」と「岳」がことさら重なっているのは何故なのか。―漆器に使うウルシは商品作物で、東南向きの山裾、川岸、畦畔などが栽培適地とされ、全国各地に残る漆山という地名もそのような場所に多い。漆山集落にもかつてウルシ畑があったのではと探すと、集落の入口の土手に、幹に幾筋も刻み目を入れたウルシの木があった。やはり、その山名は、ウルシを産する漆山集落の背後にそびえる立派な山＝「岳」という意味とみてよいのだろう。

【登山記録】（…：徒歩）

2019年3月9日（土）　快晴

（国道41号線）―神岡町西漆山集落（駐車）7：25…九三〇m地点9：50…漆山岳山頂11：30～12：

な斜面をそそり立たせている。

国道に面していないこともあって、山里らしいたたずまいを残す西漆山集落の背後の尾根に取り付く。登りだしの標高が約三五〇mと飛騨の山にしては低く、標高差一〇〇〇m以上を一気に稼ぐこととなる。しばらく若いブナの茂みのかすかな踏み跡をたどると、幹に山スキー用らしい古い赤ペンキのマークがみられ、雪がつながるようになったあたりで、わかんを装着。尾根の急登を続けると、ブナは次第に太くなり、振り返ると、登ってきた尾根の先に薬師岳をはじめ飛騨山脈の山々が姿を現す。山頂手前の、一対の反射板がある小ピークに至ると、乗鞍岳と御嶽山の姿が大きい。頂きへと心ははやるけれども、蔓を絡ませながら蒼空にそびえる老ブナの群れを、ほれぼれ見上げないわけにはいかない。

長い登高の果てにたどり着いた漆山岳の山頂にザックを放り出し、三六〇度の展望をじっくり楽しむ。東側は、御嶽山から始まり、乗鞍岳、焼岳、笠ヶ岳（穂高岳はその背後となる）、槍ヶ岳、黒部五郎岳、薬師岳、立山、劔岳など、日本を代表する名峰が切れ目ない絵巻物のように連なり北側の富山湾へと続く。西側は、白山連峰、南の飛騨高地の山々はほぼすべてが見え、追いきれないほど。

漆山岳は飛騨岳人にとってさえ遠い山だったが、高速道路ができ、国道近くの西漆山集落から直接取り付けるので、岐阜県内であれば何とか日帰り可能な山となった。山慣れた方に、ぜひ時期と天候を選んで登っていただきたい。きっとこの北飛騨の奥山の魅力を分かっていただけるとおもう。

00…西漆山集落14：15―

〈メモ〉

●バス停の手前から不動尊の祠に通じる小道に入り、堂の左手から始まる山道を登ると、棚田の跡に出、そこからスギ植林の尾根に取り付く。

26

おおぼらやま
大洞山（神岡）

一三四八・六m　三等（三角点名／大洞山）

飛驒山脈から流れ出る高原川沿いに飛驒市神岡町はある。かつて東洋一とうたわれた神岡鉱山があった町で、古くは永禄七（一五六四）年、武田信玄が越中侵攻の拠点として江馬時盛に東町城を築城させている。神岡を象徴する山といえば、高原川の東岸にそびえ、鉱山があり数々の伝説を持つ二十五山だろう。しかし、廃坑後立入禁止となり登山の対象とはならない(1)。

一方、西岸には、大洞山（一三四九m）がそそり立つ。向かい合う二十五山よりかなり高いにもかかわらず、今まで登山の対象とはなってこなかった。しかし、飛驒山岳会編『飛驒の山　研究と案内』（ナカニシヤ出版）によると、最近登山道が開かれ、山頂から飛驒山脈の展望が得られるという。未知の山に心ひかれ、秋が足早に過ぎ去ろうとする一一月の週末、訪ねてみた。

国道四一号線の船津トンネル北側出口に、大洞山の登山口は開かれている。登山道は、しばらく斜面に立つ送電鉄塔の巡視路と重なる。鉄塔の側を行き過ぎ、スギの植林帯をたどると、鳥居が現れ、道沿いに御嶽山信仰の霊神碑や石像がたたずむ。社

観音山中腹からの大洞山

二万五千分の一地形図／鹿間、船津

- 適期　6月中旬〜10月中旬　夏△
- 登山道　◎
- 標準タイム　船津トンネルからのルート：登り3時間、下り2時間30分
- 難易度　Ⅱ

（1）中核的な鉱山がこの山にあり、一九七五年刊行の『ぎふ百山』では、「今は禿山となり荒涼たる眺めであるが、海抜八〇〇メートル附近の栃洞には住宅や会社の諸施設、学校、映画館もあり、国道四十一号線からの夜景は特に美しい」と記される。しかし、二〇〇一年に廃坑となり、その跡に東京大学のニュートリノ観測施設、カミオカンデ、スーパーカミオカンデが建設され、二つのノーベル物理学賞受賞の舞台となった。飛驒山脈の大展望で知られた山頂は掘削で六六m程低くなり、現在一一五三m。鉱山跡は立入禁止。
　また、この山は「峰鬼山」と呼ばれ、冷害をもたらす霧がしばしばかかった。元禄初年頃、当地を訪れた円空が、山頂に阿弥陀

殿の前で林道に出合い、左手にしばらく進むと、道が二つ目の鉄塔の方に続いている。鉄塔から先は、本格的な登山道になり急登が連続し、木の間から採掘跡をみせる二十五山や神岡市街が見える。途中天狗の岩棚という大岩に出合う。大洞山は、神岡町の前身となる袖川村の村誌に、「路峻険、加うるに雑木竹類繁茂して全山を覆い登山困難、初夏の候筍狩にて行方失うもの尠（すく）なからず」と記される人を寄せ付けない山で、天狗のすみかとの伝説が残されている。そのような山だったからこそ、神岡町市街地に接しながらも自然が残されたのだろう。

一時間三〇分ほどで尾根に出ると、ようやくおだやかな登りとなる。このあたりはミズナラとともに、神岡町の木でもあったヒメコマツ（ゴヨウマツ）の大木が並木のように林立し、「ヒメコ通り」の標識がある。さらに標高を上げると、黄葉したブナの純林となり、秋の深さがしみじみと感じられる。一三〇〇ｍあたりになると、ごつごつした老木が多くなり、チシマザサに覆われた山頂部となる。北側から巻き込むような刈り払いをたどって、見晴らしのきかない山頂に出る。山名標識には「飛騨山岳会　一九九六年六月登山路開拓　中田泰三」の文字が読める。故中田氏は山肌はできるだけ自然のままでと鉈、鎌、小ぶりのトンガ（唐鍬）だけで拓いたそうで、頭が下がる。

「北ア 高原郷 大展望台」の標識に誘われ、東南方向の踏み跡をたどると、樹間に展望が広がり、高原川越しに笠ヶ岳や焼岳の姿が眺められた。

晩秋の快晴の日、すれ違ったのはナメコ採りの二人連れだけで、何とももったいなく感じられた。人が歩くことは登山道を守ることにもなる。ぜひとも登り継ぎたい山だと思った。

二十五菩薩像を奉納、おかげで霧が静まったとして、円空像は崇敬を集めてきた。今は和左保の光円寺に下ろされている。

【登山記録】（―：車、…：徒歩）
2019年11月2日（土）快晴
―船津トンネル北出口（駐車）7：00…御嶽社 7：20…天狗の岩棚8：05…大洞山山頂9：50…展望台10：00…駐車地点12：10―

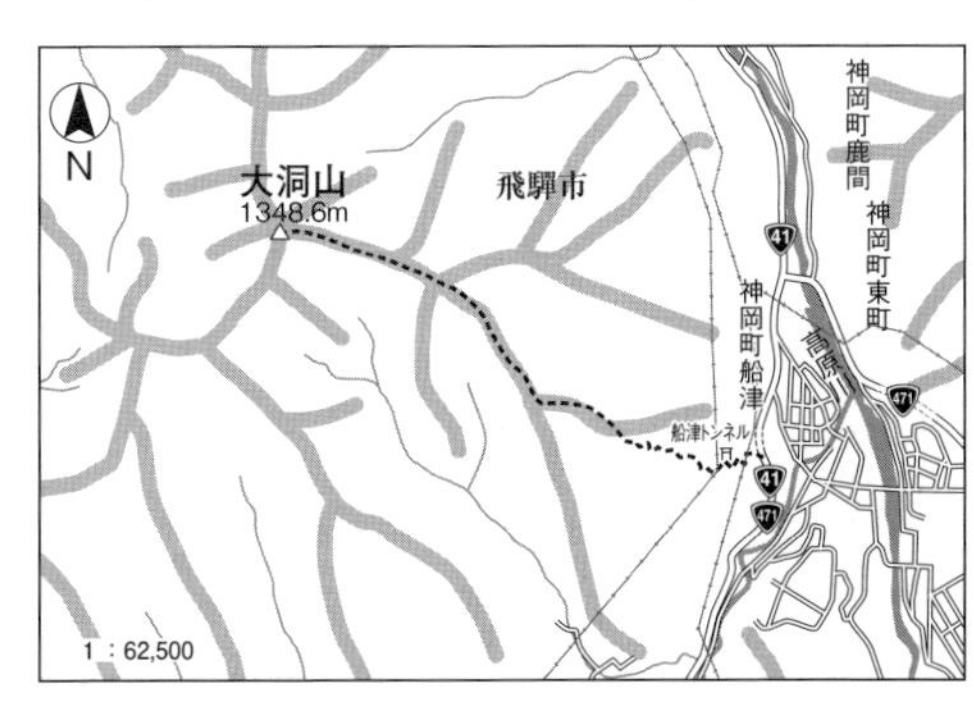

27

流葉山
ながれはやま

一四二二・六m　二等（三角点名／流葉）

二万五千分の一地形図／林、船津

適期　無雪期／5月〜11月中旬
積雪期／スキー場営業期間

登山道　◎

標準タイム　雲の上水源の森コース林道と分岐から：
登り1時間30分、下り1時間

難易度　Ⅰ

流葉山（標高一四二三m）は、飛騨市古川町と神岡町の境にあり、国道四一号線に面している。飛騨山地の宮川と高原川に挟まれた山域では最も高く、ゆったりと裾野を引く姿を里から仰ぐことができる、北飛騨では珍しく開放的な印象の山である。

『斐太後風土記』(1)には、「那賀禮波乃嶽（ナガレハノタケ）」として、村後にある高峰で、山上の東西にかけて広い原があって、暁に旭光で輝くため、朝日ヶ原という、と記している。ただし、流葉という、どこか古雅な響きを持つ山名の由来については触れられていない(2)。

現代ではその広い原を利用した飛騨地方最大規模のひだ流葉スキー場がある山として知られる。積雪期には、リフトの最上部から徒歩数十分で山頂に立つことができ、手軽に厳冬期の飛騨の山岳風景を目の当たりにできる。無雪期には、山麓からゲレンデを直登するほか、この山一帯に開設された「飛騨流葉カントリーウォーク」のコースのひとつ、「雲の上　水源の森コース」で登ることができる。新緑濃い梅雨入り直前、同コースで往復した。

神岡町伏方から仰ぐ流葉山

（1）高山代官所地役人頭取や、慶応4年に高山県判事も務めた、江戸末期から明治初期の国学者富田礼彦が明治六（一八七三）年に著した地誌。

（2）御嶽山の北側の裾野には、流葉谷という谷がある。流葉とは落葉広葉樹林に覆われた谷にこそふさわしいだろう。流葉山に同名の谷はないが、豊かな落葉広葉樹林を残すこの山にふさわしい山名におもわれる。

（3）三角点は、その少し先にある。木立に囲まれ通信中継施設の建屋などもあるため展望はきかず、二等三角点「流葉」の標石が草に埋もれていた。

［登山記録］（—：車、…：徒歩）
2019年6月5日（水）

国道四一号線沿いの、古川町上数河の除雪ステーションの脇から、林道洞～数河線に入る。車でさらに標高を稼ぐこともできるけれど、新緑を楽しみたくて、森への入口から熊鈴をつけて登山開始。ほの暗いスギ木立を抜け、右手の屋敷ヶ洞林道に入る。スキー場跡地の牧草地に出ると、黒部五郎岳など、飛騨山脈の残雪の山々が展望できる。

その先の小さな水力発電所のあたりからの伐採地を過ぎると、広葉樹に包まれた谷沿いとなり、白い穂状の花をつけたトチの大木などがみられるようになり、新緑の奥からウグイスの声が響く。

幾度かカーブしながら標高を上げていくと、小屋や標識のある小広場に出て、「雲の上　水源の森コース」は、林道を離れ、独立した尾根道となる。新緑に包まれたみごとなブナの純林の下は背丈を越すチシマザサにびっしり覆われ、ヤブ漕ぎではさぞ大変だろう。しかし、カントリーウォークのコースとして、しっかり刈り払われているので、深山の印象はやや薄らぐものの、快適に歩いていくことができる。梅雨入り直前のこの時期は、飛騨では単に「タケノコ」といえばこれを指す、チシマザサのタケノコがたくさん顔を出している。

分岐から一時間ほどで、ゲレンデに出る。西側には、岐阜・富山県境の、残雪をまだらに残す白木峰や金剛堂山などのおおらかな姿が重なり、その先に真っ白な姿をとどめる白山連峰が横たわる。リフト最高点から、ふたたびブナの中を登り詰めると、東側が広く刈り払われ、丸太を半分に割ったベンチのある山頂部に出る。(3) きっと飛騨山脈の大展望が得られる場所なのだろうが、あいにく雲に霞んでいた。冬のきりっと晴れた日の始発リフトで、朝日ヶ原と呼ばれたこの場所に立ってみたいと思った。

曇時々晴

（国道41号除雪ステーション入る）—林道入口（駐車）9：35…林道と登山道の分岐10：35…ゲレンデ最上部11：40…流葉山山頂11：50～12：00…分岐12：50…林道入口13：40

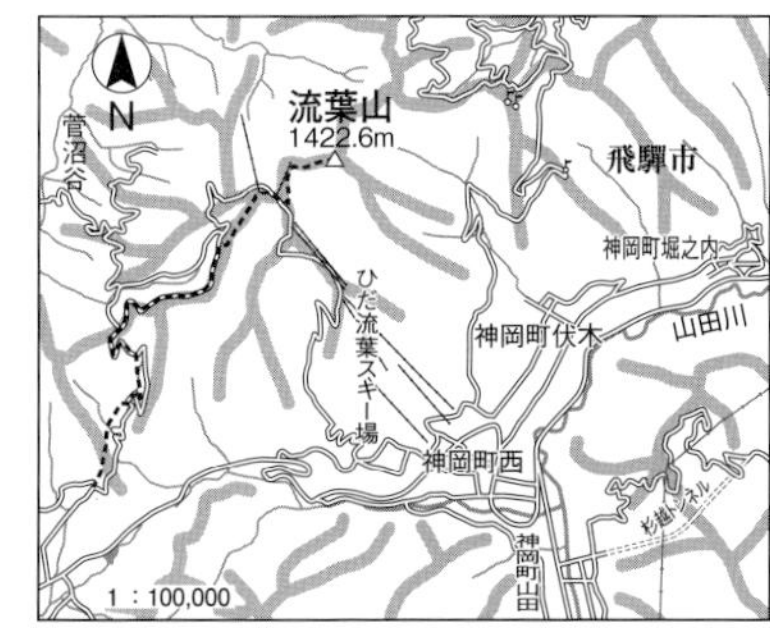

28

飛騨高地

猪臥山

いのぶせやま、いぶせやま、いぶしやま

一五一八・八m　二等（三角点名／池本山）

猪臥山（標高一五一九m）は、飛騨地方中央部、飛騨市古川町と高山市清見町にまたがってそびえ、古川盆地を見下ろす山の中では最も高い。その名は、猪が臥したような山容からといわれるが、読みは、「いのぶせやま」、「いぶせやま」[(1)]、「いぶしやま」など、まちまちである。干支の山として、亥年には特に登山者が多い。

眺望の良い山として知られ、山頂に至るには次の方法がある。①古川町側から小鳥峠を経て猪臥林道で山頂直下まで車で入る（登り一五分）。物足りないなら、②小鳥峠に車を置いて猪臥林道をハイキングしてもいい（同一時間三〇分）。登山を楽しむのであれば、③飛騨清見インターチェンジから古川町に向かう彦谷沿いの県道九〇号線に入り、猪臥山トンネル手前の登山口から谷の西側の稜線をたどって山頂に至る（登り二時間三〇分、下り二時間）。そのバリエーションルートとして、④彦谷東側の通信塔の建つピークを経由して山頂に至るルートもある（同三時間）。③と④をつないで周回できるほか、③と④の間にある林道を行く⑤通称中コースというルートもある。

登山道からの猪臥山

二万五千分の一地形図／猪臥山、飛騨古川

適期　4月下旬～11月中旬　夏△（積雪期もよく登られる）

登山道　◎

標準タイム　①猪臥林道山頂直下から：登り15分、下り10分　②小鳥峠から猪臥林道経由：登り1時間30分、下り1時間15分　③県道90号線沿い登山口から：登り2時間30分、下り2時間

難易度　①～⑤Ⅰ

（1）地形図は「いのぶせやま」、日本山岳会編著『新日本山岳誌』は「いぶせやま」、飛騨山岳会編著『飛騨の山―研究と案内』は「いぶしやま」としている。

［登山記録］（―：車、…：徒歩）
2019年11月23日（土）快晴
飛騨清見I.C.―（県道）―猪臥山登山口（駐車）9：15…猪臥山山頂11：45～12：45…鞍部分岐13：10…通信塔14：10…舗装道からの分岐14：35…登山口15：40

〈メモ〉
●下山に使った④のルートは、山頂北側の山ノ神神社の祠の前で、猪臥林道に下る道を西に分け、東に大下りする。猪臥山トンネルの上あたりが彦谷沿いの林道へ下る分岐のある最低鞍部で、そこから一一月、飛騨に冬が訪れる直前の好天の日、山仲間と③で登り④で下る周回をした。

卯の花街道とも呼ばれる県道九〇号線に接して猪臥山の登山口は開かれている。黄葉は果て、朝の澄んだ光がブナやミズナラなどの梢を白く輝かせ、落ち葉を踏みしめながら稜線まで急登する。チシマザサにびっしりと覆われた稜線は、広く刈り払われているので歩きやすい。ゆるやかにアップダウンしながら、カラマツの植林やスギの植林の間を抜けていく。飛騨は、林業が主要産業のひとつなので、山地は、登山の対象であるよりもまず生産の場であり、県道沿いの猪臥山も、例外ではない。一四五六mピークまで標高を上げると、ふたたびブナやミズナラの二次林となり、西側に白山連峰が白い姿を見せる。頂きが近付くと、風雪のせいか、丈がやや低めのチシマザサの斜面になり、空はどこまでも広い。

山頂からの眺望は、並の「見晴らしのいい山」というレベルをはるかに超えている。御嶽山、乗鞍岳から飛騨山脈の山々が連綿と続き、飛越国境の白木峰、金剛堂山などから白山連峰を経て、大日ヶ岳、鷲ヶ岳に至るまで、三六〇度の眺望がほしいまま。特に、眼下に古川国府盆地の空間があることと、岐阜・富山県境から程よく離れていることから、薬師岳、立山、劔岳、奥大日岳など立山連峰方面の展望は、岐阜県でもっともすぐれている。飛騨高地のまだ冠雪前で黒々とした樹林の山々を同定するのも、クイズを解くようで、悩ましくも楽しい。積雪期も県道から直接取り付けるので、わかんやスキーで登れば、今は黒々としたこれらの山々も分厚い雪に覆われた姿を見せてくれることだろう。

登り返し、谷の東側の稜線に出る。通信塔のあるピークからはしばらく林道歩きとなり、カーブにある標識から再び登山道に入る。③に比べ、立派なブナやミズナラが目立つ。一気に下って沢に出合うあたりも美しい樹林帯で、こんなところでキャンプすると楽しいだろうねと仲間と言い合った。

●積雪期も県道から直接取り付けるため、スノーシューや山スキーでよく登られている。

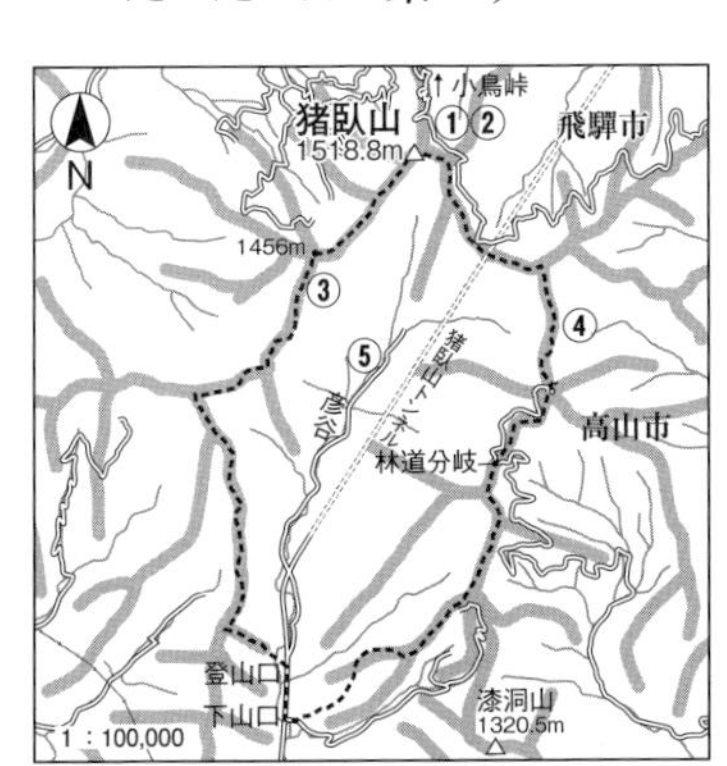

29

白木峰

しらきみね、しろきみね

一五九六ｍ

三角点なし（北東約六〇〇ｍの北白木峰（一五八六・四ｍ）に、二等三角点　基準点名「白木峰」がある）

飛驒高地の山々は、標高が二〇〇〇ｍ以下で森林限界を越えないので、山頂まで樹林に覆われている。そのような中にあって、飛越国境に並ぶ白木峰（標高一五九六ｍ）と金剛堂山（一六五〇ｍ）は、山上に広々とした草原や湿原が広がり、すばらしい山岳展望台になっている。樹林のない山上となったのは、とりわけ過酷な飛越国境の気候による。そのうち金剛堂山は、山頂が県境から約一・二km富山県側にあるが、白木峰(1)は、山頂が富山・岐阜両県にまたがり、登山口もそれぞれにあるので、両県を代表する山といえる。

この山は、富山・岐阜いずれ側から入山するかで、印象がずいぶん異なる。

①富山県側からは富山市八尾町杉平の国道四七一号線沿いの二一世紀の森から林道大谷線で山頂の少し手前まで車で入ることができ、頂きまでは、徒歩約四〇分に過ぎない。一〇月にこのルートで登った折は、すこぶる快晴で、山頂から「浮島の池」という池塘まで続く木道をゆったりたどりながら、御嶽山、乗鞍岳、穂高連峰、槍ヶ岳、薬師岳、立山、劔岳とそうそうたる名峰が

ニッコウキスゲ咲く7月の白木峰

二万五千分の一地形図／白木峰、打保

適期　5月下旬～11月上旬（6・7月が花の季節）

登山道　◎

標準タイム　①富山県側林道大谷線終点から登り40分　②岐阜県側万波平から登り3時間30分

難易度　①Ⅰ　②Ⅱ

（1）山名は、山腹から南麓の万(まん)波平(なみだいら)にかけてブナ・ナラの良材を産し、飛騨が幕府直轄領であった当時、御用材の払い下げを受けたものを「しらき」といい、山麓一帯が白木原と呼ばれたことに由来するという（『角川日本地名大辞典　岐阜県』）。

（2）明治後期に開拓者が入植したが、焼畑農耕が地力を消耗させ、水害や豪雪の痛手も受け昭和一四（一九三九）年に全員離村。戦後一九八〇年代に県営農場として高原野菜が作付けされた時期もあったが、今はわずかに牧草地ばかりが残る。

［登山記録］（―：車、……：徒歩）
２０１９年７月15日（月・祝）　曇少し雨

展開するのを心ゆくまで楽しんだ。ただし、山頂まであっけないほど短く、あえて難所をあげるなら、たびたび通行止めになる登山口までの国道や林道かもしれない。

その点、②岐阜県側の飛騨市宮川町万波から小白木峰（こしらきみね）（一四三七ｍ）を経由するルートは、登山口から登り三時間半下り二時間半に山上逍遥を加えると、丸一日の行程となる。

国道三六〇号線から飛騨市宮川町打保で林道大谷線に入り、山越しして万波平②に出る。万波川沿いに進むと、大坂川と小坂川に分かれ、小坂谷沿いのゲートの閉ざされた林道をしばらく歩くと、登山口に出る。ブナ純林をジグザグに急登するよく整備された登山道は、県境稜線に出ると富山県八尾町側からのルートと合流、間もなく小白木峰に到着する。山頂脇に展望場所がある。

県境稜線上の道は、コバイケイソウの咲く池塘に出合った後、アップダウンを繰り返していく。少し下がると深いブナの森となり、風の強い小ピークではブナは矮小化した風衝木となって見晴らしが良くなる。長い木の階段を登りつめると、頭上が明るくなって、山上の草原に出る。ササまじりの草原は、ニッコウキスゲ、ササユリ、オオバギボウシなどが花の盛りを迎えていた。霧が流れ、山頂が姿を現すと、富山側からの楽しげな登山者たちの声も届いてくる。浮島には、白いワタスゲにイワイチョウ、サワラン、キンコウカ、食虫植物のモウセンゴケもみられた。過酷な気候を耐えてきた繊細な自然が、いつまでもこのままあってほしいと祈りたくなった。

飛騨清見I.C—（国道四一・四七一・三六〇号線）—宮川町打保—万波小坂谷林道分岐（駐車）8：00…ゲート8：10…登山口8：25…小白木峰9：20…白木峰山頂11：05…浮島の池11：30…白木峰山頂12：00…（地蔵堂の前で昼食）…小白木峰13：50…林道分岐14：50

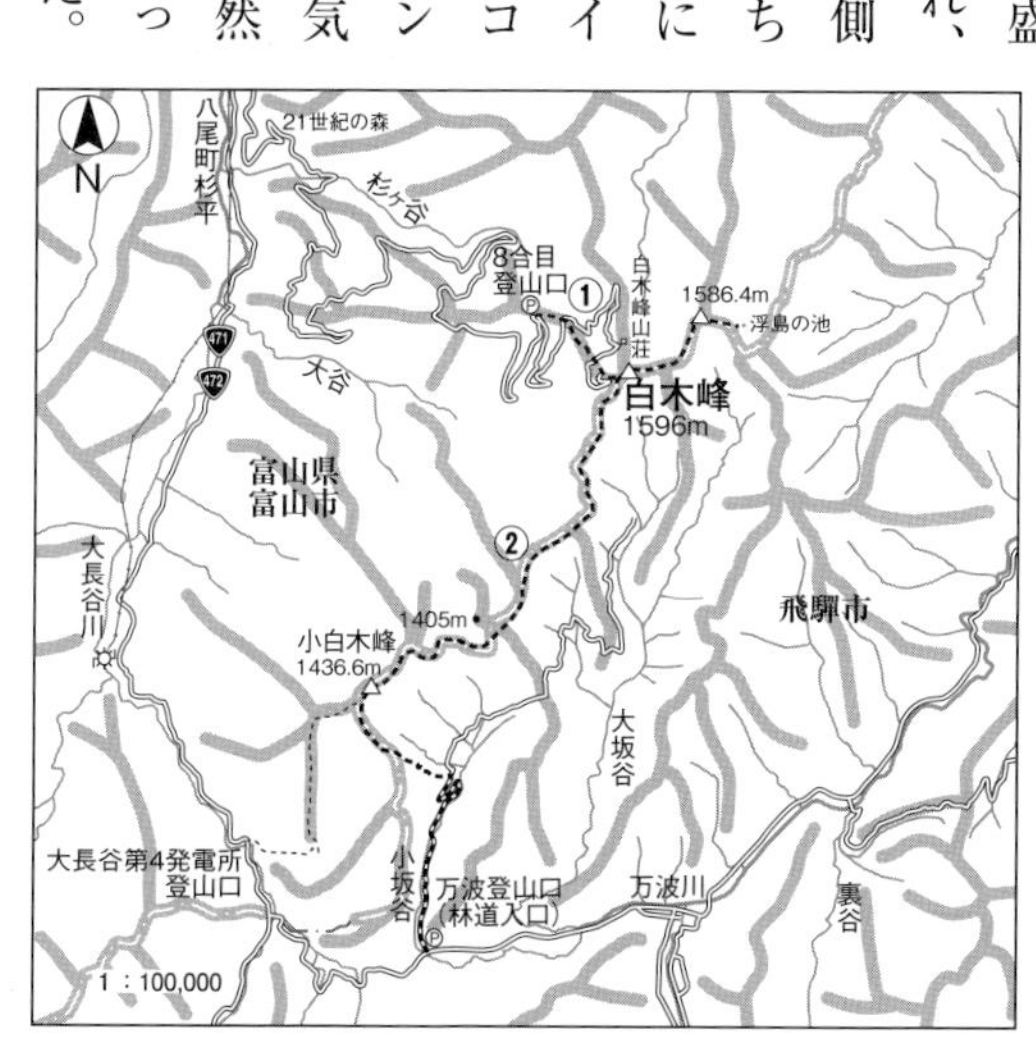

みつがつじやま、さんがつじやま（飛騨側）／にんぎょうざん、ひとがたやま

三ヶ辻山／人形山

三ヶ辻山　一七六四・三m　二等（三角点名／三ヶ辻）
人形山　一七二六m　三角点なし

二万五千分の一地形図／上梨、鳩谷

適期　6月〜10月
登山道　人形山◎／分岐から三ヶ辻山山頂まで○
標準タイム　登山口から県境分岐経由人形山まで登り4時間、県境分岐から三ヶ辻山まで35分
難易度　Ⅱ

三ヶ辻山（標高一七六四m）は、飛騨高地の岐阜・富山県境の最高峰で、猿ヶ馬場山や野谷荘司山などから三角錐の頭を持ち上げるその山容がよく眺められる。しかし、知名度が高いのは、その左肩にあたる人形山（一七二六m）で、日本山岳会によって「日本三百名山」にも選定されている。

人形山は、白山を開山した泰澄が開山したと伝えられる古い山岳修験の山で、登山道の途中にある小ピークは宮屋敷跡と呼ばれ、かつて白山宮が祀られていたという（1）。山名の由来は、手をつないだ二人の人の形の雪形に由来し、それにまつわる悲話が伝えられている（2）。世界遺産五箇山の合掌造り集落で知られる富山県南砺市旧平村のシンボルの山として越中側の人びとと長い関わりを持ってきた。

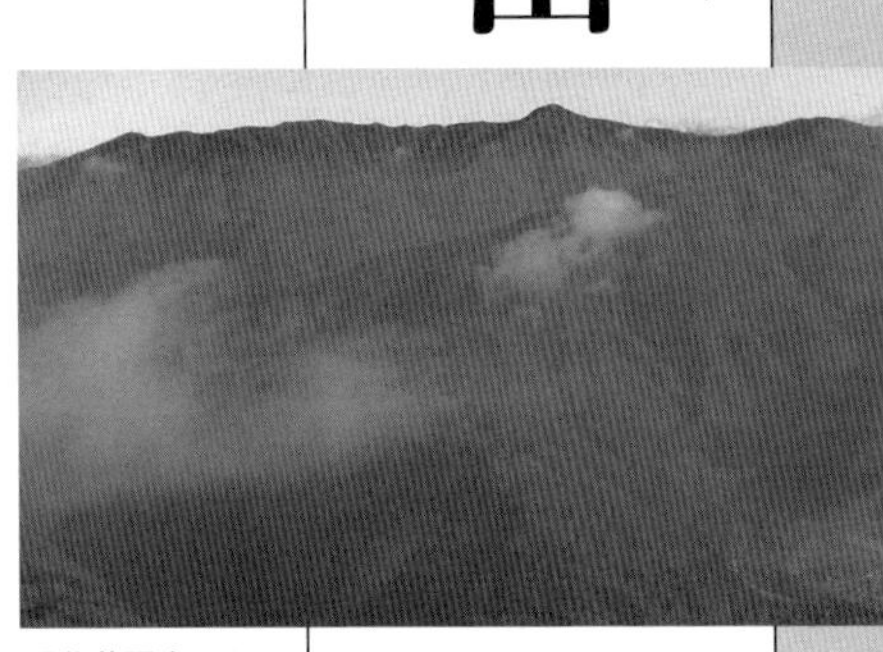
野谷荘司山からの三ケ辻山（中央）と人形山（左）。山麓は白川村荻町

一方三ヶ辻山は、宮屋敷跡先の梯子坂乗越から右に取る人形山と反対の左側にそびえるが、越中側から見えないこともあってか、つい最近まで登山道さえなかった。

この二つの山を、梅雨入り直前の快晴の日に登った。

五箇山の中心地、上梨には宮屋敷跡から

（1）天治二（一一二五）年、白山権現のお告げにより五箇山の上梨に移されたと由緒書にある。現社殿は文亀二（一五〇二）年建造の富山県最古の建築物。宮が山から里に移された背景には、民俗学者宮本常一の『山に生きる人びと』の「山から里へ」にあるように、焼畑や山桑での養蚕が成り立たなくなり、山を下りた事情があったのではないだろうか。

（2）「昔、五箇山に老母と二人の娘が住んでいた。老母が目を患った。白山権現のお告げに従い、谷川の水で目を洗ったところ病気が治った。娘たちは雪解けとともに、山頂の権現堂にお礼参りに行ったが、下山途中手をつないだまま遭難してしまった。それ以来、春の終わりになると手をつないだ二人

移されたという白山宮が鎮座する。ここから庄川の支流湯谷沿いに登山口をめざしていくと、ブナの新緑をまとった山肌に、二人の娘が手をつないだ雪形が望まれる。

標高約八五〇ｍの人形堂という祠の脇から熊鈴を付け登山開始。一二〇九ｍの第一休憩所まではスギの植林、その先の急登からブナが登場する。熊が多いようで、第二休憩所の「富山県一のドウダンツツジ」という標識杭が派手に翳られていた。

標高約一六〇〇ｍ地点にある宮屋敷跡の鳥居には、六月第一日曜の開山祭に合わせ新しいしめ飾りに替えられている。ここから白山は拝めないけれども、人形山から三ヶ辻山までの稜線の全容が目の当たりになる。登山者としては、やはり三角錐に極まる三ヶ辻山に登高意欲がそそられる。いったん下り、梯子坂の急斜面を県境稜線まで登り返し、人形山と三ヶ辻山の分岐となる乗越に出ると、いきなり白山が眼前となる。

まずは右手の人形山に向かう。山頂に三角点はなく、直下に大芦倉谷や庄川本流があるので空間が広がって残雪の白山が大きく遙拝でき、その手前に連なる北縦走路の妙法山、野谷荘司、三方岩岳から笈ヶ岳、大笠山まで一望のもととなる。

分岐点まで戻り、次に三ヶ辻山をめざす。稜線西側をクロベなどが覆い白山の展望は得られないが、東側は岩長谷に向けて切れ落ち、飛騨山脈方面の展望は人形山よりいい。二等三角点のある山頂は灌木が被さるものの、登頂の達成感は大きい。南西方向直下の小平地を少し刈り払えば人形山山頂と遜色ない展望広場になりそうだ。残雪期なら今も展望はすこぶるだろう。

の娘の雪形が現れるようになった」（日本海学推進機構日本海学講座『富山の雪形とその伝承』）。

【登山記録】（…：徒歩）
２０２０年６月９日（火）快晴
五箇山I.C―人形山登山口（駐車）7：50…宮屋敷跡9：45…梯子坂乗越分岐10：45…人形山11：15…分岐11：55…三ヶ辻山12：35…分岐13：25…登山口15：35―

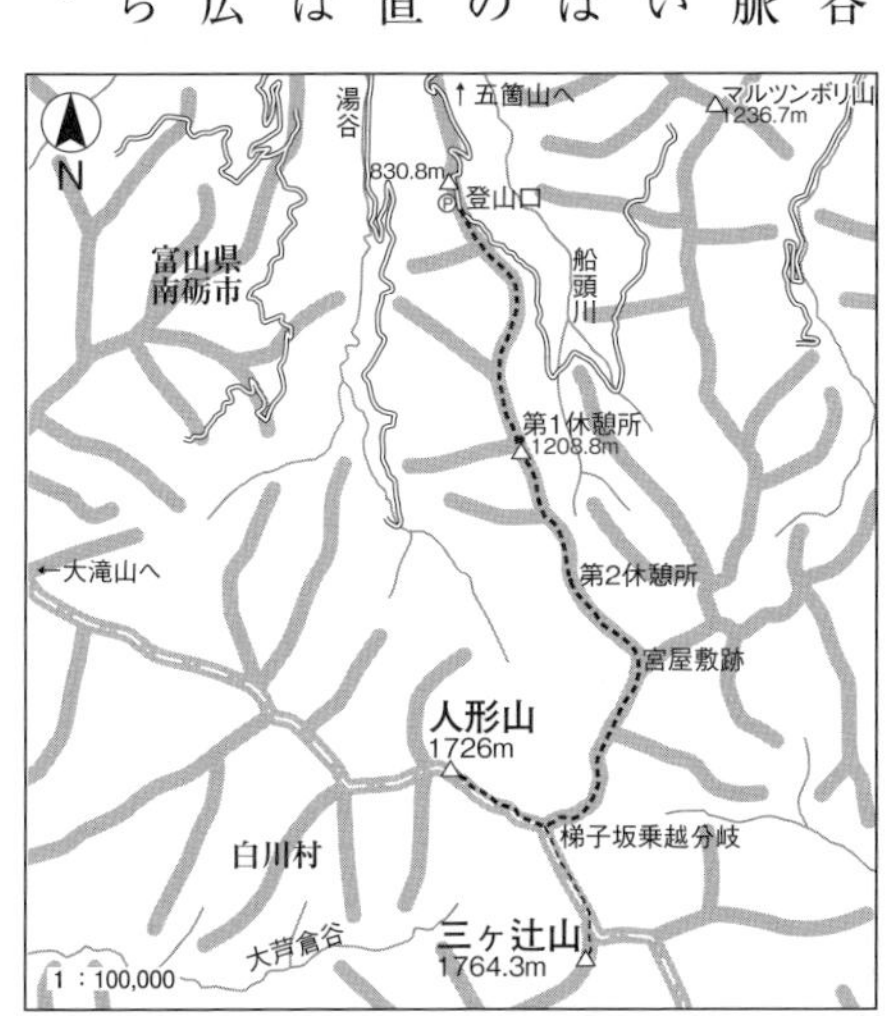

31

もみぬかやま

籾糠山

一七四四・二ｍ　三等（三角点名／籾糠山）

籾糠山（標高一七四四ｍ）は、飛騨市河合町と大野郡白川村をつなぐ国道三六〇号線の天生峠を登山口としている。白川村からさらに八〇〇ｍほど登った飛騨きっての険阻な峠は、泉鏡花の幻想的な怪異譚『高野聖』の舞台ともなっている。

籾糠山の山名は次のような伝説に由来する。――飛騨の匠が、天生峠近くの山中で木の人形を作り、稲作を行わせていた。その場所が天生湿原、籾と糠が風に飛び積み重なった場所が籾糠山、人形を埋葬した場所が北側の人形山である――。飛騨の匠は、万葉集や今昔物語も登場するほど昔から知られた飛騨地方を拠点とする卓抜した木工職人集団で、しばしば民話にも登場する。

さて、このように人里離れた峠も、二〇〇二年に東海北陸自動車道白川郷インターチェンジが供用開始され、インターから車で三〇分ほどと交通至便となった(1)。天生湿原探勝の起点でもあり、東海・北陸方面からのドライブコースとして観光拠点化した。峠から天生湿原を経由して約三時間で山頂に立てる籾糠山も、日帰りで手軽に深山の空気に触れられる山として人気が高い。ただし厳しい気象条件は変わらず、国道三六〇号線は冬季閉鎖

野谷荘司山からの籾糠山（中央）と右に猿ヶ馬場山

二万五千分の一地形図／平瀬、鳩谷

適期　5月下旬～10月

登山道　◎
西側：「ブナ探勝路」
中央：「カラ谷登山道」
東側：「木平探勝路」

標準タイム　いずれも　登り3時間　下り2時間15分程度

難易度　Ⅰ

（1）東海北陸自動車道建設にあたり、飛騨市と白川村は籾糠山の直下を貫く飛騨トンネルで繋がれることとなった。全長は、一〇、七一〇ｍ、日本の自動車道のトンネルでは第三位、世界でも第一二位となるトンネルの工事は、籾糠の名にたがわない劣悪な地盤との戦いで、高圧大量の湧水による「水圧」と土かぶりの「土圧」を乗り越える、土木工事史に残るものだった。

（2）白山連峰は、飛騨高地の最高峰猿ヶ馬場山（一八七五ｍ）が間近に迫るため拝めない。

［登山記録］（―：車、…：徒歩）
2015年10月18日（日）快晴
―飛騨清見I.C―（飛騨市経由国道三六〇号線）―天生峠9：00…天

されるほか、雪害や土砂崩れで通行止めになることがしばしばある。一〇月の快晴の朝、河合町へ大回りして峠に立った。

大きな駐車場で管理料を払い入山する。よく整備された登山道を四〇分ほどで一面に草紅葉した天生湿原に出る。木道で周回でき、初夏にはミズバショウやリュウキンカなどの花に彩られるという湿原越しに、籾糠山が丸い頭をのぞかせる。湿原中ほどの島に、匠堂が今も大事に祀られている。

湿原の奥から、本格的な登山道がはじまる。ルートは、西側の①尾根道の「ブナ探勝路」、中央の②谷沿いの「カラ谷登山道」、東側の③木平（きだいら）湿原を通る「木平探勝路」の三つあり、往路は「ブナ探勝路」をとる。まっすぐ天に向かうブナの、黄金色から茶色までのグラデーションにほれぼれしてしまう。オオシラビソが混じりだすと、山頂はもう近い。東方向が刈り払われ、眼下の紅葉の山並み越しに、御嶽山、乗鞍岳・穂高連峰・槍ヶ岳・薬師岳・立山・剱岳など飛驒山脈の全貌がさえぎるものもなく展開する。北側に背伸びすると、人形山、金剛堂山、白木峰など飛驒高地北部の山々が望める。(2)

下山は谷沿いの「カラ谷コース」を選択。その名の通り涸れ沢沿いに下ると、道の両脇に「カツラ門」と呼ばれる巨大な門のようにそそり立つ黄金の葉に包まれたカツラの巨木群に出会う。

登山初心者をこの山に誘えば、きっと山好きになってくれそうな、佳き山だった。

生湿原入口9：35…（ブナ探勝路）…籾糠山山頂10：45〜11：15…（カラ谷ルート）…天生湿原12：30…天生峠12：55

〈メモ〉

●峠で管理料を徴収されるが、その分、さすが飛驒の匠の末裔とほれぼれするほど巧みに木道などが整備されている。

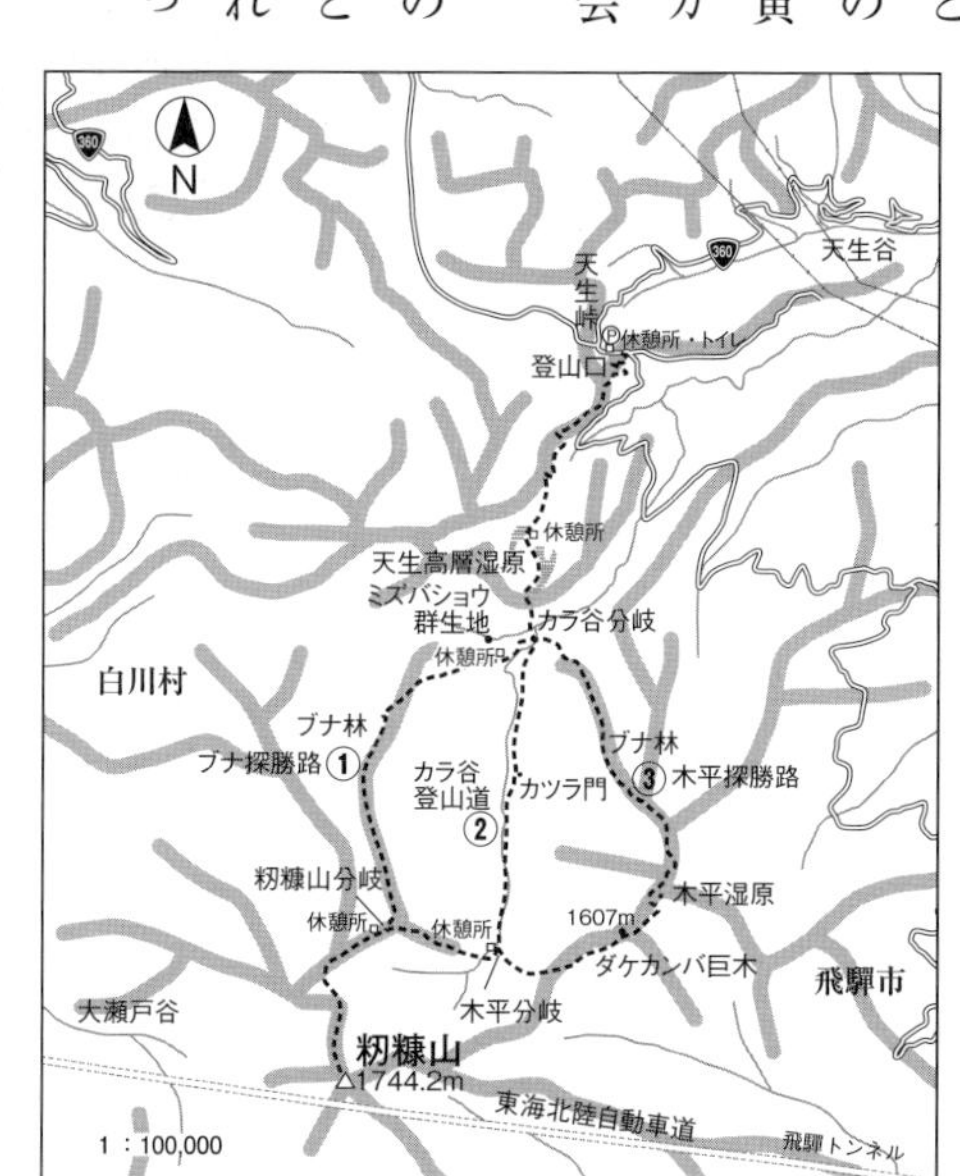

32

飛騨高地

さるがばんばやま

猿ヶ馬場山

一八七五m

三角点は最高点になし（約七五〇m西の一八二七・三m地点に、三等三角点［猿ヶ馬場］がある）

二万五千分の一地形図／平瀬

適期　2月下旬〜5月上旬（残雪期）
登山道　ー
標準タイム　ー
難易度　S❄

飛騨高地の最高峰、猿ヶ馬場山（標高一八七五m）は、庄川の右岸、白川郷荻町地区の背景にそびえる。かつてなら「岐阜県でもっとも山深い場所に位置する秘峰」とご紹介したところだろう。しかし、一九九五年に荻町地区の合掌造り集落がユネスコの世界遺産に登録され、さらに、二〇〇二年には東海北陸自動車道の白川郷インターチェンジができたため、この山へ向かう林道の入口周辺は、世界各地からの観光客でにぎわい、隔世の感がある。

左岸の三方崩山あたりから眺めると、庄川から立ち上がる斜面は急峻だが、樹林に覆われた山上部はまったくなだらかで、とらえどころがないように見える。前衛峰の帰雲山（かえりくもやま）（一六二二m）の、天正大地震で大崩落を起こした跡が同定の手掛かりとなる。(1)

野谷荘司山からの猿ヶ馬場山。崩壊地のあるのが帰雲山

その一風変わった山名は、山上のなだらかなササ原の広がりを、山猿が遊ぶ馬場（馬術の広場）に見立てたものらしい。登山道はなく、主に残雪期に登られる。

四月初旬、この山を格別愛する山仲間に誘われ、久しぶりに訪れた。

快晴の朝である。茅葺きの合掌造りの里

（1）白川郷を支配し金山開発などで一大勢力を築いた内ヶ島氏は、山麓の帰雲城を拠点としていた。豊臣秀吉の命で金森長近が進攻してきたが、かろうじて所領を安堵された祝の宴を翌日に控えた天正一三（一五八五）年一一月二九日、天正地震が発生、帰雲山は山体崩壊、直下にあった帰雲城を飲み込んだ。同地には埋蔵金伝説が伝わる。

［登山記録］（—：車、…：徒歩）
2020年4月3日（金）快晴
—白川郷I.C—駐車地点7：30…林道分岐…上部林道出合8：50…尾根取付9：05…中継所11：05…帰雲山山頂11：45〜50…猿ヶ馬場山白山展望地点13：20…猿ヶ馬場山最高点13：35…帰雲山鞍部15：40

では、観光客が訪れる前のひととき、春の野良仕事に励んでいる。「どぶろく祭」で知られる白川八幡宮の脇にある林道のゲートを過ぎれば、まったく静寂の中となる。スギ林のトタン小屋のところで林道は分岐、直進する方に入る。ショートカットして浅い谷を直登し林道分岐から四五〇ｍほど標高を稼ぐと、鳩ヶ谷ダム方向からの別の林道に出合う。わかんを装着。ここからは、①林道を最後まで直進し、谷沿いに帰雲山手前の鞍部に出るか、②林道の少し先の、右手の尾根がたわんだ箇所に取り付き尾根通しで帰雲山経由とするか、二つのルート取りができる。今回は、ブナの森を気ままに歩ける尾根通しとする。

ブナの尾根に標高を稼ぐにつれ、背後に白山連峰が姿を現す。中継所のアンテナを過ぎ、帰雲山ピークに至り、南側のＮＨＫの中継所に出ると、谷を挟んで難峰御前岳が観察できる。

帰雲山から先は巨木の森で、蔓の絡みついたブナは、並みの大木ほどもある枝を四方に広げ、それに負けない白銀色のダケカンバも次々と登場。相棒は、「この樹たちに会いたかったんだ」と、ほれぼれ見上げる。

緩やかな起伏を登ると常緑のオオシラビソの疎林となる。馬場のように広い雪原をたどり奥の最高点に至ると、東側の飛騨山脈方面が大きく開ける。やや遠望になる分、全貌把握という面では飛騨高地随一だろう。

帰路、林道沿いのルートで合掌造りの大屋根の集落に向けて下りながら、雪深く森深い山に分け入る濃密な時間は、長野県でも、山梨県でもない、岐阜県ならではのものだなあと、しみじみ思った。

…（渡渉して）林道出合16：25…駐車地点17：25

〈メモ〉

●山頂部分は、西側に標高一八二七ｍの三角点、東側に約七五〇ｍ離れ一八七五ｍの最高点がある。その中間に白山方面の好展望ポイントがある。

●林道が使用されていた頃は夏道が付けられたこともあったが、現在はほぼ消えている。三角点から先は元々道がない。

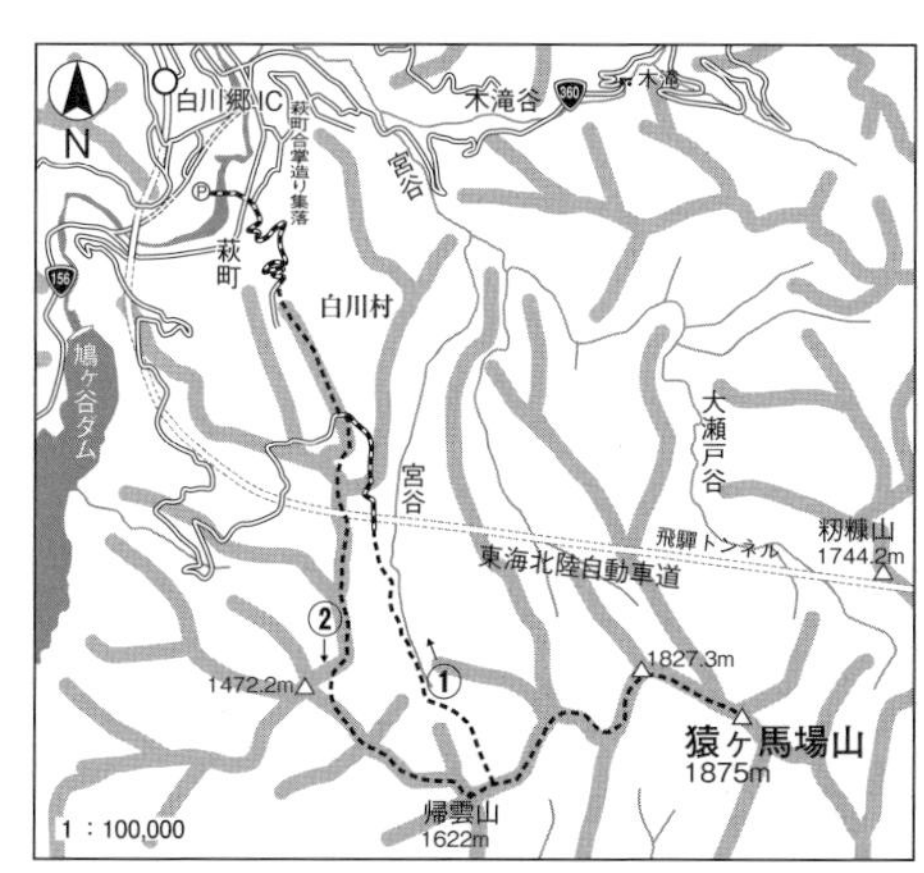

33

飛騨高地

御前岳（ごぜんだけ）

一八一六・二m　一等（三角点名／御前岳）

二万五千分の一地形図／平瀬

適期　2月下旬～5月上旬（残雪期。積雪状況により期間は変動）
登山道　―
標準タイム　―（白弓スキー場から：登り6時間30分）
難易度　S❄❄

御前岳（標高一八一六m）は、飛騨高地の最高峰猿ヶ馬場山（一八七五m）の南にあり、これに次ぐ高さを持つ。荘川を挟んで霊峰白山と向かい合い、その山名には、白山権現の御前という意味がある。東南山麓にあった旧清見村森茂（もりも）集落では、この山を白山の遥拝所とし、三ノ谷林道を経て山頂に立っていた。今も地形図に林道の記号が残るが、一九七〇年代に森茂が廃村になって以降廃道化し、森茂峠を越えて森茂集落跡にたどり着くだけでも一日要するようになってしまった。そのため、岐阜県の岳人でも、この山のことを知る人は少なく、実際に登ったことのある人はさらに限られる。しかし、岐阜県で一七しかない一等三角点の山で、一九八八年には「一等三角点研究会」によって乗鞍岳、恵那山、能郷白山とともに「一等三角点百名山」に選ばれている。

果敢な山屋はこのような難峰にも新たなルートを切り開いていく。近年残雪期をねらって西側の白川村の白弓スキー場(1)から取り付き、三の谷を渡渉して往復するルートが紹介されるようになった。少なくとも往復一〇時間以上は要する長丁場で、ルート

白尾山からの御前岳

（1）白弓スキー場の白川村村営での営業は二〇二〇年度まで。

【登山記録】（―：車、…：徒歩）
2016年4月2日　晴のち曇
―荘川I.C―白弓スキー場（駐車）6：45…一四二四m地点9：00…一七三五m地点10：15…一七三四m地点…渡渉点12：00…御前岳山頂13：00…渡渉点14：00…スキー場17：45

〈メモ〉
●ルート取りは、積雪状況などで変わる。慎重に行動し、撤退の勇気を忘れないこと。テント泊とすれば余裕もできる。
●今回のルート取りは次の通り。ゲレンデ上部右手でスギの植林帯を詰め、谷状の窪地に出、その右手の植林帯の小尾根に出合う。水平の巻道の踏み跡をたどると、谷

ファインディング技能が必要となるが、何とか日帰りも可能だという。四月第一週、健脚の山仲間五名で山頂をめざした。

すでに営業を終了したゲレンデの終点からスギの植林帯を抜け、残雪の斜面に取り付く。ひとつ小尾根を巻いたところから、尾根に向けての急登がはじまる。一四〇〇mを越えたあたりで、ようやく雪が踏めるようになる。このあたりから続くおおらかに枝を広げたブナやダケカンバの見事さは、白神山地にも引けをとらない。

一六二〇mの四等三角点のピークからアップダウンが連続。雪が緩み時間ばかりかかる。雪庇の発達した稜線は大きく北に折れ、三ノ谷の向こうに御前岳本峰が見えてくる。稜線をいったん一五〇〇mほど大下りし、最低鞍部から三ノ谷方向にさらに一〇〇mあまり下降、沢を渡って登り直すルート取りで進むこととする。往復の沢の登り返しには体力を試される。

幸い沢は雪をまたいで渡渉なしで渡ることができた。念のために持参したザイルをデポ（ルート途中に残置すること）して身軽になり、わかんを付けピッチを上げる。針葉樹林の前衛ピークを抜けると、雪原の向こうに三つの丸い頭を連ねた御前岳の山頂部が間近になる。一番手前が一等三角点のある最高点。たどってきた西方面を振り返ると、白山から野谷荘司山、三方岩岳、大笠山などの白い峰々が一大伽藍のように展開する。

山頂のササの中に、立派な無傷の一等三角点が顔を出していた。北側の金剛堂山や白木峰の優雅さ、下小鳥ダムを挟んで東側の飛騨山脈の雪と岩の堂々たる峰々。これだけ心が震える登頂は、久方ぶりだった。

状の窪地に出、尾根に向けた急登となる。一四二四m地点で南東に向かう主稜線に出、巨木の疎林となる。一六二〇m三角点からは、アップダウンを繰り返す。稜線は大きく北に折れ、右手に御前岳前衛の丸い山が見え、主峰はその背後。以下本文参照。帰路は尾根を間違えぬよう注意。

●飛騨側からは、森茂峠から栗ヶ岳（一七二八m）を経て、山スキーで登られている。

わしがたけ　別名　雲ヶ嶽

鷲ヶ岳

一六七一・五ｍ　三等（三角点名／鷲ヶ岳）

二万五千分の一地形図／大鷲

適期　5月～11月上旬

登山道　◎

標準タイム　いっぷく平から：登り1時間、下り45分
桑ヶ谷林道終点から：登り1時間40分、下り1時間15分

難易度　Ｉ

鷲ヶ岳（標高一六七二ｍ）は、郡上市高鷲町および白鳥町、高山市荘川町にまたがる飛驒高地南部の山で、長良川をはさんで北西にある大日ヶ岳（一七〇九ｍ）と向かい合う。位山、川上岳から続く日本海と太平洋の分水嶺の山でもある。西麓の郡上市側に緩やかな裾野を広げており、その地形を利用して、スキー場、ゴルフ場、別荘地等の開発が進んでいる。

山名は、藤原頼保が、順徳天皇の勅命によって、この山に棲む大鷲を退治したという伝説に由来し、頼保は、その功により鷲見姓と鷲見郷八ヶ村を賜わり、同地に向鷲見城を築城したとされる。鷲見氏は、鎌倉時代から戦国時代に至るまで国人領主としてこの地を治めており、大鷲退治の物語は、各地に伝わる土地領有の拠りどころにまつわる伝説の一典型といえる。

伝説の舞台となった西麓には、高鷲をはじめ、鷲見、大鷲など鷲の付く地名が点在し、鷲見川が流れている。鷲ヶ岳は同地域のシンボルとされ、頼保が大鷲の巣を発見した場所と伝えられる四等三角点がある標高一四六〇ｍのいっぷく平に、藤原頼保公記念堂が建てられ、登山口になっている。登山道

大日ヶ岳から望む鷲ヶ岳。左手背後は御嶽山

［登山記録］（―：車、…：徒歩）
２０１８年６月16日（土）
霧のち快晴
高鷲I.C６：00―桑ヶ谷登山口６：35…いっぷく平７：10…鷲ヶ岳山頂７：55～８：15…いっぷく平８：50…桑ヶ谷登山口９：25

〈メモ〉
●日本山岳会選定の日本三百名山に選ばれ、歴史的にもこの地域を象徴する。しかし、西面の郡上市側は観光開発が進み、さらに林道が山頂直下まで伸びて大規模に伐採され、自然の豊かさ、登山の楽しみという面では、すでに失われた山といえるかもしれない。
●自然と親しみながら登山を楽しむという面では、稜線続きの白尾山（一六一二ｍ）をお勧めしたい。この山は白山を開いた泰澄が開山

はよく整備され、登り一時間程で、初心者も安心して山頂に立つことができる。

ただし、近年その登山道を寸断するように林道が山頂近くまで伸びてしまったので、登山の味わいは大きく損なわれた。少しでも登山らしい気分を味わおうと、梅雨の中休みの朝、いっぷく平より下手の、桑ヶ谷林道終点から歩いてみることにした。

ゴルフコースの間を抜け、桑ヶ谷林道終点に駐車し、登山開始。植林の中の単調な登りだが、路傍の薄桃色のタニウツギの花がなぐさめてくれる。標高を稼いでいくと、二次林に移り変わり、スキー場からのルートと合流後しばらくで、いっぷく平に出る。登山道は、間もなく山肌を削って作られた新しい林道に分断される。山屋にとって、もっともがっかりさせられる瞬間かもしれない。剥きだしの道の脇に再び登山道が現れ、丸太の階段の急斜面を登っていくと、ダケカンバやブナが混じりあう斜面となり、サラサドウダンの白い花が頭上を覆うように咲く。急斜面が果て、ササ原を縫って鷲ヶ岳山頂に到着。三六〇度の大展望が広がり、三等三角点の傍らに据えられた立派な青銅の方位盤で山座を同定していく。西にたおやかな稜線で浮かぶ白山連峰に対し、東には御嶽山、乗鞍岳から、穂高連峰、槍ヶ岳、笠ヶ岳、果ては立山、剱岳まで飛騨山脈の雄峰が連続し、阿寺山地、越美山地、伊吹山地の山々などは並べ尽くせないほど。岐阜県周辺の山岳観察に、これほど好適な山頂はなかなかない。

かつてこの場所にあった大鷲の住む深い森を想像してみる。——大鷲退治の伝説は、この山が人に拓かれる運命を予言していたのかもしれない。

したとの伝承があり二〇〇三年に新たに登山道が開かれた。しらおスキー場（二〇一八年に閉鎖）最上部リフト跡の上まで延びた林道から山頂まで登山道が整備されている。ブナやミズナラの間を抜ける登山道はよく整備され、登り一時間三〇分、下り一時間程度。山頂は三六〇度展望が得られ、特に白山連峰の展望は圧巻。

35

飛騨高地

たかたわやま
高屹山

一三〇三・一m　三等（三角点名／桐山）

二万五千分の一地形図／久々野

適期　4月〜11月
登山道　◎
標準タイム　周回コース時計回りの場合：登り1時間30分、下り50分
難易度　I

森林限界を越える高山の展望が良好なのは当然だが、岐阜県の場合、県央部にひしめく標高一〇〇〇m台の山々の中にも、名山高峰を間近に眺められる好展望の山がある。

好展望の山には、いくつか共通点がある。第一に、視界を確保できる地形であることで、周辺の山より標高が高い、平野や盆地に面している、隣の山との間に谷や峠があるといった地理条件による。

第二に、周辺を広角に見回せることで、頂きや稜線が尖っていたり、展望台が設置されていたりして広く視野が確保できるなどによる。

第三に、樹木など眺望を遮るものがないことで、森林限界以下の山では、岩稜であるとか、過酷な自然環境にあるとかでない限り、刈り払いなど人の手が入ることが前提となる。ただし、眺望を確保するため手を加え過ぎると、もうひとつの山の魅力である自然の味わいが損なわれがちなので、そのバランスが悩ましい(1)。

飛騨でも展望の良さで知られる高屹山の場合は、さてどのようか、一〇月に訪れた。

高屹山（標高一三〇三m）は、高山市の

久々野町市街からの高屹山

（1）とある東濃地方の山では、「観光資源として生かそうと町が整備を進め」「総事業費三五〇〇万円、一般的な人で一時間程度で頂上に登れる」よう登山道が付けられた。木々は皆伐されており、山頂周囲は削り取られ、展望ばかりすこぶる良いという例もある。

（2）岐阜県の森林限界以下の山で、山頂に方位盤が設置されているのは、天蓋山、猪臥山、白木峰、人形山、鷲ヶ岳、白尾山、簗谷山、下呂御前山（空谷山）、納古山、能郷白山、天王山、大日ヶ岳、銚子ヶ峰など。いずれも三六〇度の眺望の良さで知られる。

[登山記録]（―：車、…：徒歩）
2019年10月27日（日）曇時々晴
―飛騨清見I.C―高屹山登山口7：

久々野町と朝日町にまたがり、西は飛騨川、東南は口有道谷(くちうとう)に挟まれ、すっきり極まる円錐形の山容がよく眺められる。その名は高く屹立(きつりつ)するとの意味がある。

久々野町市街から標高一一五〇mあたりまでのびた林道の終点近くに登山口がある。案内板には、時計回りで登り一時間三〇分、下り五〇分で周回できるとある。案内板に従い、左手の林道から登山道に入る。

ヒノキの植林帯の斜面を巻いてから、沢沿いに登高する。「右折れ岩」で右に折れ、稜線に向けジグザクに斜面を登る。広葉樹の二次林は、高度を上げると紅や黄に染まっていく。稜線に出ると、「ゴジラの背」と「お立ち岩」という岩の上から位山、船山、川上岳の位山三山方向が展望できる。円錐形に極まる山頂が近付くにつれ、ヒメコマツやカラマツに、カエデやシロモジが混じり合う登山道は急登となり、山頂手前の「ふれあい広場」に出る。

広場の周りは刈り払いがされているが、周囲が急斜面のため、それほど大規模な伐採を必要とせずに、三六〇度の展望が確保されている。このような好展望の山に置かれることの多い山名を記した方位盤に従って山々を同定する(2)。

まず南に位山三山が迫り、御嶽山、乗鞍岳から穂高連峰、立山連峰、飛越国境の山々、白山連峰までひと続きに眺められる。また南東には「隠れ山」との異名を持つ御前山（萩原）の三つの頭を確認できたのも思わぬ収穫だった。広場の数分先にある三等三角点の山頂は南に尾根がせり出すため眺望は今一歩だが、御嶽山は、むしろよく見えた。初心者が手軽に登れる見晴らしのいい山は全国にあるが、名山高峰の大展望が得られるのは、岐阜県の地の利だなあと改めて実感した。

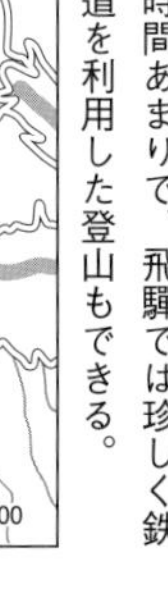

25…右折れ岩8：05…ふれあい広場8：50〜9：20…高屹山山頂9：25…登山口10：15

〈メモ〉

●下山は、植林カラマツ林の急降下で、いったん林道に出会った後は、ヒノキ植林の斜面を谷に向けジグザグで緩やかに下る。

●久々野駅から登山口まで徒歩1時間あまりで、飛騨では珍しく鉄道を利用した登山もできる。

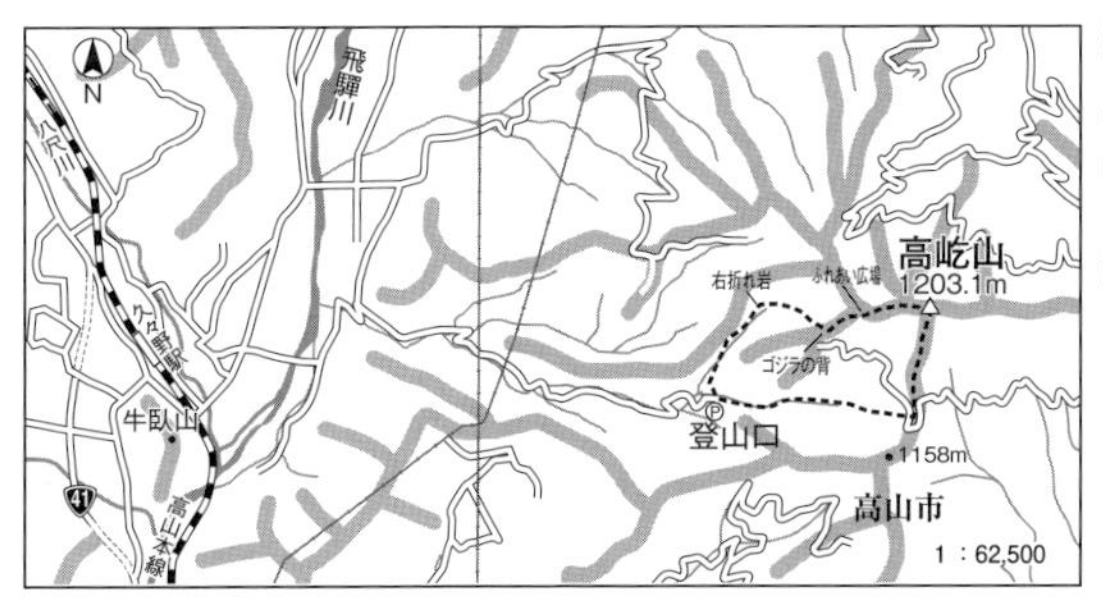

36

船山

ふなやま　別名　久々濃山、飛騨富士

一四七九・四m　二等（三角点名／船山）

船山（標高一四七九m）は、高山市久々野町と下呂市小坂町・萩原町にまたがり、飛騨川とその支流無数河川（むすごがわ）の合流する場所にそびえる。山名は、山上部が北東から南西方向に向け一kmあまりも平坦で船底のように見えるためとの説がある。かつては、久々濃山とも呼ばれていた。

久々野(1)は早くから開けた場所で、縄文時代前期から中期にかけて千年以上住み継がれた集落跡の堂之上（どうのそら）遺跡(2)がある。段丘上にある遺跡に立つと、船山と真正面に向かい合え、縄文の人びとが畏敬の念をもって振り仰いだのだろうと実感される。こちらからは整った円錐形の姿に見え、飛騨富士の異名もある。

堂之上遺跡から仰ぐ船山

船山は、位山、川上岳とともに「位山三山」と並び称され、位山を男神、川上岳、船山を女神とする神話が伝わっている(3)。また、古代律令制の時代には、位山と船山を隔てる無数河川に沿って官道が通り、位山峠は、都に労役に向かう飛騨の匠たちが故郷を振り仰いだ場所でもあった(4)。

山上に広い平坦地を持つ里に近い山だけに、現代の船山は飛騨高地でももっとも開発が進んだ山となっている。広く植林され、久々野側の北東の山裾にスキー場のゲレン

二万五千分の一地形図／位山、久々野

適期　4月中旬～11月（冬季ひだ舟山スノーリゾートアルコピアスキー場のリフト利用での登山も可）

登山道　◎

標準タイム　①キャンプ場コース：登り1時間　②あららぎの道コース：登り1時間30分　③「位山峠光と風の道」と「山頂登山道」をつなぐコース：登り2時間30分

難易度　I

（1）木の神である「クグノチ（久々能智）の神」を祭る社（船山八幡宮）があったことに由来。

（2）縄文前期から中期の集落跡。出土品に関東・信州方面、東海・近畿方面、両様式の土器が含まれ、縄文期の文化的交流をうかがわせる遺跡として国の史跡に指定。

（3）位山には男神、船山と川上岳には女神が住まわれていた。男神は女神たちに満月が位山の頂きに来るのを合図に、先にわが方に着いた者を妻にすると求愛された。川上岳の女神は、月がもう位山に来ているように見えたので急いで出発した。一方、船山の女神はまだ月が自分の上にあるので、念入りに化粧をしていたので後れを取った。船山の女神は、妻になれなかった悲しみから位山との間に深い溝

デが開かれ、車道が通じた山上には、電波塔が林立し、二等三角点の標石は、舗装道路の脇となっている。三角点周辺は見晴しがきかないが、雨乞い信仰のある船山神社の前を過ぎ、山上北東端の展望台に出ると、東・北・西方面が大きく開ける。御嶽山、乗鞍岳、穂高岳、笠ヶ岳、白山などが一望のもとで、実りの秋には、足元の久々野や高山盆地が黄金色の島のように輝く。

登山道は、①スキー場側にある船山キャンプ場からの「キャンプ場コース」②無数河川上流にある防災ダム湖あららぎ湖からの「あららぎの道コース」③位山峠から「位山峠光と風の道」と「山頂登山道」をつなぐコースがある。

開発されきった山には食指が動かないとおっしゃる登山者には、③のコースをぜひお勧めしたい。船山の南西斜面は、島脇谷山（一三二五m）から続く岐阜大学の位山演習林が広がり、学術参考林として保護された見事な原生林がある。船山山頂から南西方向にのびる尾根をたどる同コースは、演習林の境界にあたり、ヒノキやサワラなどの常緑針葉樹と、ミズナラの巨木にモミジやホウノキが彩りを添える落葉広葉樹が混生する。標高を上げていくと、登山道の両側とも原生林となり、山上部の南西端に出る。

原生林にさらにじっくり身を置きたいなら、長丁場にはなるが、島脇谷山と船山をつなぐ尾根（④）を小縦走するのもお勧めである。落葉広葉樹であるミズナラと、常緑の針葉樹であるヒノキやサワラの巨木が共存する原生林をたどると、県歌の「岐阜は木の国　山の国」という一節がしみじみ実感できる。

を作り、それが無数河川となった。

（4）律令制度下で、山国の飛驒は庸調が免じられた代わりに、里ごとに匠丁十人を出さねばならず、毎年百人にのぼる匠丁が、都や寺社の造営にあたった。

【登山記録】（―：車、…：徒歩）
２０１９年10月27日（日）晴
―あららぎ湖登山口（駐車）11：50…船山13：15…休憩舎…「光と風の道」分岐点14：10…位山峠登山口14：40…あららぎ湖登山口15：05
※②で登り③で下る周回

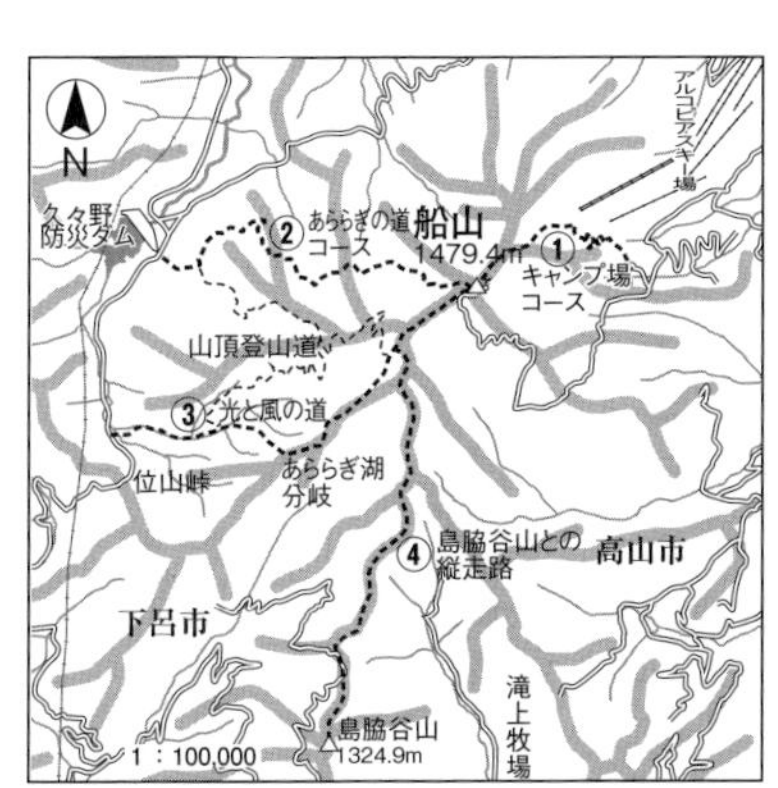

37

飛騨高地

位山

くらいやま

一五二八・九ｍ　三等（三角点名／位山）

二万五千分の一地形図／位山

適期　４月下旬～11月中旬

登山道　◎

標準タイム　①位山登山道：登り３時間　②ダナ林道コース：登り１時間

難易度　①②Ⅰ

位山（標高一五二九ｍ）は、飛騨高地のほぼ中央に位置し、高山市一之宮町と下呂市萩原町にまたがる。一之宮町側からは、古来日本人が好んだ、たおやかな円錐形の山容で見上げられ、飛騨一宮である水無神社の神体山となっている。山上に巨岩が多いことでも知られる。また、乗鞍岳から西に派生する位山分水嶺の主峰でもあり、北側の谷は宮川に合流し日本海へ、南側の谷は飛騨川に合流し太平洋へ流れ込む。気候的にも文化的にも飛騨北部と南部を分け、さまざまな面で飛騨の要（かなめ）となる山である。

　山中にはイチイの原生林があり、この材を笏（しゃく）の材料として朝廷に献上した折、一位の官位を賜ったことから木はイチイ、山は位山と呼ばれるようになったと伝えられる。以来、天皇の即位にあたってイチイの笏を献上するのが習わしとなっており、令和の大嘗祭でも、水無神社がイチイ材の笏を納めている。岐阜県の県木にもなっている。

　現在は、北側の標高九〇〇ｍから一二〇〇ｍにかけての斜面に「モンデウス飛騨位山スノーパーク」があり、開発の進んだ山という印象があるかもしれない。しかし、山全体としては自然林がよく残され、イチイ

天空遊歩道からの原生林に覆われた位山。背後は飛騨山脈

（１）「ダナ林道～巨石登山道」

　県道九八号線から分かれるダナ林道は、原生林の中を行く約六㎞の未舗装の道で、蔵橋のネズコ・イチイ、六本ヒメコマツ、推定樹齢千年の岩岳のイチイなどの巨木に出会いながらたどる。林道終点のダナ平に駐車場があり、穂高岳、槍ヶ岳から富山県境の飛騨山脈の山々が展望できる。ここが登山口となる巨石登山道は、西斜面の樹林の中なので、ここでしっかり展望を楽しんでおきたい。ヒノキやミズナラ、ダケカンバなどの立派な樹林の中を行く登山道には、御門岩、禊岩、豊雲岩、朧岩、八重雲岩などの巨岩が連続し、天岩戸で位山登山道に合流する。歩行時間は短いけれども、霊山の空気に深々と包みこまれる。

のほか、ヒノキ、サワラ、ネズコ、モミ、シラビソなどの常緑針葉樹と、ミズナラ、ブナ、ダケカンバ、シラカバなどの落葉広葉樹が混生し、四季それぞれ彩りを変える。

登山道は、メインとなるのが①モンデウス飛騨位山スノーパークが登山口となる「位山登山道」（登り約三時間）。ゲレンデを登高するにつれ飛騨山脈の眺望が展開し、特に新雪・残雪時期はすばらしい。ゲレンデ最高点からは林間となり、三等三角点のある太奈山（だなやま）を過ぎると、御手洗岩、畳岩、門立岩、尻立岩、御神楽岩と、いわくありげな姿の巨岩が次々と登場する。天岩戸という、二つの巨石が岩屋を形づくる場所でダナ林道コースと合流。この先、ルートは東と西に分かれ、西ルートは白山連峰の大展望が得られる広場、川上岳への「天空遊歩道」への分岐を経て、東ルートは御嶽山展望地、乗鞍岳展望地、刈安林道コースとの分岐を経て、それぞれ山頂に至る。三等三角点の山頂は茂みの中なので、展望地でゆっくりしたい。

最近最短ルートとしてよく登られているのが、②ダナ林道から「巨石登山道」をたどるもの（ダナ平登山口から山頂まで一時間）。山の西側を通るダナ林道終点のダナ平から巨石の連なる巨石登山道に入る。ダナ林道で両コースをつないで周回するのも、変化が楽しめる（周回五時間三〇分①）。

また、位山山頂から川上岳までは、鍋つる尾根によって繋がっている。この③「天空遊歩道」と呼ばれる縦走路（片道三時間）は、長丁場になるが、眺望と豊かな自然林を味わえる秀逸なコースである。（「38、川上岳」で詳述。）

【登山記録】（—：車、…：徒歩）
２０１９年11月３日（日）晴のち曇
—ダナ平登山口7：00…位山山頂7：55（山頂部周回）…川上岳分岐8：15…川上岳山頂11：10…分岐11：30…川上岳山頂11：50～12：20…位山14：45…ダナ平15：25

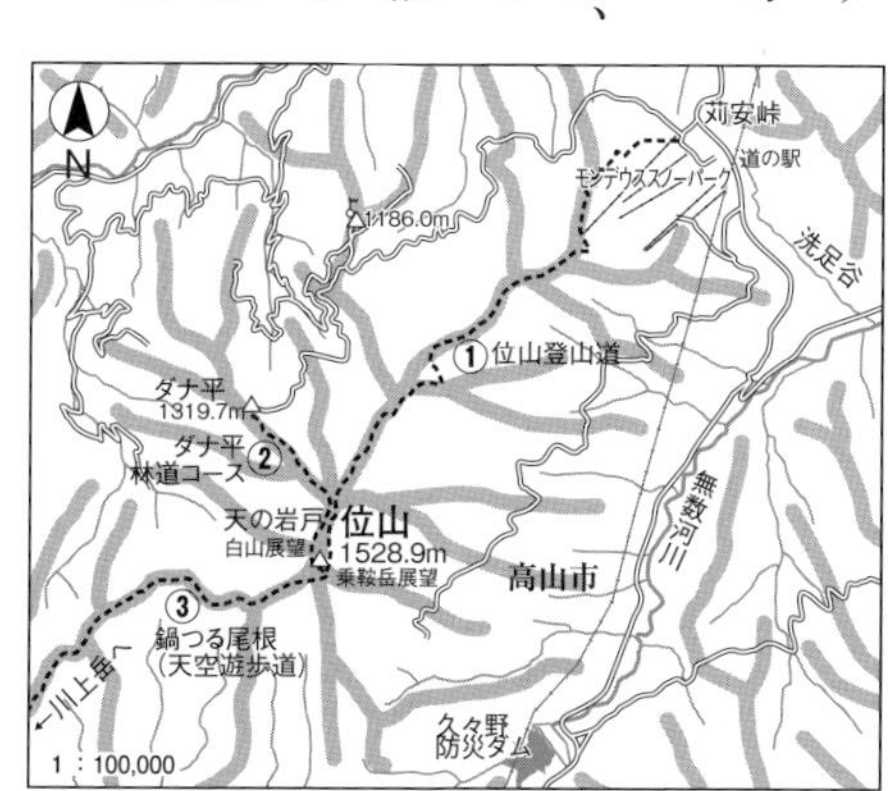

かおれだけ　別名　兎ヶ馬場（うさぎがばば）

川上岳

一六二五・五m　一等（三角点名／兎馬場）

川上岳（標高一六二六m）は、位山（一五二九m）、船山（一四七九m）とともに「位山三山」と呼ばれる飛騨地方中央部を代表する名峰である。北側の位山とは鍋つる尾根によって結ばれ、この尾根が日本海側に流れる宮川などと、太平洋側に流れる飛騨川などを分ける位山分水嶺(1)になっている。川上岳の北面は、宮川の源流域、南面は飛騨川の支流山之口川や馬瀬川の源流域となっている。ちなみに川上(2)（かおれ）には、川の上流という意味がある。

高山市一之宮町と下呂市萩原町にまたがり、登山道は、①一之宮町から宮川の支流ツメタ谷沿いの林道に入ったところに登山口がある「一之宮町側コース」（山頂まで約二時間）、②萩原町から県道九八号線（旧位山街道）を北上し、山之口川に沿いの林道に入り、大足谷の合流点に登山口のある「萩原町側コース」（約三時間）がある。どちらもよく踏まれている。それに加え、③位山から川上岳までの鍋つる尾根をたどる七・四kmに及ぶ縦走路が一九九三年に開かれ、「天空遊歩道」とも呼ばれている（約三時間）。

飛騨地方の中央部は、林業を主要な産業

背の低いササに覆われた川上岳山上は飛騨高地きっての好展望台

二万五千分の一地形図／位山、山之口

適期　4月下旬～11月中旬

登山道　◎

標準タイム　①一之宮町側コース：登り2時間　②萩原町側コース：登り3時間　③天空遊歩道：位山山頂から往路・復路とも3時間

難易度　①②Ⅰ、③Ⅱ

（1）日本海と太平洋を分ける中央分水界のうち、日本海側に流れる宮川などと、太平洋側に流れる飛騨川などを分ける乗鞍岳から位山、川上岳、鷲ヶ岳を経て大日ヶ岳を結ぶ稜線が位山分水嶺と呼ばれる

（2）馬瀬川上流の川上（かおれ）集落は、「かわうれ」が訛って「かおれ」となったといわれる。川上岳も「かわうれだけ」だったと考えられる。

ウレとは、①ウラ（末）と同じく、末、端　②上、上端（方言：岐阜県吉城郡）③村里の奥の方。辺鄙な里（方言：岐阜県吉城郡）④山の頂上の辺り（方言：静岡県安倍郡）といった意味がある。（『地名用語語源辞典』東京堂出版　一九八三年）。

としているため、スギなど単一樹種の植林地となっている山が多い中にあって、位山から川上岳にかけては、自然林がよく残されている。「天空遊歩道」は、飛騨の森の原風景を味わうことができる好コースなので、ここで詳しくご紹介したい。

位山山頂の西側にある川上岳への分岐点、ここが「天空遊歩道」の起点となる。天然ヒノキやダケカンバの中を進むと、西側に白山連峰が展開。銚子ヶ峰、一、二、三ノ峰、別山、白山、三方崩山などが同定できる。アップダウンとともに、ネマガリタケのササ原と樹林帯が繰り返される。ササ原部分はしっかり刈り払われ、見晴らしは良好、御嶽山も全容をあらわす。樹林帯は黄葉だけでなく、新緑も楽しめそう。

尾根の中間あたりの一四四三mの三等三角点を越えたあたりから、川上岳の山頂部を構成する一五〇七mピーク、一六二六mの本峰、一六一七mピークの三つの頭が並んで見える。

一等三角点の広々とした山頂は、ササの背丈が低くなることもあって三六〇度すこぶる見晴らしがいい。位山、船山の向こうに、乗鞍岳から立山方面まで雪を置いた飛騨山脈の峰々が連続し、前穂高岳と奥穂高岳の吊り尾根、北穂高岳と南岳の間の大キレットなどもつぶさに観察できる。

山頂の南にある一六一七mピークまで進むと、一之宮町方面と萩原町方面への分岐の標識がある。振り返って見る川上岳の山頂部は、風雪にさらされるせいか樹木が全くなく、ほどよくせりあがっているので、展望台として秀逸なのがよく分かる。

登山者の視点からは、位山三山で最も高く、一等三角点で、飛騨の山々を隈なく展望できる川上岳が主峰といえるだろう。

また、別名の兎ヶ馬場は、山上がササ原の台地状になっていることから、猿ヶ馬場山と同様獣たちの馬場と見立てたのだろう。

[登山記録]（―：車、…：徒歩）
2019年11月3日（日）　晴のち曇
―ダナ平登山口7：00…位山山頂7：55（山頂部周回）…川上岳分岐8：15…川上岳山頂11：10…分岐11：30…川上岳山頂11：50～12：20…位山14：45…ダナ平15：25

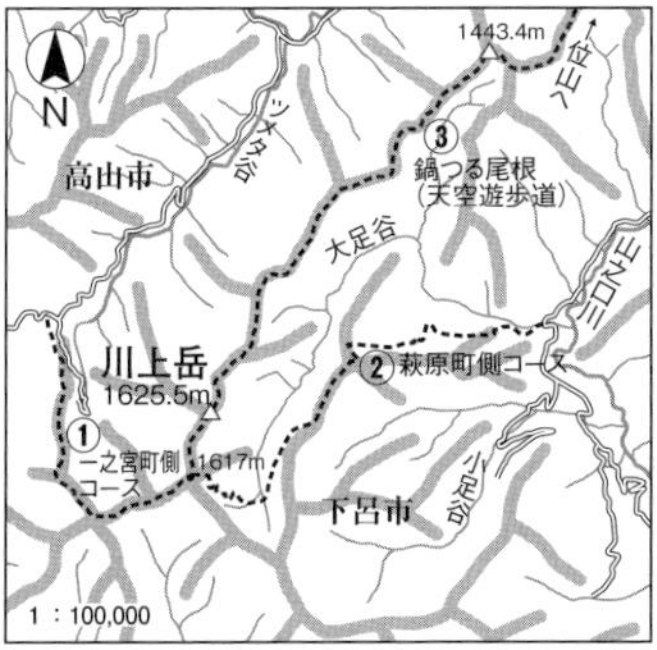

39

飛騨高地

簗谷山（やなだにやま）

一二一三・六ｍ　二等（三角点名／弓掛）

簗谷山（標高一二一四ｍ）は、最近までほとんど知る人もない山だった。

地形図には、木曽川水系の馬瀬川の支流である弓掛川の西側、郡上市と下呂市の境界に標高と三角点記号が記され、東側の谷川に「簗谷」の記載もある。(1) それにもかかわらず、山名がないのは、里から山容をとらえられない奥山だったためだろうか。

しかし、一九七六年馬瀬川に東海地方の水瓶の役割を担う岩屋ダムが完成し、この山周辺の環境は大きく変わった。飛騨川流域最大のダム湖は東仙峡金山湖と名付けられ、紅葉の名所として観光客を集めるようになった。湖の最奥にキャンプ場などを備えた「飛騨金山の森」(2) が建設され、その背後の簗谷山にも登山道が整備された。簗谷林道で標高約七〇〇ｍの登山口まで入れるため、山頂に二時間程で立てるようになった。このような経緯から、簗谷山は奥山としての自然をよく残しながらも、整備された登山道を持つ手ごろな山として、遅いデビューを果たすこととなった。

春先の花を尋ね、この山に五月に訪れた。

弓掛川に沿う県道八六号線の、簗谷の出

尾根道から簗谷山山頂に向かう

二万五千分の一地形図／萩原、二間手、下呂、郡上市島

適期　5月～11月　夏△

登山道　◎

標準タイム　①南尾根ルート：登り1時間45分、下り1時間15分　②ブナの木ルート：登り1時間20分、下り1時間

難易度　Ⅰ

（1）簗（やな）は、漁法の一種であることから、谷の名の方が先にあり、それが山の名ともなったのだろう。

（2）ダム建設やダム湖への水没によって弓掛川上流部にあった旧弓掛村の押洞・菅原・桂畑・細越などの集落がなくなった。水没を免れた残りの集落も全戸集団移転した。「飛騨金山の森」は、この水没しなかった集落跡地を整備したキャンプ場等の施設。二〇一九年に規模縮小し、「ゆがけの里」として営業再開された。

（3）落葉広葉樹林の林床で早春の花にも出会える。登山口から一五分ほどの窪地にクマガイソウの群落がある。膨らんだ花の唇弁を、騎馬武者が背中で風をはらませて矢除けとする母衣（ほろ）に見立て、源平合戦の熊谷直実の名があてら合に「簗谷山登山口」の大きな看板があり、簗谷山は谷を抱き込むように聳（そび）えている。林道を約五㎞進んだ終点に車を止め入山。登山道はしばらくで南側の尾根に取り付く①南尾根ルートと、谷を直進した後、北側の尾根に取り付く②ブナの木ルートに分かれる。周回することにして　南尾根ルートに入る。尾根をひとつトラバース（横断）した後、涸沢沿いに進んでいく。谷を包むブナやカエデ、トチなどは、芽吹きが始まったばかりで、森閑とした空間にウグイスの声が響く。針葉樹の植林の山と、落葉広葉樹林が中心の山は、明るさ、清々しさが格段に違う(3)。

急斜面をジグザグに高度を稼ぎ、いったん谷に向け下ると、岩肌にしぶきをあげる「小鹿の涙」と名づけられた小さな滝に出合う。ふたたび登りになって間もなく一〇九八mピークに出る。ここからはおだやかな尾根道となり、大きな洞（うろ）を持つミズナラなど、ほれぼれする巨樹が登場する。見晴らし台となった岳見岩への分岐を過ぎると、ブナの木ルートと合流し、山頂に出る。

二等三角点の標石、山名の看板、周囲の山々の山名を記した方位盤のある山頂は、東から北方向が伐られ、恵那山、阿寺山地そして雪を残す御嶽山、乗鞍岳、穂高岳など飛騨山脈の山々が連なる。その手前に打ち重なる飛騨高地の山波は植林が目立ち、自然林を残す簗谷山は貴重だと改めて感じさせられる。

尾根道にブナの巨木が連続するブナの木ルートを下りながら、気軽に登れる人気の場所となったことで、深山ゆえに守られてきた動植物が失われてしまうことがないよう、皆で守っていきたい山だと思った。

れている。また、ブナの木ルートの尾根から簗谷の源流部に降り立った水場周辺にヤマシャクヤクの群落がある。大事に保護したい。

【登山記録】（—：車、…：徒歩）
２０１９年５月２日（木）快晴
—（県道八六号線）—簗谷林道終点簗谷山登山口（駐車）11：10…分岐（南尾根ルート）11：15…小鹿の涙12：15…一〇九八ｍピーク12：50…簗谷山13：10〜14：00…（ブナの木ルート）…登山口15：25—

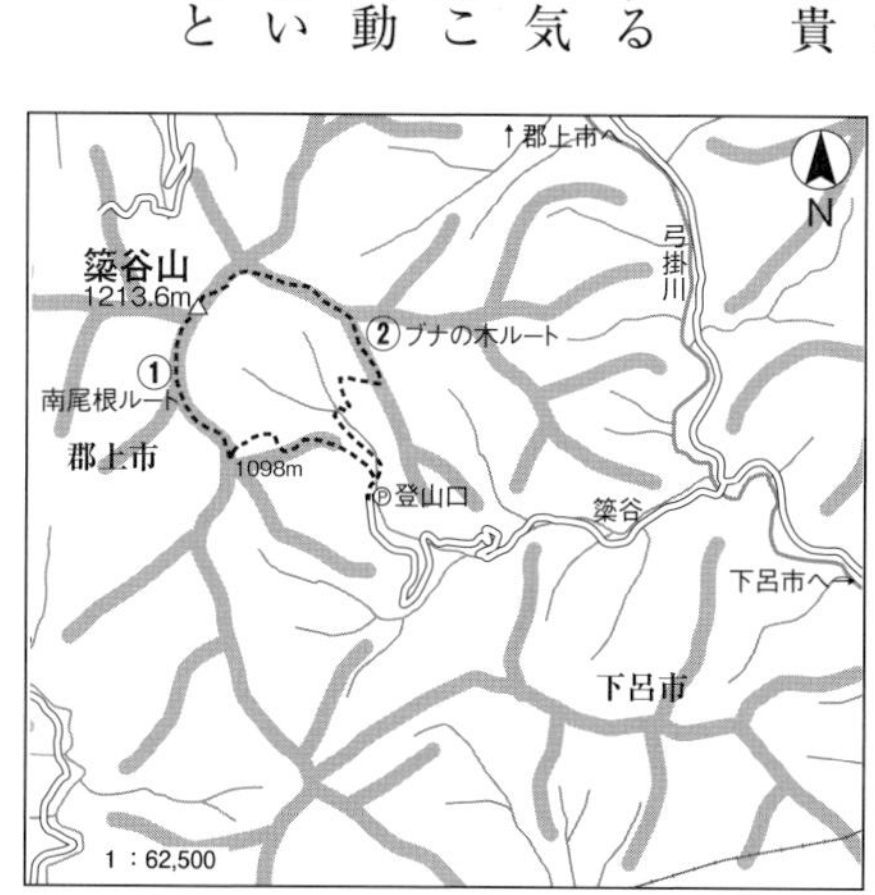

はちおやま　別名　八尾御前（はちおごぜん）

八尾山

一一〇〇・六m　二等（三角点名／八尾山）

八尾山は、飛驒川沿いの下呂市街と、馬瀬川沿いの下呂市馬瀬（旧益田郡馬瀬村）の間にあって、飛驒高地の最南部に位置する。

山名は、尾根が八方に広がることに由来するという。確かに地形図でみると、いくつもの尾根が八方に伸び、その間に谷が刻まれ、どっしり大きな山であることが分かる。

JR下呂駅のある幸田（こうでん）地区では、八尾山山頂の山神様に、毎年春の薬師祭りの日に代参する習わしがあり、この山を「御前様」と呼び、「八尾御前」と崇めてきた。雨乞いのためにも参られたという。そのため、かつては下呂側から登られることが多かったが、最近は登りやすさから、下呂と馬瀬の境界にあたる柿坂峠から送電線巡視路(1)を使って登られることが多い。

八尾山をはじめ飛驒南部の山々は、冬の日本海からの季節風の影響をほとんど受けないため積雪量は少なく、晩秋から初冬にかけても登山可能な、飛驒では貴重な山域となっている。名古屋方面からも近く、温泉のおまけ付きで十分日帰りが可能である。この山に、一月にしては穏やかな週末、柿坂峠から登った。

金山湖からの八尾山

二万五千分の一地形図／下呂

適期　3月～12月

登山道　○（柿坂峠から送電線巡視路利用）

標準タイム　柿坂峠から：登り2時間、下り1時間30分

難易度　I

（1）送電線巡視路は、送電鉄塔および送電線を保守するため巡視するための専用歩道で、ごつい鉄塔と出くわすことにはなるものの、一定のメンテナンスがされているため、安心して歩くことができる現代版の杣道（そまみち）のような存在といえる。鉄塔に付けられた番号も、位置を確認する助けとなり、八尾山の場合、114号鉄塔から120号鉄塔までの区間をたどることとなる。ただし、登山者向けに整備されているわけではないため、巡視路としての標識のみで、登山用の標識はない。また、地形図に送電線は記載されるが、巡視路は記載されない。

［登山記録］（―：車、…：徒歩）
2018年1月20日（土）晴

柿坂林道を上り、標高約九一〇mの峠に車を置き、南側の送電線巡視路に入っていく。スギの植林地をしばらく進むと、背の低いミヤコザサに覆われた尾根道となり、116号鉄塔のところで、三等三角点の標石（基準点名「奥茂谷」）に出合う。そのすぐ脇に、似た大きさの古びた色の標柱があり、よく観察すると、四隅が三角に落とされ「御料局三角點」の文字が彫られている。これは、宮内省御料局によって測量された証で、八尾山がかつて皇室財産として重要な山として管理されていたことがしのばれる（コラム3「三角点と山岳測量の歴史」参照）。

尾根通しの巡視路から西は、ヒノキの植林で暗いが、東は広葉樹の二次林で、冬枯れして明るく、下呂の温泉街が見下ろせる。尾根には、境界の目印に残されたのか、ところどころでブナやミズナラの巨木に出合う。大人四人くらいが手をつないだほどの太さのブナの下に立つと、冬枯れした梢の上に大きく青い冬空が広がる。ササ原と樹林帯のアップダウンを繰り返していくと、行く手に八尾山のピークが見えてくる。

120号鉄塔周辺は、北東方面が広く切り開かれ、御前山、下呂御前山、寺田小屋山、白草山、小秀山など阿寺山地の山並みの向こうに、白い御嶽山が圧倒的な存在感で姿を現す。樹間に白山も拝める。

120号鉄塔の先で送電線巡視路は谷に下っていき、尾根をそのまま進んでいくと東西に長細い八尾山山頂部に出る。二等三角点のあたりは樹林の中だが、すこし先に進むと山神さまを祀った磐座（いわくら）のような場所がある。石積みの上から、木々の向こうに噴煙を上げる御嶽山が手に取るようだった。

―（林道柿坂線）―柿坂峠（駐車）12：40…116号鉄塔13：25…119号鉄塔14：10…八尾山14：35～14：50…柿坂峠16：20―下呂温泉17：00―（入浴後帰路）

〈メモ〉

●冬場は林道入口ゲートが閉ざされ（手で開閉可）、落石もあるので慎重に通行したい。

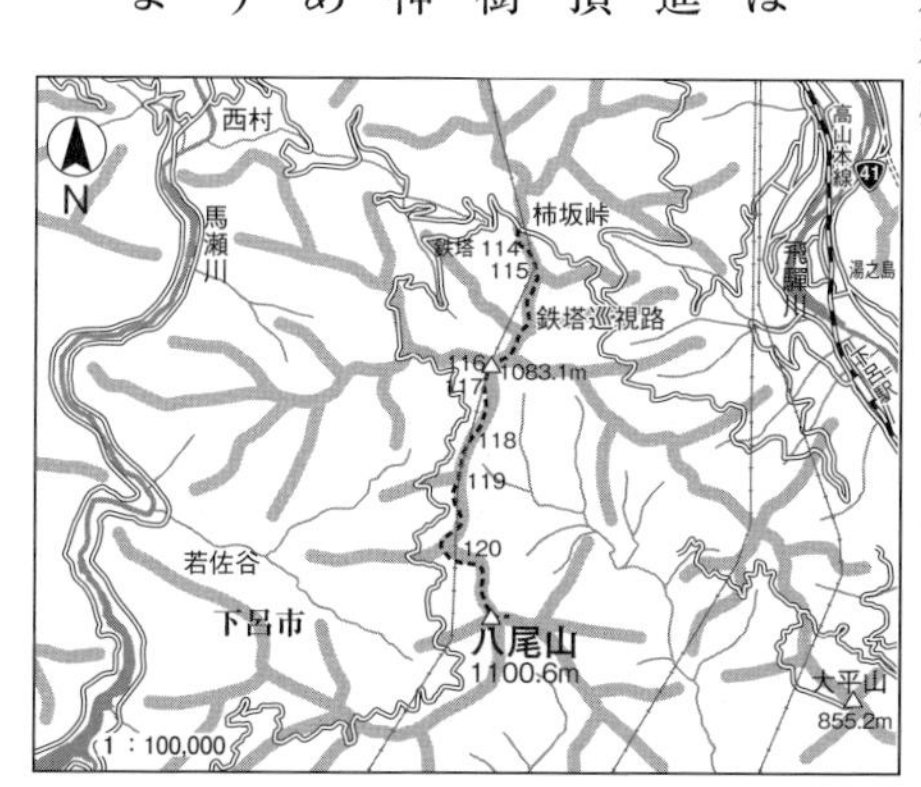

おおぼらやま

（和良）大洞山

一〇三四・六m　一等（三角点名／大洞山）

岐阜県には、一等から四等までの三角点が合計で三一〇〇点あまりあり、そのうち一等三角点は、乗鞍岳、恵那山などわずか一七点に限られる。(1) 郡上市和良町にある大洞山（標高一〇三五m）は、そんな数少ない一等三角点の山なのだが、地形図には、三角点の記号だけで山名の記載はない。(2) 一九七五年刊行の『ぎふ百山』に、登山道はなく、山頂に立つまで四回もかかったとあるように、以前は人との関わりが薄い奥山だったからなのだろう。しかし、その後山麓にキャンプ場などの施設を持つ「和良大月の森公園」ができ、登山道が整備されていると聞く。実際はどのようか、四月のうららかな日に、山仲間と二人で訪れてみた。

登山道鉄塔直下からの大洞山

二万五千分の一地形図／郡上市島

適期　4月中旬～12月　夏△
登山道　◎
標準タイム　林道経由コース往復3時間　周回コース5時間
難易度　I

郡上八幡市街から国道二五六号線の堀越峠を越え、和良町に入る。合併前は郡上郡和良村と呼ばれた山また山の土地で、木曽川水系の馬瀬川の支流和良川沿いの小平地に集落が点在する。「和良鮎」として全国に知られる鮎の名産地で、特別天然記念物のオオサンショウウオの生息地もある。

遅い桜が満開の和良川の支流鹿倉川に沿って北上すると、オンボ谷と東洞川に分

(1) 本書掲載の乗鞍岳、御前岳、川上岳、御前山（萩原）、恵那山、屏風山（美濃高原）、養老山、三周ヶ岳、能郷白山、高賀山、大日ヶ岳、和良大洞山のほか、大雨見山、三界山、久田見山、タンポ、如来ヶ岳。なお、六谷山は富山県、御嶽山は長野県、伊吹山は滋賀県、白山（御前峰）は石川県側に一等三角点がある。

(2) 地形図への山名等の登録や修正は、原則として自治体などから国土地理院への申請によるが、岐阜県の自治体は消極的なようである。例えば、岐阜市の最高峰百々ヶ峰（四一八m）の名は、一九二三（大正一二）年の地形図で、誤って西側の標高三四一mの三角点に表記されてしまい、長い間混乱が生じていた。市民から江

かれる。左手のオンボ谷からさらに左手の沢沿いに約二km遡ると、大月の森公園にたどり着く。沢の源頭部に近い谷に抱き込まれるような場所で、岐阜県ではこのような地形に「洞」と名付けられた場所が数多い。大洞山は、この源頭部を抱き込む稜線上の最高峰で、公園入口の地図によると山頂へは、①遊歩道で稜線に出てピークをつないでいく「稜線コース」、②林道から直登する「林道経由コース」が設定されている。

①、②と周回することにし、分岐を左に取り稜線コースの遊歩道に入る。急登ながらしっかりした木の階段が付けられ、周囲にはマツ、ヒノキ、モミなどの常緑針葉樹が多い。稜線上の展望台に出ると、東方向が伐採され、噴煙を上げる御嶽山や、阿寺山地を望むことができる。しばらく進むと超高圧鉄塔の基部から、樹林に包まれた茫洋とした姿の大洞山本峰が真正面にながめられる。稜線上のルートは、落葉広葉樹の中、何度もアップダウンを繰り返す。タムシバの白い花が春を告げている。展望場所などで、高賀三山や白山連峰を木立越しに仰ぎ、山談義をしながらのんびり歩いて三時間あまりで明るく開けた大洞山山頂に到着。一等三角点の幅一八cmある標石は、さすがに風格がある。展望を得るため刈り払われた東側は、飛騨山脈の北ノ俣岳から乗鞍岳、御嶽山から阿寺山地まで一望でき、西側は、白山連峰から、野伏ヶ岳まで白い峰々が木の間越しに望まれる。

下山は、林道経由コースを取ると三〇分あまりであっけなく林道に出て、さらに三〇分で登山口に帰着。登山道が整備され、自然も程よく残され、展望がよい一等三角点の山にもかかわらず、地図に名前がないままなのが、もったいなく感じられた。

戸期の古文書類に最高峰が「百々ヶ峰」とあることが市に複数寄せられるに及び、二〇〇七年三月に市は国土地理院に「地名等の訂正申請」を行い、その月のうちに最高峰に「百々ヶ峰」の名が戻った。この間八四年かかっている。

【登山記録】（—：車、…：徒歩）
2019年4月16日（火）快晴
—和良大月の森公園（駐車）8：50…（稜線コース）…大洞山12：00～13：00…林道出合13：35…公園14：10—

岐阜百秀山
コラム❷

道なき山に登る

登山の観点から岐阜県の山の特徴を一つだけあげるとするなら、「道のない山が多い」ということだろう。「岐阜百秀山」には、踏み跡程度の山が二山、登山道がない山が一六山含まれる。

同じ本州中央部の山岳県でも長野県や山梨県では、登山対象となるほとんどの山で登山道整備が進んでいる。その主な理由は、①内陸部にあり主要な山岳はおおよそ中央高地式気候区にあって雪が比較的少ない ②そのような地域では山岳地にも人が住み登山道の整備が行き届く ③首都圏から近く山岳観光地化が進んでいる、の三点ではないだろうか。岐阜県でも、国立公園に指定された飛騨山脈や白山は、登山道の整備が行き届いている。

しかし、岐阜県は、①飛騨高地北部や両白山地のように日本海からの冬の季節風を受けて豪雪に見舞われる山域が広大にある ②これらの地域は盆地など居住可能地域が少ないことも加わり、人口密度が極めて低いことから登山道の整備がどうしても進まない。さらに、③人口の多い中京圏や近畿圏に接しながら、自治体などが登山者の受け入れに積極的ではないことも、無視できない理由のひとつではないだろうか。

登山道のない山が、登山者にとって魅力的ではないかというと、決してそのようなことはない。日本山岳会の「日本三百名山」に選定された猿ヶ馬場山、野伏ヶ岳、笈ヶ岳にさえ登山道はない。これらの山は、むしろ岳人にとっては難峰ゆえに憧れの対象となっている。そもそも「アルピニズム」は、道なき山を志向するものだったはずである。

それでは、「岐阜百秀山」の道なき山にどのように登ればいいか、その必要な技能を以下にご紹介したい。

まず必須となるのは、Ⅰルートファインディング技能である。さらに、「道なき山」それぞれの特性に合わせ、Ⅱ登攀技能 Ⅲヤブ漕ぎ技能 Ⅳ積雪歩行技能の習得も求められる。

Ⅰ　ルートファインディング技能

最近「ナヴィゲーションスキル」とも言われるもので、「ロケーション」（自分の居場所を知る）、「経路探索」（目的地に向かうルートを設定し、最適なルートを探す）、「経路誘導」（見つけたルートを正確にたどる）という技能を習得することが中心となる。具体的には、最初は登山道のある山に登りながら、地図やコンパス、そして高度計やGPSの活用方法を身に着け、経験者とともに道なき山での実地経験を積みながら、次第に難易度をあげていくことになる。この技能を身に着けることは、山岳遭難の中で最も多い道迷い遭難を防止する効果も期待できる。また、技能習得には、信頼できる山岳会に入るのがもっとも近道となる。参考書として『山岳読図ナヴィゲーション大全』（村越真、宮内佐季子共著　山と溪谷社）の一読もお勧めしたい。

Ⅱ　登攀技能

登攀技能は、ザイルワークなど幅広いが、「岐阜百秀山」に登頂するために必要な技能に限れば、険しい岩壁などを登る三点支持を基本とする技術を使いこなすことととらえていただければとおもう。登攀技能が必要な道なき山は錫杖岳のみだが、登攀技能が要求される山は、ほかにも飛騨山脈の槍ヶ岳、南岳、北穂高岳、奥穂高岳、西穂高岳があり、ヘルメットは必携となる。錫杖岳については熟達者との同行を前提としていただきたい。

Ⅲ　ヤブ漕ぎ技能

飛騨高地や両白山地の豪雪地帯の山には背丈を越すチシマザサが、阿寺山地など雪の比較的少ない山では、スズタケやミヤコザサなどが密生する。ササの品種によって草丈や生え方が異なり、かき分けやすいポイントの探し方など、コツを知っているとピッチも体力の消耗も格段に違う。作業道などを利用できるが登山道としての整備のない山などでは、一部ヤブ漕ぎを伴うことが多いので、そのような山で経験を積み、慣れていくといい。

ヤブ山は眺望も得られにくく、体力の消耗も激しいため、登山適期は一般に残雪期で、「岐阜百秀山」では、雪が少ない阿寺山地にある井出ノ小路山と、積雪期のアプローチが困難な越美山地の屏風山だけをヤブ漕ぎ技能要とした。ただし、残雪期の山もヤブの露出がある場合が多く、登山道のある山でも踏み迷った場合、ヤブ漕ぎの経験があればパニックにならないで済むので、この技能は身につけておきたい。

Ⅳ　積雪歩行技能

「岐阜百秀山」の「道なき山」は、豪雪地帯の森林限界以下の山が中心となり、厳冬期と藪の出ている時期の入山は困難で、登山適期は天候が安定し雪の締まる残雪期となる。雪崩の起きやすい沢を避け、尾根を中心にルートを設定することが大原則となる。また、わかんやスノーシューなどの登山歩行の装備と、雪山技術の基本であるアイゼンやピッケルワークは不可欠で、滑落停止などの訓練を積む必要がある。さらに、豪雪地帯では、尾根に雪庇が発達し、深い亀裂が入ることもしばしばあるので、その回避のしかたも身に着けておきたい。

登山道があることが前提のようになっている昨今、「道なき山に登る」ことに、最初は不安が付きまとうかもしれない。しかし、そのカラを破ると、登山というものはこんなにも自由で、未知の世界に出合えるものかと、きっと驚かれるだろう。安全登山の鉄則（①自分の現在の体力や技能に合った山を選ぶ。②登山計画を作る。③登山届を出す。④必要な装備を揃える。⑤天候などに注意し無理はしない。）を守り、「道なき山」を大いに楽しんでもらいたい。

御嶽山および阿寺山地

位置

御嶽山（標高三〇六七m）は、飛驒山脈の南延長線上にやや離れてそびえ、木曽川の源流部となっている。

阿寺山地は、御嶽山の南、岐阜・長野県境に北西から南東に向けて、おおよそ標高一四〇〇～二〇〇〇m弱で連なり、美濃地方と飛驒地方にまたがる。そのうち美濃地方の部分は「裏木曽」とも呼ばれる。その形成には、阿寺断層が大きく関わっている。木曽川の支流付知川や、飛驒川の支流白川などの源流部となっており、最高峰は小秀山（一九八二m）。

気候

三〇〇〇m余の標高を持つ御嶽山は、冬は日本海側の、夏は太平洋側の季節風の影響を受け、積雪が多く、年間降水量も多い。一方、阿寺山地は、おおむね中央高地式気候の地域となり、御嶽山など周囲の標高の高い山地に阻まれ年間を通して季節風の影響を受けにくく、年間を通して降水量が少ない。冬は、積雪は少ないものの、放射冷却現象によって気温はかなり低くなる。

自然（地質・植生など）

御嶽山は、最高峰の剣ヶ峰をはじめ多くのピークを連ねる複合成層火山で、一九七九年に有史以来の噴火をして活動が続いており、二〇一四年九月二七日の噴火の水蒸気爆発に多くの登山者が巻き込まれ、南側斜面を火砕流が流れ下った。火山活動によって形成された御嶽山の広大な裾野を覆う「木曽ヒノキ」は、日本三大美林とされ、また垂直分布に従い豊富な樹林・植生がみられる。森林限界を越えると広大なハイマツ帯を持ち、高山植物が豊富で、ライチョウも生息する。

阿寺山地は、その形成に阿寺断層の活動が大きく関わり、岐阜県側は急峻で、長野県側は緩斜面となっている。断層は多くの滝を生み、谷が深く急峻なことから渓谷美にすぐれ、この山域の魅力となっている。地質は、主に火成岩の濃尾流紋岩で構成されている。植生の面では、寒冷で雪が比較的少ないことから、乾燥を好むヒノキやサワラなどが多く、特に井出ノ小路山は、日本有数のヒノキの美林で知られる。ただし、標高などに応じ、イブキザサ、ミヤコザサ、ミヤマクマザサなどが生い茂り、道なきヤブ山も多い。

人との関わり

御嶽山は、富士山に次ぐ高さの火山で、雪を頂く雄大な山容が濃尾平野や伊勢湾からも眺められ、「王嶽」とも呼ばれ、古くから山岳信仰の対象となってきた。ただし、山頂の奥宮の登拝には精進潔斎の厳しい修行が必要とされ、容易には近寄りがたい山でもあった。江戸中期になると、市民社会の成熟を背景に、一七八五（天明五）年、覚明が黒沢口の登拝道を開き、軽い精進での登山を普及させ、さらに一七九二（寛政四）年、普寛が王滝口を開いた。このような経緯から、既存宗教の伝統や統制から比較的自由な信仰形態となっており、庶民の願望を受け止め、さらに女人禁制が解かれるのも早かったので、広く信者を獲得していった。今も、黒沢口や王滝口からの登拝路沿いには、霊神の名を記した石碑など信仰の色が濃く、夏場は信者の登拝の列が続く。

阿寺山地は、御嶽山周辺とともに日本有数のヒノキの産地として古来より知られ、一六一五（元和元）年、信濃国の木曽三三箇村と美濃国の裏木曽三箇村（阿寺山地部分にあたる川上村・付知村・加子母村）は、幕府によって尾張藩領とされた。尾張藩は厳格な禁伐統制を図り、「木曽五木」の伐採はもとより、住民の立ち入りさえも禁じた。明治に入り、木曽および裏木曽は、皇室の御料林として保護され、戦後は国有林となったが、現在も伊勢神宮の式年遷宮の用材は、ここから伐り出されている。一方、阿寺山地の飛騨国側は、一六九二（元禄五）年に幕府の直轄地である天領となり、現在その多くは御料林を経て国有林となっている。

霊峰御嶽山を背後にする阿寺山地の山々は、その遥拝所や、あるいは雨乞いの場として古くから登られた歴史を持つ山が多い。ただし、美濃側は、江戸期に里人の入山が禁止され、現在も日本有数のヒノキ銘木の産地であることもあり、登山の対象としてはあまりみられてこず、小秀山、奥三界山などを除き、登山道がない山が多い。張りめぐらされた林道は、盗伐防止のため入口がゲートで閉ざされ、登山口や取り付き点まで、長い林道歩きを強いられる山も多い。

おんたけさん　別名　御嶽、王嶽

御嶽山

三〇六七ｍ

三〇六三・六ｍ地点
一等（三角点名／御岳山）

二万五千分の一地形図／御嶽山、御岳高原、胡桃島、木曽西野

適期　7月中旬〜10月上旬

登山道　◎

標準タイム　①小坂口：登り6時間、下り4時間30分
②黒沢口：登り3時間20分、下り2時間10分
③王滝口：登り3時間10分、下り1時間50分

難易度　①Ⅲ（飛驒頂上までⅡ）、②③Ⅱ

御嶽山は、飛驒山脈の南にそびえ、岐阜県下呂市・高山市、長野県木曽町・王滝村にまたがる。最高峰の剣ヶ峰（標高三〇六七ｍ）をはじめ、継子岳（二八五九ｍ）、摩利支天山（二九六〇ｍ）、継母岳（二八六七ｍ）などの峰々を連ねる複合成層火山で、雪の冠をいただき長い裾野を引くその姿は、濃尾平野や伊勢湾などからも眺められる。木曽川の源流部にあたり、滝が多く、山頂には一ノ池から五ノ池まで五つの火口湖を持つなど、水との関わりが深い山でもある。

蔵王権現の坐す山として古くは「王の御嶽」、「王嶽」とも呼ばれ、信仰の対象になっていたが、厳しい精進潔斎を経なければ登れない、容易には人を寄せ付けない山だった。しかし市民社会が成熟してきた江戸中期の天明五（一七八五）年覚明が黒沢口から、続いて普寛が王滝口から、軽精進で登拝できる道を開き、さらに明治に入ってからは教派神道として信者が拡大した。現在も両登山道沿いには霊神の石碑が並び、夏には白装束とカラフルな登山着が入り混じる独特な登山風景が展開される。

この霊山が一九七九年に有史以来の噴火

小秀山からの初冠雪の御嶽山

［登山記録］（—：車、…：徒歩）
2020年8月16日（日）晴
—濁河温泉登山口（駐車）7：20…七合目7：55…八合目9：05…飛驒頂上10：05…二ノ池小屋11：10…剣ヶ峰山頂11：45〜11：55…摩利支天乗越13：15…摩利支天山山頂13：30…同乗越13：50…飛驒頂上14：15…八合目14：55…七合目15：05…登山口16：55

〈メモ〉
●多くの犠牲者を出した二〇一四年の噴火で、一時登山禁止となった。その後噴火警戒レベルは引き下げられたが、依然地元自治体で防災対応として通行規制やヘルメットの義務付けなどを行っている。「御嶽山火山防災協議会」のHPなどで最新の情報を確認いただきたい。ヘルメット必携。

をし、地獄谷に新たな火口ができ、二〇一四年九月二七日の水蒸気爆発に登山者が巻き込まれ、死者、行方不明者合わせて六三名もが犠牲になったことは記憶に新しい。

現段階では火口周辺を中心に登山規制が継続しているが、岐阜県側の小坂口から剣ヶ峰までのルートが通行可能となったので、ヘルメット持参で久し振りに訪れた。

標高一八〇〇m、通年営業では日本最高所の濁河温泉から始まる小坂口は、剣ヶ峰までのアプローチが長く、信仰登山にはほとんど使われないので、宗教色が薄く、静けさに包まれている。よく踏まれた登山道は、コメツガ、トウヒ、ヒノキ、サワラなどの深い森で、苔の緑と針葉樹の香気がすがすがしい。七合目の祠を過ぎるあたりから、シラビソなどの中を行く急登となり、木の階段が連続する。湯の花峠で展望が得られ、さらに避難小屋のあるのぞき岩からは草木谷を挟んで摩利支天山のピークが大きく眺められる。八合目を過ぎると森林限界も近い。飛騨頂上（二七八〇m）に向かう斜面は、大規模なハイマツ帯となり、砂礫部分に高山植物の女王とも呼ばれるコマクサの群落がある。飛騨頂上周辺には噴火の影響は及ばず、青い水をたたえた三ノ池越しに眺める乗鞍岳など飛騨山脈から富士山に至るまで三六〇度の大展望が得られ、快適な五ノ池小屋もある。

その先、賽の河原を経てたどり着く二ノ池は火山灰に埋もれ、剣ヶ峰は噴火の跡も生々しい。現在の御嶽山は、火山の陰と陽の世界を目の当たりにする山となっている。

●岐阜・長野両県とも登山届の提出が条例で義務付けられている。
●小坂口から剣ヶ峰までの往復は長丁場で日帰りは健脚向きとなるが、飛騨頂上までの往復でも十分に楽しめる。小屋に泊まり夕暮れやご来光を拝むと、この山の雄大さをさらに実感できる。

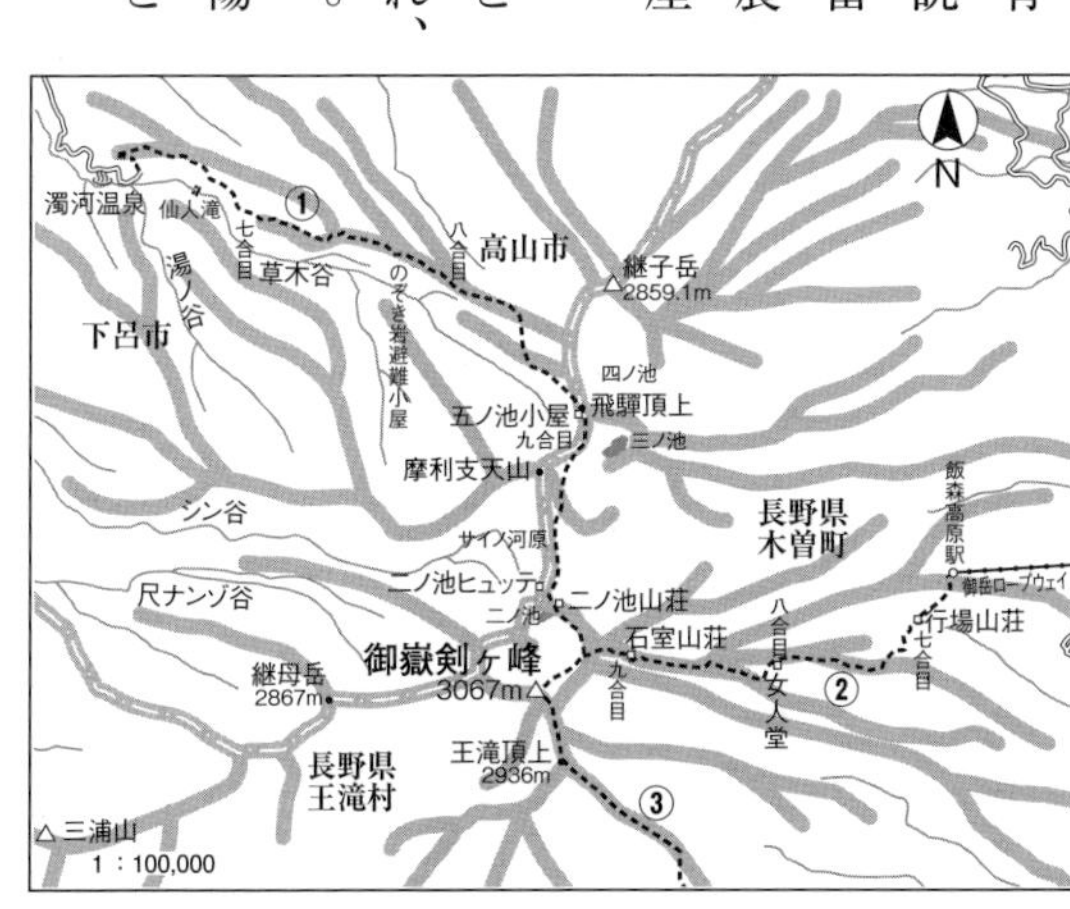

御前山

ごぜんやま

一六四六・五m　一等（三角点名／五善山）

岐阜県の山を集中的に巡ってみると、「御前」という名の山が多いことに気付く。白山の最高点御前峰、白山遥拝の山である飛騨高地の御前岳、そして御嶽山遥拝の山として、下呂市には萩原町が登山口の御前山、森地区が登山口の下呂御前山、金山町が登山口の御前ヶ岳がある。八尾山にも「八尾御前」の別名がある。飛騨地方に集中していることにも気が付く。

「御前」には、①神仏・貴人のいる所の前の尊敬語②高貴な人（あえて直接差すことをはばかった言い方）③奥方といった意味がある。白山の御前峰は、霊峰そのものなので②、それ以外は白山や御嶽山を遥拝する山で①の意味になる。霊峰が近くにありながら、手前にひしめく山に遮られるため、見晴らしのいい山の上から遥拝してきた飛騨地方だからこそ多い山名なのだろう。

阿寺山地の西北端に位置する萩原町の御前山（標高一六四七m）は、御嶽山遥拝の山であるとともに、山頂を中心とした半径一〇kmの範囲内に約三万人もが住んでいるにもかかわらず、里からその山頂を見ることができない不思議な「隠れ山」として、古くから信仰を集めてきた。[1]

高屹山からの御前山

二万五千分の一地形図／湯屋、萩原

適期　4月～11月

登山道　◎

標準タイム　①桜洞ルート：登り2時間30分、下り1時間45分　②上村ルート：登り3時間、下り2時間

難易度　Ⅰ

（1）飛騨郡代長谷川忠崇（在任一七二八～一七四五年）の著した地誌『飛州志』の「御前観音」の項には、「絶頂をさして御前という、その窟中に十一面観音の像がある。…里人がいうには、古くは伽藍や塔坊が多くあったが寺院の名称はわからない。村里が旱魃のときは、郷民は御前に登山して雨乞いをした。このとき、御前観音に祈るのが古来からの風習で、霊験が得られなかったことはない」旨が記されている。山中に「焼堂ヶ原」という地名が残され、かつて山岳修験の寺院があったことは間違いないだろう。また、山上の観音像については、織田信長が、岐阜城の鬼門にあたるこの山に黄金の観音像を祀ったという伝説が残されている。

この歴史と謎に満ちた山に、梅雨の中休み、古い山仲間二人と訪れた。

下呂市萩原町から広域基幹林道を進み、水洞平という駐車場がある小平地が御前山登山の起点となる。大きな看板に、地元のこの山への敬愛の想いが並々でないのが伝わる。登山道は、①桜谷に沿う林道終点が登山口となる「桜洞ルート」と、②広域基幹林道をさらに数キロ進んだ尾根に取り付く「上村ルート」がある。われわれは涼しそうな①桜洞ルートを往復することにした。

林道の終点には木の橋が架かり、ここが四合目にあたる。渓流沿いのスギ林は、石仏が祀られた五合目を過ぎたあたりから次第に天然の森に変わっていく。沢の瀬音とウグイスやホトトギスの声が、あふれる緑の中に響く。素朴な木の鳥居をくぐると急登がはじまり、七合目を過ぎると、屏風岩という岩壁がそそり立つ。八合目あたりは、ヒノキに似て幹がつややかに赤いクロベ（ネズコ）の巨木が並び立つ。渓流は一五〇〇mあたりまで続き、苔の色がひときわ美しい。

山頂直下に至っても、「隠れ山」の異名のとおり、山容を拝める場所はない。びっしり山肌を覆うミヤコザサを突き抜けてヒノキの巨木が林立する中を登り詰めると、空が明るくなり、御前山山頂に到着。立派な一等三角点にタッチし、仲間と握手。

三角点のかたわらの祠には、織田信長が金の観音像を祀った由来が彫られ、今も信仰がしっかりと守られているたたずまい。祠の背後の岩によじ登ると、御嶽山の威容がひときわ近い。霊峰を遥拝した人々に自分も連なっているのを実感するひとときだった。

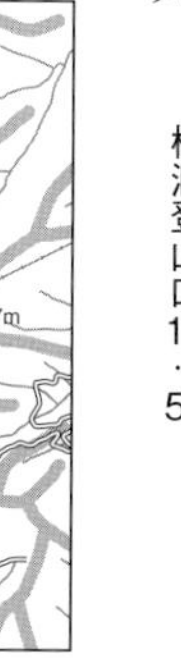
［登山記録］（―：車、…：徒歩）
２０１６年６月11日（土）　晴のち曇
―（国道41号線）―萩原町―（林道）―水洞平―桜洞登山口（駐車）７：40…屏風岩９：00…御前山10：05〜10：30…（途中昼食）…桜洞登山口12：50

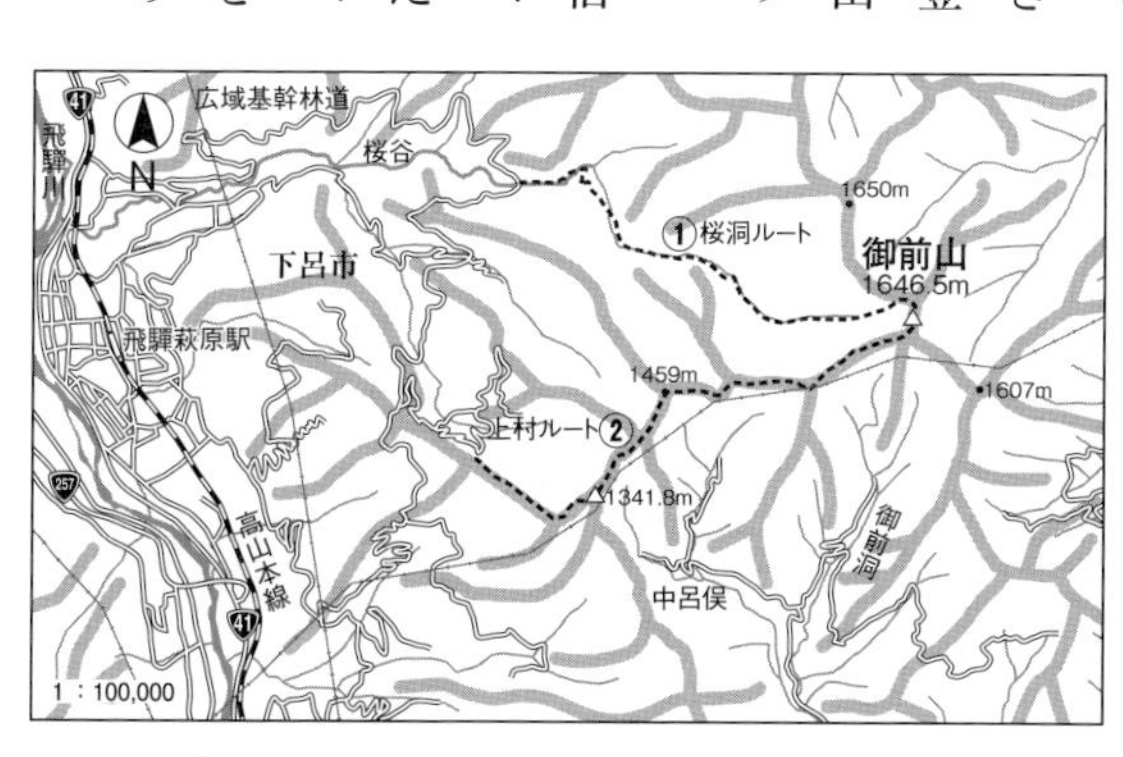

44

下呂御前山

げろごぜんやま　別名　空谷山（からたにやま）

一四一二・〇m　三等（三角点名／空谷）

八尾山側からの下呂御前山

二万五千分の一地形図／宮地、湯屋

適期　4月〜12月中旬

登山道　◎

標準タイム　①大洞登山道：・下呂駅から登り2時間15分、下り1時間45分・5合目から登り1時間、下り50分　②観音峠ルート：登り1時間、下り50分

難易度　I

下呂御前山（標高一四一二m）は、名湯下呂温泉の背後にそびえる。地形図の山名は空谷山だが、御嶽山を遥拝するために登ってきた地元では、萩原町の御前山と区別するため下呂御前山と呼び、こちらの名前が広く親しまれている。温泉街の中央を流れ、温泉情緒を盛り上げている阿多野谷の源ともなっている(1)。

この山は、JR高山本線の下呂駅から直接登り始めることができる。駅から、かつては益田川とも呼ばれた飛騨川の河原にある噴泉池を見下ろしながら下呂大橋を渡り温泉街を抜けると、国道四一号線森の交差点を越えたところに、「下呂御前山登山口」の大きな看板がある。阿多野谷沿いの林道を直進して約一時間でメインルートとなる大洞集落に開かれた①大洞登山道の登山口に出る。単調な植林地の舗装された林道歩きとなるので、山道に変わる標高八八〇mの五合目まで車を利用する登山者も多い。五合目から山頂まで約一時間、岩の多い登山道を直登する。

大洞登山道のほか、②観音峠（標高一一九五m）から尾根をたどるルートがある。われわれは、このルートで入山した。

（1）下呂温泉は、乗鞍岳を源流とし御嶽山系の水も合せて美濃へと南流する飛騨川沿いにある。左岸の森地区に中心街があり、背後に観音峠を挟んで北に下呂御前山、南に湯ヶ峰（一〇六七m）が並ぶ。

およそ千年前、湯ヶ峰の山頂付近に湧出したのがはじまりとされる。しかし、一二六五（文永二）年に湯ヶ峰の源泉が突然止まり、現在の温泉地のある益田川の河原に湧出しているのが発見された。この折、薬師如来が一羽の白鷺に化身し、河原の湧出地を知らせたという開湯伝説が伝わる。徳川家康に仕えた儒学者林羅山が著書の中で草津・有馬とともに名湯として挙げたことでも知られる、岐阜県を代表する温泉保養地である。

観音峠は、秋に千羽以上のタカが、日本北方の繁殖地から乗鞍岳と御嶽山の間を通って東南アジアなどの越冬地へ向かう途中、峠の上空を舞う「タカの渡り」が見られるという。ミヤコザサの中に開かれた登山道沿いに、葉緑素がなく白銀色に透き通った、ギンリョウソウが顔を出している。

鞍部の八合目で大洞登山道と合流する。今は若いヒノキの植林に覆われているが、かつてはここが御嶽山の遥拝所で、小さな祠が残されている。九合目の「岳見平」も、今は名前のみ。その先の左手に「高岩権現」がある。小さな祠には、あどけない表情の大山祇神の石像が祀られていた。かつて、雨乞いの場所でもあったという。

程なく下呂御前山山頂に到着。巨岩の間に、三等三角点、御料局の三角点、石の方位盤と案内板が並び、北東方面に御嶽山を大きく仰ぐことができる。その東には、阿寺山地の寺田小屋山、白草山、三国山など針葉樹林の山並みが続く。北に目を転じ、萩原の御前山を探す。直線距離で五㎞ほどの至近距離にあるけれども、手前にある山に遮られ、山頂部がかろうじて見えるばかりで、里からは見えない「隠れ山」と言われているのに改めて納得。西側には、足元に下呂の温泉街や飛騨川対岸の八尾山などが眺められる。方位盤によれば、白山、槍ヶ岳、乗鞍岳なども見えるという。南飛騨は初冬でも登山ができるので、きりっと大気の澄んだ日に訪れるのもいいだろう。

下山後は、下呂温泉の真ん中にある共同浴場「白鷺の湯」でさっぱりする。阿寺山地飛騨側の山めぐりは、天下の名泉というおまけ付きなのが、うれしい。

【登山記録】（―：車、…：徒歩）
２０１６年６月１１日（土）　晴のち曇
―国道四一号線森交差点―（林道下呂小坂線）―観音峠（駐車）14：20…八合目（大洞登山道合流点）14：55…高岩権現15：15…下呂御前山山頂15：25～15：50…観音峠16：45

45

白草山

しらくさやま

一六四一m　三角点なし（北西約〇・六kmの標高一六六九・三mの箱岩山に三等三角点「箱岩山」がある）

いわゆる「平成の大合併」によって、益田郡下呂町、萩原町、小坂町、金山町、馬瀬村が合併し二〇〇四年下呂市が発足、その翌年には、恵那郡北部の川上村、加子母村、付知町が中津川市に編入された。これにより阿寺山地の説明は、「下呂市および中津川市の長野県境部」とたいへん簡潔になった。下呂・中津川両市の境界は舞台峠で、かつての飛騨・美濃両国の国境でもあった。どちら側も国有林が多いのだが、峠を挟んだ東西で登山道の整備状態をはじめ、山のたたずまいが大きく異なる。(1)

白草山は、下呂市と長野県木曽郡大滝村にまたがる飛騨側の山で、主に舞台峠の西の乗政温泉側から登られる。飛騨の山らしく登山道はよく整備されている。

乗政温泉が入口となる広域基幹林道は、奥で三方に分かれ、右手側に白草山の登山口に向かう黒谷林道のゲート、正面に寺田小屋山の登山口に向かう治山林道のゲートがあり、車はここまでとなる。ゲート前の立派な白草山の案内地図を確認し、黒谷林道を進んでいくと、谷は次第に深くなる。約三〇分で、ふたたび黒谷のせせらぎの音

小秀山登山道からの白草山（中央）右背後が高森山

二万五千分の一地形図／宮地

適期　4月中旬～11月

登山道　◎

標準タイム　黒谷林道ゲートから：登り1時間50分、下り1時間30分

難易度　Ⅰ

（1）阿寺山地の、舞台峠西の旧飛騨国の下呂市側は、登山道がよく整備され、登山口に至るまでの林道などにも標識がしっかり設置してある。一方、東の旧美濃国の中津川市側は、日本二〇〇名山の小秀山、日本三〇〇名山の奥三界山などをのぞくと、登山道が十分整備されていない山が大半で、登山道入口に至る林道の入口がゲートで閉ざされ、長い林道歩きを強いられることも多い。

この違いは、下呂温泉を擁する下呂市が観光に力を入れていることもあるのだろう。しかし、江戸時代、下呂市側は幕府領であったのに対し、ヒノキの重要産地として尾張藩領とされた美濃国側は、藩の林政政策で「木一本、首ひとつ」と言われるほど厳しく村人の

が近づき、木の橋に出合う。ここが登山口で、新緑の中、岸辺の柳がしきりに綿毛を飛ばしている。

ヒノキと落葉樹の混じる登山道をジグザグに登高していくと、県境稜線の手前で大きな岩が縦に三段に積み重なった「三ツ岩」に出合い、あたりは広々としたササ原に変わる。かつて牧場が開かれていたというだけあって、高原状の明るくおだやかな風景が展開する。行く手の円丘状の白草山頂の向こうには、かつての飛騨・美濃・信濃国境となる三国山から、御嶽山遥拝の山だった拝殿山の稜線が望まれる。ササ原を渡る風に吹かれながら歩くうちに、大きな木の標柱が立つ白草山山頂に到着、御嶽山と真正面に向かい合う。直線距離が一六kmほどと近く、その間は三浦ダムの貯水池で、遮るものもない。こんな楽々とした登山で、こんな立派な御嶽山を拝んでしまってよいのかと後ろめたくさえ思われるのは、阿寺山地の美濃側＝旧尾張藩側の山々で、道なき斜面をヤブ漕ぎし、ようやくたどり着いた山頂で展望がない、などというしょっぱい体験を重ねてきたからかもしれない。

なお、白草山山頂には、旧宮内省御料局の三角点があるだけで、国土地理院の三角点はなく、やや北の箱岩山（一六九九ｍ）に置かれている。どうして箱岩山が白草山ほど知られていないのかは、その山頂に立って納得。山頂部あたりだけヒノキが残され展望がききにくいことに加え、地形が御嶽山の見えやすい方角から微妙に外れているのだった。

白草山は、阿寺山地においては最も明るく開放的で、登山道が整備され、初心者に登山の楽しみを伝えるには格好の山だけに、ぜひとも好天を選んで登っていただきたい。

入山が禁じられていた歴史的背景が今も影響しているのではないだろうか。

【登山記録】（—：車、…：徒歩）
２０１６年５月21日（土）晴
—舞台峠—乗政温泉—林道ゲート（駐車）８：30…林道終点８：55…白草山山頂10：30…箱岩山11：05…登山口12：25…林道ゲート12：45

46

小秀山

こひでやま

一九八一・九m　二等（三角点名／小秀山）

小秀山（標高一九八二m）は、阿寺山地のほぼ中央部に位置する同山地の最高峰で、御嶽山から直線距離で一四kmほどしか離れていないため、迫力ある姿を至近で拝することができるなど、眺望にも優れている。まさに「阿寺山地の盟主」と呼ぶにふさわしい。

それだけに、登山道もバリエーションが豊富で、①表玄関ともいえる乙女渓谷から登り始める「二ノ谷ルート」のほか、②三ノ谷北の尾根をジグザグに上がる「三ノ谷ルート」、さらには近年③白川林道を長野県大滝村側から入る「白巣峠ルート」も開かれ、これは学校登山で使われる最短ルートとなっている。二〇一〇年には、中津川市が山頂避難小屋秀峰舎を開設した。

この山を、登山シーズンも終わりに近い一一月下旬、二ノ谷ルートで登り、三ノ谷ルートで下山する周回で登った。

二ノ谷ルートは、白川の源流部にあたる乙女渓谷のキャンプ場から直接登山開始できるのがうれしい。というのも、一帯は「東濃ひのき」の名産地で、盗伐防止のため林道のゲートが閉鎖され、登山口まで

兜岩からの小秀山。背後に御嶽山

二万五千分の一地形図／滝越、宮地

適期　5月～11月中旬

登山道　◎

標準タイム　①二ノ谷ルートを登り②三ノ谷ルートを下る周回で8時間

難易度　Ⅱ

［登山記録］（—：車、…：徒歩）
2016年11月23日（水）晴
—乙女渓谷キャンプ場（駐車）7：05…夫婦滝8：15…鎧岩8：55…三ノ谷ルート合流点9：50…兜岩10：10…第一高原10：20…小秀山11：05～11：35…兜岩12：40…三ノ谷ルート合流点12：50…三ノ谷ルート登山口（森林管理署小屋）14：05…乙女渓谷キャンプ場14：30

〈メモ〉
●帰路は「三ノ谷コース」を取る。「二ノ谷コース」では、ほとんどヒノキを見掛けなかったが、こちらは鶏岩展望所という標識のあたりを中心に、天然ヒノキの巨木が急斜面にゴツゴツの根でしがみついて見ごたえがある。さらに下ると整然としたヒノキの植林帯に

長い林道歩きが必要な山が多いからである。登山道の前半は、乙女渓谷の夫婦滝に至る遊歩道で、岩壁に張り付くように造られた木造の道は、二〇〇四年に四年かけて再整備された大がかりなもので、これがなければ本格的な沢登りとなるだろう。

遊歩道沿いは、すっかり落ち葉して、紅葉の季節の賑わいが去り、森閑として明るい。乙女淵、ねじれ滝、和合滝といった名所や、避難小屋をながめながら何百段もの木の階段などを歩くこと約一時間半、そそり立つ岩壁にしぶきを上げる夫婦滝の男滝が現れる。落差は約八〇m、断層活動によって形成された阿寺山地には多くの滝があるが、そのうち最大落差を誇る。

滝のもとで遊歩道は終わり、ガラガラした岩の急登がはじまる。岩壁を巻き男滝の真上に出ると、子滝、孫滝に出会う。沢から離れ、鎧岩を巻くと、カモシカ渡りという本ルート最大の難所となる約七mの高さの岩場がある。注意しながら乗り越すと尾根道となり、左手からの三ノ谷ルートと合流後、兜岩という尾根に突き出した露岩の小ピークに出る。岩の上に立つと展望が開け、晩秋の透明な空の下、名古屋市の高層ビルや、美濃地方のほとんどの山が視野に入る。さらに進むと、避難小屋を載せた丸い小秀山の山頂越しに新雪の御嶽山が姿を現す。

尾根道は次第におだやかになって、ツガやシラビソの樹林の間に、第一・第二・第三高原という展望の開けた場所を経て、二等三角点の山頂に到着、御嶽山に向かい合う。二〇一四年多くの犠牲者を出した噴火活動の跡や、今も立ち上る水蒸気を目の当たりにし、その否応ない自然の力に打ちのめされ、時を忘れ立ち尽くす。

入る。同じ樹種でも、風雪に耐えてきた原生林と人に管理された植林では、まったくたたずまいが違う。尾根をジグザグに下り、山の神の祠を過ぎ、森林管理署の作業小屋前で林道に出る。林道は入口のゲートで閉ざされているため、キャンプ場まで約二kmの林道歩きが待っていた。

井出ノ小路山

いでのこうじやま

一八四〇m　三角点なし（南側一八〇六・四mピークに二等三角点［中ノ谷］がある）

二万五千分の一地形図／加子母、奥三界岳

適期　5月～11月（夏季は避けたい）
登山道　—
標準タイム　—
難易度　S↑↑

二ッ森山山頂からの井出ノ小路山

阿寺山地の核心部の山の中で、最も登頂が困難なのは井出ノ小路山だろう。樹齢三〇〇～四〇〇年に及ぶ日本有数の天然ヒノキの美林に覆われたこの山は、江戸時代は尾張藩、明治時代に入り宮内省によって厳格に守られてきた[1]。そのため、標高一八四〇mと、小秀山（一九八二m）に次ぐ高さを持ちながら、ピークに三角点はなく、ヒノキの下はびっしりミヤコザサに覆われ、登山道はおろか明確な踏み跡さえない。この山は、登山という尺度だけでは測りきれない山なのである。

この難峰に五月中旬、脚力抜群の山仲間と二人で挑んだ。

渡合（どあい）温泉に向かう付知川沿いの林道から井出ノ小路谷へ向かう林道に入る。間もなく盗伐防止のために厳重に閉ざされたゲートがあり、片道約二時間の長い林道歩きが始まる。ジグザグに標高を稼ぎ、千両覗きといわれる見晴らしのいいスポットに出ると、付知本谷が見下ろせ、断層活動でできた阿寺山地の谷の深さを実感する。

左手に真弓峠への林道を分けると、再度閉ざされたゲートに出合う。いよいよ伊勢神宮の用材にも使われる「木曽ヒノキ備

（1）一帯は、室町時代の文安五（一四四八）年、京都南禅寺の大火後の復興用材の台帳に「みのの国つけち山、いでのこうぢ山」と記載があるほど古くからのヒノキの産地だった。しかし、戦国時代から江戸初期にかけての大規模な城郭や寺社の建築ブームで皆伐状態となった。徳川家康よりこの地を与えられていた尾張藩は、林政改革として保護政策を実施、その厳重さは「木一本　首一つ」と言われたほどだった。明治時代は皇室の御料林になり、井出ノ小路山の天然林七〇〇ヘクタールは、伊勢神宮の式年遷宮の御用材を供出する「神宮備林」とされた。現在は国有林の「木曽ヒノキ備林」として管理されている。

林」の区域となり、井出ノ小路谷に沿って見事なヒノキが次々登場する。見学者用の立札などが整備され、二〇一三（平成二五）年の式年遷宮用材の斧入れ式が行われた切り株にも出会う。急斜面の岩に絡みつきながら根を下ろすヒノキの巨木に覆いつくされた谷に圧倒される。

　出の小路橋、美林橋を過ぎた急勾配のあたりで見学エリアを外れ、人の気配がまったくなくなる。からさわ橋の先の堰堤のある茶屋小屋谷という涸れ沢が井出ノ小路山への取り付き点となる。大きな岩に覆いつくされた沢を岩登りの要領でよじ登り、倒木を乗り越えていくと、谷は狭まり崩落地で沢は果てる。ここから密生するミヤコザサのヤブ漕ぎが待ち構える。

　稜線鞍部に出ると、ようやく微かな踏み跡が登場するが、それも倒木に遮られ、追いかけるのは容易ではない。たどり着いた山頂は樹林の中。三角点もないので、手造りの山名標識がなかったら、頂きに立ったのかさえおぼつかない。やや北側にヤブをかき分け、辛うじて御嶽山の姿をとらえた。

　井出ノ小路山は、山頂まで鬱蒼たるヒノキに覆われ、登頂だけが登山の目的とすれば、その醍醐味は少ないかもしれない。しかし、日本文化を支え今なお樹齢三〇〇年を超えるヒノキを中心とした自然林に覆われるこの山を、岐阜県が誇る山岳風景のひとつとして捉え直してもいいのではないだろうか。貴重な山のため、目印の赤テープを確実に撤収することをはじめ、環境を乱さないよう細心の注意を払いたい。

【登山記録】（―：車、…：徒歩）
２０１６年５月１４日（土）晴
―付知峡度合温泉との分岐点（駐車）6：50…ゲート7：05…真弓峠への分岐点7：30…ゲート7：35…からさわ橋・堰堤9：05…稜線鞍部11：10…井出ノ小路山11：30〜11：50…堰堤13：55…真弓峠分岐点15：05…駐車地点15：40
※比較的早いペース

48

奥三界山

おくさんがいさん　別名　奥三界岳

一八一〇・七m　三等（三角点名／奥三階）

二万五千分の一地形図／奥三界岳、加子母、三留野

適期　5月～11月中旬

登山道　◎

標準タイム　林道入口ゲートから：登り4時間30分、下り3時間

難易度　Ⅱ

奥三界山（標高一八一一m）は、地形図には「奥三界岳」と表記され、これを踏まえ行政や登山者は奥三界岳と呼ぶことも多い。しかし地元の呼称は奥三界山（おくさんがいさん）である。[1] 山名に「奥」とあるのは、この山の南に伸びる尾根に一等三角点ながら地形図に山名表記のない、基準点名が「三階岳」という一六〇〇mのピークがあるためで、地元では（こちらは登山者も）三界山と呼んでいる。残る「三界」については定説はないようで、欲界・色界・無色界を合せた「三界」という仏教用語や、この山の基準点が「奥三階」であることから三段といった意味も考えられるが、特定する資料は見出せなかった。今は山上が皆伐され明るい山になってしまったが、その山名には、鬱蒼たるヒノキに覆われた奥山だった頃を偲ばせる、どこか異界に誘う響きがある。

二ッ森山山頂からの奥三界山

中津川市川上の夕森公園からはじまる川上林道は、入口のゲートで車両止めされ、ここが事実上の登山口となっている。公園は、一九五六（昭和三一）年まで坂川鉄道の終点丸野駅があった場所で、かつてここ

（1）山の呼称は全国さまざまで、山（やま・ざん・さん・せん）、岳／嶽（だけ・たけ）・峰／峯（みね・ほう・ぽう・ね）、嶺（れい・みね・ね）、森（もり）などがある。呼称や、その使い分け方（例えば山と岳をどう呼び分けるかなど）には、地域ごとに一定の傾向がみられる。阿寺山地は、御嶽山との関わりからかもしれないが、下呂温泉の源泉があった溶岩ドームの湯ヶ峰以外、「山」と呼ばれることが特徴的で、「奥三界山」という名前にこだわりたい。

【登山記録】（―：車、…：徒歩）
2016年10月15日（土）快晴
―夕森公園―川上林道ゲート（駐車）6：30…銅穴の滝6：50…林

からさらに奥三界山の山裾まで坂下森林鉄道が伸び、山上で伐採されたヒノキは、これらの鉄道で中津川まで運ばれていた。

ゲートから始まる長い林道歩きは、周囲が落葉広葉樹の二次林で新緑や紅葉が楽しめ、忘鱗の滝、銅穴の滝などにも出合うので気が紛れる。

「一つ滝・奥三界山」と記された標識で林道と別れ左手に入り、川上川に架かる吊橋を渡ると、ようやく登山道がはじまる。風格ある太いヒノキと落葉樹が混生する急斜面をジグザグに登る。自然や四季を味わうという面ではこのあたりがハイライトだろう。上部を通る林道（夕森田立林道丸野併用線）が近付くと、ヒノキの幼木が整然と並ぶ植林地となり、巨大な切り株たちが、太古の森を偲ばせる。

再び林道をたどると、正面に昇竜の滝が見えてくる。滝手前の取り付き点をよじ登り、草の生い茂る軌道跡に合流する。軌道の終点に廃屋となった作業小屋が残る。

ここからは登山道としてよく整備され、びっしり生い茂るササもきちんと刈られている。尾根に出ると、皆伐後の一面のササ原で、恵那山から木曽山脈の稜線まで見晴らしはすこぶるいい。岩だらけの沢に出合い、これを上部まで詰めると、皆伐を逃れたヒノキの木立があり、奥三界山の丸い山頂が見えてくる。湿地帯を抜け、ようやく山頂に到着。三等三角点と、御料林であった名残りの宮内省の古い三角点が並ぶ。古びた展望台に登ると、展望は一気に広がる。特に、なかなか目にすることのできない井出ノ小路山が間近に拝めるのがうれしい。煙を吐く御嶽山も、樹上に顔を見せていた。

道分岐7：00…夕森田立林道合流点7：50…昇竜の滝手前分岐8：45…軌道終点の小屋9：15…沢9：50…奥三界山10：50～11：25…昇竜の滝手前の分岐12：45…夕森田立林道分岐13：20…ゲート14：10―

〈メモ〉

●危険個所はないが、長い林道歩きが伴い長丁場なので、余裕を持って行動したい。

49

高時山
たかときやま

一五六三・七m　二等（三角点名／高時山）

二万五千分の一地形図／加子母

適期　4月下旬～11月

登山道　◎

標準タイム　①木曽越峠から：往復2時間　②七番観音から：登り3時間、下り2時間　③渡合温泉から：登り4時間、下り3時間15分

難易度　I

阿寺断層の活動で形成された阿寺山地は、岐阜・長野県境に最高峰の小秀山をはじめ標高一九〇〇～一六〇〇mクラスの山々を連ねる。岐阜県側の急峻な斜面にはこれらの山々を源流部として、深い渓谷が刻まれ、谷と谷の間には長い尾根が形づくられている。その尾根上に一六〇〇～一〇〇〇mクラスの前衛峰というべき山が連なる。それらは里から近く、植林されていることも多いため、個性に欠けたり、展望が得られなかったりするものも多い。

高時山も、小秀山を源流とする白川（加子母川）と、付知川の上流部西股谷が作り出す長い尾根上にある前衛峰ともいえる。しかし、標高一五六四mと、県境の山に準じた高さを持ち、西側は標高約一二七〇mの木曽越峠で区切られ、東側は西股谷から直接立ち上がっているため、独立した峰として眺めることができる。谷に深く根を下ろす整った円錐形の山容は風格がある。

小秀山登山道からの高時山

今ひとつ、この山を特徴づけるのは、旧加子母村（中津川市加子母）を起点として木曽越峠を越え、渡合を経て長野県大滝村に至る、「木曽越」という古い信仰の道が山中を通っていることがある。(1) 現在は、木

（1）木曽越の名は、平安末期の武将木曽義仲が越えたという伝説に由来し、長らく廃れていたものを覚明が再興した。加子母には御嶽詣のための宿が二軒あり、多い時にはそれぞれ百人を越す泊り客があったという。文久二（一八六二）年には、道に迷い亡くなった人の菩提と旅人の安全のため、三十三観音の石仏が道の要所に据えられた。信仰の道は、美濃・飛騨と木曽を結ぶ物流の最短コースともなって、多くの往来があった。近年地元有志により「木曽越古道」として再整備された。

【登山記録】（—：車、…：徒歩）

2016年10月10日（月）　晴時々曇

—（国道二五六号線・木曽谷林

曽越林道が通じ、車で木曽越峠まで上がってしまうこともできる。しかし、峠からだと往復でも二時間足らず、加子母側からか、付知峡最奥のランプの一軒宿のある渡合温泉から、木曽越古道をたどって登るのがおすすめである。

われわれ山仲間三人組は、一〇月に加子母を起点に並ぶ三十三観音の七番観音からこの山を目指した。

古道入口の七番観音の近くには、林業の盛んな土地らしく、立派な山の神の祠が鎮座している。いったん林道と交差した後、八番観音から本格的に古道に入る。再び林道に出ると、視界が広がり、裾野部分のよく整備されたヒノキの植林帯が、標高が上がるにつれて遠目にも巨木と判るヒノキの天然林に変わり、山頂近くは紅葉に染まりかけているのが眺められる。林道を離れ、谷に向かう途中、九番にあたる三面観音の清水が豊かにほとばしっているのに出合う。御嶽山をめざす人々には恵みの水だったろう。沢を渡渉し、阿寺山地の特徴でもある胸を突く急斜面を踏ん張って登ると、林道と交差、あとひと登りで木曽越峠に出る。

峠からしばらくの天然ヒノキやミズナラの巨木が連続する部分が本ルートのハイライト。足元にはキノコ、ミズナラのどんぐり、ヤマナシの実など、秋の幸が散らばる。林道と交差すると急登になり、旧宮内省御料局の石の境界標のある一四三四mの小ピークを経て、ダケカンバの中の最後のひと登りで二等三角点の高時山山頂に至る。県境の白巣峠越しに姿を現した御嶽山はもう雪を被っていた。休日ながら行き合った登山者は一組きり、地元の尽力で古道が整備されているだけに、もっと登られていい山だと思った。

道）—七番観音（駐車）7：00…九番観音7：40…（渡渉）…木曽越峠8：55…高時山10：10～10：50…木曽越峠11：35…七番観音12：45—

〈メモ〉

●渡合温泉から木曽越峠までの古道は、途中植林が皆伐された場所を通るので、ルートを見逃さないこと。

●付知川側から直登するルートもある。登り約五時間。

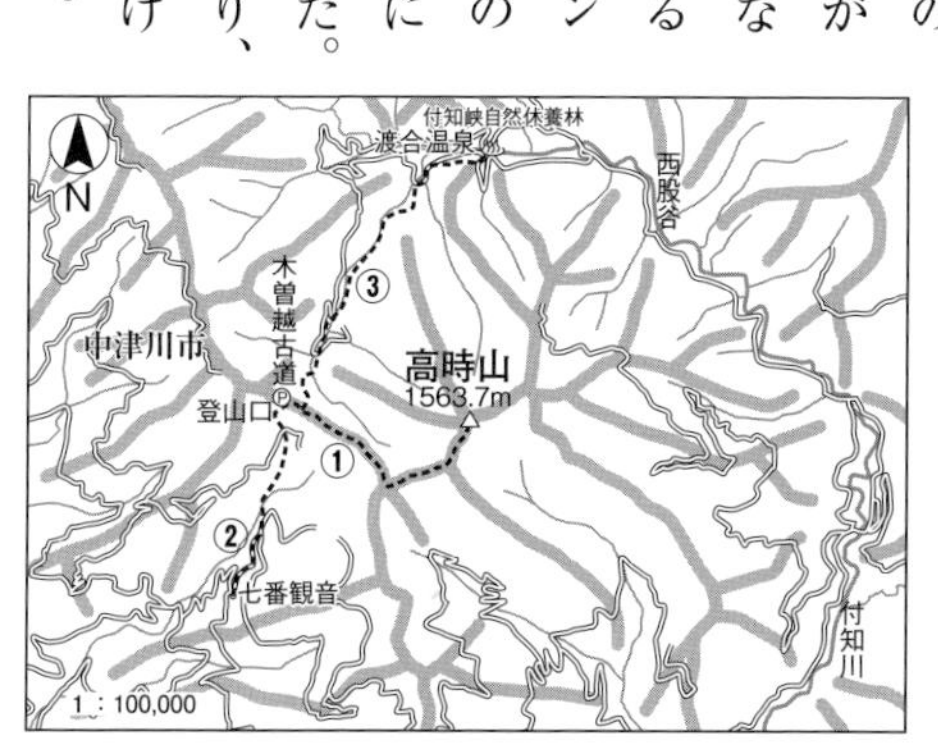

50

御嶽山・阿寺山地

夕森山
ゆうもりやま

別名　北夕森山

一五九七・一m　三等（三角点名／夕森山）

二万五千分の一地形図／加子母

適期　4月～11月

登山道　◎

標準タイム　登山口から：登り2時間45分、下り2時間

難易度　Ⅰ

阿寺山地の岐阜・長野県境から伸びる長い尾根に並ぶ前衛峰ともいうべき山々は、加子母、付知、川上など山里の美しい背景となっている。夕森山(1)（標高一五九七m）もそのような山のひとつで、井出ノ小路山から西側に派生する尾根上にある三角錐の山容が、付知の町からよく眺められる。付知川の源流部、付知峡の左岸にそびえ、山麓にはキャンプ場や不動滝などの景勝地があり、登山道が整備され、最近では阿寺山地の中でも人気の山になっているという。ただし最近まで無名で、『ぎふ百山』、『続ぎふ百山』や、日本最大の山岳事典日本山岳会編の『新日本山岳誌』には掲載がない。

実際はどのようか、山仲間三人組で、四月に訪れた。

付知川沿いの中津川市付知町宮島集落から仰ぐ夕森山

付知峡の不動滝の看板を目印に下浦（しもうれ）の集落を進んでいくと、滝の手前に、夕森山登山口への標識がある。登山口には、駐車場、標識、登山届のポストが整備されている。ほかの山域では当たり前かもしれないが、こと阿寺山地の旧美濃国側（現在の中津川市）で、これだけしっかり整備された山は数えるほどしかない。

（1）奥三界山の東南にある同名の一五二一m峰と区別するため、「北夕森山」とも呼ばれる。

（2）中津川市のホームページによると、この鉄塔は夕森山の北に広がる神宮備林の火の見櫓として設されたもので、戦時中にはB29爆撃機からの爆撃による火災から森を守るために、見張りが鉄塔の上に常駐していたという。

［登山記録］（—：車、…：徒歩）

2016年4月30日（土）　晴のち曇

—国道二五六号線—付知町広野—林道（駐車）7：30…雨乞棚山9：05…駐車地点10：10—国道二五六号線付知峡入口—下浦集落—夕森山登山口（駐車）11：15

ヒノキの植林帯を抜ける明確な登山道は、尾根を巻いた後、出ヶ谷の沢に沿っていく。標識や崖部分の木道などが整備され、歩きやすい。整然と植林されたヒノキの美林の中にありながら、沢沿いばかりはサワグルミ、トチ、ブナ、シロモジなどの樹々に包まれ、新緑にきらめいている。これら沢沿いの植生は「渓畔林」と呼ばれ、湿ったレキや砂質土という渓流特有の不安定な生育環境でも育つ樹木によって構成され、洪水による流失と再生が繰り返されている。最近は、生物の多様性を維持する場として、その重要性が再認識されつつある。

沢を登り詰め最後の水場を過ぎると、上部はヒノキの若い植林帯の急登となる。左手がダケカンバの混じる自然林、右手がカラマツの植林帯に変わると、穏やかな尾根道になる。芽吹きの若い緑をアカヤシオの花がところどころ赤く染め、その向こうに、阿寺山地の山々が展開する。

三等三角点のよく開けた山頂に到着。傾きかけた古い祠があり、男性のシンボルを象った彫物が括り付けてある。その横には錆付いた鉄の望楼が立ち入り禁止の状態で立っている。(2) 御嶽山がしっかり見え、眺望も良好。登山道が整備され、難所もなく、登山の初心者にも、きっと楽しんでもらえる山だと思った。

下山しながら、この山が従来無名だった理由を考えてみる。『ぎふ百山』が刊行された当時、この山の山上部分は皆伐された直後で寒々としていたはず。それから五〇年ほどの歳月のうちに、幼木も成長し、さらに稜線より下は美林の風格を備えるようになり、付知峡に近いこともあって登山対象の山と認められ整備されていったのだろう。

…夕森山14：00～14：20…登山口16：10―（付知峡でテント泊）

〈メモ〉

●付知峡は岐阜県を代表する渓谷のひとつで、キャンプ好適地。「付知峡倉屋温泉　おんぽいの湯」の露天風呂から、夕森山の姿が眺められる。ゆっくり過ごしたいエリア。

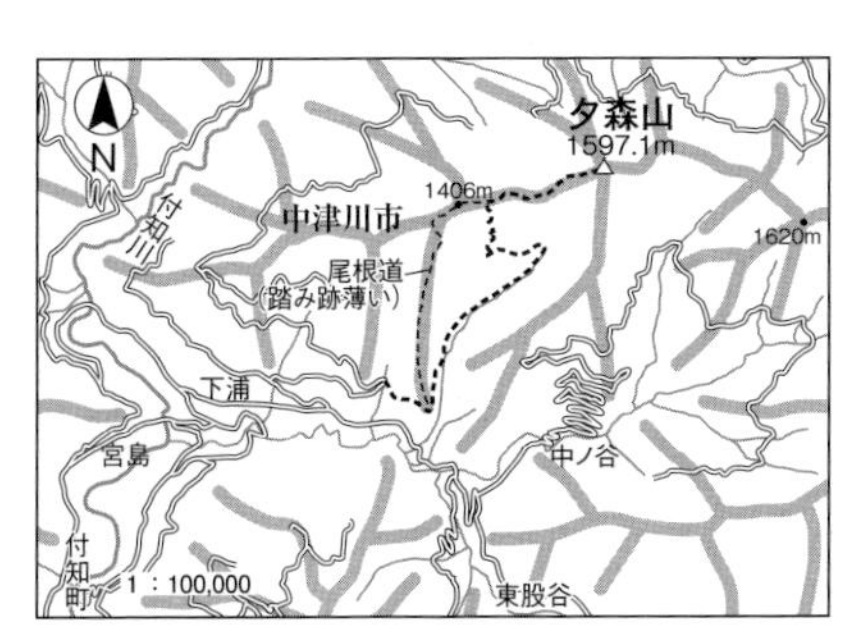

木曽山脈

位置

木曽山脈は本州中央部に位置し、木曽川の流れる木曽谷と天竜川の流れる伊那谷に挟まれた山脈であり、「中央アルプス」とも通称される。南は美濃・三河高原に接している。[1] 最高峰の木曽駒ヶ岳（標高二九五六m）など主稜線は長野県側に位置し、南部にあたる岐阜県側では恵那山（二一九一m）が最も高く、美濃地方の最高峰ともなっている。

気候

内陸部である木曽山脈は、中央高地式気候で、夏冬ともに降水量が少ないが、南寄りの岐阜県側は、太平洋側気候の影響も受け、夏場の降水量が多い。

自然（地質、植生など）

木曽山脈の主稜線は花崗岩で構成され、この花崗岩帯は、三河高原にも連なっている。ただし、富士見台や恵那山周辺は巨大な火山岩体である濃尾流紋岩で構成され、崩落しやすい。

長野県側は森林限界を越えるが、岐阜県側は恵那山も森林限界以下で、ウラジロモミ、コメツガ、トウヒなどの針葉樹林帯となっている。南沢山、湯舟沢山、富士見台と続く県境の山々は、放牧がおこなわれていたため、山上がササ原の高原状になっている。

人との関わり

かつて美濃国国境の要所は、西の伊吹山、東の恵那山で、とりわけ古代人にとっては大変な難所だった。いずれにも倭建命（ヤマトタケルノミコト）が東征から帰還する折、山の神に苦しめられた神話が伝えられる。恵那山と富士見台の間の信濃・美濃国境に古代の官道東山道第一の難所として知られる神坂峠（みさか）（一五六九m）があり、通行の安全を祈った祭祀遺跡が残る。現在は、中央自動車道の恵那山トンネルが富士見台の直下を通る。

○恵那山の登山ルート概要

①前宮ルート（登山口七四七m、標高差一四四四m）

中津川市川上（かおれ）地区の恵那神社（前宮）と、恵那山の山頂にある本宮（奥宮）をつなぐ古い信仰の道で、標高差が最大、歩行距離も最長、通常の倍の二〇合目まである。しかし、一九五九（昭和三四）年の伊勢湾台風で大きな被害を受け、ながらく廃道状態だった。二〇〇一年、川上地区にウェストン公園が開設されたのに合わせ、中津川山岳会が四二年ぶりに復活させた。

②黒井沢ルート（登山口一五五五m、標高差一〇三六m）

中津川上流の黒井沢沿いのルートで、沢沿いの深い針葉樹林を行く。一九五九年に開かれ、その翌年『日本百名山』の著者深田久弥もこのルートで登っている。登りやすく、もっとも身近に深山の気に触れられるルートといえる。

③神坂峠ルート（登山口一五六六m、標高差六二二m）

神坂峠が登山口となる。県境稜線をたどるため、植林帯を歩かずに済むが、アップダウンが繰り返され、累積標高差は②④よりも大きい。途中大判山（一六九六m）で大きく展望が開け、爽快な縦走気分が味わえる。

④広河原ルート（登山口一二五五m、標高差九三六m）

阿智村の広河原に二〇〇一年新設された尾根を直登する素直なルートで、アップダウンも少ない。中程までのカラマツの植林地を抜けると、伊那谷側の展望が開け、赤石山脈の峰々が眺められる。避難小屋の前は通らず三角点のピークに直接たどり着く。

冠雪した恵那山

（1）　木曽山脈の範囲については諸説ある。最も広い範囲は、北は経ヶ岳から南は大川入山までとする考え方で全長約六五㎞になる（国土地理院の地形図はこの考え方を取っており、本書もこの考え方による）。狭くみると北は大棚入山（または権兵衛峠）から南は摺古木山（または大平峠）までの約三五㎞とする意見もある。そのほか南を恵那山までとする有力な説もある。

恵那山

えなさん　別名　胞衣山、恵那嶽、舟覆山、野熊山

二二九一m（最高点）　二一九〇・三m地点
頂上小屋の背後　一等（三角点名／恵那山）

二万五千分の一地形図／中津川、伊那駒場、美濃焼山

適期　5月中旬～11月中旬

登山道　◎

標準タイム　①前宮ルート：登り6時間30分、下り4時間30分
②黒井沢ルート：登り3時間、下り2時間10分
③神坂峠ルート：登り4時間10分、下り3時間10分
④広河原ルート：登り4時間、下り3時間

難易度　①Ⅲ、②③④Ⅱ

恵那山（標高二二九一m）は、木曽山脈南部を代表する高峰で、岐阜県中津川市と長野県下伊那郡阿智村にまたがり、美濃地方では最高峰となる。山名は、太陽神である天照大御神が誕生の折、この山に胞衣（えな＝へその緒のこと）を納めた伝説に由来する。美濃側からは日の出ずる山であったことも由来の背景にあるのだろう。濃尾平野からは、山上部分が船の底のように平らな姿で眺められ、覆舟山の別名もある。信濃側では野熊山と呼ばれ、この山のとらえ方に大きな隔たりがあるのが興味深い。

主な登山道は、前頁「恵那山の登山ルート概要」に記した四ルートとなる。そのうち最も古いのは、中津川市川上集落にある恵那神社からの①前宮ルートで、標高一四〇〇mあたりまでヒノキ植林の長大な尾根道、その上は石仏の残る中の小屋跡や行者越など信仰の名残りがみられ展望も開ける。覆舟山と言われるだけあって一之宮から始まる山上部に出て七ノ宮にあたる奥宮まで二kmほど、針葉樹林の中をもくもく進むこととなる。

②黒井沢ルートは、川上集落から中津川

中央自動車道上り神坂PAからの恵那山

（1）ウェストンの著作『日本アルプスの登山と探検』には、「一番高いところに測量標があって、骨だけの木の櫓が建っていた。ここからの眺めのすばらしさは、とても言葉で表すことができない。」とある。三角測量が行われたのが明治一八（一八八五）年なので、彼が登った一八九三年当時は測量用に山上が伐り開かれ櫓が残っていたのだろう。

【登山記録】（―：車、＝：MTB、…：徒歩）

2020年5月23日（土）曇

―園原IC―広河原ゲート（駐輪）6：15―神坂神社上の林道（駐車）6：40…富士見台山頂9：45…神坂峠10：30…鳥居峠11：35…大判山山頂12：25…前宮コース合流点14：35…恵那山15：15…広河

をさらに遡った黒井沢が登山口となり、針葉樹林の中を行く登りやすいルートで、途中に野熊ノ池避難小屋がある。

③神坂峠ルートは、神坂峠から県境稜線をたどる。アップダウンは多いが、植林帯を歩かずに済み、縦走気分が味わえる。途中大判山で大きく展望が開け、木曽山脈や赤石山脈、そして行く手に恵那山が大きく迫る。恵那山は濃飛流紋岩でできており崩れやすいため、岐阜県側にウバナギ、天狗ナギと呼ばれる大規模な崩落地があり、登山道はこれを迂回している。最後の急登で、①前宮ルートと合流する。

④広河原ルートは、長野県阿智村広河原に二〇〇一年新設された尾根直登の明るく素直なルートで、伊那谷側の眺望もいい。

山上まで樹林に覆われ、①②③ルートの合流する恵那山山頂小屋前と、一〇分ほど離れた一等三角点と奥宮のある山頂が広場になっている。なお、最近の測量で山頂小屋の背後が二一九一mの最高点として地形図に記載されるようになった。現状は三角点周辺では眺望が得られず[1]、山頂小屋裏の大岩の上か五ノ宮から木曽山脈北部や伊那谷を挟んで赤石山脈が展望できる。

ルートによって印象は大きく異なる。中央自動車道のおかげでいずれもアクセスは良好なだけに、さまざまな表情を楽しんでみたい大きな山である

原登山口17：35…広河原ゲート18：00＝園原（途中から徒歩）…駐車点19：30—

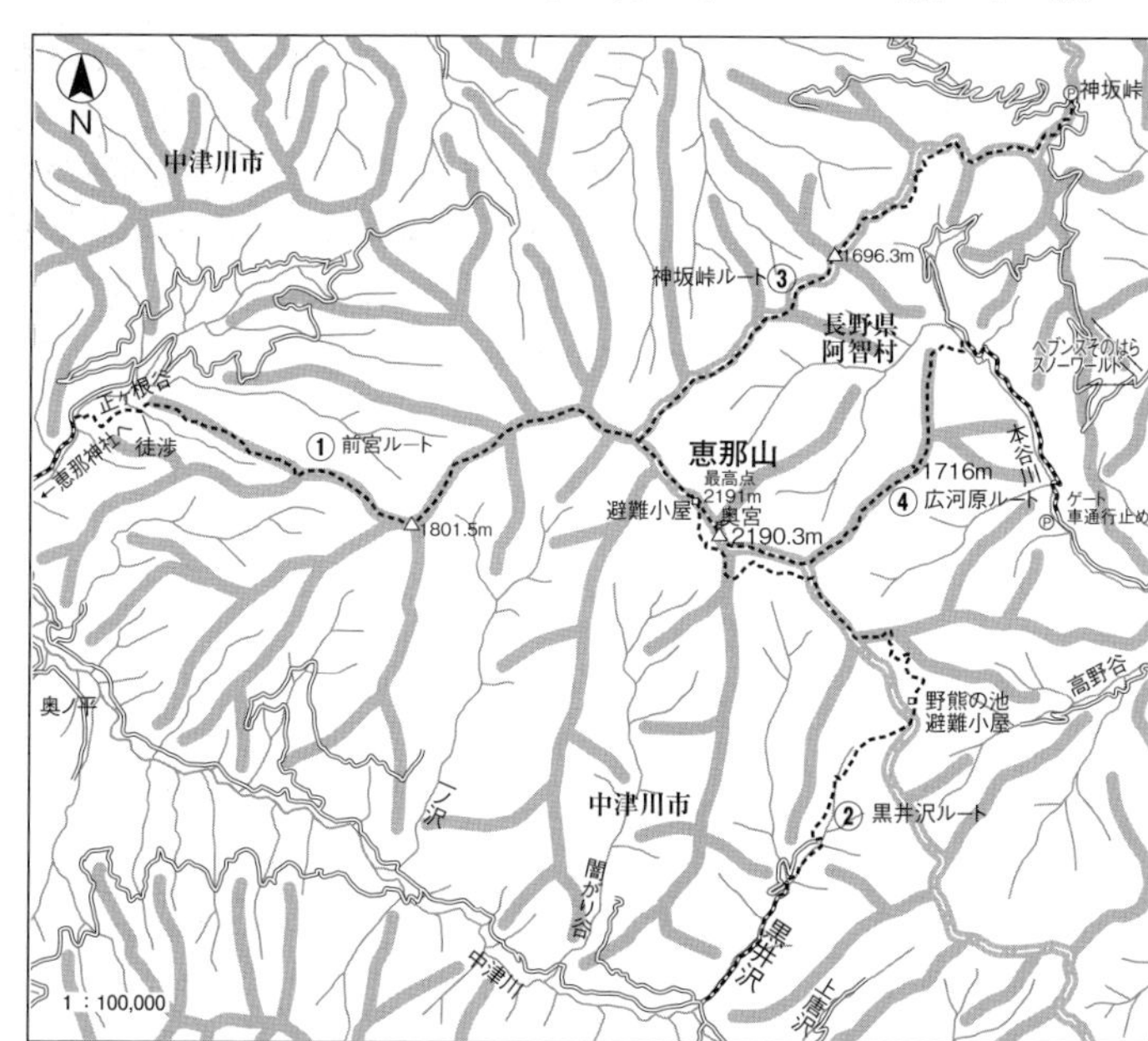

52

富士見台

ふじみだい　別名　山伏岳

一七三九m　三角点なし

岐阜県でもっとも手軽に高原気分を味わうことのできる山のひとつに、中津川市と長野県阿智村にまたがる富士見台（標高一七三九m）がある。「山」のかわりに「台」と付けられていることが表すように、ゆるやかに起伏する山上一帯がササ原の高原状で、富士見台高原とも呼ばれる(1)。

一方、富士見台探勝の起点となる神坂峠には、律令制の時代の官道である東山道が通り、その最大の難所であったという別の顔がある。山越えの厳しさに、盗賊の出没や、また雷が発生しやすい気象条件なども加わり、「神の御坂」と恐れられた場所だった。万葉集には、信濃国から筑紫国に向かう防人の「ちはやぶる　神のみ坂に　幣（ぬさ）奉り　斎（いわ）ふ命は　母父（おもちち）が為」という歌がある。峠の発掘調査で、荒ぶる神を鎮める祭祀に使われた滑石製の鏡、刀子等の模造品などが出土し、神坂峠遺跡として国の史跡に指定されている。

標高一五六九mの神坂峠まで車で上がり、富士見台を往復するだけでは登山ともいえない。阿智村が山麓から峠まで古代東山道をたどる道を整備しているので、これをたどってみることにした。

湯舟沢山側から見る富士見台。背後は恵那山

二万五千分の一地形図／中津川、伊那駒場

適期　4月下旬〜11月（積雪期はヘブンスそのはらスノーワールドから登られる）

登山道　◎

標準タイム　①神坂峠から：登り50分、下り40分　②神坂神社から：登り2時間50分、下り2時間10分

難易度　Ⅰ

（1）昭和初期から高原的な地形を生かし放牧が始まり、昭和八（一九三三）年には、阿智村によって放牧小屋兼登山者宿泊所として萬岳荘が建てられ、戦後富士見台から南沢山にかけて阿智村側で肉牛放牧が行われた。昭和四七（一九七二）年林道大谷霧ヶ原線が開通、中津川市側から県境の神坂峠まで車で入ることができるようになり、身近な高原として脚光を浴びた（崩落しやすい阿智村側は一般車両通行止め）。その後、放牧は行われなくなり、一面のササ原になったのが現在の姿である。

（2）山を活かした阿智村の村おこしの取り組みは、「平成の大合併」で広域に山村を編入しながら旧市街地中心の観光振興にとどまり、山を地域活性化に繋げられてかつての交通の難所を中央自動車道の恵那山トンネルで一気に通り抜け、園原インターチェンジを出て阿智村に入る。高速道路のおかげで交通至便となった山あいの村は、阿智セブンサミットと銘打った七つの山の登山道整備など、山里らしさを活かした村おこしを進めている(2)。

神坂神社は、旅人が道中安全を祈願した社で、老杉がそびえ、神さびたたたずまいに心が引き締まる。神社から山道に入ると、直登のカラマツコースと沢沿いを行くブナコースに分かれる。今回は自然林が楽しめそうなブナコースを選ぶ。ヒノキ植林の急斜面を抜け尾根に出ると、太いブナやミズナラの新緑に包まれた快適な道となる。一四七二mピークの先でカラマツコースと合流、淡い緑に包まれたカラマツ林を進み神坂山（一六八五m）を巻くあたりからは、ウラジロモミやコメツガなどの針葉樹に、ダケカンバなどが混じり、ホトトギスの声が響く。道脇に錆付いた放牧用の柵に出合うと、阿智村営萬岳荘は近い。

ここから富士見台山頂までの一kmあまりは、よく踏まれた遊歩道で、一歩一歩展望が開け、東には伊那谷を挟んで赤石山脈の全容が眺められ、南は峠の向こうに恵那山が大きい。中津川市の無人避難小屋神坂小屋を経て山頂に立つと、北側の展望も一気に広がり、湯舟沢山、南沢山へと続くササ原の縦走路の先に、木曽山脈の空木岳や木曽駒ヶ岳などがぎゅっと圧縮され連なる。西寄りに御嶽山や、乗鞍岳など飛騨山脈の山々が霞む。

空気が澄んだ時は、日本百名山が二三山見えるという(3)。泊まりがけで夕陽、満天の星、ご来光を眺めるのも格別だろう。

いない岐阜県の市町の、ヒントになるところがあるのではないだろうか。

（3）富士見台は、かつて山伏岳と呼ばれていたが、明治初年富士講信者が富士遥拝所を置いたことから現在の名となった。ただし、富士山は見えない。

［登山記録］
（51 恵那山参照）

53

湯舟沢山

ゆぶねざわやま　別名　横川山

一六二〇・三ｍ　二等（三角点名／横川山）

木曽山脈は、長野県という印象が強いかもしれない。しかし、主稜線はさらに南に伸びて岐阜県との県境へと続き、南沢山（標高一五六四ｍ）、湯舟沢山（一六二〇ｍ）、富士見台（一七三九ｍ）と連なり、神坂峠を経て恵那山（二一九一ｍ）に至る。そのうち南沢山から富士見台の区間は、かつてヤブが濃く、その中間にある湯舟沢山は登頂困難な山だった。『ぎふ百山』では「夏季の縦走はササが高く、困難ではないがわずらわしい。今は、通る人も少なくなって、踏み跡もわかりにくい」と記される。また、わが大垣山岳協会が一九九七年から五年の歳月とのべ九〇〇余人かけ、岐阜県境八〇〇㎞を踏破した時(1)も、この区間は残雪のある三月を選んでいる。

しかしその後、長野県阿智村によって、園原インターチェンジに近い「清内路高原ふるさと自然園」を起点に、南沢山から富士見台に至る縦走路が整備された。この縦走路をたどったところ、湯舟沢山が思わぬ掘り出し物だったので、ここにご紹介したい。

自然園最奥の駐車場に縦走路の登山口は

縦走路南側から見る湯舟沢山

二万五千分の一地形図／妻籠、兀岳、中津川、伊那駒場

適期　4月下旬～11月

登山道　◎

標準タイム　①清内路高原ふるさと自然園から：登り2時間45分　②富士見台から：登り1時間30分

難易度　Ⅰ

（1）『未踏の岐阜県境８００キロを歩く』（二〇〇三年　大垣山岳協会編　岐阜新聞社刊）として出版されている。

（2）三角点の基準点名は「横川山」で、長野県伊那谷側に流れる横川に由来する。一方、木曽谷側に流れる湯舟沢にちなみ岐阜県側（長野県神坂村湯舟沢地区が、一九五八年岐阜県に越県編入）では、「湯舟沢山」と呼ばれる。どちらの名がふさわしいか。―宝暦七（一七五七）年松平君山著の『吉蘇志略』には、恵那山北麓に槽の形をした岩があり、天照大神誕生の折、産湯を使われた場所だという。そして恵那山から流れ出る温川がその産湯で、神坂山から流れ出る冷川と合流し湯舟沢川となると記される。やはり恵那山開かれ、まずは南沢山をめざす。ヒノキの植林に広葉樹林が混じる取り付きから中間地点あたりまでは急登で、鞍部を過ぎ、尾根を巻く穏やかな道をたどると南沢山山頂に出る。三角点はなく、古いペンキ塗りの標識に「南沢高原頂上」の文字が読め、かつて山上で放牧が行われていたことが偲ばれる。現在は丈の高いササやカラマツに囲まれ、展望は今一歩といったところ。

南沢山から登山道は県境稜線をたどる。少し霧が出てきたが、よく刈り払われ、安心して歩を進められる。南沢山より標高が高くなるためか背の低いササに種類が変わり、カラマツ林も抜け出る。程なく霧は晴れ、ササ原は一面の緑に輝きだす。

約三〇分で二等三角点の湯舟沢山山頂に②至る。三六〇度の眺望が得られ、西に御嶽山、阿寺山地、美濃三河高原など、北は南沢山の向こうに南木曽岳が近い。そして行く手の南には高原状の富士見台が横たわり、その先に恵那山がどっしり大きい。

富士見台へ向かうルートは、稜線の道としては岐阜県でもっとも東に位置し、視界を遮るものもないので、特に赤石山脈の展望は県内随一といっていいだろう。いったん大下りして、樹林帯に入り込むと、鞍部に、「横川の名水」という、苔の緑に包まれたうまい湧水がある。富士見台への登りでは、トンボ池とでも名付けたい、トンボ舞う小さな池塘にも出会った。

ハイカー達でにぎやかな富士見台を早々に辞し、来た道を引き返す。風の渡る道の先に湯舟沢山の三つ頭を並べたやさしい姿を眺めるとほっとする。富士見台との間は直線距離で約二km離れ、間に谷があるので、喧騒には全く無縁、縦走気分の味わえる佳き山だなあと改めておもった。

と同じ神話世界にちなむ「湯舟沢山」に、軍配をあげたい。

【登山記録】（―：車、…：徒歩）
2018年9月17日（月）晴
―自然園入口（駐車）6：30…登山口6：50…南沢山8：45…湯舟沢山9：15…横川の名水10：05…富士見台10：50…湯舟沢山12：45…南沢山13：25…自然園入口14：55

岐阜百秀山
コラム❸

三角点と山岳測量の歴史

登山者ならどなたも、息を切らしながら山頂にたどり着いて、まず三角点の標石を目で追った経験がおありではないだろうか。三角点は、三角測量で用いられる経度・緯度・標高の基準になる点のことで、そこに正四角柱の標石が設置されている。

少々専門的になるが、「三角測量」とは、ある基線の両端にある既知の点（例えば既設の三角点）から測定したい点への角度をそれぞれ測定することによって、その点の位置を決定する三角法および幾何学を用いた測量方法のことをいう。この測量によって特定された経度・緯度・標高が、地図作成の基本データとなる。そのため、国土全体の地図を作ろうとすると、三角点を結び合わせた詳細な三角網を作り上げる必要があり、国家の一大事業となる。測量には視界を確保する必要があるので、三角点は山頂に設置される場合が多く、山岳が密集する日本の場合、未踏の山へ重い測量機材を運び上げたりする必要があり、山岳測量は大変困難な作業となる。

明治政府による近代化政策の中で、この三角測量が①陸軍参謀本部測量局②内務省地理局③農商務省地質調査所④農商務省山林局⑤宮内省御料局によって、それぞれの目的に基いて別々に開始されたが、明治二一（一八八八）年に創設された参謀本部陸地測量部が、内務省地理局を吸収合併するなどして、その中核を担うことになった。

この事業では、まず一等三角点を設置し、順次二等、三等と段階を踏んで測量精度を上げていくことになるが、山林局と御料局は、早急に三等レベルの詳細な三角測量を進める必要に迫られていた。なぜなら、明治二（一八六九）年の版籍奉還によって、幕府や大名領の山林が「官林」として国家のものとされ農商務省山林局が管理することとなり、さらにその一部が、同二二（一八八九）年に皇室の財産である「御料林」とされ、宮内省御料局が管理することとなった。「官林」や「御料林」を管理していくためには、民地との境界を確定し、面積を測る必要があったからである。

まず本格的な山岳地域の三角測量を強力に推し進めたのは、宮内省御料局だった。明治二四（一八九一）年、初代御料局測量課長として、農商務省の地質調査所で地磁気測量をわが国で最初に手掛け、江戸期の伊能図以来の日本の地形図作成にあたった前歴を持つ神足勝記（こうたりかつき）が就任。同二六年に、まずは伊勢神宮のご用材ともなる木曽御料林で本格的な山岳測量を開始した。木曽御料林は、長野県の木曽と、岐阜県の裏木曽（岐阜県中津川市川上・付知町・加子母）および恵那山周辺地域にあり、山域でいうと、阿寺山地から木曽山脈南部にあたる。この広大な山岳地帯の測量を、同年六月の恵那山から開始し一二月までかけて完遂。その実績をもとに、翌二七年、「御料地測量規程」を制定、測量を本格化した。

一方、飛騨地方をはじめとする中部山岳地帯は幕府が直轄領としていた部分が多く、これが「官林」として山林局の管理となった。明治三三（一九〇二）年に、「御料地測量規程」を踏まえ、官林の測量方法を定めた「国有林野法測量規程」を公布し、山岳測量を本格化した。

測量技師の不足する山林局は、当時一等三角点の測量を終え、二等、三等測量を開始していた陸地測量部と補完しあいながら、ほぼ同時進行で測量、同三七年に中部山岳地帯の三角網図を完成した。その過程で山林局の三角点は、順次陸地測量部に移管された。同様に、同三三年に全御料林の測量を終了した御料局の三角点も、陸地測量部に保管移転された。これらの山岳測量では、殉死なども多かった。例えば、明治二六（一八九三）年上條嘉門次のガイドで前穂高岳に初登頂し一等三角点「穂高岳」の測量を行った陸地測量部の測量官館潔彦が山頂付近で約一八m滑落し大怪我を負ったことが、直後に同じく嘉門次のガイドで前穂に登ったウェストンの著作『日本アルプスの登山と探検』に記されている。

さまざまな労苦を越え、参謀本部陸地測量部は全国の測量を完了し、大正一五（一九二六）年全国の五万分の一地形図を完成させた。

第二次世界大戦後、参謀本部陸地測量部は解体、現在業務は国土地理院に引き継がれている。また、「官林」「御料林」は、現在は「国有林」として、林野庁の管轄になっている。

以上のような経緯から、岐阜県の山岳では、美濃地方の恵那山や阿寺山地の周辺で、国土地理院の三角点の傍に、上部の四隅が三角形にカットされたのが特徴の旧御料局の三角点の柱石が見つかることが多い。また、飛騨山脈など飛騨地方の国有林では、主三角點、次三角點、補點があり、胴部に「山」と彫られ、標石上部の角が丸めてあるのが特徴の、旧山林局の三角点の柱石に出会うことが多い。これらは、「三角点のまがい物」ではなく、三角測量のパイオニアたちの労苦の証しであり、「見ようとしない物は、目に入らない」ものだけども、出合ったら、感謝の気持ちで、しっかり観察してみたい。

〈御料局三角点〉八尾山北の1,083mピークの三等三角点（基準点名「奥茂谷」）（手前）と、御料局三角点（奥）

〈山林局三角点〉三俣蓮華岳山頂の三等三角点（基準点名「三ツ又」）（左）と、山林局の主三角點（右）

【参考文献】
◎上條　武著『孤高の道しるべ』（昭和五八年銀河書房　刊）
◎「瀬戸島政博（日本測量学会理事）「明治後期の測量登山」（公益社団法人日本測量協会月刊誌『測量』二〇〇八年七月号）

美濃高原

54 尾城山
55 二ツ森山
56 笠置山
57 屏風山
58 納古山
59 金華山

位置

岐阜県の南東部から愛知県の東部にかけて広がる定高性の高地は「美濃・三河高原」と呼ばれる。その範囲は必ずしも明瞭ではない(1)。木曽山脈の恵那山から南方に伸びる山並みが一一〇〇〜一四〇〇mほどの高原状の高まりをつくり、最高峰は愛知県の茶臼山（標高一四一六m）で、岐阜県側では二ツ森山（一二二四m）が最も高い。阿寺山地とは、阿寺断層沿いを流れる木曽川の支流付知川や飛騨川の支流白川（加子母川）を挟んで向かい合っている。

岐阜県側を「美濃高原」、愛知県側を「三河高原」と分けて呼ぶ場合があり、岐阜県部分を対象とする本書では、以下「美濃高原」としたい。

なお、濃尾平野の、木曽川および長良川の中流域沿いに、古生代のペルム紀から中生代の三畳紀に堆積した非常に硬いチャートが浸食されなかった部分が、標高三〇〇m前後の山として帯状に残されている。そのうち金華山をここに含めて取り上げた。

気候

おおむね太平洋側気候で梅雨や台風の影響を受ける。木曽山脈や阿寺山地に近接する北部は中央高地式気候に近くなり、降水量は年間を通じて比較的少ない。

自然（地質・植生など）

地質は、巨大な火山岩体である濃尾流紋岩類をはじめ、花崗岩類や領家変成岩などからなる。

植生は、山麓から標高五〇〇m内外の中腹までは暖温帯に属し、植生は本来シイ・カシなどの常緑広葉樹林（照葉樹林）だった。しかし、里山として土地利用が進んだ地域でもあるため、本来の植生をとどめるのは、長く立ち入り禁止とされた金華山などに限られ、アカマツ林やコナラ林に代表される代償植生となっているか、スギやヒノキなどの人工林に置き換えられている。中腹より上部では、冷温帯に移行し、植生は落葉広葉樹林が中心となるが、こちらも人工林に変わっている場合が多い。

この地域の、特徴ある植物として、ヒトツバタゴやハナノキがあり、笠置山のヒトツバタゴは天然記念物に指定されている。

人との関わり

西から南は濃尾平野をはじめ人口の多い地帯に接し、いわゆる「里山」として親しまれ、生産活動の場として利用されてきた。岐阜県南東部から愛知県瀬戸市にかけては、日本有数の陶土の産地であるため、その採掘で大きく姿を変えた山も多い。

付知川や白川を挟んで向かい合う阿寺山地が断層活動で形成され峻険なのと対照的に、美濃高原はおだやかな高原状の地形となっている。人との関わりについてもまた対照的で、阿寺山地は尾張藩の「留山」として立ち入りを厳しく制限されていた歴史を持ち、現在も国有林であることから、地元との関わりが希薄である。これに対し、美濃高原のおだやかな山容の山々は民有林が多く、里山として人々の暮らしと密接に結びつき、また「学校登山」の山として登られるなど、ふるさとの山として親しまれてきた。

恵那市岩村町三森山からの美濃高原展望（右手は笠置山）

（1）　美濃・三河高原の範囲については、さまざまな説がある。特に木曽山脈と接している北東側は、木曽山脈の範囲に諸説あるため、美濃・三河高原の範囲もその影響を受ける（詳細は141頁「木曽山脈」参照）。本書では日本山岳会編著『新日本山岳誌』に美濃・三河高原の山としている範囲のうち、岐阜県側の山を「美濃高原」として取り上げた。

美濃高原

54

尾城山（おしろやま）

一一三三・〇ｍ　二等（三角点名／尾城）

国道二五七号線は、東山道の宿駅中津川と東山道飛騨支路の宿駅下呂（下留）を結ぶかつての南北街道に重なる。地元では、この道を鎌倉街道とも呼んできた。その旧美濃・飛騨国境に舞台峠がある。

尾城山（標高一一三三ｍ）は、この舞台峠から南に派生する尾根の美濃側に位置し、中津川市加子母、賀茂郡白川町・東白川村にまたがる。美濃高原では最も北西に位置する一〇〇〇ｍを越える山で、隆起準平原(1)の、ほぼ標高がそろった山並みの中にあって、三角錐の頭をもたげる独立峰なので、同定しやすく、里からも親しく眺められる。

中津川市加子母からの有明の月と尾城山

舞台峠は、軍事上重要な拠点で、鎌倉時代、将軍源頼朝が北面武士出身の文覚上人に大威徳寺（だいいとくじ）という天台寺院を、両国をまたぐ形で建立させたのも、軍事的な意味があったと考えられている。寺は、永禄一二（一五六〇）年、美濃苗木の遠山直廉が武田信玄の命を受け飛騨領主三木自綱勢を攻めた「大威徳寺の合戦」の折、三木氏側に焼き払われ、その後天正の大地震で壊滅している。この合戦に先立ち、三木氏が遠山氏を見張るため、尾城山の山上に砦（とりで）を築き、

二万五千分の一地形図／小和知

適期　4月～11月
登山道　◎
標準タイム　登り1時間、下り45分
難易度　Ⅰ

（1）準平原が隆起した後、河川に浸食されて谷が発達して分断され、高さのそろった山頂になだらかな地形の残る山地となっている。

（2）「学校登山」とは、学校行事として集団で行う登山のことで、特に長野県では多くの小・中学校で実施され、中学校では実に九割近い学校が計画するという（長野県山岳総合センター）。岐阜県では、東濃地方が特に盛んで、これは、長野県に隣接していることや、美濃高原の登りやすく自分の故郷を見下ろすことのできる山が、身近にあることによるのだろう。学校登山の対象となっている山は、地元で子供たちが歩くことをもって登山道を整備するため、登りやすく、温もりが感じられる。

砦で烽（のろし）を上げると、舞台峠にある大威徳寺に伝わるようにし、さらに峠とつながる尾根には、軍事道路も設けていたという。尾城山の山名は、このような砦の山としての歴史に由来する。

この山を、紅葉が進む一〇月末に訪ねた。

国道二五七号線沿いにある「道の駅加子母」から、白川に架かる「中学校橋」を渡って御宮有本林道に入る。うねうねと標高を上げていくと、尾城山の長い尾根が迫ってくる。林道最高点の峠にある登山口には、尾城山の由緒書きと、小鳥や登山者の楽し気な絵柄の登山案内図をひとつにした手作りの案内板があり、ああ、「学校登山」の山なんだと、微笑ましくなる。[2]

整然とした若いヒノキの植林帯の中に始まる登山道は、渓流に沿い水の音が清々しい。道は、ところどころに敷石がみられ、沢水を逃す溝がていねいに組まれている。かつて軍用道路だった名残りかと想像がふくらむ。「佐見川源流」の標識あたりから、色づくカエデなどの明るい広葉樹林となる。

ひと登りで山頂に到着。二等三角点と、山頂の標石、そして地元小学校の登山記念の植樹が並んでいる。真新しいあずまやからは、弁当をひろげる子供たちの歓声が聞こえてくるよう。西は、美濃の山並みが伊吹山まで展望でき、北東の阿寺山地方面は、小秀山が間近にせり上がり、御嶽山がその上に頭をのぞかせる。

岐阜県には、飛騨山脈の雪と岩の山もあれば、さまざまな歴史の舞台となり、子供たちが親しく登るふるさとの山もある。――みんなちがって、みんないい――金子みすずの詩は、岐阜の山についてもまた当てはまっている。

【登山記録】（―：車、…：徒歩）
２０１５年10月31日（土）晴
―（国道二五六・二五七号線）―加子母―（御宮有本林道）―尾城山登山口11：50…佐見川源流部…尾城山12：25〜12：35…登山口13：00―

55

二ツ森山

ふたつもりやま　別名　二ツ盛山

一二二三・五ｍ　二等（三角点名／二ツ森）

中津川市街から下呂方面に向け、国道二五七号線を走っていくと、頂きを二つ並べた山が目に飛び込んでくる。中津川市福岡地区（旧恵那郡福岡町）と加茂郡白川町にまたがる二ッ森山である。標高一二二四mと美濃高原では最も高く、なおかつ二つの頂きが個性を放っている。(1)

代表的な登山道は、北側の肩にあたる①切越峠からのルートで、中津川市と白川町の境界の峠から尾根上を南下し山頂まで二時間ほど。ほかに、中津川市が北側の七合目に整備した一時間足らずの②フォレストパークからの最短ルートや、白川町の③コウモリ岩経由ルートがある。

国道257号線中津川市福岡地区側から仰ぐ二ツ森山

二万五千分の一地形図／美濃福岡、付知

適期　3月中旬～12月中旬

登山道　◎

標準タイム　①切越峠から：登り2時間、下り1時間30分
②フォレストパークから：登り45分、下り30分

難易度　Ⅰ

①切越峠の登山口に立つと、白川町の立てた手作りの丁寧な案内図があり、町の最高峰であるこの山を誇りにし、大切にしていることが伝わってくる。整然と植林された若いヒノキ林の中に付けられた道をたどると四五分ほどで、樹林の中で展望は得られない一一六〇mの小ピークに出る。ここから登山道は稜線伝いとなり、露岩がいくつも現れ、稜線北側斜面にはカエデなど落葉樹などが季節を感じさせてくれる。

一時間三〇分ほどで最高点の西峰山頂に

（1）奈良の二上山（ふたかみやま）、会津の二岐山（ふたまたやま）など、古代日本人は二つの頂きを並べた双耳峰に神の特別な意志を見、信仰の対象としてきた。西峰、東峰の二つのピークを持つ二ッ森山も、古くから信仰の対象とされ、山頂に祠がある。古記録では「二ッ盛山」とも記される。

（2）氷餅とは、ついた餅を寒中にさらし凍らせ粉末にした、いわゆるフリーズドライ保存食品で、寒冷で晴天率が高い場所が製造適地となる。当地は江戸時代、苗木藩の領地で、氷餅は幕府への献上品ともされた。

［登山記録］（—：車、…：徒歩）
２０１６年10月15日（土）快晴
—切越峠15：00…一一六〇ｍピーク15：45…こうもり岩分岐

到着。林間に突き出た磐座（いわくら）のような巨大な岩の上に二等三角点の標石が埋め込まれているのが珍しい。大岩によじ登ると、東南方向の視界が一気に開け、中津川市街の向こうに恵那山がおなじみの船を伏せたような姿ではなく、すっきりと引きしぼられた三角錐の姿で、新鮮に眺められる。

山頂直下の、学校登山の寄せ書きがあるあずまやの登山道を挟んで東側の展望地から北側を眺めると、真正面に奥三界山や井出ノ小路山などの阿寺山地の山々が連なり、その稜線越しに御嶽山が別格の迫力で眺められる。東には木曽山脈、赤石山脈のパノラマが連続し、これもまた見飽きない。

最短の②フォレストパークのルートは、一二月の末、山の会の登り納めで登った。落ち葉にわずかばかり雪が積もった登山道を、仲間たちと一年を振り返りながらにぎやかに登高する。霜柱がサクサク音を立て、きりっと冷えた師走の山も清々としてまたいいもの。山頂までの距離は五五〇ｍほどと短いので、丁寧に歩く。途中の小平地には「氷餅の池」という小さな池があり、②正月も近い池畔には、御幣と餅が供えられていた。三〇分ほどで西峰山頂に到着。山頂の大岩に皆でよじ登り、今年最後の登頂を喜び合う。

帰路、往路の途中にある分岐から一〇分ほどの東峰の山頂に立ち寄る。三角点のある最高点の西峰では一部見えなかった木曽山脈の山々が、東峰の展望台からは雪に包まれた全貌を現し、さらに赤石山脈も塩見岳から聖岳あたりまで一望となり、寄り道の甲斐があった。さあて、来年は、どの山をめざそうか。

16：05…二ッ森山（西森）16：25…一一六〇ｍピーク17：15…切越峠17：50

2016年12月29日（木）晴
—二ッ森山フォレストパーク10：25…氷餅池10：35…二ッ森山（西峰）10：55～11：25…東峰11：45～11：55…フォレストパーク12：10

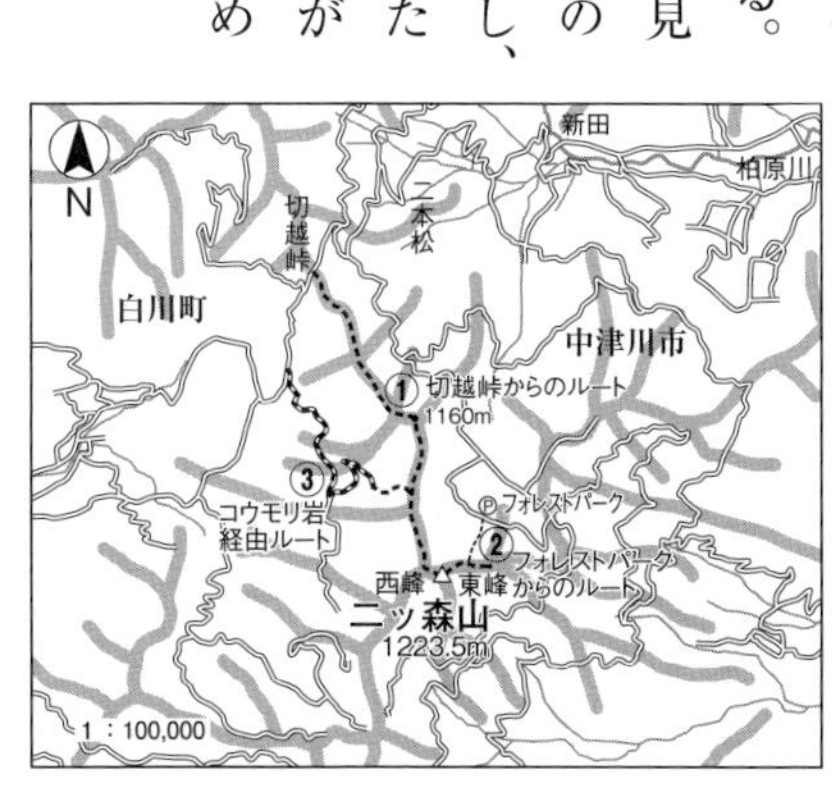

かさぎやま

笠置山

一一二八・〇m　二等（三角点名／御笠置）

二万五千分の一地形図／切井、美濃福岡、武並、恵那

適期　3月中旬〜12月中旬

登山道　◎（東海自然歩道として整備）

標準タイム　①中野方町方面山頂直下の駐車場から：登り10分　②姫栗登山口から：登り2時間30分、下り1時間30分

難易度　I

長野県側から中央自動車道の恵那山トンネルを抜けると、長い下り坂の先に美しく裾野を引く笠形の峰が見え、岐阜県に帰ってきたなあとしみじみと感じさせられる。その容姿端麗な山が笠置山（標高一一二八m）である(1)。古来わが国では、形の整った独立峰を信仰の対象としてきた。この山も北麓の恵那市中野方町に笠置神社があり、山頂にその奥宮が鎮座する。主な登山道は、①中野方町からのほか、南麓の②同市笠置町姫栗から開かれている。

この見目麗しい山に、一〇月末の快晴の朝、姫栗登山口から登った。

恵那市東野から朝霧に包まれた笠置山を見る

山里らしいたたずまいを残す姫栗の集落は、秋晴れを期待させる深い朝霧に包まれていた。集落を抜け、スギとヒノキの若い植林帯に入る。登山道は奥宮への参道でもあったようだが、整った山容だけあって一本調子で、やや味気ない。そんな植林帯の小平地で、大きく枝を伸ばす一本の広葉樹に出会う。参道沿いのこの立派な木の名前が地元でも分からず、「名つかずの木」などと呼ばれていたという。大正八（一九一九）年笠置尋常高等小学校の校長

（1）笠置山といえば、京都府（旧山城国）にある二八八m峰が、信仰の山として、また後醍醐天皇が鎌倉幕府討幕を企て挙兵した歴史の山として知られる。岐阜県の笠置山は、平安時代前期、花山法皇がこの地を訪れ、山城の笠置山に似た山容に、「眺めつつ　笠置の山と名付けしは　これも笠置くしるしなりけり」と詠んだことにちなむとの伝承がある（『笠置神社縁起』）。

（2）ペトログリフ（petroglyph）は、古代人の残したメッセージといわれ、世界各所で発見されており、日本でも北海道や広島県の宮島などで確認されている。

[登山記録]（―：車、…：徒歩）

2015年10月31日（土）快晴

―姫栗集落―林道登山口（駐車）

が日本植物学の父ともいわれる牧野富太郎に標本を送ったところ、日本では対馬だけに自生していると思われていたヒトツバタゴと判明した。その由来と、岐阜県で最も立派な木であることから、国の天然記念物に指定されている。

さらに進むと、見晴岩という上が平らな大岩に出くわす。残念ながら今は植林の中で展望は得られない。九合目あたりまで登ると、「おみたらし」と呼ばれる湧き水がある。笠置山は、笠木山大権現を祀る雨乞いの山でもあり、山頂直下に湧き出る泉は、その信仰にも関わってきたのだろう。山頂が迫ると、わずかばかりのブナ林があって、ようやく落ち葉を踏みしめての登高となる。たどり着いた奥宮は、立派な建物で、境内のベンチ横に二等三角点がある。

奥宮の背後には、濃尾流紋岩の大岩がいくつもそそり立ち、その中にできた小洞穴をのぞくと、ヒカリゴケが緑の光を放っていた。樹林に包まれた山頂からの展望は今一歩だが、少し北にある展望台の櫓からは、独立峰だけに大きく空が開け、恵那山、木曽山脈、その背後の赤石山脈、噴煙を上げる御嶽山などが澄んだ秋の空に並び立つ。

展望台からの戻り道、「ペトログリフ[2]」という案内板に出くわす。その謎めいた名に誘われ、ササ原の脇道に寄り道すると、二つの巨岩の狭間に、どう見ても人工的に穿ったとしかおもわれない穴や刻まれた線をいくつも確認することができた。

下山途中、もしやと思い、往路で出会った見晴岩の上部の平らな部分をよく観察すると、自然ではありえないような直線が幾本も交差しており、古代のロマンに駆り立てられた。

7：20…ヒトツバタゴ自生地7：35…笠置山（周遊）8：30〜9：30…登山口10：10

※今回は、ヒトツバタゴ自生地下の林道出合から歩いたが、姫栗から歩けばプラス一時間。

〈メモ〉

●ボルダリングに適した巨岩が多く日本屈指のエリアとされる。

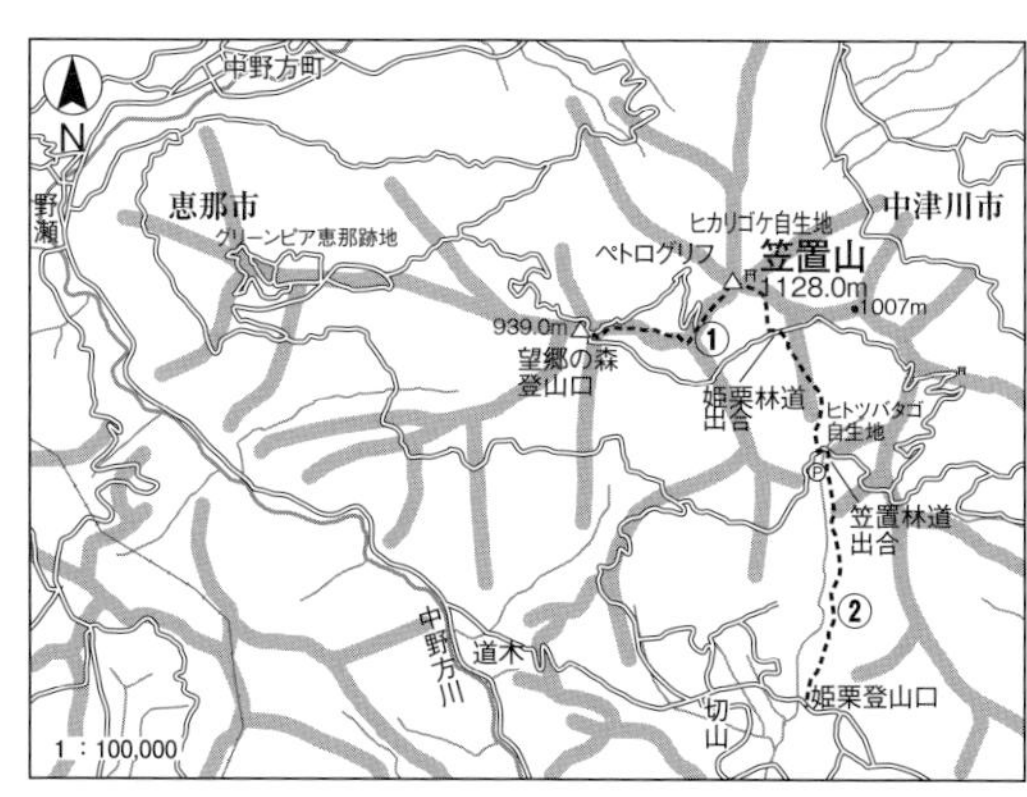

57

びょうぶさん、びょうぶざん、びょうぶやま

（美濃高原）

屏風山

七九四・四ｍ

一等（三角点名／屏風山）

屏風を立てかけたような山容で「屏風山」と名付けられた山が各地にある。岐阜県にも、両白山地（越美山地）に一三五四ｍ峰、美濃高原に七九四ｍ峰がある。

美濃高原の屏風山は、恵那山の前山から伸びる屏風山断層の活動によって形成されたもので、瑞浪市および恵那市にまたがる。北から北屏風山、屏風山、八百山、馬ノ背山、黒の田山、笹神山などのピークが連山を形成している。岐阜県にわずか一七ヶ所しかない一等三角点の山でもある。

一九七五年刊行の『ぎふ百山』は、「この山名もありふれていて（中略）あまり個性的とはいえない。標高も百余の選んだ山の中では最低で、頂上に一等三角点がなかったら、たぶん選ばれなかっただろう」となかなか厳しい書きぶり。同書の写真で伺われるように、当時は山上部分が皆伐され、丸裸だったことによるのかもしれない。

それから四五年が経過、中央自動車道に「屏風山パーキングエリア」ができ、この山の名は広く知られるようになった。それでは登山の対象としてはどのようか、山麓の釜戸村（現瑞浪市）出身のYさんと訪れた。ちなみにYさんによると、幼い頃、日

恵那市側の三森山鈴ヶ根尾根からの屏風山

二万五千分の一地形図／瑞浪

適期　通年

登山道　◎

標準タイム　笹平登山口から：登り1時間30分

難易度　Ⅰ

（1）高くても標高一二〇〇ｍ程度の美濃高原は、生産の場である里山と、登山や信仰の対象となる峰という二つの側面を併せ持つ山が多い。眺望を得るためには定期的な伐採が必要になり、そうでなくても植林地はいずれ伐採のサイクルがやってくる。しかし、皆伐すれば山の持つ風格は大きく損なわれる。生活を支える場として、登山や観光の場として、そして里に住むものの心のよりどころとして、どうあるのがいいのか――大切なふるさとの山ゆえに、悩ましく感じられる。

［登山記録］（—：車、…：徒歩）
２０１７年９月30日（土）晴
—笹平登山口８：00…月山山頂９：00…黒の田東湿地９：15…

常の生産の場である里山とは別格扱いされ、「深山（みやま）」と呼ばれていたという。

土岐川と小里川に挟まれ、独立した山域を形成している屏風山連山には、山麓の各集落から登山道が開かれている。今回は、瑞浪市稲津町笹平から入山し、恵那市の寿老の滝に下山するルートを選んだ。

笹平集落は、はや棚田が色づき始めている。四五年前は丸裸だった斜面にはヒノキが植林され、単調ではあるが手入れされた樹齢三〇～四〇年の若木が、登山道沿いに続いている。瑞浪市の最高峰でもあり、登山道整備は行き届いている。

途中、黒の田山と馬ノ背山に挟まれた黒の田東湿地に足を延ばす。広さ二・五ha、東濃地方最大級の湿地で、秋さびた色をまとう湿地に、サワシロギク、サワギキョウ、サワヒヨドリ、キセルアザミ、シラタマホシクサなどが確認できた。

主稜線に戻り、ひと登りで連山の最高点、恵那市側の八百山（八〇〇m）に出るが、見晴らしはきかない。いったん下って登り返し、屏風山本峰のピークに到着。立派な一等三角点が据えられた山頂部はゆったり広く、主峰とされるのも納得できる。最近西方向が伐採され(1)、秋晴れの下、北から白山連峰、能郷白山、伊吹山、鈴鹿山脈、瑞浪市街、名古屋市街、さらに伊勢湾もジオラマのようにはっきり見える。ヒノキの幹に四月一日に行われた開山祭の御幣がくくりつけられ、地元がこの山を大事にしていることが伺われる。

山頂から急降下し、しばらくの林道歩きで寿老の滝登山口に到着。江戸時代の石仏が傍らにある滝は、岩肌の水しぶきが秋の陽に輝き、なかなか見ごたえがあった。

八百山9：50…屏風山10：05～10：35…林道出合10：50…寿老ノ滝登山口11：15

〈メモ〉

●里に近い山であり、笹平・百曲がり・大草・仲ヶ平・常盤口・寿老の滝などからの登山口が開かれ、登山道が整備されている。

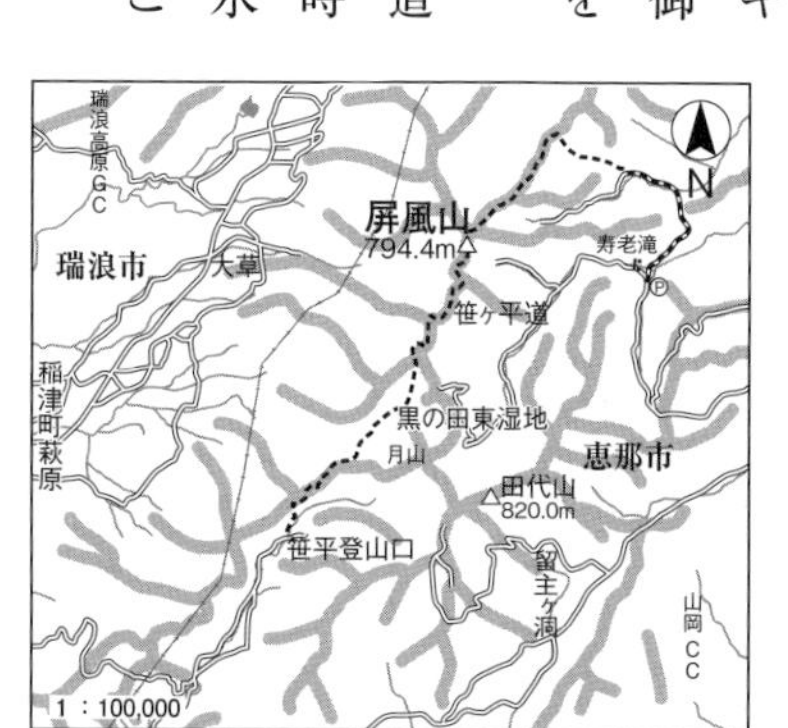

納古山

のこやま

六三三・〇m

二等（三角点名／岩戸山）

飛騨川沿いの加茂郡川辺町は、川辺ダム湖に立派な漕艇場があり、「ボート王国かわべ」をキャッチフレーズにしている。上流の七宗町に入ると両岸に山が迫り、チャートの岩盤を流れが削ってできた飛騨木曽川国定公園の中核飛水峡が一二kmにわたって続く(1)。川辺町と七宗町にまたがる納古山は、周囲に飛騨川と支流の神淵川、長良川の支流川浦川を巡らし、チャートでできた頭を突き出す。標高六三三mながらその姿は堂々とし、両町のシンボルになっている。

登山道は、①・②七宗町の木和谷林道から入るルートがよく整備され、JR高山本線の上麻生駅から登りだすこともできる。ほかに③川辺町側の美濃加茂市三和町納古口からのルートもある。いずれも三～四時間で往復でき、登山初級者にも登りやすい。自然林がよく残り、紅葉の時季が一番の人気だが、四月のツツジの時季もまたいいと聞き、人混みを避け、雨上がりの朝に訪れた。

上麻生駅に近い踏切から木和谷に沿う林道に入る。駅から一km余りに中級コースの登山口、その上手に初級コースの登山口が

七宗町飛水峡越しに見る納古山（奥のピーク）

二万五千分の一地形図／上麻生

適期　通年（積雪時以外）

登山道　①②③◎

標準タイム　①木和谷林道ルート：②中級コース：登り1時間30分、初級コース1時間
上麻生駅から中級コース登山口まで30分
③納古口ルート：登山口まで林道40分、登山口から1時間

難易度　I

(1) 飛水峡の上麻生礫岩に含まれていた片麻岩は、一九七〇年に足立守氏（当時名古屋大学大学院生のちに名古屋大学教授）によって約二〇億年前の岩石と推定された。二〇一九年に山口県津和野町で約二五億年前の花崗片麻岩が発見されるまで、約五〇年間日本最古の石とされていた。七宗町の「日本最古の石博物館」には、この石と、津和野町から寄贈された最古の石が展示されている。

(2) それぞれの頂上に権現を祀り「七宗山」と総称して崇められてきた歴史にちなんで、町名が付けられた。

【登山記録】（―：車、…：徒歩）
2020年4月19日（日）晴
―上麻生駅―納古山第1駐車場（駐車）7：15…中級コース登山

ある。今回は中級コースで登り、初級コースで下山する周回とする計画。

沢沿いの中級コースに入ると、スギ木立は朝霧に包まれ、せせらぎの音も爽やか。水場で沢から離れ、しばらく急登すると尾根に出る。山上部は固いチャートで、登山道上にも大きな露岩があり、天空岩と名付けられている。放散虫というプランクトンの化石からなるチャートは層状になっているので、見かけより案外登りやすく、岩の上に出ると、水晶山（六八八m）をはじめ、町北部の七つの峰が眺められる②。

尾根上は、自然林になり、登山道沿いには、赤紫のミツバツツジ、クリーム色のヒカゲツツジ、桃色のアカヤシオが花盛りを迎えている。そしてアカマツにコナラ、ヤマザクラなどの芽吹きが混る春の山は、紅葉とはまた違うカラフルさがある。岩場のある小ピークを乗り越し、初級コース、納古口コースと合流して山頂に出る。

二等三角点の山頂広場には、山の保全にあたるボランティアグループ手づくりのキャラクター「のこりん」が上に乗った山名板と円形の方位盤がある。恵那山、御嶽山、乗鞍岳、白山、伊吹山などが連なり、南には飛騨川の流れる川辺町市街から名古屋の高層ビルまで展望でき、その間に鳩吹山あたりから金華山まで、固いチャートが削り残された山々が帯状に眺められる。

登山道などの整備が行き届いているのに、人為的な嫌らしさがないのは、ボランティアの方たちが、この山の佳さを十分に理解された上で守っておられるからだろう。低山の模範ともいえる、何とも幸せな山である。

口7：25…納古山8：40〜9：05…初級コース分岐9：10…初級コース登山口9：45…第1駐車場10：50

〈メモ〉

●木和谷林道が最近延伸されており下山は左手方向なので注意。帰路の初級者コースは、おだやかな長い尾根道だが、ほとんど植林帯で、やや単調。

●人気の山なので、静けさを求めたい向きは、時間や季節をずらすといいかもしれない。

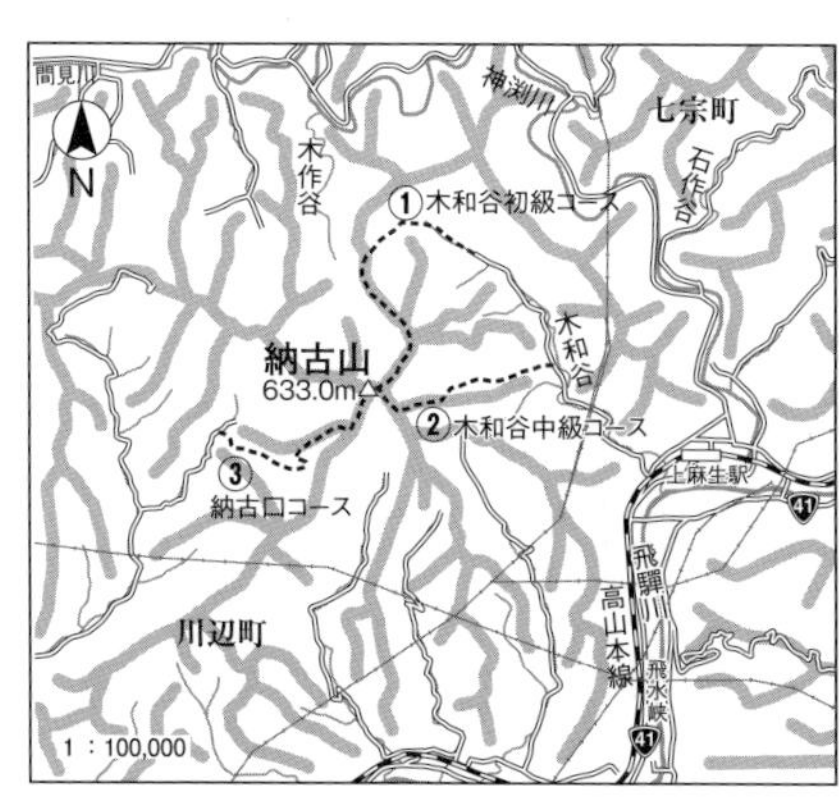

きんかざん　別名　稲葉山、金花山

金華山

三二八・八m　二等（三角点名／金花山）

二万五千分の一地形図／岐阜北部

適期　通年

登山道　◎

標準タイム　各ルート：登り30分～1時間程度

難易度　Ⅰ

　槍ヶ岳、穂高岳、乗鞍岳、御嶽山、白山——名山高峰が群雄割拠する岐阜県。しかし、県庁所在地の岐阜市は、それら山岳との関わりがきわめて薄い。県の最高峰（奥穂高岳三一九〇m）と、県庁所在地の最高峰（百々ヶ峰四一八m）の標高差二七七二mは全都道府県中群を抜いて最大である(1)。

　市のシンボルとされる金華山に至っては、三二九mに過ぎない。——冒頭からこの山をおとしめているようだけれども、さにあらず。市の中心に位置し長良川に影を落とす金華山は様々な魅力に満ちている。

　長良川河畔にそそり立つその山容は、岩肌に濃い樹林をまとい風格がある。岩肌が立派なのは、古生代のペルム紀から中生代の三畳紀に堆積した放散虫・海綿動物などに由来する非常に固いチャートが、長良川の侵食を免れ、独立峰として残された山の生い立ちに由来する。チャートは日本地質学会の「岐阜県の石」に選定されている。

　かつては稲葉山と呼ばれていた金華山は、また歴史の山でもある。長良川を天然の堀とする岩の山だけに、すでに鎌倉時代には砦が築かれていた。その後、下剋上の世に斎藤道三が稲葉山城を築き、道三亡き

百々ヶ峰から長良川越しに見る金華山

(1) 名山高峰を擁する他県は「平成の大合併」を経て、県庁所在地に第一級の高峰がある（甲府市（市の最高峰金峰山：二五九九m）、長野市（高妻山：二三五三m）、富山市（水晶岳：二九八六m）、静岡市（間ノ岳：三一八九m））。それに対し、岐阜市は濃尾平野にあり、市街地に接する低山に遮断され、日常名山高峰に親しむ機会に恵まれていない。この点が、日本第二の森林率の山岳県にもかかわらず、もっぱら「清流」をPRし、山や森を県の宝として十分活かしきれていない遠因にもなっているのではないだろうか。

(2) 徳川の治世になると、岐阜城は、信長時代を思い出させる厄介ものとなり、一六〇一（慶長六）年に廃城、稲葉山は「お留め

後、永禄一〇（一五六七）年織田信長が進攻し、本拠地とした。信長は、古代中国周王朝の文王が、岐山において天下を平定したのにちなんで城と町の名を「岐阜」とし、天下統一に乗り出す。信長が岐阜にいた天正四（一五七六）年までの九年間、この山が時代の中心にあった。

　そして、平野にそそり立つ山だけに、眺望に優れる。濃尾平野が一望できるのはもちろん、市街地からは目にできない御嶽山、乗鞍岳、槍ヶ岳をはじめ岐阜県の名山高峰を見晴るかすことができる。信長は西に伊吹山を眺めつつ、その先にある都に想いを馳せたことだろう。金華山からの展望は、まさに天下人のパノラマといえる。

　現代の金華山は、山頂に鉄筋コンクリートの復興天守閣が建てられ、ロープウェイが通じる観光地の印象が強い。しかしその自然に目を向ければ、市街地に接しながら「極相林」と呼ばれる豊かな照葉樹林に包まれていること(2)は特筆に値する。

　登山道は、①岐阜城への登城道であった「七曲登山道（大手道）」、②岩登り気分の味わえる「馬の背コース」、③せせらぎや展望に恵まれた「瞑想の小道（水手道）」、④岩戸公園からの「東坂ハイキングコース」、⑤縦走気分の味わえる「鼻高ハイキングコース」、⑥ヒメコウホネの自生地として知られる達目洞（だちぼくぼら）の湿原を通過する「達目ハイキングコース」など、バリエーション豊かである。

　ただし金華山は市街地に接するだけに達目洞湿原の現状にみられるように、常に開発にさらされてきた。岐阜のシンボル、金華山がいつまでも愛される自然豊かな山であってほしいと切に願う。

山」として入山が厳しく禁じられた。年を経てツブラジイやアラカシの鬱蒼とした極相林（植生の最終形となった林）となり、ツブラジイの花が咲く五月には、全山が黄金色に見えるほどになった。そのため、江戸後期頃から「金花山」「金華山」と呼ばれるようになった。

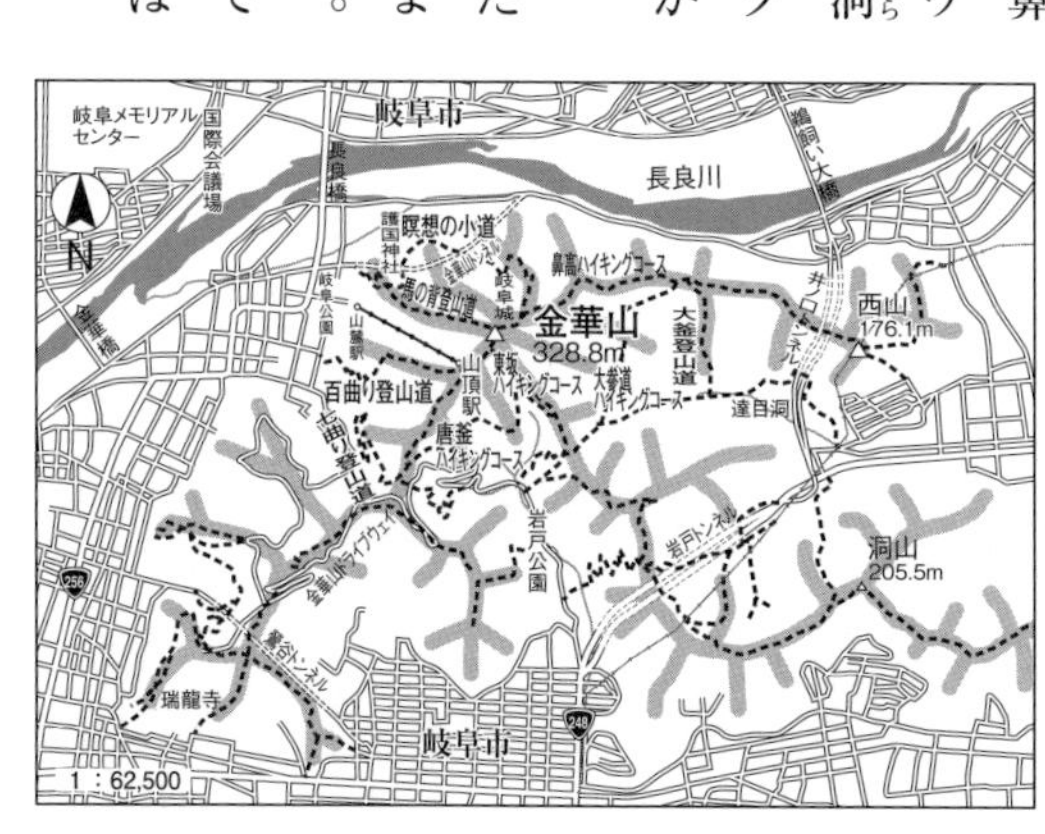

岐阜百秀山

コラム④ 愛すべき美濃・飛騨の低山

岐阜県は、飛騨山脈に代表されるように標高の高い山が多い。「岐阜百秀山」は、標高一五〇〇m以上が五六山、一五〇〇m未満一〇〇〇m以上が三八山、そして一〇〇〇m以下の低山は六山[1]という内訳になっている。

他の「地域版百山／百名山」類の一〇〇〇m以下の低山の数をみると、「信州百名山」がゼロなのは別格として、「山梨百名山」で一一山、「北海道百名山」で一七山、東北、静岡、富山、四国が二〇山台、関東、関西、中国、九州はさらに多い。岐阜県が標高の高い山ぞろいなのは登山者にとってありがたいことなのだけれども、その反面、ほかの地域なら目を向けられる標高こそ低いけれども地元で愛されている味わいある低山の多くが取りこぼされる結果にもなっている。

そこで、美濃・飛騨の愛すべき低山の代表的なものを、駆け足でご紹介したい。

○美濃の低山

1　鳩吹山（三一三m）

可児市の西端にあり、木曽川の南（左岸）にせり上がるようにそびえる。硬いチャートが侵食を逃れて残った山で、愛知県犬山市の継鹿尾山（二七三m）まで連山を形成し、コンパクトながら岩稜も登場する気持ちのいい小縦走路になっており、晴れれば、御嶽山や飛騨山脈、木曽山脈、赤石山脈まで展望できる。近くには国宝犬山城や、浅野祥雲のコンクリート群像がある桃太郎神社などがあり、立ち寄っても楽しい。

2　伊木山（一七三m）

各務原市の木曽川の北（右岸）にあるチャートの山で、標高二〇〇mにも満たないが、濃尾平野から立ち上がる独立峰で、身近に自然に親しめる市民の憩いの場となっている。この山の南面には、槍ヶ岳を開山した播隆が修行した「上人洞」という場所が残される。さらに最近は、東面のチャートの露岩の断崖が、ボルダリングエリアとして、東海地方のボルダーの人気を集めている。播隆もこの岩場で、槍ヶ岳をめざす登攀修行をしたのだろうかと思い巡らせるのも一興。通称「キューピーの鼻」とも呼ばれる断崖上からは、木曽川の流れや対岸の犬山城、御嶽山、恵那山も展望できる。

3　南宮山（四一九m）

伊吹山地と養老山地に挟まれ、垂井町と大垣市にまたがる。美濃一之宮南宮大社の神体山で、祭神は古事記に登場する鉱山の神、金山毘古神。関ケ原の合戦では毛利秀元軍の陣地とされ、社は焼き払われたが、三代将軍徳川家光によって再建されたのが現在の壮麗な社殿。アカマツやスギと、神木のツバキなどの照葉樹林に覆われており、山頂は展望がきかないが、手前の毛利軍陣地跡は濃尾平野、御嶽山、木曽山脈などの好展望地。播隆が何度も山籠修行をしたゆかりの地でもある。

4　多度山（四〇三m）

海津市南濃町と三重県桑名市多度町にまたがる養老山地最南部の山で、伊勢二之宮多度大社の神体山。年間を通じおだやかな気候に恵まれ、山頂直下の展望所からは木曽三川、濃尾平野、木曽川の源流御嶽山、木曽山脈、赤石山脈などが遠望できる。眼下の岐阜県最南部は、江戸時代徳川御三家筆頭の尾張藩側が堤防を高く作ったこともあり洪水に苦み、特に長良川と揖斐川の水位の違いが洪水の原因となったため、宝暦年間幕府が薩摩藩に命じて締切提を作らせた。莫大な経費を要する難工事で、監督役の薩摩藩士平田靭負（ひらたゆきえ）は完工後切腹した。明治に入り、「お雇い外国人」であるオランダ人の、ヨハニス・デ・レイケが中心になり木曽三川分流工事を行い、水害は大幅に減る。平田靭負は、多度大社に工事の成功を祈り、デ・レイケは、一九〇〇（明治三三）年木曽三川分流工事の成工式の折、展望所から当時の総理大臣山縣有朋に工事の全容を説明した。

〇飛騨の低山

1　安峰山（あんぼうざん）（一〇五八m）

飛騨市古川町市街の背後にそびえる、町のシンボルともいえる山。標高は一〇〇〇mを超えるが、登山口が七六〇mほどなので、飛騨では低山の部類に入り気軽に登れる。山頂の展望台からは、宮川の流れる古川の町が見下ろせ、猪臥山、さらにその向こうに白山が望め、北展望台からは飛騨山脈の山々から御嶽山まで眺められる。古川町にかかる朝霧の展望スポットとしても知られ、発生確率が高いのは晩秋の良く晴れた朝方。

2　観音山（八〇三m）

飛騨市神岡町の高原川と山田川の合流点にあり、山頂には傘松城址がある。この山も登山口が四五〇mほどあるので、標高差は三五〇m程度とハイキング気分で登れる。釜崎地区と朝浦地区に登山口があり、観音三十三箇所石仏を巡りながら周回することもできる。落葉広葉樹林にヒメコマツの大木も混じる。電波塔をやり過ごし、城跡のある山頂に出ると展望は良好で、高原川越しに笠ヶ岳や焼岳が眺められる。

3　松倉山（八五七m）

戦国時代三木（姉小路）頼綱の松倉城が山頂にあった。彼は越中富山城主佐々成政と手を組んでいたため羽柴秀吉の討伐の対象となり、その命を受けた越前大野城主、のちの初代高山藩主金森長近が侵攻した際、味方の裏切りで松倉城は落城した。その後金森氏の管理下に置かれたが、一五八八（天正一六）年、高山城築城により廃城となった。石垣などが良く残る天守跡は、高山市街や飛騨山脈の展望台としても優れる。山麓の飛騨民俗村にある旧高山測候所の建物は山岳資料館となっていて、飛騨登山史が概観できるので、立ち寄ってみたい。

（1）金華山、天王山、納古山、（美濃高原）屏風山、烏帽子岳、笙ヶ岳・養老山（一山でカウント）。

養老山地および鈴鹿山脈

位置

養老山地は、濃尾平野の西端に沿い、幅約一〇km、延長約二五kmにわたって横たわる。北部に最高峰の笙ヶ岳（標高九〇八m）や、一等三角点のある養老山（八五九m）など、標高八〇〇～九〇〇mのピークが集中し、次第に高度を下げて南端の多度山（四〇三m）に至る。山地の主稜線のうち、養老山以南は三重県との県境となっている。

鈴鹿山脈は、岐阜・三重・滋賀県境沿いに位置し、一般的には霊仙山から鈴鹿峠までの範囲とされる。最高峰は三重・滋賀県境の御池岳（一二四七m）。そのうち岐阜県の部分は、養老山地の背後（西側）に、揖斐川の支流牧田川を挟んで平行する一部にとどまる。岐阜県に位置する山としては、滋賀・岐阜県にまたがる霊仙山（一〇九四m）、滋賀・岐阜・三重県境となる三国岳（八九四m）、その東に稜線のつながる岐阜・三重県境の烏帽子岳（八六五m）がある。

気候

両山域とも太平洋側気候の範囲に入り、比較的温暖で、夏は南東季節風が衝突して雨を降らせるため多雨である。冬についても養老山地は積雪が少なめで、特に南部は標高も低く温暖で、冬場でも山裾のミカン畑をたどって登山ができる。その一方、鈴鹿山脈北部の冬は、日本海からの季節風が伊吹山地と鈴鹿山脈に挟まれた関ヶ原を抜けて濃尾平野に流れ込むため、時として大雪に見舞われることがある。

自然（地質・植生など）

養老山地は、養老-伊勢湾断層による逆断層活動によって形成された。その東側は急傾斜の断層崖で崩壊が進んでいるため、扇状地が顕著に発達しており、大小約三〇の扇状地がある。一方、西側は員弁川河谷[1]に向かって緩傾斜地形をなしている。これは、養老山地の東側が隆起を続けているので、山塊全体が西側へ傾動していることによる。

鈴鹿山脈は、北部や南部は石灰岩質でなだらかな山容、御在所岳などのある中央部は、花崗岩質で鋭い山容となっている。山脈の成り立ちが複雑なこともあり、逆断層活動でできた養老山地と比較すると、それぞれの山容に個性がある。

両山域とも、ブナ、ミズナラなどの落葉広葉樹、シイ、カシ、ツバキなどの常緑広葉樹が混在している。ただし、スギなどの針葉樹の植林地に置き換わっている部分も多い。

人との関わり

養老山地の名称は、七一七年元正天皇が美濃国へ行幸した際、泉の水を飲んだところ健康を回復したことから養老と年号を改元したことに由来する。この伝説に関わる養老の滝は、古来より名所として知られた。また、南端の多度山は、多度大社の神体山として信仰を集めてきた。山地東側の山麓には扇状地が発達し、温暖な気候であるため、茶畑やミカン畑に利用されている。緩傾斜地形の山地西側（三重県側）はほとんどが植林地となっており、林道が張り巡らされている。

鈴鹿山脈北部は、美濃・伊勢・近江（岐阜・三重・滋賀県）の国境にあたり、かつて交通の要所であった。関ヶ原合戦で敗れた西軍の島津義久が敵中突破し、近江へ逃れた「島津越え」と呼ばれるルートともなった。山あいの旧道沿いには、壬申の乱時の持統天皇の「輿越え」、盗賊熊坂長範が拠点にして旅人を襲っていたため、熊坂山とも呼ばれた烏帽子岳など、多くの伝説が伝わる。

（1） 川の流れで両側が浸食されてできた溝状の凹みの地形。員弁川河谷は、養老山地と鈴鹿山脈の間に形成されている。

養老山地のシンボル、養老の滝

60

ようろうさん 養老山〜笙ヶ岳 しょうがたけ
（養老山地北部）

養老山八五八・九m　一等（三角点名／養老山）
笙ヶ岳九〇八・三m　四等（三角点名／笙ヶ岳）

二万五千分の一地形図／養老、霊仙山、駒野、篠立

適期　3月下旬〜12月上旬　夏△

登山道　◎

標準タイム　養老公園から養老山へ：登り2時間40分、下り2時間
養老公園から笙ヶ岳へ：登り4時間、下り2時間40分

難易度　Ⅰ

養老山地は、濃尾平野の西端に南北方向に連なり、木曽三川が作り出す水郷地帯の背景となっている。北部に最高峰の笙ヶ岳（標高九〇八m）や、養老の滝のある一等三角点の養老山（八五九m）などのピークがまとまり、南端の多度山（四〇三m）に向け標高を下げていくので、遠近感が強調され、標高以上に立派な山塊に見える。各ピークは、断層活動で山体が形成された後、浸食によってできた起伏に過ぎないので、同定は案外難しい。

そんな養老山地で全国区の知名度を誇るのは、なんといっても、奈良時代の元号「養老」（七一七〜七二四年）の由来に関わる養老の滝[(1)]だろう。養老山も、養老山地も、その名は滝に由来する。養老山地北部を、新緑の始まる季節、周回した。

金生山から望む養老山地

まずは、この山地の主役、養老の滝に立ち寄る。木立を貫く朝日を浴びた一条の滝は、養老年間から一三〇〇年の時を経ても変わることなく白い水しぶきをきらめかせている。滝最寄りの駐車場奥が登山口で、左手に進むと笹原峠を経て養老山に、右手に進むともみじ峠を経て笙ヶ岳に至り、両

（1）『続日本紀』によれば、奈良時代の女帝元正天皇が美濃国に行幸した際、当耆郡多度山の泉の水で手や顔を洗うと滑らかになり、痛いところを洗うと癒やされたことから、「醴泉は、美泉なり。もって老を養うべし。蓋し水の精なればなり。天下に大赦して、霊亀三年を改め養老元年と成すべし」との詔を出し「養老」に改元した。天皇が癒されたという泉は、山地東麓にある滝と比定され、養老の滝と呼ばれるようになった。鎌倉時代には、この話から派生した老父想いの子が滝の水を汲むと酒になっていたという逸話が、『十訓抄』や『古今著門集』に載る。

養老山は、江戸時代までは多芸山と呼ばれ、大垣藩は多芸山奉行を置き土地の有力者を多芸山廻役

山を周回することができる。

　養老山側から登ることとし、左手の滝谷を渡渉し、斜面に取り付く。断層活動でできた養老山地は、平野から一気に立ち上がるため、なかなかの急登で、コナラやシロモジなどの芽吹きの中をジグザグに高度を稼ぐと、最初のピーク、三方山に向かう分岐に出る。主稜線の東に張り出したその頭に立つと、光の帯になって流れる木曽三川が目の当たりになる。

　メインの登山道に戻り、主稜線に出たところが笹原峠で、左（南）に取ると丸い丘状の小倉山に出る。山上はあずまやがあり人工的だが見晴らしはよく、やや奥まっているため濃尾平野側からは見えない笙ヶ岳の悠然とした姿が、大洞谷越しによく眺められる。さらに南へ約二〇分で養老山に至る。一等三角点の山なのだが、今は山頂周辺に樹木が生い茂り、展望は得られない。

　笹尾峠まで戻り笙ヶ岳に向かう。よく整備された主稜線の道を北進すると、東に養老公園へ下る道と、西に大垣市上石津地区へ下る大洞登山道の分岐となるもみじ峠に出る。西の大洞谷に入ると、あたりは不意に静かになる。支沢との出合が笙ヶ岳への分岐で、観光的な整備はされていないが踏み跡はしっかりしている。沢を渡り、炭焼き窯跡から緑鮮やかな二次林の谷を直登し、稜線鞍部から登りつめると笙ヶ岳の細長い山頂部に出る。四等三角点の山頂からは、ヒノキの間に伊吹山や能郷白山がのぞく。

　養老山地の場合、断層活動でできた平野からそそり立つ量感ある山体こそが個性で、養老の滝、眺望に優れた三方山や小倉山、一等三角点の養老山、自然の残る最高峰の笙ヶ岳などを全体としてとらえてこそ「佳き山」といえるのではと思った。


に任命して管理させた。また笙ヶ岳は、地誌『濃陽志略』によると「膽吹（伊吹）山と相対し風声笙の如し」というのが山名の由来とされる。

【登山記録】（—：車、…：徒歩）
2018年4月28日（土）快晴
—養老公園（駐車）5：45…養老の滝6：00…滝駐車場6：15…登山口6：20…三方山7：15…小倉山7：40…養老山8：00…もみじ峠9：20…笙ヶ岳10：15…もみじ峠11：00…養老公園13：00

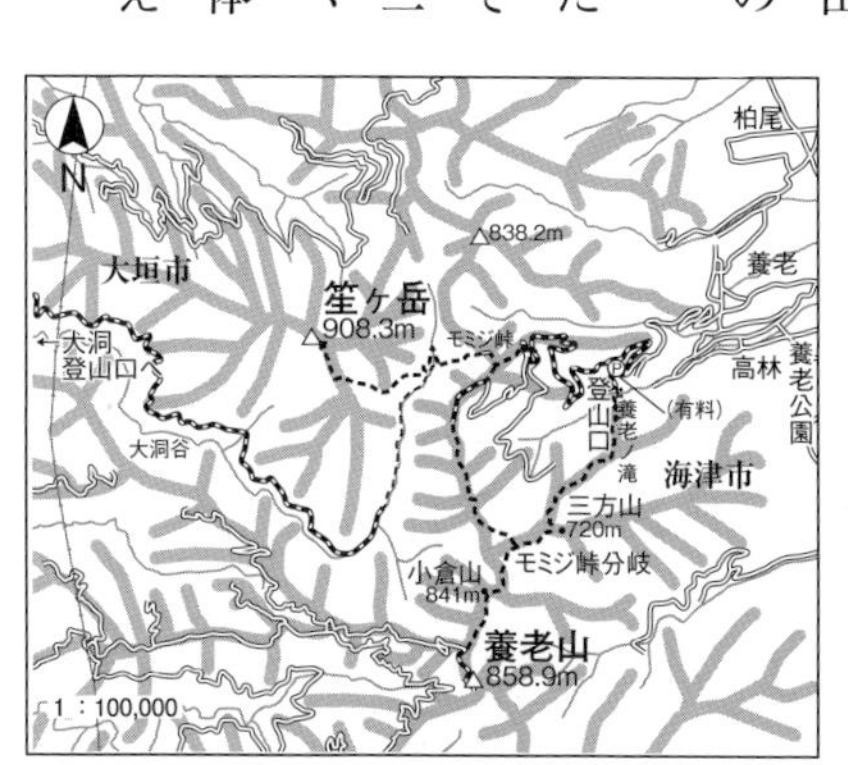

61

烏帽子岳

えぼしだけ　別名　烏帽子ヶ岳、熊坂山、美濃富士

八六四・八m

三等（三角点名／烏帽子嶽）

鈴鹿山脈は三重・滋賀県境との印象が強いかもしれない。しかし、北部は岐阜県にもまたがり、最北の霊仙山（標高一〇九四m）(1)は岐阜・滋賀県境、三国岳（八九四m）(2)は岐阜・滋賀・三重県境、烏帽子岳（八六五m）は岐阜・三重県境に位置する。本書では、そのうち烏帽子岳を取り上げたい。

烏帽子岳は、大垣市上石津町の最南部、時地区に面して立ち上がり、背後は三重県になる。烏帽子型に整った山容を里から親しく眺めることができ、地元では「美濃富士」とも呼んでいる。また、山裾の街道が、西は近江、南は伊勢へと通じる交通の要所であったため、平安時代の大盗賊熊坂長範がこの山を拠点にしていた言い伝えから、「熊坂山」との別名もある。

登山道は、岐阜県側には、①北麓の時山集落からの北西尾根ルート、②東麓の細野集落からの細野ルート、三重県側には、③いなべ市藤原町古田集落から狗留孫岳（七七二m）を経由するルートがある。また、西南方向に隣合う三国岳とは稜線がつながっているので、縦走することもできる。両山をつなぐ稜線には、ホンシャクナゲの群生地があり、四月下旬から五月上旬にか

牧田川上細野橋からの烏帽子岳

二万五千分の一地形図／篠立

適期　3月下旬〜12月上旬　夏△

登山道　◎

標準タイム　①細野ルート：登り2時間、下り1時間30分　②北西尾根ルート：1時間30分、下り1時間　③狗留孫岳経由ルート：2時間30分、下り1時間50分

難易度　I

（1）霊仙山は山頂が県境から約一・五km滋賀県側に入っており、登山口も滋賀県側のみ。

（2）三国岳は、美濃・伊勢・近江（岐阜・三重・滋賀）三国の境に位置する。二つのピークを持つ双耳峰で、山頂と最高点と三角点がそれぞれ異なる。北側の八九四mピークが三国境であり三国岳山頂とされ、南側の九一一mピークは、伊勢・近江二国にまたがり、三国岳最高点と呼ばれている。三角点は西側に下った稜線の八一五m小ピークにある。三重・滋賀両県から登る場合は、南側の国道三〇六号線の鞍掛峠が登山口となり、登山道はよく整備されている。岐阜県側からは、上石津町時山集落から入るかつてのメインルートであった阿蘇谷沿いの道には「ダ

けて見頃を迎えると聞き、細野登山口から入山し、三国岳へ縦走することにした。

時地区は、東側の養老山地、西側の鈴鹿山脈にはさまれた山あいの里だが、雪深い飛騨や美濃北部に比べると、どこかおっとり明るいたたずまいが感じられる。細野集落奥の山裾からはじまる細野ルートは、二〇〇九年大垣山岳協会によって開かれたもので、登山口には駐車場やトイレも整備され、メインルートとして多くの登山者で賑わっている。山林を囲む獣よけゲートを通過し、スギの植林帯の尾根道を登っていくと、切り開きから頂きが見える。上部は自然林となり、新緑の時期、落葉広葉樹と常緑広葉樹（照葉樹）が、光と影のように鮮やかなコントラストをみせる。登山道沿いには樹木名のプレートが付けられ、岐阜県では照葉樹を観察できる山は限られるので、ソヨゴ、ナツツバキ、アカガシ、ウラジロガシなど、目に焼き付ける。

山頂の手前に、展望岩コースと大岩コースの分岐がある。展望岩は一番の好展望地で、牧田川越しに霊仙山、伊吹山、養老山地の最高峰笙ヶ岳などが間近に眺められる。三等三角点の烏帽子岳山頂は、南側の展望が開け、鈴鹿山脈の最高峰御池岳から三重・滋賀県境の展望が良好。空気が澄めば、白山、飛騨山脈なども展望できる。

烏帽子岳から三国岳に向けた稜線に入ると、登山者は一気に少なくなる。実は、このあたりがホンシャクナゲの群生地の中心で、華やかな桃色の花のトンネルをくぐっていくと、晴れがましい気分になる。日本に二ヶ所しかない国の天然記念物の笙ヶ岳のホンシャクナゲ群生地は、登山道からは外れ目にできないだけに、ここで花の盛りを存分に楽しんだ。

イラ」と呼ばれる炭焼き窯跡の多く残る二次林の美しい場所もあるが、近年の水害で荒れており、尾根沿いの踏み跡をたどって登るか、烏帽子岳経由となる。

［登山記録］

（―：車、＝：MTB、…：徒歩）

2017年5月7日（日）快晴

―時山集落（MTB駐輪）―細野登山口（駐車）9：40…（展望岩コース）…烏帽子岳11：05…三国岳12：55…九一一m最高点13：20…阿蘇谷分岐14：10…時山集落15：40＝細野登山口15：55

伊吹山地

位置

伊吹山地は、濃尾平野の北西に立ちあがる岐阜県と滋賀県にまたがる標高一〇〇〇～一三〇〇m前後の山地で、北は三国岳（標高一二〇九m）で両白山地（越美山地）と接し、南は関ヶ原で区切れ、鈴鹿山脈と接している。最高峰で同山地を代表するのが、南端に位置する伊吹山（一三七七m）。

気候

濃尾平野の西北に位置する伊吹山地は、春から秋にかけては太平洋側気候の影響を受け、標高が一〇〇〇m台にとどまることもあり比較的温暖で、夏は南東季節風が衝突して雨を降らせるため多雨である。

しかし、冬になると、日本海からの季節風が伊吹山地と鈴鹿山脈に挟まれた関ヶ原を抜け、濃尾平野に流れる。そのため、伊吹山は、世界でも南限に近い亜寒帯湿潤気候の山で、積雪量が非常に多く、一九二七（昭和二）年二月一四日に観測された一一八二cmの積雪量は、世界最深積雪観測記録で、この記録は現在も破られていない。

自然（地質・植生など）

伊吹山地の自然は、気候の影響とともに、地質の影響を大きく受け、伊吹山とそれ以外の山で大きく異なる。伊吹山は、ほとんどが石灰岩層で覆われ、山頂付近ではドリーネ（すり鉢状の窪地）が点在している。この石灰岩には、紡錘虫（フズリナ）の化石が多く含まれていることから、古生代二畳紀（約二・五億年前）に海底でできた地層と推定されている。

伊吹山は本来高山植物は存在しない標高であるが、石灰岩地域であることと豪雪地帯であることから大規模なお花畑が展開している。イブキジャコウソウ、イブキトラノオなど、「イブキ」という名の付く高山植物も多い。

一方、伊吹山以外は、堆積岩や花崗岩などからなり、本来の植生は、落葉広葉樹のブナ林帯であった。しかし、戦争直後に大規模な伐採が行われ、本来の姿をとどめる場所は限られ、伐採後放置された二次林や、スギやヒノキの植林が混在している山も多い。

人との関わり

主峰である伊吹山は、『古事記』の、倭建命がこの地の伊吹のカミと戦って敗れる物語で知られ、歌枕ともなっている。畿内と東国の境界を画す山でもあり、不破郡関ヶ原町に三関(1)のひとつ不破関(ふわのせき)が置かれ、山麓は姉川の合戦や関ヶ原の合戦の舞台ともなった。

また、古くから伊吹修験の山としても知られ、江戸期には円空や播隆も山中で修行を行っている。

近代に入ると、伊吹山は関西地方のスキー発祥の地となり、滋賀県側にスキー場が開設された。京阪神や中京地方から近いこともあり、ほかにも貝月山、ブンゲン、虎子山、湧谷山でスキー場開発が行われた。ただし近年の地球温暖化の影響などで、伊吹山をはじめ廃止されたスキー場も多い。

伊吹山は、スキー場ばかりでなく、一九六五年に岐阜県側に開通したドライブウェイによって山上が観光地化し、さらに、石灰岩の山であることから採掘が盛んに行われ南西の稜線は山容が変貌するまでに大きく削り取られるなど、大きく傷つけられた山となっている。

(1) 古代に畿内周辺に設けられた関所のうち、特に重視された三つの関のこと。ほかに鈴鹿関、愛発関(あらちのせき〔のちに逢坂関〕)。

美濃関ヶ原と近江木之本を結ぶ北国脇街道から見上げる雪の伊吹山

伊吹山地

62

伊吹山

いぶきやま・いぶきさん　別名　伊夫岐山、胆吹山、大乗峰ほか

一三七七・三m　一等（三角点名／伊吹山）

二万五千分の一地形図／美束、関ヶ原

適期　4月下旬〜11月中旬※積雪期にも登山者は多い

登山道　①表登山道、②北尾根縦走路、③笹又登山道、④上平寺尾根道、⑤弥高尾根道：◎　中尾根：ー

標準タイム　①表登山道：登り4時間、下り2時間30分　②北尾根縦走路：静馬ヶ原まで登り3時間30分、下り3時間　③笹又登山道：静馬ヶ原まで登り1時間40分、下り1時間

難易度　①②Ⅱ、③④⑤Ⅰ

伊吹山は、滋賀県米原市伊吹地区と、岐阜県不破郡関ケ原町および揖斐郡揖斐川町春日地区にまたがり、濃尾平野からも琵琶湖のある近江盆地からもよく眺められる。特に雪を戴いた時、その山容は標高一三七七mとは思われない風格をたたえる。山頂は滋賀県側にあり、同県最高峰である。

冬場の日本海からの強い季節風が湖北の狭い山地を吹き抜け集中してぶつかることから、豪雪の山として知られ、一九二七年観測された積雪量、一一八二cmの世界最深積雪観測記録を持つ。豪雪をもたらした風は、関ヶ原を越えると冷たく乾いた伊吹颪（おろし）となって、濃尾平野から三河湾に吹き抜ける。周辺の気候に大きな影響を与える風を、古代の人びとは神の息吹きととらえ、山名の由来ともなった。古事記にも、倭建命が白い大猪の姿をした伊吹の神が降らせる大氷雨に打たれ失神し、病の身となる話が出てくる。

石灰岩質であることと、厳しい気候があいまって、山上は樹木の生育が抑えられ、北方性の高山植物および亜高山性植物の植物が分布する日本では数少ない山地草原が発達している。イブキトラノオなど、この

上平寺尾根道839mピークから仰ぐ伊吹山

（1）ヨモギ、トウキ、センキュウが「伊吹三大薬草」とされる。一五五八（永禄元）年には、織田信長が、南蛮人から入手した薬草を栽培させており、今もイブキカモジグサなど、西洋原産の植物が生育している。日本植物学の父と呼ばれた牧野富太郎は、一九歳で初めて訪れて以来、幾たびも訪れ、イブキソモソモなどの新種を発見している。

（2）これらの山岳寺院は、戦国時代に京極氏や浅井氏の城郭の支城のような役割を持ったこともあって、兵火に遭うなどし、衰退していく。江戸時代前期に、修験僧円空が、この山の中腹にある平等岩（行導岩）で修行を行っているが、当時四大寺はわずかの坊舎を残すだけで、彼は太平寺の中ノ

山の名を持つ植物は多く、イブキタンポポなど固有種もみられ、国の天然記念物に指定されている。また、薬草の宝庫としても古くから知られる。(1)

日本に仏教が伝来し、古代からの自然崇拝と結びついて、修験道が形成されていく中で、伊吹山は大乗峰とも呼ばれる山岳信仰の拠点となる。修験道の開祖とされる役行者や、白山を開山した泰澄(たいちょう)が入山したとの伝承もある。平安前期の仁寿年間には、僧三修(さんじゅ)が弥高寺(やたかじ)を創建し、続いて創られた太平寺、長尾寺、観音寺とともに、伊吹山四大寺を形成し、最盛期の鎌倉時代には、数百の堂坊が立ち並んだという。(2)

江戸時代、伊吹山の近江国側の中腹にある太平寺集落では、大規模に蕎麦や辛味大根の伊吹大根が作られていた。一方、美濃国側の古屋や笹又などの山間の集落は、伊吹山の薬草で生計を立て、伊吹山を介して美濃と近江の交流が盛んだった。

長い人との関わりの歴史を持つ伊吹山は、第二次世界大戦後の高度経済成長期に大きく変貌する。滋賀県側では石灰鉱山の採掘が大規模に進められ、スキー場が開業し、岐阜県側には一九六五年に伊吹山ドライブウェイが開通、利用者は年間約三〇万人にも及ぶ。(3) また『日本百名山』に選定され、その後の日本百名山ブームで、西麓の米原市上野からの表登山道は、年間三万人もの登山者があり、オーバーユースで道はえぐれ、周辺の植物も減少している。深田久弥が今山上に立ったら、何を思うだろう。しかし、伊吹山は、登山者が集中する表登山道や、ドライブウェイだけの山ではない。ここではさまざまな表情を見せるマイナー・ルートのいくつかをご紹介したい。

○北尾根縦走路から笹又登山道へ

坊に身を寄せたといわれる。

(3) 一九五二(昭和二七)年大阪セメント伊吹工場が伊吹鉱山の操業を開始、一九五七(昭和三二)年近江鉄道が伊吹山スキー場を開業、一九六五(昭和四〇)年伊吹山ドライブウェイが全線供用開始。長い歴史を持つ太平寺集落が、一九六三(昭和三八)年の豪雪で孤立し、セメント工場に土地を売って集団離村したのもこの頃である。現在の伊吹山は、滋賀県側は、二〇〇九年に廃止されたスキー場の廃墟が残されたままとなり、太平寺集落のあった西側斜面が採掘で広く削り取られる。岐阜県側は、ドライブウェイが山頂下を一直線に削り取り、これらが山容を損なっている。秩父の武甲山、糸魚川の青海黒姫山、鈴鹿の藤原岳——石灰岩の山は悲しい。

(4) 国見峠を介して近江側から仔牛や姉川沿いで収穫されたコウゾが運ばれ、美濃側からは繭や和紙が運ばれたという。

(5) 文政九(一八二六)年に槍ヶ岳を開山した播隆は、それに先立

伊吹山の北に連なる岐阜・滋賀県境稜線は、かつての美濃・近江両国の国境で、揖斐川町春日美束地区と、米原市上板並地区の間には国見峠がある。(4) 伊吹山山頂から峠までのびる長い尾根には、国見岳（一一二六m）、大禿山（一〇八三m）、御座峰（一〇七〇m）が連なるが、厳しいヤブに閉ざされていた。この尾根に大垣山岳協会が一九六〇年から三年がかり、延べ千人が鉈や鋸で開いたのが、「伊吹北尾根縦走路」である。見晴らしが良く縦走気分が味わえ、林床にはカタクリ、ヤマシャクヤクなど早春の花が多いことでも知られる。どっしりとした御座峰山頂には、三等三角点と伊吹北尾根縦走路の説明板がある。ただしドライブウェイは歩行禁止のため、縦走路は一一二〇mの静馬ヶ原までとなる。

　また、静馬ヶ原までは、揖斐川町春日川合地区の笹又集落から「笹又登山道」も伸びている。かつて笹又や古屋の人びとが夏の土用の頃になると伊吹山まで薬草を採りに通った古道である。山腹から小尾根に出ると、眼下に笹又の集落が見下ろせ、ジグザグの登山道を下り、鹿よけのゲートを通過し、笹又に入る。(5) うねうね続く舗装林道をショートカットしながら国歌にも詠われる「さざれ石」の由来となった石灰質角礫岩の大岩のあるさざれ石公園に至る。

○上平寺尾根道から中尾根へ

　南麓の米原市上平寺集落は、戦国時代京極高清が城館を置いていた場所で、背後の尾根に詰城（有事の防衛拠点となる城）の上平寺城が置かれていた。また、行者谷を挟んだ西側の弥高尾根には、山岳寺院の弥高寺があり、上平寺城ありし頃は、その支城の役割も担っていた。この二つの尾根にそれぞれ伊吹山へのマイナー・ルートがあ

つ文政三年から、伊吹山南東の尾根にある池谷峰（川戸山）に山籠りして千日行を行った。それを支えたのが、笹又、古屋をはじめとする春日の人びとで「山籠中ハ世話ヲ致シテ」と、古文書に残る。

（6）一等三角点の山頂には、倭建命の石像と、江戸時代には信仰の中心だった弥勒堂の跡がある。伊吹山地、越美山地の山々の向こうに能郷白山、そして白山が眺められ、さらに地平線に沿い、御嶽山、乗鞍岳、穂高岳、笠ヶ岳が白く浮かぶ。西には琵琶湖が大きく横たわり比良山系の山々が白く縁取る。

[登山記録]
（―：車、＝：MTB、…：徒歩）
○北尾根縦走路から笹又登山道へ
2020年4月5日（日）快晴
―笹又さざれ石公園（MTB駐輪）―国見峠（駐車）7：45…国見岳8：45…大兀山9：20…御座峰9：55…静馬ケ原11：20…さざれ石公園13：30＝河合―国見峠

り、四等三角点のある八三九mピークで合流する。一本になった上部は中尾根と呼ばれ山頂につながるが、急峻な岩場なので、登山道は左手の山腹をトラバースし、表登山道の五合目に至る。積雪期には、この中尾根が好ルートになると聞き、雪の上がった二月の快晴の朝、たどってみた。

上平寺集落の伊吹神社脇から上平寺尾根に取り付く。標高六七〇mの雪の上平寺城址に出ると、東に関ヶ原から濃尾平野、西に琵琶湖を望み、山の狭間を抜ける北国脇街道が見下ろせ、重要な戦略拠点だったことが分かる。八三九mピークに出ると、朝日を浴びた雪の伊吹山が真正面に大きな姿を現す。さまざまに痛めつけられた傷跡が目に入らない、この山のベスト・アングルではないだろうか。中尾根に入り枯草の踏み跡をたどると、次第にガラガラした石灰岩の露出する急斜面に変わるが、雪のおかげで快適に登高できる。上部は胸を突く急登で、アイゼンを効かせ踏ん張る。樹木のない豪雪の山だけに、宙に浮遊するような高度感がたまらない。人知れぬルートをたどった誇らしさを胸に、飛驒山脈から琵琶湖まで白く青く輝く山頂に立った。⑹

○上平寺尾根道から中尾根へ
2020年2月11日（火祝）快晴
—上平寺集落（駐車）7：10…上平寺城址8：30…八三九mピーク…伊吹山12：30〜12：45…八三九mピーク14：00…弥高寺跡14：45…上平寺城址15：30…上平寺16：00—（帰路）

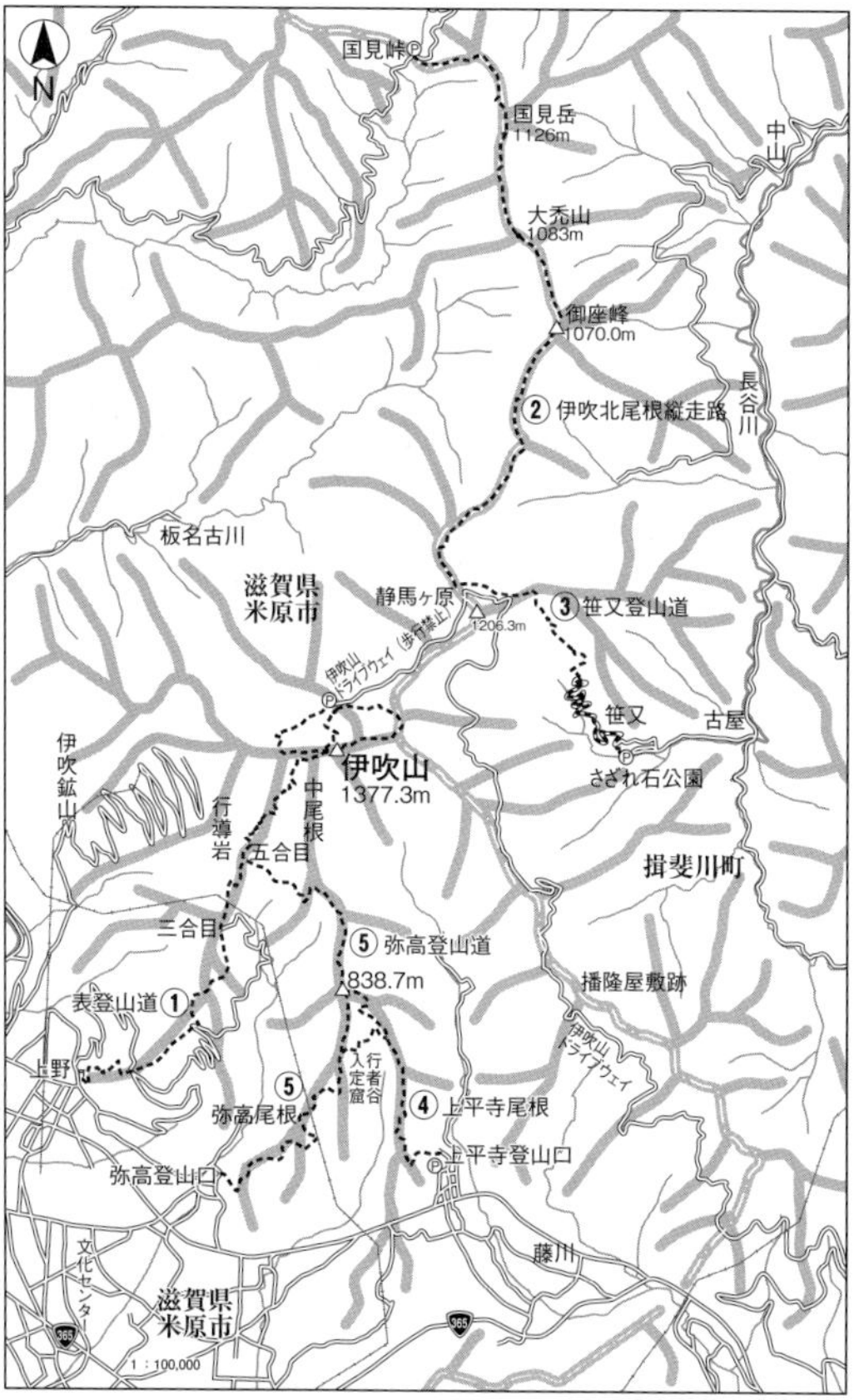

63

伊吹山地

かいづきやま

貝月山

一二三四・二m　二等（三角点名／品又）

二万五千分の一地形図／横山、美束

適期　4月下旬～11月中旬

登山道　◎

標準タイム　①長者の里からのルート：登り3時間、下り2時間
②ヒフミ新道：登り2時間、下り1時間30分
③ふれあいの森からのルート：登り1時間45分、下り1時間10分

難易度　Ⅰ

貝月山は、一二三四mという、並びの良い標高で知られ、揖斐川町春日（旧春日村）と日坂（旧久瀬村日坂）にまたがる。最高点の本貝月と、一二二六mの小貝月という二つのピークを持つので、同定しやすい。南麓の春日は国見峠、北麓の日坂は品又峠でそれぞれ近江に通じ、国境の山里ならではの歴史を秘めている(1)。

登山道は、①東側の春日の長者の里からの牧野尾谷沿いのルート　②北側のスキー場からのヒフミ新道　③北西側のふれあいの森公園からの最短ルート　がある。いずれもアクセスが良く、関西・中京圏からの日帰り登山にも好適である。

伊吹北尾根国見岳からの貝月山

①春日の牧野尾谷沿いのルートは、キャンプ場や「春日森の文化博物館」のある長者の里からはじまる。杉木立を抜けると、ブナやミズナラなどの樹々が谷全体を覆い、沢の音がのどかに響く。しばらくして、苔むした岩屋に出会う。中には石の地蔵がおさめられ、「猿後家地蔵」という木の札が立てかけてある。由緒書きによれば、この場所には大猿に求婚された長者の娘が知恵を働かせ猿を淵に沈めたという伝説がある

（1）春日は、揖斐川の支流粕川の深い谷沿いに集落が散在する。耕地が少ないため、伊吹山での薬草採りや、薪炭の生産とともに、急斜面で数百年前から茶が生産されてきた。かつては、たたら製鉄も行われ、伊吹山から吹き降ろす風と大量の炭が、製鉄を支えた。また、信仰の篤い土地柄で、慶長五（一六〇〇）年関ヶ原の合戦直前に、のちに東本願寺初代法主となる教如が徳川家康と会見し、関東から京に戻る途中石田三成の配下に襲撃された際、春日の二十七人の強者が決死で守護し、美束集落奥の鉈ヶ岩屋（なたがいわや）に、合戦終了までかくまった。

日坂川に沿う日坂は、高原らしい明るいたたずまいで、中世末以来の豪族の家柄で江戸時代を通じ

という。伝説の舞台となった深い緑の水をたたえる少将淵や、三段の滝を見ながら進むと、ルートは石伝いの渡渉の連続となる。標高九〇〇ｍを過ぎたあたりに巨大な炭焼き窯跡があり、大規模に炭の製造が行われていたのがうかがわれる。

沢沿いには、実を採集するため伐採を免れたのだろうか、めったにないようなトチの大木が連続する。沢の源頭部を越え、切り開かれたササの道をしばらく急登すると、メインルートのスキー場からのヒフミ新道に合流する。狭くあまり見晴らしはきかない小貝月のピークを過ぎ、さらに登りつめると、ひろびろとした二等三角点の貝月山山頂に出る。コンクリート製の展望台やベンチがやや興ざめだが、登山道のない背丈を越すヤブ山も多い伊吹山地北部から越美山地の山々の中において、これだけ好展望で、山座同定に格好のピークは少ない。

日坂側の貝月谷は沢登りに好適なことで知られる。全山が花崗岩で、谷は大岩が連続する。川床が風化した花崗岩の白砂のため明るい印象で、水しぶきをあげる小滝と清らかな水をたたえた瀬が続き、沢沿いには、トリカブトなど季節の花が見られる。

標高一〇〇〇ｍを越える地点まで豊かな水をほとばしらせる沢は、源頭の一筋の泉で果てる。谷を離れ、斜面に取り付くと貝月本峰と小貝月の間の登山道にポンと出る。

帰路は、ヒフミ新道をたどる。ミズナラ、ブナ、シロモジなどに包まれた尾根道は、春にはシャクナゲやイワウチワが咲くという。ヒノキの植林帯から、ススキ光るゲレンデ跡に出る。

山里の歴史を尋ねつつ登りたい、滋味深き山である。

て大庄屋を勤めていた高橋家の屋敷が残る。揖斐高原スキー場は雪不足で撤退し、キャンプ場のみ営業。

【登山記録】（…：徒歩）
２０１６年４月29日（金）　晴のち曇
長者の里登山口（駐車）６：30…少将渕６：50…ヒフミ新道合流点８：35…貝月山（本貝月）９：10〜９：20…小貝月…合流点…長者の里登山口11：15

伊吹山地

64

かなくそだけ
金糞岳

一三一七m

三角点なし（約一km西の白倉岳一二七〇・七mに二等三角点〔深谷〕がある）

二万五千分の一地形図／近江川合

適期　4月下旬〜11月中旬

登山道　◎

標準タイム　①中津尾根コース：登り4時間45分。下り3時間
②花房コース：登り6時間、下り5時間
③鳥越林道から／小森口：登り3時間、連状口：登り2時間、鳥越峠登山口：登り1時間10分

難易度　①②Ⅱ、③Ⅰ

金糞岳（標高一三一七m）は、岐阜県揖斐川町坂内地区と滋賀県長浜市浅井地区にまたがり、伊吹山地第二の標高を持つ。山麓から全容を仰ぐことはできないが、北側の土蔵岳や湧谷山から見ても、南側の奥伊吹スキー場のあるブンゲンから見ても、どっしり根を下ろした大きな山だと実感できる。

それにしても、何とも変わった山名である。調べると、鉱石を溶錬するときに生じる滓＝「金屎」に由来するらしい(1)。

登山道は、長浜市浅井地区にある山麓の高山キャンプ場を起点として、東俣谷川をはさみ、①東側の県境尾根を行く「中津尾根コース」（登り四時間四五分）と、②西側の白倉岳や奥山を経由する「花房コース」（同六時間）があり、両コースを周回することもできるが、長丁場になる。

湧谷山から望む
2月の金糞岳

現在よく登られているのは、③浅井地区と岐阜県揖斐川町坂内地区をつなぐ鳥越林道が中津尾根と交差する部分からのルートで、小森口（登り三時間）、その上部の連状口（同二時間）、さらに上部の県境にあたる鳥越峠の登山口からなら、最短の一時間強で山頂に立つことができる。

（1）国土地理院の「電子国土」の検索だと、「糞」の付く山は、馬糞森山（青森・秋田県境：標高七八六m）、馬糞ヶ岳（山口県：九八五m）、金糞岳の三山のみ。前の二山は、山容からのようで、一等三角点の山である山口県の馬糞ヶ岳に登ったが、確かに三角錐の「その形」だった。

金糞岳の場合、滋賀県側の草野川の谷からは古い鉱山跡が見付かり、北西山麓の長浜市木之本町に金居原の地名もある。越美山地の金草岳（一二二七m）も、別名は金糞ヶ岳で、北山麓に鋳物師の集落跡の芋ヶ平がある。また、岐阜県関市・美濃加茂市・坂祝町にまたがるカナクズ山（一四二m）も金屑に由来するとの説があり、関市側に鋳物師屋という地名が残る。

この山に、緑深まる五月、林道脇に展望台がある連状口から入山した。

標高約九六〇mの連状口から、熊鈴を付けて尾根道に取り付く。ミズナラやシロモジを中心とした新緑のトンネルを抜けていくと、次第にブナが優勢になってくる。二次林だが、大きく枝を伸ばしつつあり、あと数十年もすればさらに見事な森となることだろう。関西近郊に限るなら、これほどブナに覆われた山は多くない。

小ピーク小朝頭（一〇八〇m）を過ぎると、丸い金糞岳の頭が姿を現し、大朝頭（一〇七五m）からいったん下ると鳥越林道からの最短ルートが合流する。良く踏まれた登山道を、コブシやショウジョウバカマなど春の花や、ウグイスの声を楽しみながらゆったり歩いても、合流点から四〇分ほどで金糞岳山頂に到着する。

伊吹山地を代表する山であるにもかかわらず、丸く平らな山頂に三角点はない。見晴らしが今一歩と聞いていたが、近年一定の刈り払いが行われ、北東方向に蕎麦粒山、能郷白山、白山が、南西には伊吹山と琵琶湖が眺められる。

さらに展望の良さで知られる四〇分ほど西の二等三角点のある白倉岳（一二七一m）まで足を延ばしてみる。風雪がまともにぶつかるためか、稜線上はササばかりで樹木はなく、特に西寄りな分、滋賀県側に大きく視野が広がり、むせ返る緑の先に、伊吹山や竹生島を浮かべた琵琶湖、近江富士（三上山）、比良山地など、近江の春が一望のもととなった。

美濃一ノ宮の南宮大社の祭神金山毘古命が金山・採鉱・製鉄を司る神であるなど、一帯は、古くより鉱山・製鉄に関わりが深い。

【登山記録】（―：車、…：徒歩）
2018年5月20日（日）晴
―（鳥越林道）―連状口（駐車）
8：25…鳥越峠への分岐9：20…
金糞岳10：00～10：15…白倉岳
10：55～11：25…金糞岳11：55…
分岐12：25…連状口13：15

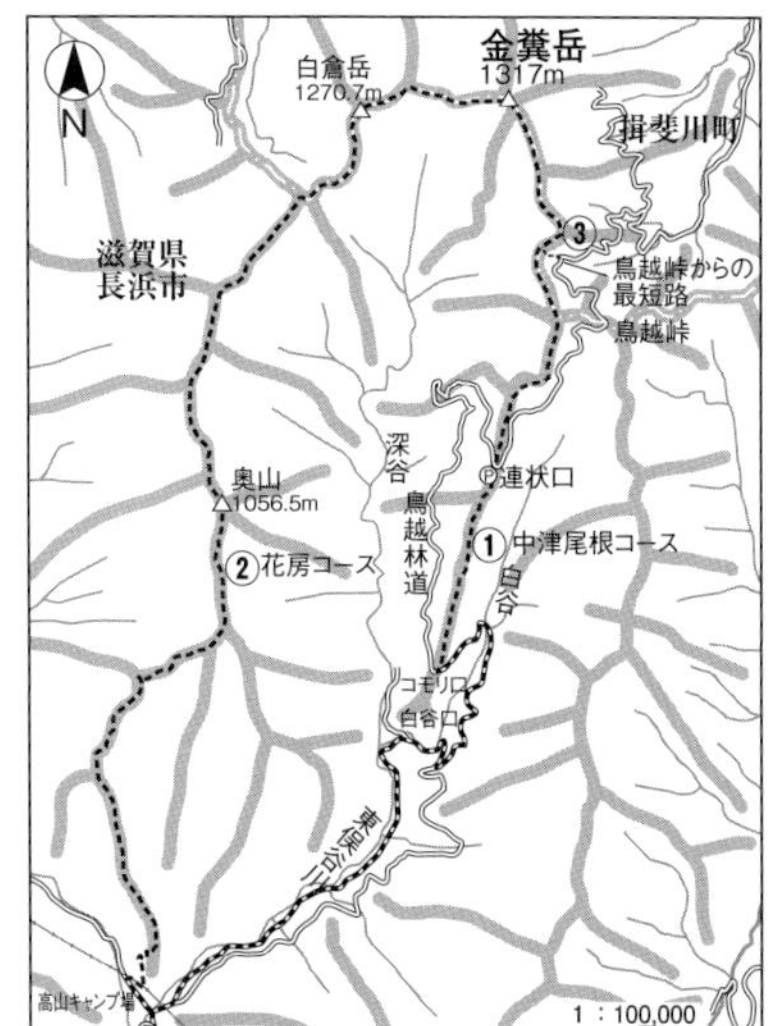

土蔵岳

つちくらだけ　別名　大川谷乗倉嶽

土蔵岳一〇〇八ｍ　三角点なし
大ダワ一〇六七・五ｍ　二等（三角点名／川上）

二万五千分の一地形図／美濃川上

適期　1月〜3月（積雪期）
登山道　−
標準タイム　−
難易度　S❄

土蔵岳は、伊吹山地北部に位置し、岐阜県揖斐郡揖斐川町坂内の川上集落と、滋賀県長浜市木之本町にまたがる。日本海の冬の季節風をまともに受ける美濃地方有数の豪雪地帯にある山である。その南麓を通る国道三〇三号線は、かつて冬季は閉鎖される心細い山道だったが、二〇〇一年に八草トンネルが開通し、通年快適に岐阜・滋賀両県をつなぐ主要幹線となった。土蔵岳には依然登山道がなく、ヤブの抑えられる積雪期が登山適期となる。関西・中京どちらからもアプローチしやすく、国道から直接取り付け、難所がないので、残雪期の登山入門の山として人気がある。

県境稜線の八草峠付近からの土蔵岳（左）と大ダワ（右）

われわれは、雪山デビューの新人を連れ、晴れあがった三月初めの週末、国道に接する川上集落の夜叉龍神社背後の尾根から、大ダワと土蔵岳を経由し、上原谷に沿う尾根で下山するルートをたどった。

二ｍほどの雪に埋もれた神社の前でわかんを履き、大ダワをめざし尾根に取り付く。戦後に皆伐された後、再生しつつあるブナを中心とする二次林の急斜面が、今回一番の踏ん張りどころ。冬枯れした木々の梢が早春の日差しに輝く。登るにつれ視界が開

［登山記録］（—：車、…：徒歩）
2017年3月4日（土）快晴
—川上集落夜叉龍神社（駐車）8：20…大ダワ11：20…土蔵岳12：35…小ピーク13：00…土蔵岳西分岐13：35…川上トンネル出口西側15：30—夜叉龍神社—

〈メモ〉
●標高一〇〇八ｍの土蔵岳のピークに三角点はない。一方、東北の通称「大ダワ」（一〇六八ｍ）には二等三角点（基準点名「川上」）、西北の通称「猫ヶ洞」（一〇六五ｍ）には三等三角点（同「三ツ又」）があるが、この二つのピークは、地形図には山名がない。これは、土蔵岳が美濃・近江の国境を画する山として江戸時代から重要視されていたためと考えられる。
●また滋賀県側の土倉谷では明治

け、だだっ広い雪原状の標高一〇六八ｍの「大ダワ」と呼ばれるピークに出る。南には金糞岳がどっしり根を張った姿で間近に迫り、背後に貝月山やテーブル状の山容の伊吹山が連なる。東には蕎麦粒山の頂きが尖った姿を見せ、その奥に能郷白山が純白の姿で横たわる。

　大ダワからは広い稜線がゆるやかにアップダウンし、伐採を逃れた見ごたえあるブナやミズナラの巨木が連続する。四〇分ほどで土蔵岳のピーク（一〇〇八ｍ）に到着。やはりなだらかな雪原状だが、標高がやや低く南側を除いてブナに覆われている分、見晴らしは今一歩といったところ。

　さらなる眺望を求め、いったん下って再度一五分ほど登り返し、西北尾根上の小ピークに立つ。どういう条件からか、樹木のない真っ白なピークで、三六〇度展望でき、琵琶湖がのどかに開ける南と、揖斐川源流部の厚い雪に閉ざされた峰々が重畳する北――その対照が際立つ。新人たちは大満足で雪の上に大の字になった。土蔵岳手前まで引き返し、上原谷に沿う尾根を下る途中、見晴らしのいい場所で振り返る。向かって右は大ダワ、左は土蔵岳と名付けられているが、ひとつの台形の山と捉えた方がいいのではと思った。

　下山後、江戸幕府が作成した『天保国絵図』をデジタル・アーカイブで確認したところ、近江国の国絵図には「土蔵嶽」が、美濃国の国絵図には、「近江国にてハ土蔵嶽と言」として「大川谷乗倉嶽」という二つ重なったピークが描かれていた。これは、大ダワと土蔵岳を合わせた台形の山容を馬の鞍に見立てたのだろう。いずれにしても、土蔵岳の場合、大ダワと繋ぐ部分に魅力の核心があるようにおもわれた。

四〇（一九〇七）年に銅鉱脈が発見され、土倉鉱山が第二次大戦頃を中心に繁栄した（一九六五年廃坑）ことや、岐阜県側の南面の上原谷（トンモ谷）に、川上集落の出作り（家から離れた耕作地の傍に寝泊まりして耕作すること）のムラがあったことも、この山が親しまれてきた理由と考えられる。

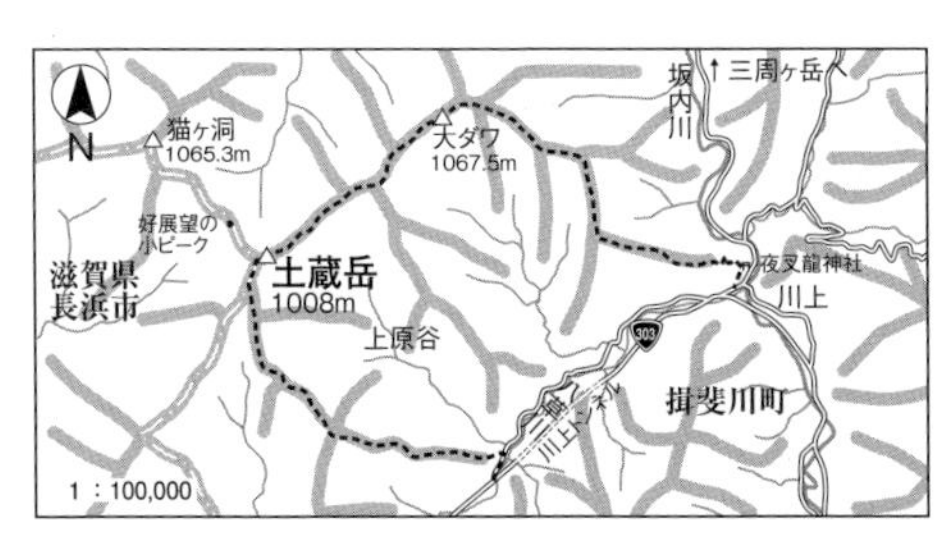

岐阜百秀山
コラム5

播隆の山

1　伊吹山（一三七七m）

播隆は、天明六（一七八六）年、越中国新川郡河内村に生まれた。生家は山あいの浄土真宗の道場（寺院の代りを務めた家）で、十代で家を出、文化一一（一八一四）年、二九歳の時に江戸本所の霊山寺で正式な浄土宗の僧となる。当時の寺院仏教にはなじめず、念仏行者として修業の地を山や岩屋に求めるようになる。

播隆が伊吹山での修行を開始した時期は文政三（一八二〇）年前後で、円空と同様、播隆にとってもこの山が山岳修行の出発点となり、その後も重要な拠点となる。伊吹山での修業は、千日の念仏行など厳しいものだった。池谷の峰（伊吹山山頂の東南の峰）で鉦鼓を叩いて念仏する音は山麓の笹又集落まで届き、念仏を唱える播隆に村人は帰依し、毎日蕎麦粉や水を運び、「播隆屋敷」と呼ばれる庵を建てた。近江、越前、美濃、尾張の四か国から人々がその徳を慕って集まった。

ここで留意しておきたいのは、円空の生きた江戸初期は、幕府が社会の安定を図るため、厳しい宗教統制を布いていたのに対し、一五〇年ほど後の播隆の時代になると、市民社会の形成とともに人々が信仰において自律的に行動するようになっていたことがある。例えば文政一三／天保元（一八三〇）年には、おかげ参りとして、当時の人口三千二二八万人に対し、四二七万人あまりが伊勢参詣をしている。

2　南宮山（四一九m）

南宮山は、伊吹山の南東に位置し、濃尾平野に面した美濃国一之宮南宮大社の神体山である。当時神宮寺と境内を一つにしており、播隆は山上にある高山神社の本地仏が阿弥陀如来であることにも心ひかれたと考えられる。播隆はここで文政三（一八二〇）年、六年、七年と厳しい修行を行っている。

3　笠ヶ岳（二八九八m）

文政四（一八二一）年、播隆は飛騨国に入り、上宝村の本覚寺を訪れる。臨済宗の本覚寺は、同地の中核的な寺院で、天明二（一七八二）年高山宗猷寺の南裔が笠谷から笠ヶ岳に登った折には当時の住職嶺州も同行している。

播隆は住職椿宗に修行の場を尋ね、紹介された杓子の岩屋で九〇日間の山籠修行を行う。そして、文政六（一八二三）年六月頃笠ヶ岳に登頂する。ただし、播隆にとっては信者に道を開く偵察の登山に過ぎず、下山後椿宗と笠ヶ岳の再興を相談し、山麓の名主今見右衛門公明の協力を得て、七月二九日に登山道が完成する。八月五日に御礼報謝のために再々度登山した折、御来迎（ブロッケン現象）の奇瑞が出現する。播隆は山頂から槍ヶ岳を拝し、開山を決意する。

4　槍ヶ岳（三一八〇m）

播隆は、槍ヶ岳に飛騨側から登ろうとして果たせず、松本の浄土宗玄向寺の住職立禅に、信濃国と飛騨国を最短距離で結ぶ中尾峠越えの飛州新道建設に携わっていた安曇郡三郷村小倉の中田又重（又重郎）を紹介される。そしてその案内で、既に完成していた新道の信濃国側から上高地に入り、文政九（一八二六）年八月、槍ヶ岳の肩まで登った。

播隆の場合、円空とは違い自らが登頂するだけでなく念仏講を組織して信者に仏縁を広げることも大きな目的としていた。文政一一（一八二八）年七月二〇日には山頂に阿弥陀三尊像を安置し、これをもって槍ヶ岳開闢（開山）とし、さらに天保四、五、六年と登頂している。そのうち五年に山頂を広げ、槍の穂先に藁で作った「善の綱」をかけた。

5　穂高岳

播隆筆の『念仏法語取雑帳』という冊子の『鎗ヶ嶽仏像安置之記』には、文政一一年の槍ヶ岳登頂の折、八月一日に穂高の最高頂に南無阿弥陀仏の名号の石柱を安置したとの記載がある。ただし「最高頂」がどこを指すのかは定かではない。

6　悲願達成

槍ヶ岳の藁の「善の綱」を恒久的な鉄の鎖に変えるのが播隆の悲願で、『鎗嶽略縁起』を刷って広く配布、たちまち浄財が集まり鉄鎖が製作された。しかし、時は天保の飢饉の最中、あらぬ風評によって鎖は松本藩に差し押さえられてしまう。飢饉もおさまった天保一一（一八四〇）年、玄向寺で病に伏していた播隆は、鎖が槍の穂先にかけられた報を聞く。そして小康を得て美濃に戻る途中、中山道太田宿の脇本陣林家で没する。なお、熱心な帰依者だった当主、林市左衛門が播隆のため建立した寺は、奇しくも円空の寺と同じ弥勒寺という名だった。

播隆は一五〇年程の時を隔てながらも、円空を自らの先達として意識し、瓢ヶ岳南の片知山の円空が修行した岩屋で山籠りし、円空作の観音菩薩立像を護持仏としていた。像は今も播隆が創建した揖斐川町の一心寺に伝わる。

播隆は、里での布教活動でも多くの信者を得ており、播隆筆の南無阿弥陀仏の六字名号碑が、岐阜県に五九基、愛知県に一四基、長野県に五基、滋賀県に二基残る。揖斐川町周辺では今でも一心寺を「播隆さん」と呼ぶなど、信仰は各地に生きている。

【参考文献】
◎穂苅三寿雄、穂苅貞雄著『槍ヶ岳開山　播隆［改訂版］』（一九九七年　大修館）
◎市立大町山岳博物館企画展「播隆・槍への道程—禅の綱をたどれば」カタログ（二〇〇五年）
◎穂苅康治「播隆上人の槍ヶ岳開山と飛州新道—信州の鷹匠屋中田又重とともに」（『ヒマラヤ学誌』No.19、二〇一八）
◎黒野こうき「山と播隆—槍ヶ岳を開山を開山した念仏行者・播隆の生涯」（日本山岳会岐阜支部山岳講演会二〇一三年一一月七日）

両白山地
越美山地

両白山地は、岐阜・滋賀・福井・石川・富山各県にまたがる山域で、能郷白山が主峰の岐阜・滋賀・福井各県に位置する越美山地と、白山が主峰の岐阜・富山・石川・福井各県に位置する白山山地とに分かれる。「両白」とは、それぞれの山地を代表するふたつの白山を示したもので、九頭竜川が両山地の境界になっている。

越美山地と白山山地は、どちらも日本海側気候で豪雪の山域であるという共通点はあるものの、すべて森林限界以下の樹林の山々である越美山地と、森林限界を越える白山連峰を擁する白山山地とは、個性が大きく異なる。

位置

両白山地の南西部にあたる越美山地は、岐阜県（旧美濃国）、滋賀県（旧近江国）および福井県（旧越前国）にまたがり、南は伊吹山地に接する。最高峰能郷白山（標高一六一七m）を主峰として、一〇〇〇〜一四〇〇m台の山が重畳しており、木曽三川のうち、揖斐川やその支流根尾川、長良川の支流板取川などの源流部となっている。

気候

日本海が近いため、冬は大陸から吹く北西風により日本海からの多量の水蒸気が降雪としてもたらされ日本海式気候に支配される日本有数の豪雪地帯である。その一方、春から秋にかけては、太平洋側気候の影響を受け、前線や台風の影響を受けやすく、通年で日本でも有数の降水量の多い地域となっている。

自然（地質・植生）

日本最古の西南日本内帯の山系に属し、山頂には削剥（さくはく）[1]された面が残る。この平坦面に残丘が一列に並んでいるが、なかでも冠山は特異な烏帽子状を示す。

白山山地と同様、日本海側気候の豪雪地帯らしく、植生は本来、ブナを主体とする落葉広葉樹林で、今も能郷白山周辺や、三周ヶ岳周辺の国有林を中心にブナ原生林を残す。しかし、里に近い民有地は第二次世界大戦後に広範囲に伐採され、スギなどの植林地や、二次林となっている山が多い。

人との関わり

能郷白山は、白山と同様泰澄が開山したと伝えられる白山信仰に関わる山であり、ほかにも虚空蔵信仰で知られる高賀山や、龍神伝説で知られる夜叉ヶ池のある三周ヶ岳など、独自の信仰を持つ山がある。

登山の面では、山深く雪深い自然環境と、日本有数の人口密度の低さから、前記の信仰の山や、濃尾平野に近接する里山、日本三百名山の冠山などをのぞくと、登山道が整備されていない山が多いのもこの山域の特徴である。道なき山々は、地図を読み、ヤブ漕ぎや沢登りで登頂するか、残雪期を狙うしかない。それがかえって冒険的な登山の味わえる山域として、地元だけでなく京都など関西岳人も強く惹きつけてきた。

なお、揖斐川源流部にあった徳山村は、縄文時代から連綿と続く採集文化の伝統を残す山里の文化を伝え、登山基地ともなってきた。しかし、二〇〇八年に日本最大の貯水量を持つ徳山ダム湖に集落が沈み、林道も水没したままとなったため、不動山、千回沢山など揖斐川源流部右岸の山々は、人を容易には寄せ付けなくなっている。

（1）削剥とは、風化・浸食によって地表が削り取られ、地下の岩石が露出すること。

難峰不動山から両白山地を望む。手前が千回沢山、背後に能郷白山（右）をはじめとする県境稜線の山々。左奥は白山

越美山地

小津権現山

おづごんげんやま・おづごんげんさん　別名　権現山

一一五七・七ｍ　二等（三角点名／小津）

東海道本線の列車が揖斐川の鉄橋にさしかかるあたりで川上に目をやると、風格ある山影が三つ並んでいるのが眺められる。左側のコブ状にやや右に傾いた頂きを突き出すのが小津権現山（標高一一五八ｍ）、中央の鷲が翼を広げたような山容が花房山（一一九〇ｍ）、右側の手前の山越しに頂きを見せるのが雷倉（一一六九ｍ）で、「小津三山」と総称されている。小津三山に名を冠する小津集落は、揖斐川の支流小津川の谷合いのわずかに開けた小平地にあり、戦国時代には、小川但馬守と称する武将の館があったとの伝承がある。

小津はまた、美濃の山を語るうえで忘れることができない木地屋が集団で住んでいたことでも知られる。小津の木地屋たちは、材料のトチなどの木を求め、山中を歩き回り、その範囲は過去帳などの記録に照らし合わせると一〇㎞四方にも及んだという。雪深く、トチなど落葉広葉樹林に覆われていた小津三山は、木地屋にとって格好の活躍の場であったのだろう。(1)

小津権現山の登山道は、①小津集落からのほか、②揖斐川本流に面した藤波谷から北西尾根をたどるルートのほか、最近③稜

花房山からの小津権現山

二万五千分の一地形図／美濃広瀬、樽見、谷汲

適期	4月中旬～11月中旬
登山道	◎
標準タイム	①小津からのルート：登り2時間、下り1時間40分 ②藤波谷からのルート：登り2時間、下り1時間30分
難易度	Ⅰ

（1）轆轤（ろくろ）で椀などの挽物を作る木地屋（木地師、轆轤師）は、かつては良材を求め山間をさすらう民であったが、封建体制の整う江戸期に入る頃から、山間の村に定住するようになった。職能集団としての木地屋の独自性は、近江に隠棲した惟喬親王が轆轤細工を始めたという伝説に基づき、その本拠地が近江の蛭谷および君ヶ畑であるという、共通の認識を持っていたことにある。蛭谷と君ヶ畑は、「氏子狩（うじこがり）」と称して定期的に全国の木地屋の集落を巡回し、統制していた。氏子狩帳という巡回記録をみると、美濃の木地屋の比率が大変高く、その中でも小津は筆頭に記され重要な拠点であったことが分かる。小津の木地屋の最盛期は江戸中期だったようで、その後

線続きの花房山との間に縦走路も開かれている。

　五月初旬、木地屋をしのび、小津集落から小津権現山を経て花房山へ縦走した。


　まず、集落の中心にある白山神社に詣でる。鳥居の傍の目立つ場所に「元文庚申歳（一七四〇年）八月」「小津村惣中木地屋惣中」の銘文がある灯籠があり、当時木地屋が重要な位置を占めていたことが偲ばれる。

　集落を抜け杉谷の林道に入る。杉の植林帯を抜けた林道終点に駐車場が整備され、登山ポストや、味のある自然木のゲートがしつらえてある。若い緑に包まれた林間の、よく踏まれた登山道は、早朝のせいだろう、生き物の気配が濃い。歩き出して二〇分ほどのうちに、鹿一匹、猪一匹、猿五匹に遭遇。次に遭うなら熊かもと、ホイッスルを鳴らしながら進む。

　標高を上げていくと、新緑の世界から真っ白なコブシの咲く早春に戻る。雪解け間もない足元には、イワウチワやカタクリなどの花が群生し、中でも薄紫のイカリ型の角をはやしたイカリソウの群落が、ひときわ目を引く。やや中だるみした鞍部を越え、最後にブナの斜面を登り詰め山頂に到着。明るく切り開かれた山頂には、二等三角点と大権現白山神社の祠が並び、間近に花房山、そして残雪の能郷白山、さらにその先に真白な白山が眺められる。

　白山権現を遥拝する頂きであった権現山の周辺の山々を、木地屋たちは樹間に光る白山を目当てとして、現代の登山者は及びもつかないほど自在に往来していたのだろう。

　それでは、新しく開かれた縦走路をたどって、花房山をめざそう。


トチの木の枯渇、トチの実を食料とする農民との競合などで生活が困窮し、この地を去るなどして、木地屋はいなくなった。今の小津は、静かな山あいの村である。

【登山記録】（「67 花房山」190頁参照）

67

花房山

はなぶさやま

一一八九・五m　三等（三角点名／水飲）

二万五千分の一地形図／樽見、美濃広瀬

適期　4月中旬～11月中旬

登山道　①②◎　③○

標準タイム　①東杉原ルート：登り3時間30分、下り2時間20分
②小津権現山からの縦走ルート：2時間45分

難易度　Ⅱ

「小津三山」の最高峰花房山（標高一一九〇m）は、日本最大の多目的ダムである徳山ダムの約五㎞下流にある旧藤橋村最奥の東杉原集落跡に登山口が開かれている。藤橋城という観光施設が目印となる。

藤橋村は、徳山ダム建設で水没を控え人口がほぼゼロとなった徳山村を一九八七（昭和六二）年に編入合併した。その後二〇〇五（平成一七）年に藤橋村自身も揖斐川町との合併で歴史を閉じるが、この間の一八年間は全国で一番人口密度の低い市町村だった(1)。

人口が極端に少なく、しかも年の半分近くが豪雪に閉ざされることから、旧藤橋村に位置する能郷白山、若丸山、冠山、金草岳、釈迦嶺、千回沢山、不動山、笹ヶ峰、美濃俣丸、三周ヶ岳、烏帽子山、高丸、蕎麦粒山、五蛇池山、上谷山、天狗山、小津三山などの山々のうち、同村側に登山口があるのは、冠峠が登山口の冠山と金草岳を除くと花房山だけだった。本州中央部に位置しながら、揖斐川源流部の山々がいかに登山者を寄せ付けずにきたかの事情の一端がご理解いただけるのではないかとおもう。

雷倉からの花房山

(1) 徳山村の人口は一九八〇年には一三〇六人と、同時期の藤橋村より多かった。しかし、その後ダム建設のため離村が進み、藤橋村に編入時点で住民はほぼゼロで、山林は増えても人口は増えず、面積だけが六九㎢から三二四㎢と広大になった。当時の藤橋村の人口は四五〇人あまり、人口密度は一・四三／㎢と、日本一人口密度が低い自治体だった（現在は居住可能な中では福島県南会津郡檜枝岐村）。

【登山記録】（―：車、…：徒歩）
2017年5月3日（水）晴
―小津登山口（駐車）5：45…高屋山6：55…一〇九六m前衛峰7：30…小津権現山8：00…モレ谷分岐（鞍部）9：15…花房山

藤橋村が揖斐川町に合併された後、二〇〇七（平成一九）年に国道四一七号線沿いの藤波谷に小津権現山の登山口が日本山岳会岐阜支部が中心になって開かれ、さらに二〇一二（平成二四）年小津権現山から花房山への縦走路が切り開かれた。この新しい縦走路を小津権現山から花房山までたどり、東杉原に下った。

小津権現山の山頂から北を見晴るかすと、行く手に花房山までのおおらかな稜線が横たわっている。この稜線をたどる縦走路は、ササや灌木が広く刈り払われ展望が確保されているのがありがたい。振り返ると、小津権現山のやや傾いた丸い頭と、どっしり根を張った全容が眺められる。見事なブナ林の一〇九六mピークを越え、花房山山頂に至る。三等三角点のある頂きは、徳山ダムを見下ろせ、三六〇度の展望が得られる。北に残雪の能郷白山が間近に迫り、その右奥に純白の白山が神々しい。

旧東杉原集落に向け山頂を後にする。途中までは痩せ尾根の急降下で、踏み外さないよう慎重に下っていくとスギの植林帯に入る。稜線上にはブナやモミの巨木が残され、イワウチワの薄紅の花が盛りだった。

連休・快晴の日に、途中すれ違った登山者は五名だけ。静かなのはありがたいけれども、これだけすばらしい縦走路がいつまで保たれるか、心配になった。登山道は、多くの人の努力で開かれ、維持されていく貴重な存在。日本百名山ばかりに登山者が集中し、オーバーユースが問題となる一方で、森閑とした美濃の山では、登山者も道をたどることで登山道維持に一役買うことができる。もっと登られていい山だとおもった。

10：35〜11：00…藤橋東杉原登山口13：10—小津登山口

〈メモ〉

●本文のルート以外に③小津集落からさらに奥（北）に入ったモレ谷の林道からのルートがある（登り3時間30分）。登山者は少なく、上部は踏み跡にヤブが被さる。

68

雷倉

かみなりくら、らいくら

別名　雷冥岳（らいくらだけ）

一一六八・六ｍ　二等（三角点名／矢谷）

雷倉[1]は、能郷白山から南に延びる雷倉山脈とも呼ばれる両白山地の支脈の中央部に位置し、本巣市（旧本巣郡根尾村）と、揖斐川町（旧藤橋村東杉原、久瀬村小津）にまたがる。支脈は、雷倉からさらに西南方向に曲がり、花房山、小津権現山へと続いていく。小津権現山、花房山が揖斐川本流側に登山口があるのに対し、雷倉は、支流の根尾川側の根尾の八谷集落から入山するのが一般的となっている。

古くから知られた山で、台形のどっしりした風格ある山容は里からもよく眺められる。しかし、最近まで登山道は整備されておらず、根尾八谷の集落から、中又谷と下津谷の間の尾根を踏み跡をたどって登られていた。最近この尾根に地元が登山道を整備されたと聞き、再訪してみた。

根尾西谷川沿いの国道一五七号線を北上。途中、高台にある道の駅を兼ねた「うすずみ温泉」に立ち寄ると、山頂部が平らになった雷倉の特徴ある姿を拝むことができる。その先で国道は急に細くなり、左手（西）に八谷谷に沿う県道二七〇号線を分ける。かつて馬坂峠を経て旧徳山村に至る

花房山からの雷倉

二万五千分の一地形図／樽見

適期　4月中旬～11月中旬　夏△

登山道　◎

標準タイム　根尾八谷から：登り3時間15分、下り2時間15分

難易度　Ⅱ

（1）この「山」も「岳」も付かない一風変わった山を、東の根尾側では「かみなりくら」、西の藤橋、久瀬側では「らいくら」と呼ぶ。山名の由来は、八谷の中又谷に「雷鳴倉」という岩場があることによるという説がある（『新日本山岳誌』）。また、天保五（一八三四）年の『細見美濃国絵図』など江戸期の古地図では「雷冥岳」と記され、天保一四（一八四三）年の『新撰美濃志』の小津村の項でも、「雷冥岳　村の北の方にあり高山なり」と記されている。いずれにしても、「クラ」とは、大台ケ原の大蛇嵓、千石嵓、尾瀬燧ケ岳の柴安嵓・俎嵓の「嵓」と同様、険しい岩の崖をさすのだろう。山麓の根尾西板屋に雷神社がある。

道でもあった県道に入ってすぐ左手に下り、橋を渡ると八谷の集落に入る。バス停のある集会所前の坂道を上った、どん詰まりが登山口で、手作りの標識がある。登山道は、山に取り付いてすぐ左手に折れ、山腹を巻いていくコンクリートの蓋のされた水路に沿って進む。谷の分岐で堰堤に向け大きくカーブするところを、曲がらずに川に向けて下ると、川の合流部に架かる鉄の橋を渡る。ここまでが従来迷いやすかったが、標識が整備され分かりやすくなった。植林の尾根に取り付くと後は尾根の一本道となる。ほの暗いスギ木立の斜面に朝陽が差し込み、山桜の花吹雪がきらめきながら舞い降りてくる。

やがて尾根はヒノキの植林から広葉樹林に変わり、まぶしい新緑に包まれる。次第に斜面は胸を突くようになり、さらに石灰岩のカルスト地形の岩場に差し掛かる。テープやロープに従い踏ん張って登ると、緩やかな尾根筋に出、伐採に使われた廃道化した林道と交差する。ふたたび尾根道に入り、灌木の急斜面を登っていくと、残雪の能郷白山が間近に現れ、雷岩という雨宿りできそうな岩屋にも出合う。

急斜面がふいに終わり、台形をした山頂部の一角に出る。別世界のように広々としておだやかな山上にはブナが多く、木立の間に花房山が三つ頭の堂々とした姿をみせる。稜線を覆うササが抑えられる残雪期には、花房山から縦走もできる。

二等三角点の山頂に到着。まず目に飛び込むのは、純白の白山。小津三山最北だけに、その姿を最も大きく神々しく眺められる。徳山ダム湖を取り巻く揖斐川源流部の寡黙な山たちもじっくり観察できた。

【登山記録】（—：車、…：徒歩）

2019年5月5日（火）快晴

—根尾八谷（駐車）6：30…鉄の橋6：50…林道出合8：30…雷倉山頂9：35～9：55…林道10：45…鉄の橋11：55…八谷12：10—

〈メモ〉

●石灰岩の山は夏場にヒルに悩まされることが多く、この山も夏季は十分対策するか、避けるかした方がよい。

69

蕎麦粒山

そむぎやま

一二九六・六ｍ　二等（三角点名／蕎坪山）

別名　ソバツボ山

二万五千分の一地形図／美濃広瀬

適期　4月下旬～11月中旬

登山道　①尾根新ルート：◯（整備にはムラがある。標識はなく一部ルートファインディングが必要。大谷川の丸木橋がないこともある）②旧ルート：△

標準タイム　①尾根新ルート：登り3時間15分、下り2時間30分

難易度　①尾根新ルート：Ⅱ↑、②旧ルート：S↑

蕎麦粒山(1)（標高一二九七ｍ）は、揖斐郡揖斐川町（旧坂内村、旧徳山村）に位置し、越美山地において「西の蕎麦粒・東の屏風」と並び称せられる同山地西部を代表する鋭鋒である。蕎麦粒のように三角に尖った山容は、標高以上に立派に見え、この地域の山岳風景を引き締めるアクセントとなり、山座同定の鍵ともなっている。

この山への登山ルートは、揖斐川町坂内広瀬から大谷林道が使用できた頃は、林道終点まで車で入り、大谷川を遡行して蕎麦粒山と小蕎麦粒間の稜線に至る尾根に取り付くのが一般的だった。しかし、林道の荒廃が進んだため、川岸を離れ大きくカーブする手前で車両通行止めとなり、長い林道歩きが必要になった。そのため、近年林道の通行止め地点から大谷川を渡渉し直接南の尾根に取り付く直登ルートが開かれた。

梅雨入り直前に仲間と大谷川沿いの旧ルートで登り、尾根新ルートで下ってみた。

通行止め地点に車を止め、大谷林道を歩き始める。地形図では車道を表す二重線で表示されているが、実際は廃道状態で崩落が進み、草をかき分け、崖をへつり、沢を

湧谷山のブナ樹林から望む蕎麦粒山、小蕎麦粒

(1) 同名の山は他にもあるが、他は「そばつぶやま」と呼ばれ、蕎麦の古名「そばむぎ」に由来する「そむぎやま」と呼ぶのはこの山のみ。また、旧徳山村では「ソバツボヤマ」と呼ばれた。「ツボ」は粒の方言、また、伐採した木材に打つ△の刻印のことも「ソバツボ」ともいう。

(2) 東は、五蛇池山、黒津山、天狗山、小津三山。北東から北にかけて、恵那山、木曽山脈、御嶽山、乗鞍岳など。北は、能郷白山に白山連峰。西は、千回沢山、不動山、その奥に福井県境の冠山、金草岳、笹ヶ峰。南は、湧谷山越しに伊吹山地の山々。

(3) 丸木橋がない場合は渡渉要となる。増水時注意。

またぎながら進むこととなる。林道の終点からは、主に釣人のものらしい踏み跡をひろいながら大谷川沿いを遡行する。初夏の木漏れ日に渓流は輝き、サワグルミ、トチ、カツラなどの渓畔林は大木が多く、深々とした緑にひたされる。メンバーから「ここでゆっくり昼寝したいなあ」の声。

大谷川が源流部らしい様相を示すあたりで、右手直角に岩肌をさらす狭い谷を分ける。その手前が、五蛇池山と蕎麦粒山の分岐で、蕎麦粒山には、左手の尾根に取り付く。岩のやせ尾根に、ヒメコマツ、ヒノキの根とホンシャクナゲがびっしり絡み付き、短い距離で標高差四〇〇m以上の急登となるが、尾根上部は傾斜も緩やかになる。小蕎麦粒と蕎麦粒山をつなぐ稜線に出た場所の大岩は、蕎麦粒山をはじめ、奥美濃の山々が展望でき、大休止にいい。

稜線上はチシマザサが踏み跡を隠すように被さり、ヤブ漕ぎの連続となる。以前よりずいぶん踏み跡が不明瞭で、熊に注意しながら一時間半ヤブと格闘の末、蕎麦粒山山頂に到着。二等三角点の山頂は開け、三六〇度の展望が得られる。(2)

下山は、新たに開かれた尾根新ルートを下る。湧谷山を真正面に見ながら南下する尾根は、ササが被る部分もあるけれども踏み跡は格段に明確で、立派なブナが多く気持ちよく降りていくことができる。ルートの最後は、植林帯の作業道に合流、大谷林道の通行止め地点に降り立つ。大谷川には、幸い丸木橋が架かり、渡渉せずに済んだ。(3)

同行のメンバーは、「尾根道のピストンだけじゃ、あっけなくて、やっぱり周回できることに意義があるんじゃないかな」と言っていたが、まったく同感だった。

【登山記録】（―：車、…：徒歩）
２０１７年６月４日（日）快晴
―さかうち道の駅（登山届）―大谷林道通行止地点（駐車）８：３０…（林道終点から川沿いの踏み跡をたどる）…五蛇池山との分岐10：20…稜線取付12：00…蕎麦粒山14：40…（尾根ルート）…駐車地点17：30

70

両白山地・越美山地

三周ヶ岳

さんしゅうがたけ

一二九二・〇m　一等（三角点名／三周岳）

三周ヶ岳（標高一二九二m）は、越美山地の岐阜・福井県境主稜線から岐阜県側に張り出した尾根上にあり、揖斐川町門入に位置する。山名の由来は「あたりを三周したいほど眺望のすぐれた山」、「美濃、越前、近江の三国を見渡せる山」など諸説ある。西南三・五kmにある三国岳（一二〇九m）が岐阜・福井・滋賀県境で、越美山地と伊吹山地の境界ともなっている。

この三周ヶ岳と三国岳との間に夜叉ヶ池がある。池の直径約八〇m、周囲約二三〇m、最大水深約七・五m、流れ込む川もないのに、いつも美しい水をたたえている。池には雨乞いのための生贄として娘が龍神に嫁いだという伝説[1]が伝わり、泉鏡花が『夜叉ヶ池』という作品に翻案し、それが坂東玉三郎主演の映画や、舞台にもされたので広く知られ、池を訪れる人は年間数万人に及ぶという。そのため、ヤブ山ばかりの越美山地には珍しく、池までしっかりした登山道が整備されている。福井県側にも類似する龍神伝説が伝わり、ブナ原生林の尾根に登山道（②）が付けられている。

紅葉の見事さでも知られるこの山に、一一月初旬に訪れた。

夜叉ヶ池山からの夜叉ヶ池と三周ヶ岳（中央左奥）

二万五千分の一地形図／広野

適期　6月30日（山開き）～11月
※池ノ又林道開通期間

登山道　夜叉ヶ池までは◎　その先三周ヶ岳までは○

標準タイム　①登り3時間15分、下り2時間30分
②登り3時間15分、下り2時間20分

難易度　Ⅱ

（1）弘仁八（八一七）年、美濃の国が大干ばつに見舞われた折、美濃国平野庄（現安八郡神戸町）の郡司安八大夫安次は、草むらの小蛇に「もしそなたが雨を降らせてくれるのなら、私の大切な娘を与えようものを」とつぶやいた。その小蛇は美濃の山奥にすむ龍神の仮の姿で、願いどおり雨を降らせ、旱魃を救ってくれた。若者に姿を変えた龍神が大夫のもとに訪れ、三人娘の次女が（末娘の説も）、けなげにも龍神に嫁いでいった。娘に会うため、大夫は龍神がすむと聞いた山奥の池にたどり着いた。「もう一度姿を見せてくれ」と声をかけると、巨大な龍が現れ、「これが私の今の姿、この姿になったからは、もう人に姿を見せられません」と言い残し

国道三〇三号線の岐阜県側最後の集落、揖斐川町坂内の川上集落から登山口までの通称「池ノ又林道」は、すれ違いもままならず、終点の登山口に無事着きほっとする。

早立ちしてきたので、人の姿はなく、熊鈴を鳴らしながら池ノ又谷の沢沿いに入山する。さすが龍神伝説の地、沢の水はどこまでも澄んでいる。登山口周辺のブナ林は若木だが、谷に入り込むほど大木になる。谷の最奥部が近づくと、行く手に夜叉ヶ壁というチャートの大岩壁がそそり立っている。とらえどころのない樹林の山も多い越美山地の山々にあって、その迫力は別格で、紅葉・黄葉が極みの色で岩壁を飾る。夜叉姫が身を清め龍神のもとに向かったという幽玄の滝、夜叉ヶ壁を何段にも落ちる昇龍の滝を見ながら夏にはニッコウキスゲが咲くという急坂を登り詰めると鞍部に出る。

不思議な静けさにあたりを見回すと、すでに紅葉の果てた木立の奥に、静かにその池はあった。さほど大きくもなく、出ず・入らずなのに、日照りの年も干あがることがないという。池の畔には、夜叉龍神社の奥宮が鎮まっていた。

池を後に、三周ヶ岳に向けて北に進む。池までの往復の人が圧倒的に多いようで踏み跡にはヤブが被っている。夜叉ヶ壁の上の痩せ尾根を通過する頃には、秋晴れの空に雲が低く垂れこめだし、ツグミだろうか、おびただしい小鳥が風にあおられ、礫（つぶて）のように稜線を越えていく。

速い風が雲を払って、ようやく頂きが姿を現す。立派な一等三角点の標石のある山頂に到達。三六〇度遮るものもない稜線は、もう雪を待つだけの色になっていた。

去った。この池は、夜叉ヶ池と呼ばれるようになり、今も神戸町に住む安八大夫の子孫が旱魃の折、雨乞いに行くという。

【登山記録】（—：車、…：徒歩）
2015年11月3日（火）快晴
—川上集落6：30—（池ノ又林道）—登山口（駐車）7：05…夜叉ヶ池8：45…三周ヶ岳10：30…池11：45…（三国岳往復）…池14：55…登山口15：55

高丸

たかまる

別名　烏ヶ東山

一三一六・三ｍ　三等（三角点名／高丸）

高丸[1]は、揖斐川町坂内（旧坂内村）と同町門入（旧徳山村門入）の境界に位置し、地形図には標高と三角点記号が記載されるばかりで山名の記載はなく、地元でも知る人の少ない奥山である。夜叉ヶ池から三周ヶ岳へ向かう途中にある県境稜線の一二五二ｍピークから東に派生する支脈に位置し、そのさらに東に烏帽子山（標高一二四二ｍ）が続く。標高は、一三一六ｍと、揖斐川水系では能郷白山（一六一七ｍ）と伊吹山（一三七七ｍ）に次ぐ。

地形図に山名さえ記されない豪雪地帯の山だけに、登山道はなく、①池ノ又林道終点手前からのヤブ漕ぎのルート、②南側の烏ヶ東谷の沢登りのルート、そして③椀戸谷と池ノ又谷の出合から尾根に取り付く残雪期ルートが知られている。そのうち、③のルートは、県境稜線から派生する支脈上の高丸と烏帽子山の間の通称ジャンクション・ピークとも呼ばれる小ピークに出る。ここから烏帽子山は三〇分ほどだが、高丸はアップダウンの繰り返しでなかなか遠い。三月の快晴の日を狙い、単独日帰りでめざした。

美濃俣丸からの高丸

二万五千分の一地形図／広野、美濃川上

適期　積雪期２月下旬～４月（無雪期10月～11月）

登山道　ー（残雪期、またはヤブ漕ぎ・沢登り）

標準タイム　ー

難易度　積雪期Ｓ❄❄　無雪期Ｓ↑

（１）江戸後期の『細見美濃国絵図』で三周ヶ岳の傍に描かれる烏東山がこの山にあたると考えられ、南面の谷は現在も烏ヶ東谷と呼ばれている。近年は、三角点の基準点名である「高丸」が、山名として定着している。

なお、『ぎふ百山』ではこの山を「黒壁」としているが、その由来には触れられていない。『美濃徳山の地名』（水資源開発公団刊）では、三周ヶ岳東側の岩壁を「サンシュウノクロカベ」としており、高丸に対しては、特段名を付しておらず、また、この山に壁のように岩肌の露出した部分はない。『改訂版新日本山岳誌』（日本山岳会編）、『三訂　奥美濃』（高木泰夫著）も、高丸とする。

早朝五時半、揖斐川町坂内の川上集落から始まる池ノ又林道入口に立つ。林道開通を確認してきたのだが、数日前の新雪のため再び道は塞がれている。仕方なく林道歩きで神岳ダムに到着。椀戸谷と池ノ又谷出合の橋の手前でスノーシューを装着し、右手の廃道になって久しい林道に取り付く。雪崩に気を付けながら慎重に進み、二つの沢をまたいだ先の尾根に取り付く。最初のスギの植林帯の急登が体力を消耗する箇所。標高を稼ぐほどなだらかになり、上部の林道に出る。確実を期して一泊二日にするなら、林道上がテント設営の好適地だろう。

林道の上の急斜面を詰め、丸いヤドリギをいくつも付けた立派なブナに出合うあたりから、ジャンクション・ピークに至る見晴らしのいい尾根歩きがはじまる。右手に皆伐されたため真っ白に見える烏帽子山、左手奥にブナの巨樹が遠目にも目立つ重厚にして寡黙な高丸が並び立つ。

正午過ぎ、ジャンクション・ピークに到着。雪庇の発達した高丸までは、まだまだ遥か。風が雪の上に風紋を残す稜線は、夢の中を歩くよう。何とか一四時過ぎ、細長い、ひたすら白い山頂に立つ。

三周ヶ岳、美濃俣丸など県境の山々、右手の烏帽子山、その奥に徳山ダムができて今や岐阜県でも最も登頂が困難な山となった不動山と千回沢山、その彼方に能郷白山から白山……。一期一会の思いで三六〇度展開する奥美濃の山々を目に焼き付ける。

下山も長丁場、一八時少し前に神岳ダムに降り立つ。林道には新しい雪崩の跡。車で入っていたら帰れないところだった。暮れ果てた林道はやがて月明かりに包まれ、一番星が、オリオン座のリゲルだと気付く。

【登山記録】(—:車、…:徒歩)
2017年3月11日(土) 快晴
—川上集落(駐車)5:30…神岳ダム堰堤北の橋手前6:50…(古い林道)…尾根取付7:40…古い林道9:35…稜線取付10:10…ジャンクションピーク12:10…高丸14:05…ジャンクションピーク15:10…ダム堰堤17:58…川上18:45

〈メモ〉
●無雪期はヤブが濃く展望はない。

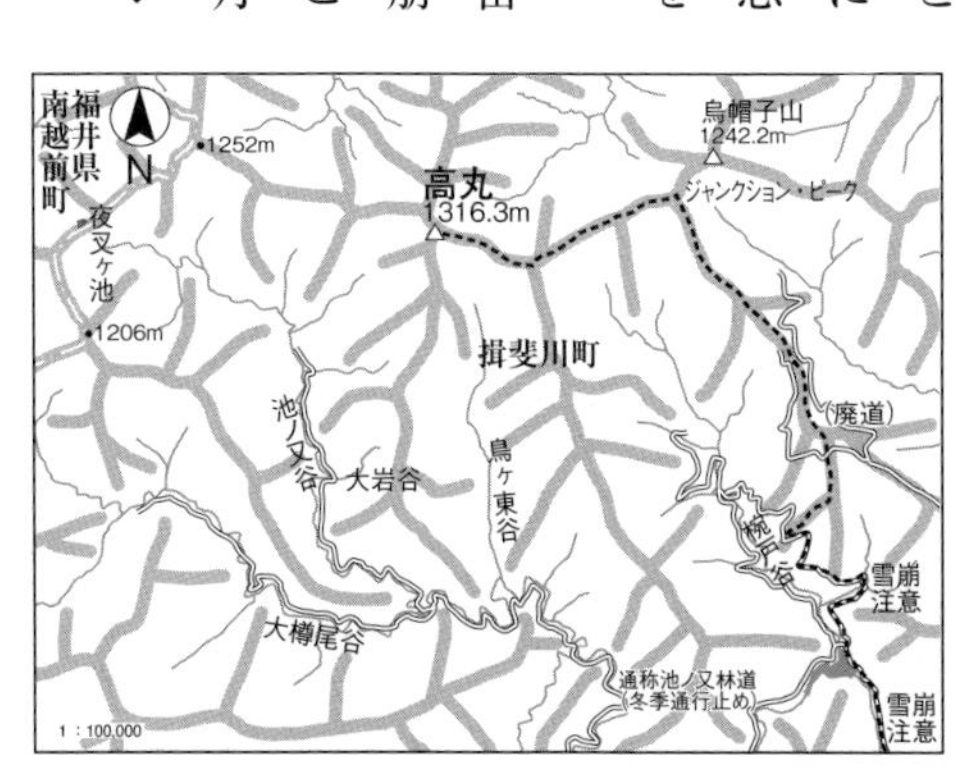

72

笹ヶ峰

ささがみね　別名　焼小屋丸

一二八四・六m　三等（三角点名／長所）

笹ヶ峰（標高一二八五m）は、越美山地の中においても、とりわけ里からも峠道からも離れて遠い、奥山の象徴のような山である。夏場はその名の通りびっしりチシマザサに覆われ、冬は日本海からの季節風がまともにぶつかり雪深さは半端ではない。

徳山ダムができる以前、釈迦嶺に登った折、「奥美濃の主」といわれた先輩に、笹ヶ峰はここよりずっと遠いぞと脅かされ、この山の名を覚えた。当時は釈迦嶺まで伸びていた伐採用の林道が使え、残雪期か赤谷の支谷を沢登りで詰めて登られていたが、今はその林道も廃道化して久しく、岐阜県側からは、さらに遠い山になってしまった。

一方、福井県側は、登山道がないのは同様だが、日野川に一九七六年広野ダムが、さらに二〇〇五年その奥に二ツ屋分水堰が竣工されたことに伴い道路が整備されアプローチしやすくなった。そのため長丁場ながら残雪期なら日帰りも可能となった。二ツ屋分水堰から尾根に取り付き、美濃俣丸（一二五四m）で県境稜線に出て笹ヶ峰をめざし、北側の天草山（八五二m）の尾根から旧大河内集落に下りる周回縦走を単独行で計画してみた。

北側、天草山側からの笹ヶ峰

二万五千分の一地形図／広野

適期　3月～4月上旬※稜線の雪、アプローチの道路の除雪状況、天候の条件がすべてそろう日は3月～4月でもごく限られる。

登山道　一（沢登り・ヤブ漕ぎでの登頂は困難、残雪期が登山適期）

標準タイム　一

難易度　S❄❄

【登山記録】（―：車、…：徒歩）

2017年3月25日（月）晴

―広野ダム―二ツ屋分水堰手前（駐車）5：15…分水堰5：30…林道分岐5：45…尾根取付点6：25…九一二m峰7：45…美濃俣丸9：10…大河内山10：35…ロボットピーク11：20…笹ヶ峰11：45…天草山15：15…大河内集落跡16：45…二ツ屋分水堰18：00…駐車場所18：15―

〈メモ〉

●福井県側から笹ヶ峰に直登する場合、日野川上流の今は廃村となった旧今庄町大河内集落から、天草山（八五二m）の尾根か、あるいは源平谷山（九五〇m）の尾根を登ることになる。

●美濃俣丸と笹ヶ峰をつなぐルートは、①美濃俣丸への尾根は前記

三月最終週の土曜、快晴、二ツ屋分水堰の手前まで除雪され車で入ることができる好条件がそろう。夜明けとともに分水堰を渡り、林道を進み、分岐の左手をジグザグに登ると、大きくカーブした箇所で尾根に突き当たる。ここで林道を離れ、わかんを着けスギの植林帯に入る。斜面を巻きながら直進すると、明確な尾根筋に出て、伐採後の二次林に変わる。尾根の踊り場で美濃俣丸の丸いピークが顔をのぞかせる。皆伐を逃れた立派なブナに覆われた最後の急登でアイゼンに履き換える。

ひたすら白い美濃俣丸の頂きから美濃側を見渡すと、越美山地南部と伊吹山地の白き山々がひしめき合っている。一方、福井県側は山肌も黒っぽく、岐阜県は雪国・山国なんだなあと改めて実感させられる。

ここから県境稜線を、大河内山（別名ヨセン谷丸：一二八八ｍ）、かつてロボット雨量観測所があった通称ロボットピーク（別名夏小屋丸：一二九四ｍ）そして笹ヶ峰までアップダウンを繰り返すが、それほどきつくなく、豪雪を堪能できる快適な縦走路。ただし稜線には分厚い雪庇が発達し、一部亀裂が入っているので、気は抜けない。

北上していくにつれ、笹ヶ峰の頂が現れ、能郷白山をはじめとする越美山地から白山山地まで、雪とブナに覆われた山並みが目もくらむ密度で重畳する。

ようやく到達した笹ヶ峰の山頂。頭上は碧空、眺望はほしいまま。春山縦走としては手ごわいが、越美山地随一のルートとの印象を持った。

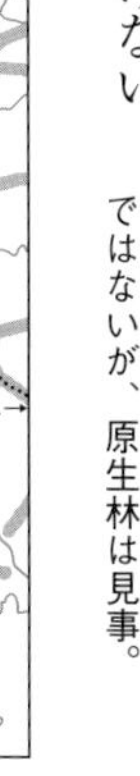
直登の尾根より稜線まで短く、人がそれなりに入っている ②美濃俣丸と笹ヶ峰を結ぶ県境稜線は、豪雪ゆえにさえぎる樹林もなく、残雪期の雄大な展望が楽しめるメリットもある。

●無雪期岐阜県側赤谷から中ツ又またはミト谷を遡行して登るのは、登攀技術と装備を要し、一般向けではないが、原生林は見事。

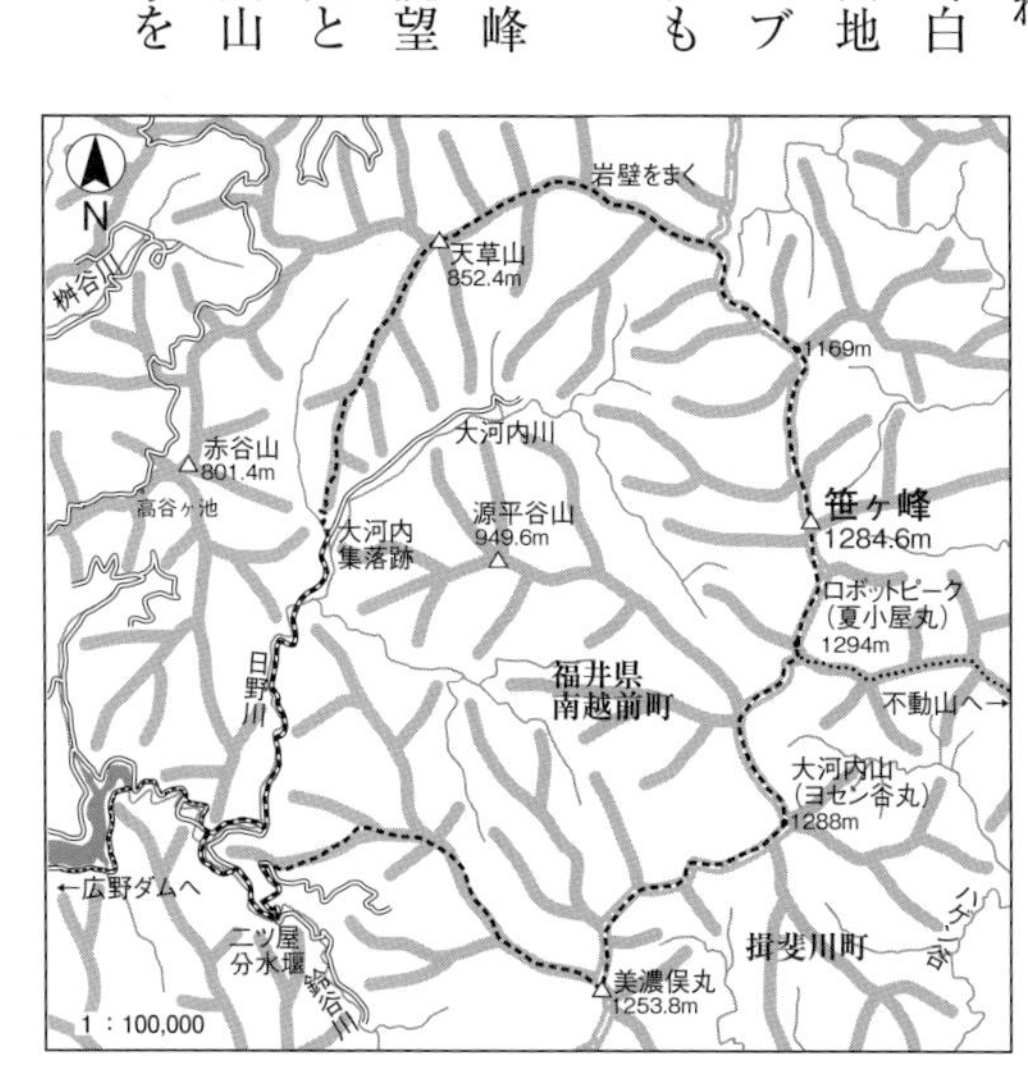

73

金草岳

かなくさだけ　別名　塚奥山、金糞ヶ嶽

一二二七・一ｍ　二等（三角点名／塚奥山）

二万五千分の一地形図／古木、冠山

適期　6月～11月上旬（林道冠山線開通期間）

登山道　◎

標準タイム　登り2時間15分、下り2時間

難易度　Ｉ＋

金草岳[1]（標高一二二七ｍ）は、岐阜・福井県境稜線にあって、冠山峠を挟んで冠山の西に位置する。岐阜県側から見ると、隣の冠山が岩峰の頂きを突き上げるのと対照的に、その山容は、悠然と大地に根を下ろした姿でながめられる。一方、福井県側の斜面は、硬いチャートの残丘が露出し、なかなか峻嶮である。揖斐川源流部の山の大半に登山道がない中で、県境の冠山峠（一〇五〇ｍ）まで林道冠山線が通じ、登山道が整備されていることから、岐阜・福井いずれ側からも登山者が多い。

金草岳の東側鞍部には、徳山村の塚集落と越前国鯖江藩領の楢俣集落を結ぶ檜尾峠があった。越前と接する根尾や徳山は、浄土真宗（一向宗）の拠点であった越前側の布教活動によってその信仰が盛んで、鯖江の誠照寺が夏に蝿帽子峠を越え、根尾から徳山を回り、秋に檜尾峠から寺に戻る「美濃檀家廻り」を江戸時代から行ってきた。

冠山と金草岳をつなぐ県境稜線の福井県側の斜面は国有林で、林野庁が「楢俣ブナ植物群落保護林」に指定した同県を代表するブナの原生林が広がっている。一方、岐阜県側はほとんどが民有地で、昭和四〇年

冠峠側からの金草岳

（1）かつては「塚奥山」、「金糞ヶ嶽」とも呼ばれていた。塚奥山は、徳山村最北にあった塚集落にちなむもので、山頂の二等三角点の基準点名もこの名称。金糞ヶ岳は、福井県側の山麓にある芋ヶ平に鋳物に関わる集落跡があったことから、伊吹山地の金糞岳と同様、カナグソ（金屎・鉄屎＝鉄の鉱滓〔スラグ〕のこと）にちなむものと考えられる。貞享二（一六八五）年の『越前国之図』（松平文庫蔵〔福井県立図書館保管〕）では「カナクソカ嶽」、幕末の『越前国地理全図』（同）では「金屎ケ岳」と記され、「金草岳」と呼ばれるのは幕末以降と考えられる。

（2）徳山ダム完成後、揖斐川源流部の山々は、水源かん養のため、

代を中心に、製紙会社などによって縦横に林道が通され皆伐されてしまった。原生的なブナ天然林が世界最大級の規模で分布している白神山地がユネスコ世界遺産に登録されるのは一九九三（平成五）年、それから三〇年ほど後のことになる。

金草岳の登山口は峠の西側に開かれ、地蔵さまの祠が目印。登山道は、よく踏まれ、歩き始めの一一一八mピークを北に巻いていくあたりはブナの巨木が集中し、ゆったりと枝を伸ばして見ごたえがある。県境稜線に出ると、行く手に金草岳が風格と陰影を兼ね備えた姿を現わす。これ以上近付くと全容が捉えられなくなるので、このあたりがベスト・アングルだろう。振り返ると、通ってきたブナ林の向こうに、冠山が南にやや傾いた岩峰を持ち上げ、山名のとおり神の被り物のように見える。

一〇四七mの布滝ノ頭から大下りした後、登り返した九九八mの小ピークで檜尾峠に出る。岐阜県側は廃道になってしまったが、福井県側は楢俣から峠までのルートが残され、若干ヤブ漕ぎはあるが今も踏まれている。峠を越え標高を上げていくと、一面丈高いチシマザサの原となり、もし刈り払いがなければ過酷なヤブ漕ぎとなる場所だろう。目の前にピークが迫るが、これは手前の白倉山で、初夏にはニッコウキスゲやシモツケソウの群落がみられる。

白倉山から今しばらくで、二等三角点の山頂に到着。山頂は広場になり三六〇度の展望が得られ、山々をじっくり観察できる。北から東にかけて白山、荒島岳、能郷白山、冠山が連なる。そして南東の徳山ダム湖から西に揖斐川源流部の山々が晩秋の光の中で波のように重なり合う。その多くは、深く傷ついた山でもある。(2)

植林や林道のメンテナンスはせず、自然に還していく計画になっている。百年後、再び樹林に覆われるのを期待したい。

【登山記録】（—：車、…：徒歩）2017年11月5日（日）快晴

—（国道四一七号線・林道冠山線）—冠山峠（駐車）6：55…冠平7：50…冠山山頂8：05…冠山峠9：15…檜尾峠10：30…金草岳山頂11：25〜11：50…檜尾峠…冠山峠13：45—

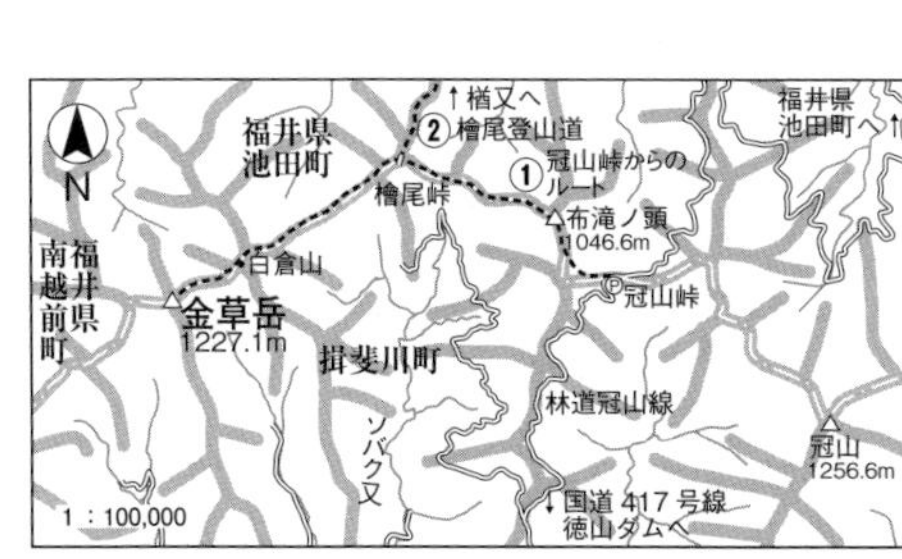

かんむりやま、かんむりさん

冠山

一二五六・六ｍ　三等（三角点名／冠山）

冠山（標高一二五七ｍ）は、越美山地の福井・岐阜県境主稜線にあり、揖斐川の源となっている。源流部の山のうち飛び抜けて高いわけではないけれども、穏やかな山並みの中に独り岩峰を突き出し、存在感は際立つ(1)。山名も、岩の頂きを神の依り代としての冠に見立てたものだろう。

揖斐川源流部最奥に位置するため、かつてシタ谷を遡行し、南面のチャートの岩壁を登攀しなければたどり着けない、上級クライマー向けの難峰だった。しかし、一九七一（昭和四六）年、福井県今立郡池田町田代と岐阜県揖斐郡徳山村塚の間に林道冠山線が開通し、県境の標高一〇五〇ｍ地点にある冠山峠からの登山道が新設され、山頂に一時間あまりで立てるようになった。さらに、一九七八（昭和五三）年日本山岳会によって日本三百名山に選定されたこともあり、登山道さえない山が多い揖斐川源流部の樹林の山々の中で、例外的に多くの登山者を集めている。ただし、今でも、豪雪に閉ざされる一一月中旬から五月下旬まで一年の半分ほど林道が通行止めとなる雪深い山であることに変わりはない。

今一度この山に静かに向かい合いたくて、

金草岳登山道のブナ林越しに見る冠山

二万五千分の一地形図／冠山

適期　6月～11月上旬（林道冠山線開通期間）

登山道　◎

標準タイム　登り1時間30分、下り1時間

難易度　Ⅰ

（1）揖斐川源流部の山々は、日本最古の地層である西南日本内帯の山系に属し、海底に堆積してできた泥岩や砂岩で構成されているため、全体に穏やかな山容である。しかし、冠山の山頂部を含んだ帯状の地層は硬いチャートでできているため、地殻変動による削剥からチャート部分が削り残され、その中でも冠山はそそり立つ岩峰となっている。

（2）大きな峠の石碑を挟んで、福井県側には池田町の石の町名標がひとつ、それに対し岐阜県側には、徳山村―藤橋村―揖斐川町と三つも並んで、徳山ダム建設計画と並行して過疎化が進み、村が併合されていった歴史が垣間見られる。

林道が冬季閉鎖される間際、早朝に訪れた。

今はなき徳山村が水底に眠るダム湖を過ぎる頃は、まだ明るい満月が湖面を照らしていた。湖の左岸（東側）に素晴らしく立派な道路に付け替えられた国道四一七号線から林道冠山線に入ると、舗装こそされているものの、車のすれ違いもままならない山道となる。深い谷の向こうに、頭に最後の雲を置いた冠山の朝明けの姿が眺められる。

冠山峠[(2)]のがらんとした広い駐車場に車を止め、熊鈴を腰に付けて登山開始。しばらく霧に包まれた木立の中を進むと、独特のつんとする強いにおいが窪地に残っている。――ああ、これは熊だ。昼間ならハイキング気分の道だけれども、改めて見回せば、あたりはブナの原生林、この山が人を寄せ付けなかった時代と変わりのないたたずまいなのだった。最後まで架かっていた雲が払われ、尖った山頂が姿を現す。

峠から四五分ほどで、山頂への取り付きと、ササ原の小平地、冠平に下る道の分岐に出る。北側から見上げるピークは、そそり立つ岩の壁状で、短いながら、スリリングな登攀気分が味わえる。

ひと息に登りきり、狭く細長い冠山の山頂に到着。三六〇度遮るもののない展望が得られる。まず目を引くのは、能郷白山と、すでに白くなった白山連峰。そして福井県側には、荒島岳や銀杏峯（げなんぼ）などがゆったり眺められる。しかし、磨かれたような秋空の下、岐阜県側の、光る波のようにうち重なる、その多くに登山道もない揖斐川源流部の山々にどうしても心惹かれてしまう。ハイキング気分で登れる山だが、奥美濃の山々の来し方行く末を想いこの頂きに立つ時、また別の感慨にひたされる。

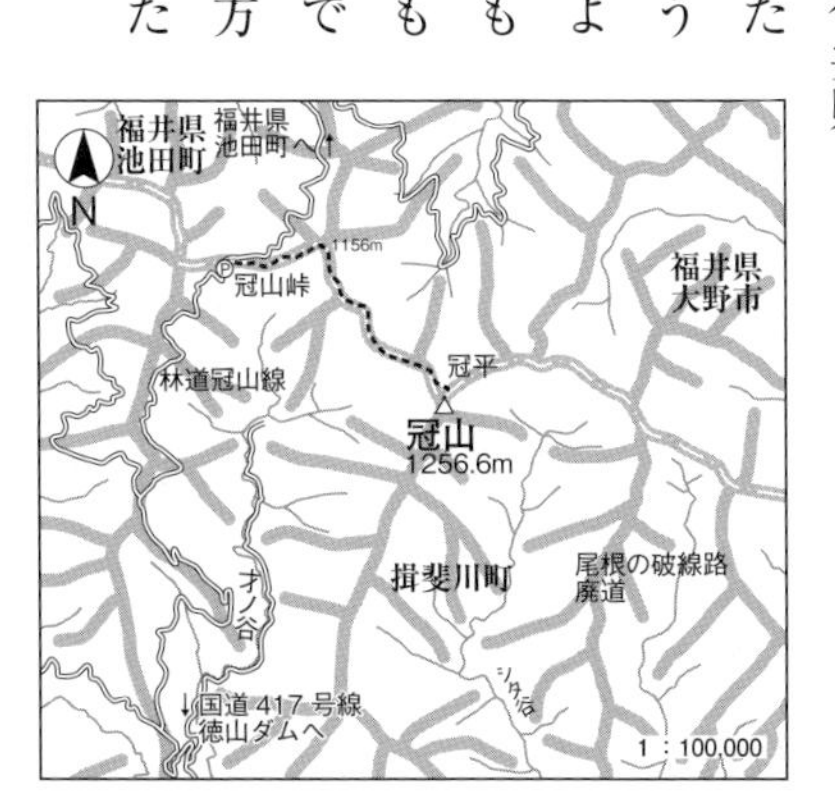

【登山記録】（—：車、…：徒歩）
2017年11月5日（日）快晴
—（国道四一七号線・林道冠山線）—冠山峠（駐車）6：55…冠平7：50…冠山山頂8：05…冠山峠9：15—（金草岳へ）

〈メモ〉
●国道四一七号線の県境部は、未整備区間となっていたが、二〇二四年度目途で冠山の下をトンネルで通る冠山峠道路が開通し、通年通行が可能となる予定。登山環境も変わることだろう。

若丸山

わかまるやま

一二八五・七ｍ　二等（三角点名／若丸山）

若丸山(1)（標高一二八六ｍ）は、岐阜・福井県境稜線にある揖斐川源流部の山で、岐阜県揖斐川町（旧徳山村）と福井県大野市にまたがる。越美山地の盟主能郷白山（一六一七ｍ）と、冠山（一二五七ｍ）に挟まれたブナ純林の奥山である。

揖斐川源流部の山々は、日本海からの冬の季節風がぶつかる日本有数の豪雪地帯で、かつては白神山地のようにブナを中心とする落葉広葉樹林に覆われていた。しかし、高度経済成長の波が遅ればせに及んだ一九七〇年前後に、ほぼ全域が皆伐されてしまう。そのような中で、最も奥山である若丸山は辛うじて伐採を逃れ、この山域のかつての姿を留める貴重な山となっている。

奥山だけに登山道はなく、かつては冠山から県境稜線をたどってヤブ漕ぎするか、徳山村を起点にヒン谷か扇谷を沢登りで詰めて登られることが多かった。しかし、沢の出合がダム湖（徳山湖）に沈んでしまったため、近年は、ヤブの押さえられる残雪期に国道四一七号線の塚白椿隧道北出口から尾根通しで登られることが多い。このルートを紹介したい。

南側の尾根から仰ぐ若丸山

二万五千分の一地形図／冠山

適期　残雪期が登山適期

登山道　－（残雪登山の山、ただし一部ヤブ漕ぎとなる）

標準タイム　－

難易度　S❄❄⇈

（1）山名の由来は定かでないが、揖斐川源流部には、高丸、美濃俣丸、焼小屋丸（笹ヶ峰の別名）など「丸」の付く山が集中し、この山もかつては若丸と呼ばれていたのではないだろうか。

「丸」と呼ばれる山は、丹沢山地や四国山地など一定の地域に集中している。木暮理太郎は「マル及ムレ」（『山の憶ひ出下巻』所収）において、「此等の地方が百済人や高麗人に依りて早く開拓されていたことに注意するならば、或は其等の人々が将来した言葉ではないかとの疑を生ずるであろう。事実マルは山を意味する韓語に外ならない」としている。

［登山記録］（―：車、…：徒歩）

２０１９年４月６日（土）晴

隧道出口の取り付きは尾根の地形も明確ではなく、スギ植林の斜面から登りはじめる。しばらくして現れるコナラなどの二次林の急斜面を登りきると明確な尾根となり、ブナの純林に入る。このあたりで、わかんを装着。豪雪地帯のブナは、雪に埋もれる期間が長いせいか幹がまっすぐ伸び、高みで枝分かれする。若丸山のブナたちもその典型で、天を指し新雪を輝かせている。

梨ヶ平という山上の小平地で、東へ向かっていた尾根は南東方向と北東方向に分岐する。その北東方向に急角度に折れる痩せ尾根への下降点を見落とさないようにするのがルート取りのポイント。尾根は、残雪の深い比較的広い部分と、岩が露出した痩せた部分が繰り返され、ブッシュも出ていたりしてピッチがなかなか上がらない。尾根は最後にすっきり絞られた台形の若丸山山頂がそびえる県境主稜線にぶつかる。岩とブッシュを巻き、ずり落ちないよう一歩一歩踏んばりながら急斜面を登って主稜線に出、さらに左手（西）に一五分ほどラッセルして山頂にたどり着く。山頂部のブッシュも雪の下になり、能郷白山や白山のほか、伊吹山地、越美山地の展望をさえぎるものはない。苦労の甲斐がある大展望をほれぼれ眺めた。

若丸山は、登山適期の短い、いたって寡黙な樹林の山である。しかし、今後冠山トンネルの開通とともに国道四一七号線が通年通行可能となると、残雪期のこの山へのアプローチは格段に良くなる。また、山頂までたどり着くのは熟達者でないと困難だが、梨ヶ平まででであれば、比較的容易に往復できる。残雪期、新緑、黄葉と季節を追い、揖斐川源流部の山の豊かさをしのぶだけでも、十分に味わい深いだろう。

—国道四一七号白椿隧道北出口（駐車）6：50…分岐8：50…若丸山12：05〜12：40…分岐15：10…隧道北出口16：40

〈メモ〉

●本ルートは梨ヶ平までは踏み跡や残置テープもあるが、分岐以降は厳しいブッシュで、無雪期のヤブ漕ぎは相当な体力を要するため残雪期が登山適期。長丁場で熟達者向けの山。

●国道四一七号線の冠峠道路が開通し通年通行可となると、登山適期は早まる見込み。

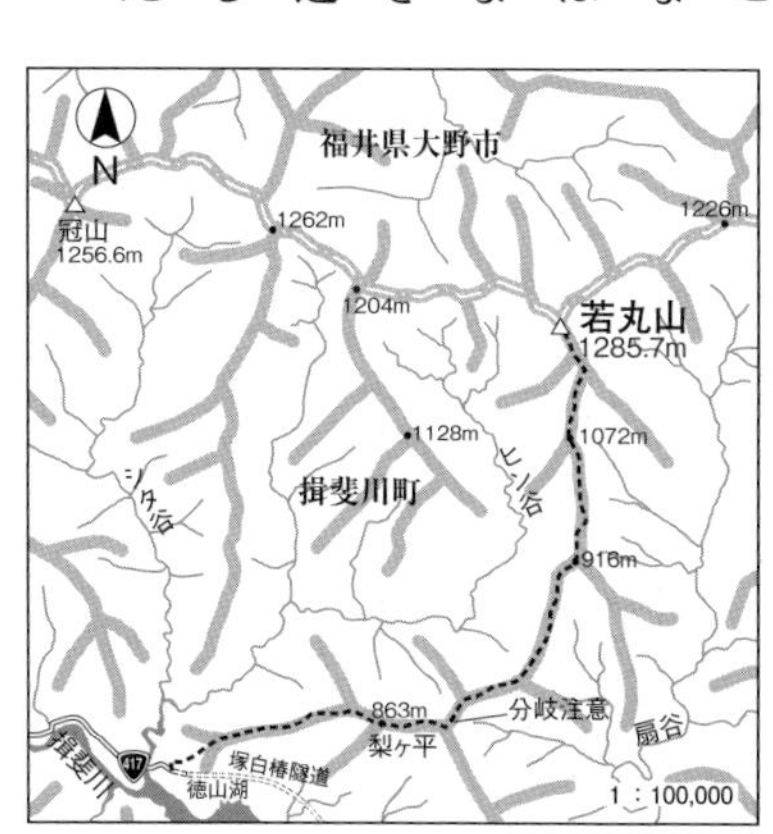

76

能郷白山

のうごうはくさん

一六一七・四m　一等（三角点名／能郷白山）

別名　納郷山、御岳（みたけ）、権現山

二万五千分の一地形図／能郷白山、能郷

適期　①能郷谷ルート：3月中旬～11月中旬　②温見峠ルート：5月中旬～11月中旬

登山道　①②とも◎

標準タイム　①能郷谷ルート：登り4時間、下り3時間30分　②温見峠ルート：登り2時間20分、下り1時間40分

難易度　①能郷谷ルート：Ⅱ　②温見峠ルート：Ⅰ

能郷白山（標高一六一七m）は、越美山地のほぼ中央、岐阜県本巣市根尾（旧本巣郡根尾村）と揖斐郡揖斐川町徳山（旧揖斐郡徳山村）、福井県大野市（旧大野郡西谷村）にまたがってそびえる。同山地の最高峰で、前山（一五一〇m）や磯倉（一五四一m）を従えた山容は、どっしりとして盟主の風格を備え、濃尾平野からも、周辺で最後まで雪を残す姿が親しく眺められる。

その名は、白山信仰に由来し、養老元（七一七）年に白山を開山した泰澄が、翌二年この山を開山して白山権現の祠を祀ったと言い伝えられ、今も山頂に白山神社奥宮（かつての白山権現）が鎮座する。また、能郷とは、この山の南麓、根尾側の古くから登山口となってきた集落の名前で、その名の通り古くから能楽が伝承され、白山神社（かつての白山権現里宮）では、毎年四月一三日の例祭に能・狂言が奉納される。

温見峠を挟んで北側の苅安山からの能郷白山

登山道は、①根尾能郷から能郷谷(1)を遡り前山を経由して山頂に至る「能郷谷ルート」（登り四時間）と、②国道一五七号線の岐阜・福井両県県境の温見峠からの「温見峠ルート」（登り二時間二〇分）がある。

（1）能郷白山は花崗閃緑岩で構成されているため、風化した砂利を流出し続けており、一九六〇年に大きな土砂災害に見舞われた能郷谷には、砂防えん堤が実に三〇以上も連なる。

（2）「ガラガラ坂」というちょっとした難所を越えるとササ原の道となり、背後には、屏風山から続く県境稜線の上に、白山連峰が見えてくる。登山道は緩やかになり、蒼空に無数のイワツバメが飛び交う。通称「コロンブスピーク」（一四九二m）を経て能郷白山山頂に到着。白山連峰から飛騨山脈、御嶽山、恵那山に至る展望が広がり、その手前には越美山地東半分の山々が重畳する。西側の奥宮からは、伊吹山地や越美山地西半分の展望が良好。

古くからの信仰の道である①能郷谷ルートは、長丁場で健脚向けだが、林道の雪の解ける三月下旬頃から入山でき、残雪期登山を楽しむ登山者も多い。国道一五七号線から能郷谷沿いの道に入り、杉木立の中の能郷白山神社の社前を通って、林道終点四kmほど手前の車止めゲートに出る。現在はここが実質の登山道で、荒れた林道を一時間ほど歩いて林道終点の登山口に着く。

オフシーズンには外される仮設の橋で能郷谷を渡り、支尾根に取り付くと急登が始まる。林道に出会うまでの区間は若い二次林だが、支尾根を登りつめ、前山から本峰へとつながる尾根に入ると、ブナやミズナラなど落葉広葉樹林の森となる。小休止するのにいい踊り場を経て、前山に向けて標高を稼ぐと、一本一本挨拶したいような風格あるブナが連続する。前山の西側山腹を巻き、能郷白山のおおらかな頂きを目の当たりにするあたりからは、一帯はササ原にかわり、登山道沿いに夏はニッコウキスゲ、秋はリンドウが咲きみだれる。さらにひと登りで、一等三角点のある山頂、やや西に位置する白山神社奥宮に出る。山頂からの展望は、越美山地随一のもの。

もう一方の②温見峠ルートは、最短だが温見峠までの道路事情が悪いので事前情報の収集は不可欠。登山道自体はよく整備され、伐採後の二次林だけれども、新緑や黄葉の下、空を近くに感じながら気持ちよく歩ける。②

［登山記録］（—：車、…：徒歩）

2019年3月3日（日）曇

—能郷谷林道ゲート（駐車）6：20…登山口（仮設橋外され渡渉）7：35…能郷白山11：45〜12：20…ゲート16：55

2019年10月16日（水）快晴

—温見峠（駐車）7：40…能郷白山9：25…奥宮9：40…温見峠11：55

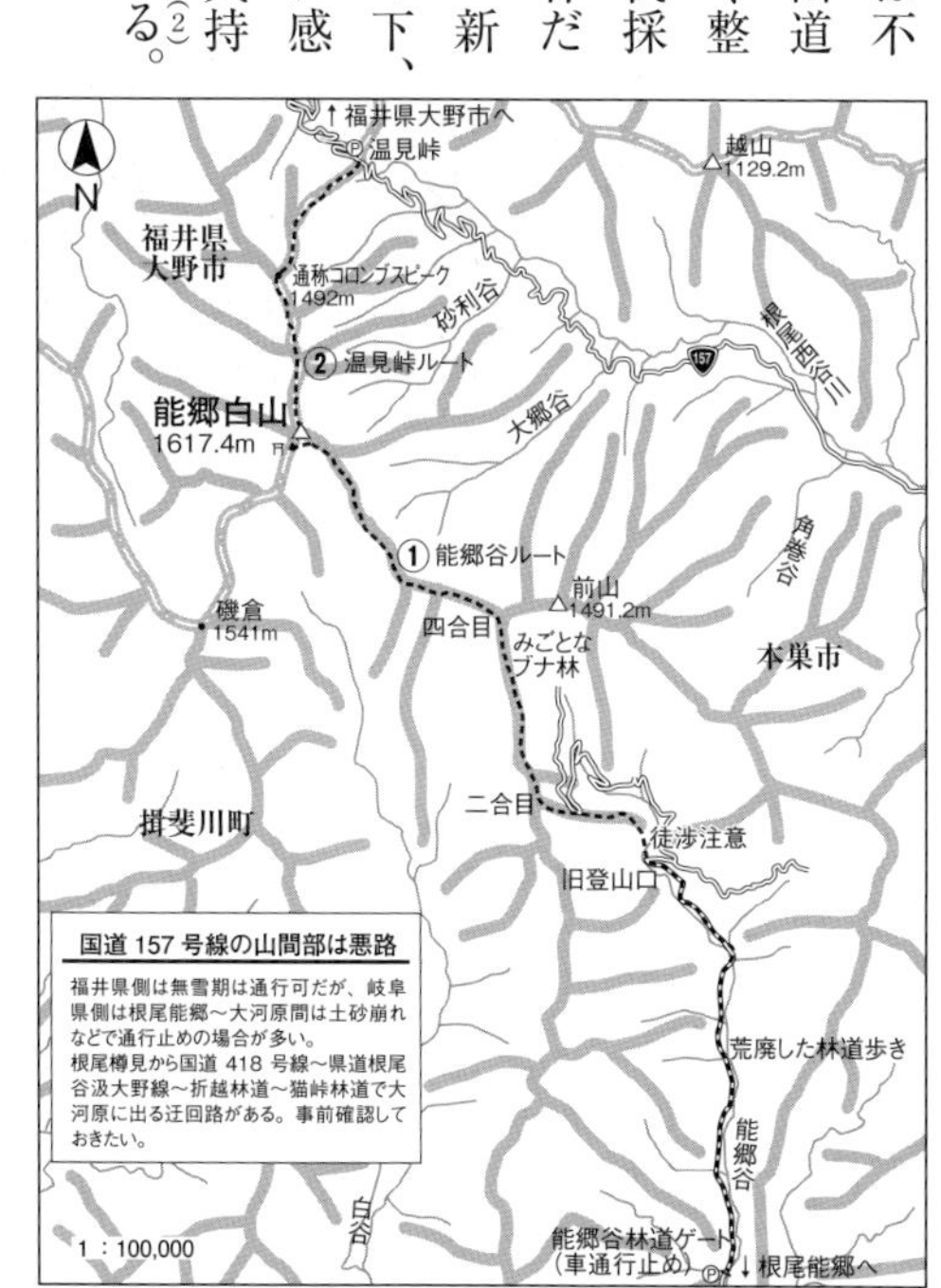

蠅帽子嶺

はいぼうしれい　別名　這法師山、這越山、灰ホウジ山

一〇三七・三m　三等（三角点名／這星）

二万五千分の一地形図／能郷白山

適期　5月下旬～11月中旬　夏△

登山道　△（渡渉あり、現状は踏み跡程度）

標準タイム　登り3時間、下り2時間、峠には山頂から30分

難易度　I＋（一部ルートファインディング要）

日本百名山の大菩薩嶺は、頂きよりも、大正二年から昭和一六年まで二八年間にわたり新聞連載された中山介山作の『大菩薩峠』によって、峠の方が広く知られている。岐阜県にも同様に峠の方が知られた山として、蠅帽子峠を西肩に持つ蠅帽子嶺（標高一〇三七m）がある。

蠅帽子峠は、国道一五七号線が通る温見峠とともに、岐阜・福井県境――かつての美濃・越前国境の稜線を越える峠だった。その名の由来は、「夏ハ蠅多キ故、往還ノ者帽子ヲカフリ　通ル故ノ名也」（『越前地理指南』）との説や、這法師という字を当て、旧徳山村や旧根尾村の檀家回りをする鯖江の誠照寺本山の門主が美濃に入る折、峠の急坂を這い登ったことに由来するなどの説があり、いずれも峠越しの苦労がしのばれる。

能郷白山側から見る蠅帽子嶺。雲の越す場所が蠅帽子峠

この峠を有名にした事件に、幕末、水戸藩を中心とした尊王攘夷派の天狗党が、筑波山で挙兵、那珂湊の戦いで敗れた後、元治元（一八六四）年一二月越前に向け八百余名で峠越えをしたことがある。(1)

峠が有名な割に、山としては長らく無名で、地形図には三角点の記号だけで、山名

（1）武田耕雲斎率いる天狗党は、上洛して禁裏御守衛総督の任にあった一橋慶喜（水戸藩主徳川斉昭の実子で、のちに最後の将軍徳川慶喜となる）を通じて朝廷へ尊皇攘夷の志を訴えることを志し、越前に迂回し、京に向かおうとした。しかし蠅帽子峠を越えて越前に入った彼らは、慶喜が自ら願い出て京都から来た幕府軍を率いていることを知る。そして、投降したあと、八二八名のうち、三五二名が敦賀で処刑されるという無残な結末を迎える。天狗党は、挙兵当初、略奪・虐殺などの凶行を働いたこともあり、街道沿いでは恐怖の記憶が長く残されたという。

（2）一本杉の根方には旅人を弔った地蔵が安置され、文化五（一八〇八）年の台座銘が読める。

の記載はない。根尾村（現本巣市）の教育委員会が峠道を復活させたことに伴い、登山の対象として登られるようになったが、半年近く豪雪に埋もれる土地のため、整備は行き届いてはいないという。この山と峠に、一一月の好天に訪ねた。

登山口となる本巣市根尾大河原は、峠を控えた宿場だったそうだが、一九八〇年代に廃村となり、ススキに埋もれ、あとかたもない。蝿帽子嶺に至る一番の難所は、大河原のある根尾西谷川右岸から左岸に渡渉する部分で、対岸の一本杉を目印に慎重に渡る。(2) 尾根取付きのスギ植林帯の急登が終わると、二次林のおだやかな尾根道となる。倒木などで踏み跡がところどころ乱れるのに注意しながら標高を稼ぐと、黄色・金色に染まるブナの深い森に入り込む。

古くからの峠道であっただけに、尾根に出ると道は明確で、九〇八mピークと、九四三mピークの手前でやや急になる程度。長細い山頂部に取り付く急斜面直下に右手に蝿帽子嶺、左手に蝿帽子峠への巻き道の分岐がある。まずは蝿帽子嶺をめざし、木の根をつかみながら斜面をよじ登り、こじんまりした三等三角点の山頂に出る。南側が伐り開かれ、登ってきたブナ尾根の先に能郷白山（一六一七m）が大きく拝める。

山頂を後に、巻き道で蝿帽子峠に出る。石室に合掌する地蔵さまが座し、越前側の穏やかな山並みが見下ろせた。

山で他国と接する美濃・飛驒では、峠が重要な役割を担ってきた。車道化した峠が多い中で、蝿帽子は、かつての峠越えをしのばせてくれる、貴重な場所だと思った。

天狗党が通った折にはここにおわして、殺気立った八百余名が通り過ぎる姿を見ておられたことになる。峠の地蔵は明治初年のもの。

【登山記録】（—：車、…：徒歩）
2018年11月3日　晴
—大河原6：40…渡渉7：00〜7：20…分岐9：35…蝿帽子嶺10：00〜10：20…蝿帽子峠11：00…分岐11：30…渡渉…大河原13：40

78

びょうぶさん、びょうぶやま

屏風山（越美山地）

一三五四・一m　二等（三角点名／屏風山）

越美山地の屏風山（標高一三五四m）は、屏風を立てかけたような急斜面を持ち、「西の蕎麦粒・東の屏風」と並び称される。根尾西谷川のさらに支流、河内谷を遡った最奥に、本巣市根尾と福井県大野市とにまたがってそびえる。

雪深い越美山地の奥山の常として、この山も登山道は整備されず踏み跡程度しかない。冬は無人となる越波（おっぱ）集落が起点となる河内谷林道を約一〇km遡った屏風谷の出合が入山口となる。ただし林道の中間地点にある越波国有林のゲートが閉じられているので、そこから徒歩となる。かつては屏風谷を源頭まで詰めて登られていたが、危険度が高いため、現在では谷の途中から支尾根に取り付き、主尾根に出て山頂に立つのが一般的になっている。

国有林のゲートから登山口までが往復各一時間あまり、登山口から山頂まで、登り三時間、下り二時間というのが、標準的なコースタイムといったところ。ただし、アプローチの道路は豪雪のため半年近く使えず、登山は五月～一一月に限られ、その時期でさえ、林道などの道路状態は安定していない。さらに、尾根への取り付きや、山

ドウの天井からの屏風山

二万五千分の一地形図／平家岳、能郷白山

適期　5月中旬～11月中旬（夏は避けたい）

登山道　△（踏み跡程度、支尾根部分は荒れている）

標準タイム　登山口までゲートから片道1時間、登山口から登り3時間、下り2時間

難易度　S↑

（1）越美山地では、屏風山から能郷白山までと、三周ヶ岳周辺が国有林で、揖斐川源流部の民有地の山のように乱伐はされず、奥美濃の樹林の山本来の姿をよくとどめている。

［登山記録］

（―：車、＝MTB、…：徒歩）

2018年10月28日（日）晴

―（県道二五五号線、折越林道）―越波―（河内谷林道入口で駐車）6：40＝越波国有林ゲート7：15＝斧内谷橋（駐輪）7：25…屏風谷出合8：40…えん堤9：00…支尾根取付口9：30…主尾根10：50…屏風山12：30～12：55…支尾根下降点14：15…支尾根取付口15：00…えん堤15：40…屏風谷出合15：50…斧内谷橋16：45＝林

頂直下が相当な急登であることもあり、岳人憧れの山ながら、登山者は多くない。

　この、容易には訪れがたい山に、天候の安定する一〇月下旬を待って単独入山した。


　あいにく夏の台風の影響で河内谷林道は入口で通行止め。このような時のために積んできたマウンテンバイク（ＭＴＢ）の出番となる。国有林ゲートからさらに二・五㎞ほど上流の斧内谷の橋まで入り、徒歩に切り替える。林道の終点手前の登山口の標識から、砂防えん堤のため伏流となった河内谷の河原を横切って屏風谷に入る。小滝の脇をへつり、急峻で荒れた支尾根に取り付き、四苦八苦してよじ登り主尾根に到着。下降点を見失わないよう目印の赤テープを付ける。

　主尾根は、痩せた部分もあるが、おおよそ明瞭で、シャクナゲを切り開いた古い痕跡も残る。あたりの樹林はすばらしい。尾根上にはヒノキやヒメコマツなどの原生林が太い根を絡め、斜面にはブナやミズナラの巨木の黄葉が輝き、カエデの赤も加わって山肌を荘厳に彩っている。(1)

　越美山地東部きっての鋭鋒だけあって、最後は手放しではいられないほどの急登となる。風の通り道なのか、高木はなくなり、斜面を覆う膝ほどの丈のササやツツジにしがみつきようやくたどり着いた二等三角点の山頂は、能郷白山や白山をはじめ両白山地の大展望が得られる。

　さて、秋の日は短い。大下りして尾根上から振り返ると、屏風山の頂きが、秋の極みの色をまとい輝く。「西の蕎麦粒・東の屏風」、山容も山深さも、越美山地を代表する山なのだなあと、改めて感じ入った。

道入口17：05

〈メモ〉
●山の状況は年々変わり、以前より荒れ、過去の登山記録は参考にならない。アプローチも含め至近の情報収集に努め、地図や磁石、ＧＰＳなどで状況判断しながら登りたい。余裕を持って行動するとともに、できるだけ経験者とともに登ることが望ましい。今回は支尾根上に台風で根こそぎ倒されたヒノキの巨木が重なり苦労した。

堰堤左側のはしごを登る
屏風山の標識
晴天時は河原に水なし
林道分岐 河原に下りない
地理院地図

ルート拡大図「地理院地図」を使用

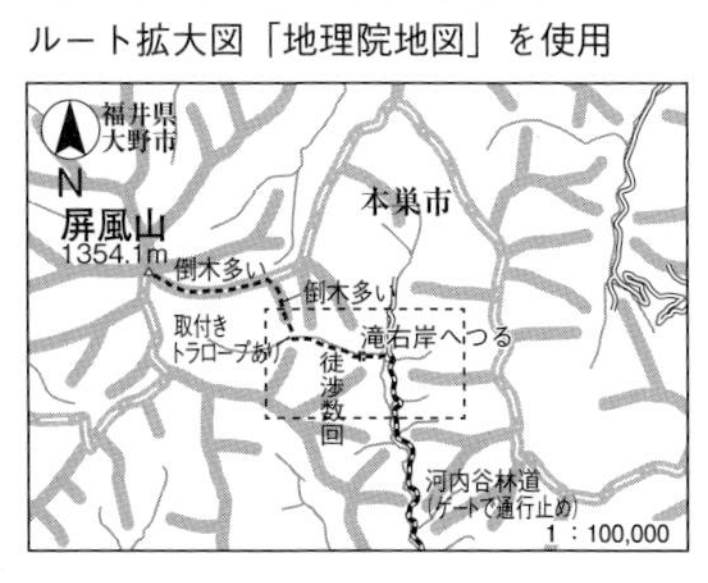

79

両白山地・越美山地

大白木山

おじろぎやま　別名　次郎三郎

一二三四・三m　二等（三角点名／黒津）

二万五千分の一地形図／下大須

適期　4月中旬〜11月中旬　夏△

登山道　◎（反射板巡視路に地元山岳会が標識を設置）

標準タイム　登り2時間15分、下り2時間

難易度　Ⅰ

夏場には鮎の友釣りや観光簗で賑わう揖斐川の支流根尾川は、樽見鉄道の終点樽見駅近くで、能郷白山を水源とする根尾西谷川と左門岳を水源とする根尾東谷川に分かれる。この二つの川に挟まれた山域でもっとも高いのが大白木山で、標高が一二三四mと並びの良いことで知られる。この山も、地形図には、標高と三角点の記号が記されるばかりで山名はない。かつてあまりにも山深い場所だったためだろうか。

この奥山が登山の対象となったのは、奥美濃発電所関連の送電線や反射板の巡視路が設けられてからのこととなる。(1) 登山口となるのは、根尾西谷川の支流河内谷唯一の集落越波と根尾東谷川最奥の集落上大須の間にある林道折越線の折越峠である。越波と上大須はいずれも山深い里で、(2) 二つの里を結ぶ峠が、ひときわ物寂しい場所であったことが、峠にまつわる「泣き銀杏」の伝説からもしのばれる。(3) しかし、現在は林道がよく整備され、「酷道」などとも呼ばれる温見峠へ向かう根尾西谷川沿いの国道一五七号線よりも、道路状況は良い。そのため、大白木山は、覚えやすい標高もあって人気の山となっている。この山に、一二

登山道東側の小ピークからの大白木山

（1）根尾東谷川源流部に中部電力が奥美濃発電所を建設するため引いた工事用電源用の送電線の巡視路が登山にも使えるようになった。工事完了で送電鉄塔は撤去されたが、山頂に通信用の反射板が設置され、その巡視路が登山道としても使われている。

（2）越波の名は、鎌倉時代の正応二（一二八七）年、地震により大きな山津波が発生した時、突然現れた老翁の言葉に従い寺主が経典を水中に投げると、中央の山嶺を山津波が越え被害を免れたことに由来するという。上大須は、上大須ダム建設で道路事情は格段に良くなったが、住民は転出し、住民はわずか一人（「80 日永岳」（1）参照）。

（3）人の恨みを買った杣人が、

月最初の週末、林道が冬季閉鎖される直前に訪れた。

　標高約七五〇mの折越峠には、越波と上大須の境界石の傍らに「泣き銀杏」の悲話を伝える小さな地蔵の祠がたたずんでいる。急斜面に付けられた階段から尾根に取り付く。スギ林の中のよく整備された登山道を進むとコナラなどの林に変わり、散り果てた落ち葉が、歩くたびにサクサク乾いた音をたてる。根上りヒノキのある踊り場まで来ると、二つの反射板がある大白木山の大きな姿が樹間に現れる。登山口から約一時間で、かつての送電線巡視路と合流、ここから南へ向け、大下りした後登り返す。

　石灰岩がところどころに露頭したおだやかな尾根道には、ミズナラなどのみごとな巨木が次々とあらわれる。灰白色に輝く冬枯れの姿さえほれぼれするほどだから、芽吹きや、黄葉は、さぞかしだろう。雪解けの頃には、足元に、キクザキイチゲやカタクリ、イワウチワなどもみられるという。

　山腹を巻き、最後の急登は、巡視路用のプラスチック製の階段が付けられているので、風情はないが歩きやすい。二枚の大きな反射板の傍らに二等三角点のある大白木山山頂に到着。周辺は大きく刈り払われ、白山連峰や御嶽山、乗鞍岳の大展望が得られるというが、あいにく日が陰り、時雨が降りかかった。

　晩秋の天気は移り気で、大下りしているうちに天気が急速に回復し、折越峠が近づく頃、根尾西谷川の谷の向こうに能郷白山が大きな姿を現す。しばらく足を止め、間もなく雪に閉ざされる光景を、しみじみと眺めた。

峠にあったイチョウに縛り付けられ殺され、その娘も悲しんで木の下で泣き死んだという。

【登山記録】（—：車、…：徒歩）
2018年12月1日（土）
曇一時雨
—折越峠（駐車）6：40…巡視路との合流点7：20…大白木山8：30…峠10：25—

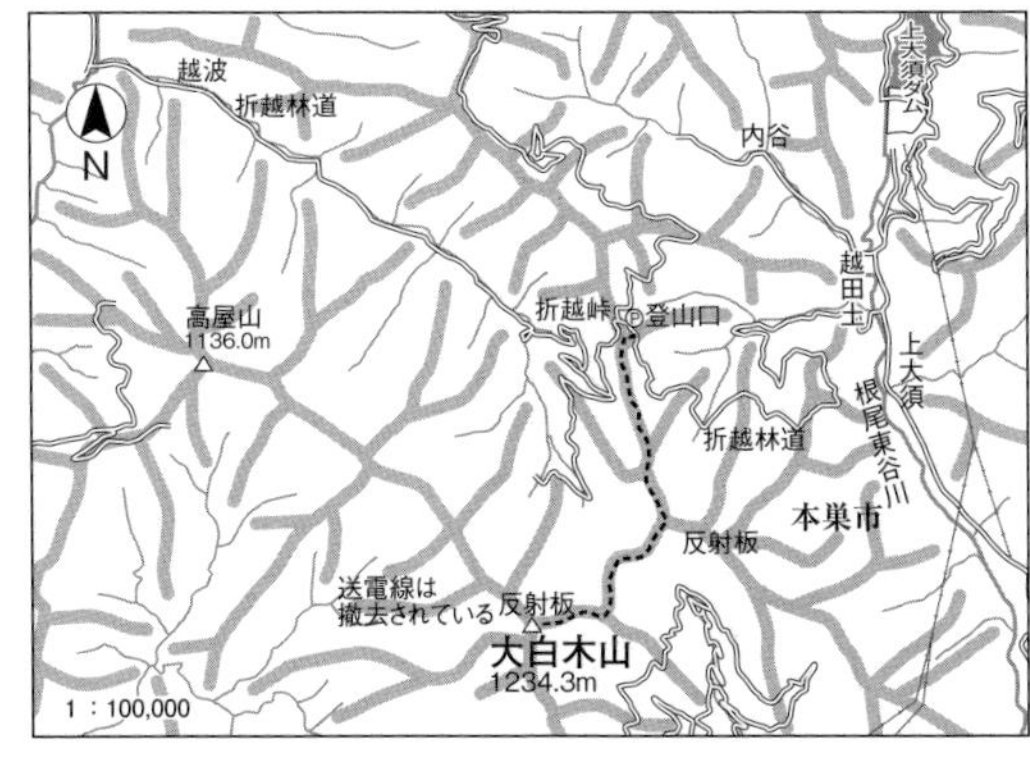

80

両白山地・越美山地

日永岳

ひながだけ

一二一五・六m　三等（三角点名／日永岳）

二万五千分の一地形図／下大須

適期　4月中旬～11月中旬　夏△

登山道　○（電力会社の通信反射板巡視路を利用）

標準タイム　仲越林道ゲートから登り2時間30分、下り1時間45分

難易度　Ｉ＋

岐阜・滋賀・福井県境にまたがる寡黙な樹林の山々を「奥美濃の山」として、初めて世に紹介したのは、京都の岳人森本次男の『樹林の山旅』（昭和一五〔一九四〇〕年刊）だった。同書は、アルピニズムという舶来のフィルターを外して日本の山に向かい合った先駆けの書でもある。そして戦後、この山域は、森本とともに京都府山岳連盟設立にあたった今西錦司や、大垣山岳協会会長を務め『奥美濃　―ヤブ山登山のすすめ―』を著した高木泰夫らが中心となり、さらに探求されていった。その主戦場となったのは、揖斐川源流部、根尾東谷川、そして板取川の源流部川浦谷だった。

仲越林道からの日永岳

しかし、揖斐川源流部と同様、根尾東谷川はダム建設で激変した。一九九五年に揚水式の奥美濃発電所が竣工、ドウの天井の山頂直下に上池の川浦ダムが、左門岳を源流とする根尾東谷川に下池の上大須ダムができ、深山の霊気は、もはやそこにない。上大須で出会った老猟師の話に(1)、これらの山が失った昔日の面影が日永岳にわずかでも残っていないか、一一月に訪ねてみた。

根尾東谷川の一筋東の神崎川にある登山

（1）ドウの天井への取付き口の偵察に、根尾東谷川最奥の上大須集落を訪れた時のこと、ダム開発ですこぶる道路は良くなっているのに、集落はまったくさびれていた。道端に、ポツンとたたずむ老人がおられた。Wさんとおっしゃるその方は、上大須に通年暮らすただ一人の住人で、皆はダム建設の仕事がなくなり、岐阜や大垣などに移住してしまったという。Wさんは、往年夏は炭焼き、冬は猟をやっておられた。上大須には七人の猟師がいて、集団で猟をしたけれども、人が減り、愛犬が死に、猟暦三〇年をもって銃を手放されたとのこと。冬場の猟期、ドウの天井や日永岳を中心に猟を行い、何日も山に入る。「命がけだった」とおっしゃりつつ、猟の話の時は、

口をめざし県道二〇〇号線からガッパ谷沿いの仲越林道に入る。通行止めのゲート前に車を止め、美濃地方中央部では数少ない国有林の、よく整備された林道を歩く。途中、谷の突き当りに、日永岳の植林まじりの山容が見える。——やはりこの山にも失望させられるのだろうか。

林道終点から沢を渡り、山頂の反射板までの巡視路のある尾根に取り付く。ヒノキの植林帯を急登していくと、一〇〇〇mを越えるあたりで紅葉した二次林に変わる。崩落のみられる急斜面をへつり、稜線上に出ると、伐採を逃れた立派な天然ヒノキの巨木が目の前に現れる。稜線上の大岩の上に立ち、南を見ると、おだやかな神崎川の谷と、舟伏山、そして濃尾平野が遥か名古屋まで望まれる。一方、北側は、急峻な斜面が、ヒノキの巨木と、色づいたブナやカエデなどの樹林に覆われている。ああこの底に川浦谷は今も変わらずにあるんだと、感慨に打たれ見下ろす。

梯子のある急な稜線を登りつめると、日永岳前峰（標高一二〇六m）に出る。稜線南が山県市、北が関市で、ここが山県市の最北端・最高点になる。柱の四隅が三角に落とされた旧宮内省御料林の標識が残り、かつてヒノキの銘木を産出する山として、重要視されていたことがしのばれる。さらに五分程で反射板のある日永岳本峰（一二一六m）に到着。山頂からは奥美濃の山々から遥か赤石山脈まで望まれる。

帰路、老猟師が、もう俺は行けないけれどもと教えてくれた、キノコの宝庫だという稜線北側のイタゴ洞側に少し下ってみる。地形図にある破線の徒歩道は、頭を越すヤブの中に、すっかり消えていた。

実に生き生きされていた。

【登山記録】（—：車、…：徒歩）
２０１９年11月4日（月）快晴
—仲越林道駐車点7：40…林道終点8：15…稜線9：25…前峰9：50…日永岳9：50〜10：50…林道終点12：00…駐車点12：20

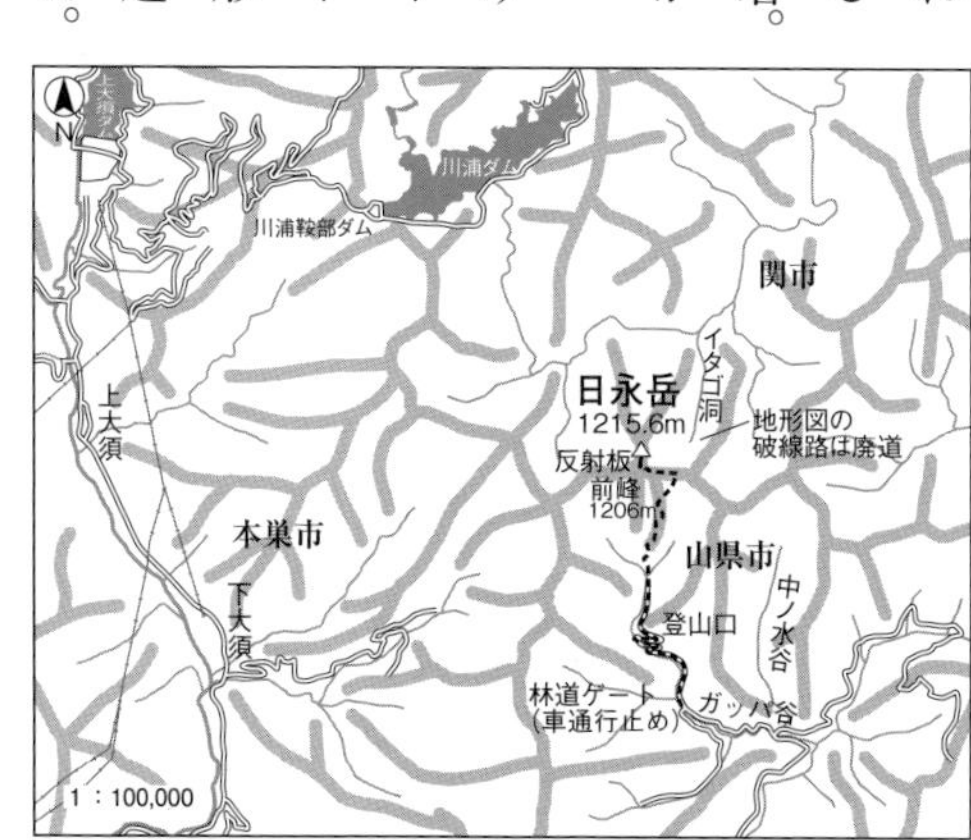

舟伏山

ふなふせやま

一〇四〇・三m　二等（三角点名／船伏山）

濃尾平野から北に仰ぐ越美山地の山並みは、なかなかとらえどころがないが、舟伏山（標高一〇四〇m）は、名前のとおり舟を伏せた姿の山容をもち上げ、山座同定の目安となってくれる。根尾東谷川と、長良川の支流神崎川に挟まれた左門岳から続く支脈最南の一〇〇〇m峰で、本巣市根尾と山県市神崎にまたがる。山の大部分は石灰岩質で、北麓部分だけが玄武岩質で構成される。この玄武岩質の部分から菊花石（きっかせき）という菊の花のような模様の入る銘石が産出し、産出地の根尾初鹿谷は、特別天然記念物指定区域になっている。

登山道は南面の神崎側に付けられ、「美山あいの森」から、舟伏山山頂の西に連なる小舟伏（九七三m）を経由する西ルートと、南東の尾根上にある桜峠を経由する東ルートがメインルートとなっている。

この山は、雪解けから新緑に覆われるまでのひととき、花の山となる。特に名高いのが、サクラソウの仲間の日本固有種イワザクラで、石灰岩の隙間を好むことから、舟伏山はその代表的な分布地になっている。

花の時期をねらい、四月の半ば西ルートから東ルートへと周回した。

東ルートからの舟伏山

二万五千分の一地形図／谷合

適期　4月～11月（花の時期4月に集中）夏△

登山道　◎

標準タイム　東コース・西コースとも：登り2時間30分、下り1時間45分

難易度　Ⅰ

（1）伐採は南側の濃尾平野方向で、北側の日永岳や能郷白山方向は樹間にわずかに見える程度。山頂部が舟を伏せたような平坦な地形のため、広範に伐採しても、展望は遠足の子どもたちにはともかく、登山者を楽しませてくれるほどのものではない。

［登山記録］（―：車、…：徒歩）
2018年4月21日（土）快晴
―あいの森（駐車）11：35…（西ルート）…小舟伏13：20…舟伏山13：30…（東ルート）…桜峠14：45…あいの森15：15

〈メモ〉
●東ルートは、斜面上部は石灰岩が露出し山頂より見晴らしがいいほどで、下部は明確な尾根道となる。植林帯に差し掛かるあ越美山地の山々の登山口は、至って静かなことが多いが、駐車場に何十台もの車やマイクロバスが並んでいておどろく。夏坂谷に架かる橋を渡り西ルートに入る。あまり日の差し込まないスギ植林の登山道をジグザグに登高して尾根に入るとしばらくで、石灰岩を積んだ祠と炭焼き窯跡のある小平地に出る。ここからは、炭焼きのため伐採・更新されてきたミズナラやウリハカエデなどの明るい林となり、薄桃のカタクリ、薄紫のフデリンドウ、紫や白のスミレ、白い穂花のヒトリシズカ、青紫のヤマルリソウなどが、春の陽を精一杯浴びている。

小舟伏に出ると、細長い山上部の稜線が舟伏山山頂に向けて続いている。道の周りを、みずみずしい葉を開き始めたバイケイソウやヤブレガサが埋め尽くす。わずかにたわんだ鞍部を過ぎ、舟伏山山頂に出る。二等三角点と山名標識に加え、イメージキャラクターの看板が添えられている。一帯は、広場と展望を確保するため最近広範に伐採されたようだった(1)。

丸裸の山頂を早々に辞して、東ルートに入る。二重山稜のような地形の山上とも思えぬ陽だまりを過ぎてしばらくの岩陰にイワザクラはあった。

盗掘による絶滅が危惧され、山県市では、二〇〇三年「山県市イワザクラ保護条例」を制定しているが、その一方、人里の活性化のため、より多くの訪問者を呼び込むこともしている。人間の営為には、二律背反がつきまとうのは致し方ないが、イワザクラだけではなく、山上の美しく傷つきやすい自然全体を何とか守っていけないものかと願いながら下山した。

たりに桜峠があり、直進すると夏坂谷出合登山口、美山あいの森登山口へは右手（西）の斜面に入る。

一〇〇〇mクラスの里山の宿命で、植林帯が大規模に伐採されている。おかげで舟を伏せたような山容全体はよく眺められ、標高八〇〇mあたりまでの濃い緑の植林と、山上の新緑の広葉樹がコントラストをみせていた。

天王山

てんのうざん

五三七・六m　二等（三角点名／天王山）

天王山（標高五三八m）は、美濃市の中央部にあって、長良川がもっとも清流らしいたたずまいを見せる中流域一帯(1)を見下ろし、東側の誕生山（五〇二m）と稜線でつながっている。越美山地が濃尾平野に向けて標高をぐっと下げていく低山のひとつだが、なかなか立派な山で、南は関盆地から濃尾平野、東は長良川、北はその支流板取川、西はさらにその支流の半道川によって他の山から切り離され、チャートの岩肌が壁状にそそり立ち独特の風格を持つ。

南麓にある大矢田神社は、明治初年の神仏分離以前は神仏習合の牛頭（ごず）天王を本尊とする牛頭天王社で、天王山の名もこれに由来する。天王社のさらに前身は、禅定寺という寺院で、白山を開山した僧泰澄が、七一六（養老二）年に開基したと伝えられている(2)。

三月の柔らかな日差しに誘われ、天王山と誕生山を周回した。

登山口となる大矢田神社は、「楓谷ヤマモミジ樹林」として国の天然記念物に指定されたモミジの名所だが、季節外れでウグイスの声ばかりがのどかに響く。鳥居の奥

関市松尾山～山王山途中の展望地から長良川越しに望む天王山（左）と誕生山（右）

二万五千分の一地形図／岩佐、美濃

- **適期**　3月～12月
- **登山道**　◎（誕生山は松茸のシーズン入山禁止）
- **標準タイム**　登り1時間30分、下り1時間15分、誕生山との周回：所要5時間
- **難易度**　I

(1) 大日ヶ岳を源とする長良川は、美濃市で板取川と合流すると、川幅はぐっと広まり、水豊かになる。日本最古の近代的吊り橋の美濃橋をくぐり、初代高山藩主金森長近が築いた上有知湊（こうずちみなと）を過ぎると鮎釣りの好漁場が連続する。スリリングな早瀬は、カヤックにも好適。小瀬鵜飼で知られる関市で武儀川や津保川を合わせ、鵜飼と金華山で知られる岐阜市に至る。この長良川中流域は、「名水百選」に指定されている。

(2) 高句麗からの亡命帰化人出身という泰澄が開山したという伝説のある山は、白山をはじめ北陸地方や岐阜県などに多く、その地域きっての眺望を誇る山であるのが特徴的で、彼は三角点の測量官と同様、山上で地理を把握して

にある楼門には仁王像が残され、神仏習合当時を偲ばせる。

長い階段の上に現れる本殿と拝殿は、国の重要文化財に指定された江戸初期の見事な造りで、その右手の楓谷側に登山口がある。谷沿いの登山道は、ヤマモミジを中心に、スギやモミ、ツバキなどの樹林に包まれ、いくつもの小滝が水しぶきをあげ、里に接した低山でありながら、深山のたたずまいをみせる。登り三分の二あたりで、この山のシンボル、大きく枝分かれした大モミジに出合う。梢を見上げ、今は冬枯れし、ぽっかりと青く開けた空間を紅葉が覆い尽くす季節を思い描いてみる。

岩にロープの渡された急斜面を登りきったところが、天王山山頂と誕生山山頂を結ぶ稜線縦走路の分岐で、西へ五分ほど登り詰めると、二等三角点のある天王山山頂に出る。戦国時代には天王山城が築かれていた場所だという。

それにしても、何という見晴らしだろう。恵那山、御嶽山、乗鞍岳そして奥穂高岳と前穂高岳の吊尾根まで確かめられる。板取川を挟み北には独特の信仰世界を持つ高賀三山（高賀山、瓢ヶ岳、今淵ヶ岳）が迫る。その背後になって白山だけは拝むことはできない。また、山頂から数分西寄りに反射板があり、そこからは養老山地、鈴鹿山脈、伊吹山から越美山地の山々が切れ目なく連続し、能郷白山が白い姿をみせていた。

天王山を後に、稜線を東にたどり、誕生山に向かう。三等三角点の山頂には、古代神話にまつわるという「誕生神社御神址」の石碑がある。大きく反射板が占領しているので天王山山頂ほどの趣きはないが、見晴らしは良好。下山の尾根道では、もうミツバツツジの赤紫の花が頭上を飾っていた。

いったと推測され、天王山に彼の伝説が残るのも、あながち作り話とも思われない。

【登山記録】

（―：車、＝：MTB、…：徒歩）

2020年3月15日（日）快晴

誕生山登山口（駐輪）―大矢田神社（駐車）7：25…稜線分岐8：30…天王山8：40…誕生山10：55…誕生山登山口11：30＝神社11：45

ふくべがたけ

瓢ヶ岳

別名　福部嶽（ふくべだけ）

一一六二・六ｍ　三等（三角点名／瓢ヶ岳）

高賀三山（高賀山、瓢ヶ岳、今淵ヶ岳）は、東側の長良川と、西側のその支流板取川に挟まれた山塊で、関市、美濃市、郡上市にまたがる。清流の多い岐阜県の中でも、ひときわ水の美しい土地である。三山一帯には虚空蔵信仰を中心とした独自の山岳信仰が深く根を下ろしている。

そのうち瓢ヶ岳（標高一一六三ｍ）は、郡上市美並町（旧郡上郡美並村）と美濃市片知にまたがり、重厚な山体の上に、瓢ヶ岳と奥瓢ヶ岳二つのピークが並び立つ。美濃市および旧美並村の最高峰で、東海北陸自動車道のパーキングエリアの名前になるなど地元のシンボルの山となっている。山名の由来は、高賀山の妖怪さるとらへびが、この山で瓢に化けていたのを、藤原高光が神の夢のお告げに従い退治した伝説にちなむ(1)。

登山道は、①美濃市の「ふくべの森」からのルートが最短でよく登られ、ほかに②同市口板山集落から片知山を経由するルートがある。そのうち、片知山経由ルートは、かつての山岳修験者の回峰の道に重なり、片知山直下にある岩屋は岩屋観音と呼ばれ、円空や播隆が修行した場所だという。

高賀山からの瓢ヶ岳

二万五千分の一地形図／苅安

適期　3月下旬～11月

登山道　◎

標準タイム　①ふくべの森登山口から：登り1時間30分、下り1時間15分　②口板山集落から片知山経由：登り5時間、下り4時間

難易度　①Ⅰ、②Ⅱ

（1）藤原高光は、化け物退治後、再び災いが起きないよう、高賀神社をはじめ山麓の六ヶ所に社を建立したという。この伝説には、異説や歴史事実に合致しない部分もみられる。しかし高賀六社に伝わる文献や、神像、仏像などを照らし合わせると、高賀三山一帯には、平安時代から白山信仰の影響を受けた本地垂迹説による十一面観音を本地仏とする信仰があり、さらに鎌倉時代から、当時隆盛していた虚空蔵信仰がそこに加わり、本格的な密教寺院として修験者が集まり、独自の山岳信仰の世界が形成されていったことが浮かび上がる。江戸時代に入ると、高賀六社順拝の習わしも広がった。

【登山記録】

六月の梅雨の合間、山の先達の跡を偲び②口板山集落からのルートで登り、①ふくべの森に下山することにした。

板山神社脇の坂道は、集落を抜けると神底谷沿いの岩屋観音への参道となる。村人が寄進した三十三観音の石仏をたどって登っていくと、谷は奥で左右に分かれ、参道はその間の急斜面にジグザグに付けられている。近年岩屋観音にあった円空仏が里に下ろされたため詣でる人もなく、ササが被りかけているが、石仏が頭をのぞかせ道案内してくれる。

急斜面の踊り場となった所に大きな岩屋があり、その下にトタン葺きの堂が残る。円空が山籠りし、その百数十年後に播隆が修行した場所に、百数十年おいて自分が立っているとおもうと特別な感慨を覚える。

急斜面を登りきると明確な踏み跡のある稜線に出る。美濃市側はヒノキの植林、郡上市側は自然林と、はっきりしたコントラストをみせる。三等三角点のある樹林に覆われた片知山（九六六ｍ）山頂に到着。いったん下り、登り返すと、木の階段が現れ、南岳（一〇八六ｍ）に出る。

再度大下りする坂の途中から、瓢ヶ岳そして奥瓢ヶ岳の丸い頂きが眺められる。鞍部の骨ヶ平で、よく踏まれた最短ルートに合流、最後の木の階段を登りつめ瓢ヶ岳山頂に出る。高賀山や白山が眺められ、御嶽山や乗鞍岳も霞んでいる。

骨ヶ平から最短ルートで下山。せせらぎ沿いに咲くコアジサイの水色の花むらが清々しかった。

（―：車、＝：MTB、…：徒歩）
2020年6月27日（土）曇
―ふくべの森（駐輪）―板山神社（駐車）6：55…岩屋観音8：40…片知山9：40…南岳11：20…骨ヶ平11：35…瓢ヶ岳12：05…骨ヶ平13：00…ふくべの森13：55＝板山神社14：20

〈メモ〉
●地形図には、南岳と片知山の間の美濃市側からの登山道、郡上市側から岩間の滝を経由する登山道が記されているが、いずれも廃道状態。
●「フクベ」と通称されるボルダリングスポットとしても有名。

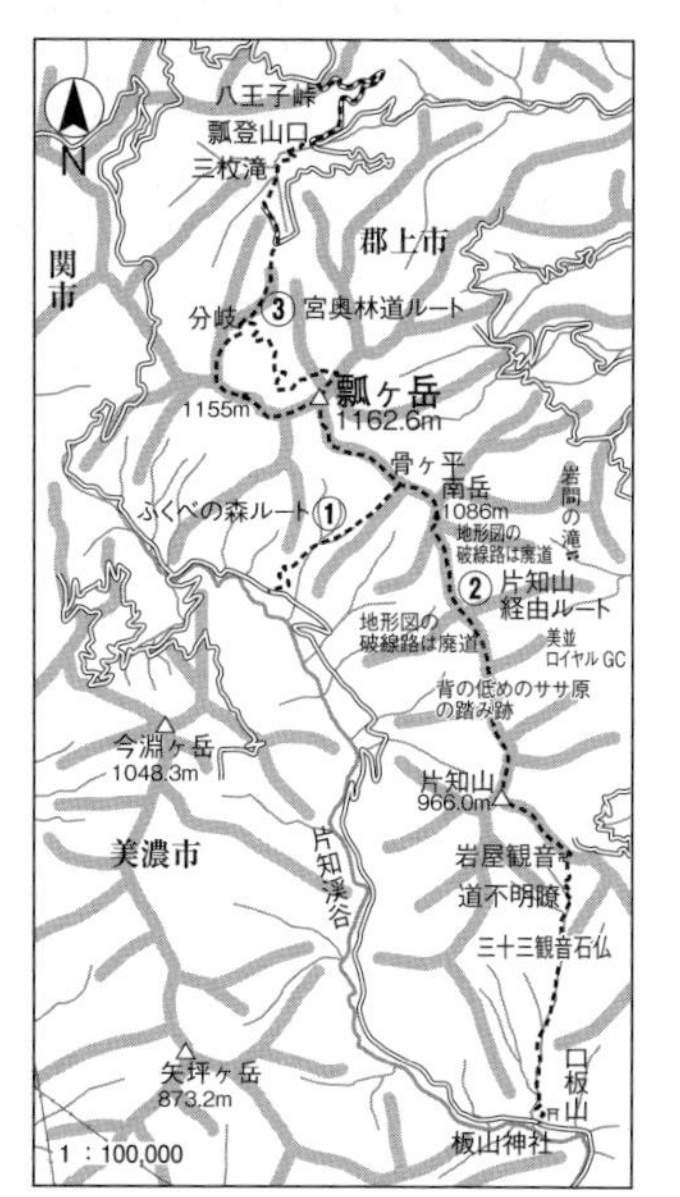

84

高賀山

こうがさん、こうかさん　別名　高賀嶽

一二二四・二m　一等（三角点名／高賀山）

二万五千分の一地形図／上ヶ瀬、下洞戸

適期　3月下旬〜11月

登山道　◎

標準タイム　登り2時間、下り1時間40分

難易度　Ⅰ

千年以上に及ぶ独自の山岳信仰の世界を持つ高賀山（標高一二二四m）、瓢ヶ岳（一一六三m）、今淵ヶ岳（一〇四八m）からなる高賀三山において、高賀山は最高峰で、高賀信仰の中心でもある。関市洞戸、同市板取、郡上市八幡町にまたがり、登山道は南麓の洞戸の高賀（こうか）神社（1）から始まる。

高賀への道は、清き水を尋ねる道でもある。清流長良川の支流の中でも水の良さで知られる板取川に沿って国道二五六号線を北上し、さらに支流の高賀川を源とする高賀川に入る。高賀渓谷の岩を縫う水の清冽さに心うばわれながらたどり着くのが、洞戸高賀集落で、大きな石の鳥居をくぐると、高賀神社が真正面に鎮座している。明治初年に神仏分離令が出される以前は、境内に、蓮華峯寺という天台系密教寺院もある神仏習合の霊場だった。高賀山はまた、「円空仏」で知られる僧円空がたびたび訪れ、晩年三年にわたり千日行を行ったとされる地でもある。彼が山岳修行者としても卓越していたことは、「コラム1　円空の山」（74頁）を参照いただきたい。

高賀山に登るにあたり、まずは高賀神社

麓の洞戸の高賀神社から仰ぐ高賀山

（1）霊亀年中（七一〇年代）都に夜な夜な怪しい光が空に走り、丑寅（北東）の方角へ飛んでいくのを見て人々はおそれた。都から見て北東にあたる山を探したが、見つけることはできず、その山の山麓に神壇を祀ったところ、光が現れなくなった。その山は特別高く、人々は喜んで社を建立したことから、山は高賀山と名付けられ、社は高賀神社の始まりとなった、との伝説が残る。

【登山記録】（—：車、…：徒歩）
２０１７年4月22日（土）快晴
（瓢ヶ岳、今淵ヶ岳）—高賀神社（円空記念館）15：00—（林道）—高賀山登山口（駐車）15：10…御坂峠16：30…高賀山17：00…御坂峠…峰稚児神社17：35…御坂峠

に参拝。そして、山の大先達をしのび社前にある洞戸円空記念館に立ち寄る。一木を断ち割って造られた十一面観音・善女龍王・善財童子三像や、虚空蔵菩薩像など、高賀信仰および白山信仰に根ざす晩年の傑作を仰ぎ、摩り減った錫杖、「峯児」と彫られた硯、雨乞いの成就を記録した自筆墨書など息遣いの伝わってくるような遺品を見る。最後の作ともいわれる歓喜天の小像もそこにあった。

　高賀山の登山道は沢を遡行するように付けられている。「垢離取場」という小さな淵は、修行者が山に入る前体を清めた場所で、円空も禊を行ったはず。あたりには、キクザキイチゲやカタクリなど春の妖精とも呼ばれる儚げな花が早春の光を浴び群生している。よく踏まれた登山道沿いでは、石垣の残る「木地師古屋敷跡」、修験者の修行の場所だった岩屋などが、この山に生きた人びとをしのばせる。谷を登り詰め、稜線に出たところが御坂峠。と、ここでいきなり舗装された林道に出会い、一瞬現代に引き戻される。

　峠から再びはじまるおだやかな稜線の登りを経て、高賀山山頂に到着。一等三角点と、天保一一（一八四〇）年の「金光明最勝王経」の石碑が並ぶ。岐阜県のほぼ中央部の山塊の最高峰だけにすこぶる見晴らしがよく、傾きかけた陽が山々をひときわくっきりと浮かびあがらせる。北には円空が終生崇敬した白山、西には若かりし頃修業した伊吹山、南は長良川や、荒子観音など円空の仏像が多く残る名古屋も今は高層ビル群として見える。東は御嶽山、乗鞍岳、穂高連峰、笠ヶ岳など飛騨の山々――円空にとってここからの眺めが彼の人生そのものだったのではと思えてならなかった。

…登山口18：45―

〈メモ〉

●帰路、御坂峠から稜線を反対方向の岩の上に立つ峰稚児神社まで足を延ばす。円空が硯の裏に「峯児」と彫り特別に思いを寄せていた神社で、墨書に残る雨乞いはこの社の前で行われた。下山路の先に夕映えの瓢ヶ岳と今淵ヶ岳が眺められた。

●高賀三山のうち、今淵ヶ岳は、標高が他の二山より一〇〇m以上低く、登山道は十分整備されておらず、樹林に覆われ展望がきかない。また、東斜面は林道が通る全面植林帯で伐採直後の状態。

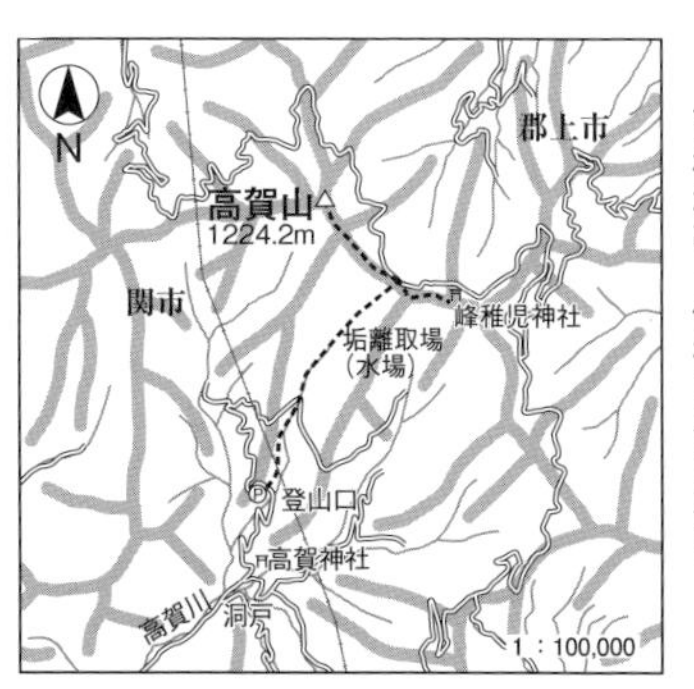

85

両白山地・越美山地

蕪山

かぶらやま

一〇六八・八ｍ　二等（三角点名／松葉）

日本を代表する清流である長良川の支流板取川は、ひときわ水清らかなことで知られる。地形の関係から、ゆったり流れ、川原も多いので、海のない岐阜県では、海岸のように水に親しめる場所として、川遊びやバーベキューなどに、毎夏多くの人が訪れる。そんな板取川上流の、関市板取に蕪山（標高一〇六九ｍ）は位置する。山名は、山容が蕪の形に似ていることにちなむもので、確かに南側の高賀山あたりから眺めると、丸い山体にポコンと尖った頂きを突き出す姿は、蕪に似て同定しやすい。

登山ルートは、「21世紀の森公園」の遊歩道を経由するメインルートのほか、奥牧谷の渓流をたどる旧道がある。ほとんどの登山者は、よく整備され、さらに同公園最大の見ものである「株杉」の群生と対面できる「21世紀の森公園」からのルートを選んでいる。

五月晴れの朝、早立ちしてこの山をめざした。板取川は車窓からでも川底が透けて見えるほど水が澄み、山に向かう心を弾ませる。

杉木立に囲まれ、森林学習展示棟や自然

滝波山からの残雪の蕪山

二万五千分の一地形図／上ヶ瀬

適期　3月下旬～11月　夏△

登山道　新道：◎、旧道：○

標準タイム　新道：登り2時間30分、下り2時間

難易度　I

【登山記録】（―：車、…：徒歩）
2017年4月29日（土）晴
―21世紀の森公園（駐車）6：25…（新道）…蕪山8：50～9：15…（旧道）…21世紀の森公園11：00

〈メモ〉

●正規のルートは株杉経由の新道ルートであり、よく整備されている。奥又谷沿いの旧道ルートは、廃道扱いで整備の手が入っておらず、自己責任の道となる。

●夏はヒルが多い。しっかり対策するか、季節を変えたい。

●板取川上流は、蕪山西麓の杉原集落で東の門原川と西の川浦谷（かおれだに）に分かれる。奥美濃の山や渓の魅力を世に知らしめた森本次男の名著『樹林の山旅』において、渓谷については、「天魚の渓谷（釈迦嶺を繞（めぐ）る谷々）」と、「岩壁の廻廊観察道などが整備された「21世紀の森公園」に駐車、熊鈴を着け登山開始。遊歩道は次第に木立の陰が濃くなり、鈴の音に耳がなじむあたりで、株杉たちに出合う。初めて目にするそれは、スギの巨木が地上数メートルのところで伐られ、そこから蘖（ひこばえ）のようにまっすぐな杉が、幾本となく生え出て、巨人の手のひらから、たくさんの子供たちが生まれているような奇怪な姿で立ち現れる。下部のスギが節くれだってあまりに巨大なため、スケール感が狂ってしまうけれども、上のスギでさえ、周りに植林されているスギの成木とほとんど変わらない太さを持っている。そんな株スギが、一帯に一〇〇本以上もあるそうで、不思議の森に迷い込んだような心地になる。

株杉の森を後にすると、渓流沿いの岩だらけの急な登山道となる。流れが果て、緩やかな登りとなるあたりで、芽吹き前の落葉樹の合間に山頂が見えてくる。木々には名札が取り付けられ、アカシデ、イヌシデ、シラカシ、シロモジ、ウワミズザクラ、ミズメ、エゴノキなど多様な木々を観察できる。陽だまりの薄桃色のイワウチワの大群落にも出会う。蕪型の山容どおり、山上部分は遊歩道並みに緩やかで、ブナの目立つ山頂直下だけが再び急登となる。

山頂は、いさぎよく全面刈り払いがされて、見晴らしがいい。春霞の中に真っ白な白山が間近く見え、御嶽山、乗鞍岳などのほか、越美山地東部の岐阜・福井県境の山々の観察にも好立地で、滝波山、平家岳、日永岳などの山容をしっかり観察できる。

帰路は奥牧谷沿いの旧道を下る。新道ができたため廃道状態で、芽吹きに包まれた谷は森閑として明るく、株スギならぬ株ブナの大木や大滝にも出会う。ルート次第で山の印象は随分変わるものだなあと感じた。

（板取川浦谷）」が双璧である。釈迦嶺の渓が皆伐と徳山ダムの建設で失われた今、川浦谷は奥美濃随一の、そして失ってはならない貴重な渓谷である。岳人にとっての核心部は、銚子洞や箱洞などの源流部となるが、車で行ける新深山トンネル周辺も岩の間を縫う清冽な水に目を奪われる。

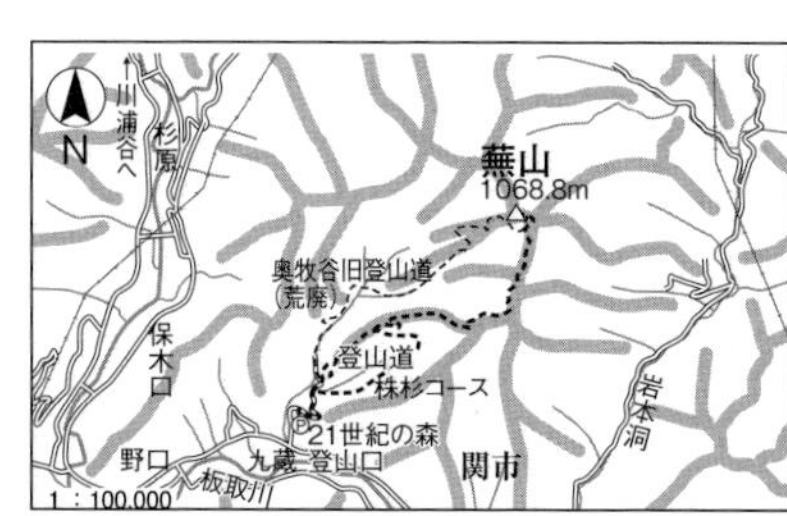

平家岳（へいけだけ）

一四四一・五m　二等（三角点名／平家岳）

二万五千分の一地形図／平家岳

適期　4月下旬〜11月

登山道　◎

標準タイム　①福井県面谷鉱山跡から：登り4時間、下り3時間
②岐阜県川浦谷側から美濃平家経由：登り6時間、下り4時間30分

難易度　①Ⅱ、②Ⅲ

源平の合戦に敗れた平家の一族や郎党が、移り住んだという伝説を持つ山里が各地にある。福井県大野市和泉地区も、代表的な地域のひとつで、古くは穴馬（あなま）と呼ばれた。同地区と岐阜県関市板取地区にまたがる平家岳（標高一四四二m）は、落人伝説の舞台となった雪深い奥山で、福井県側は九頭竜川の支流荷暮（にぐれ）川、面谷（おもだに）川、久沢（くざわ）川、岐阜県側は長良川の支流板取川の源頭となる。

さまざまな歴史の変転（1）を見下ろしてきた平家岳は、山頂が県境から四〇〇mほど福井県側にあり、山名も穴馬の平家落人伝説にちなむ。さらにメインの登山道が面谷川沿いの面谷鉱山跡から九頭竜ダム岐阜県側に伸びる送電線の巡視路を利用して付けられているので、福井県の山という印象が強いかもしれない。東海北陸自動車道を使うと、福井市より岐阜市の方が面谷登山口に近いほどで、岐阜県の岳人も主にこちらの登山道を利用しているため、まずこのルートをご紹介したい。

井岸山側からの平家岳山頂（右奥）

かつての繁栄を偲ばせる石組みなどを残す面谷鉱山跡から面谷に沿う林道を進むと登山口に出る。渡渉して尾根までが急登と

（1）江戸期越前国の荷暮川沿いの荷暮村や久沢川沿いの久沢村は、郡上藩領であり、荷暮村と板取村、久沢村と上大須村との間に越前と美濃を結ぶ峠道があったことから、穴馬と美濃の結びつきは深く、言葉も美濃方言の影響が大きかった。

また、面谷川奥には、大野藩が開発した銅鉱を中心とした面谷鉱山があった。明治に入ると三菱合資会社が継承し本格的な近代鉱山として経営した。明治後期から大正前半の最盛期には、約三千人が住み、その町並みは「穴馬銀座」と呼ばれた。しかし、第一次世界大戦後需要減と輸入銅に押され、大正一一（一九二二）に閉山。さらに、昭和三九（一九六四）年の九頭竜ダムの建設に伴い、穴馬の山里は、すべて集団移転して廃村

なるが、ヒノキの大木に出合ったり、展望も得られたりするので気が紛れる。尾根に出ると、送電線の巡視路に合流し、ブナの多いおだやかな道を進み、小平家と呼ばれる小ピークを巻いて、いったん大下りすると、岐阜県側に向かっていく巡視路から分かれ、平家岳に向かう登山道に入る。井岸山（一四〇〇m）あたりからは樹木のない草地となり、最後のひと登りで平家岳山頂にたどり着く。二等三角点のひろびろとした山頂は、北に銀杏峰（げなんぽう）、部子山（へこさん）、荒島岳など福井県の名峰や純白の白山がそびえ、南西に能郷白山をはじめ越美山地の山並みが展開し、見飽きることがない。

さて、平家岳は、この山域を代表する山なのだが、最高点は南東方向に直線で二・三kmほど離れた県境稜線上の一四五〇mのピークで、「美濃平家」と通称されている。関市の最高峰ながらヤブに覆われ三角点はなく、地形図に山名もない不遇な山である。板取側に延びる長い尾根に前述の巡視路が県を越え続いているので、岐阜県側からも平家岳と合わせて登ることができる。

板取川上流の川浦谷沿いの新深山トンネル西出口の送電線巡視路入口が美濃平家への登山口を兼ねている。尾根上の38号鉄塔付近で巡視路を離れヤブを漕いで山頂に立つ(2)。長丁場の巡視路歩きがやや単調だが、ブナ純林が見事で、新緑や黄葉の頃、健脚派にはお勧めである。

となった。

（2）美濃平家から平家岳へは、巡視路に戻り、二五〇mほど大下りし、鞍部の作業小屋からジグザグに一五〇mほど登り返すと、巡視路は平家岳の北側に回り込み、井岸山経由の登山道に出る。

【登山記録】（―：車、…：徒歩）
2018年5月1日（火）快晴
―巡視路入口（駐車）6：30…38号鉄塔付近美濃平家取付点10：20…美濃平家10：35…取付点10：50…作業小屋11：30…井岸山12：25…平家岳12：40…井岸山…巡視路入口17：10
※②のルート。

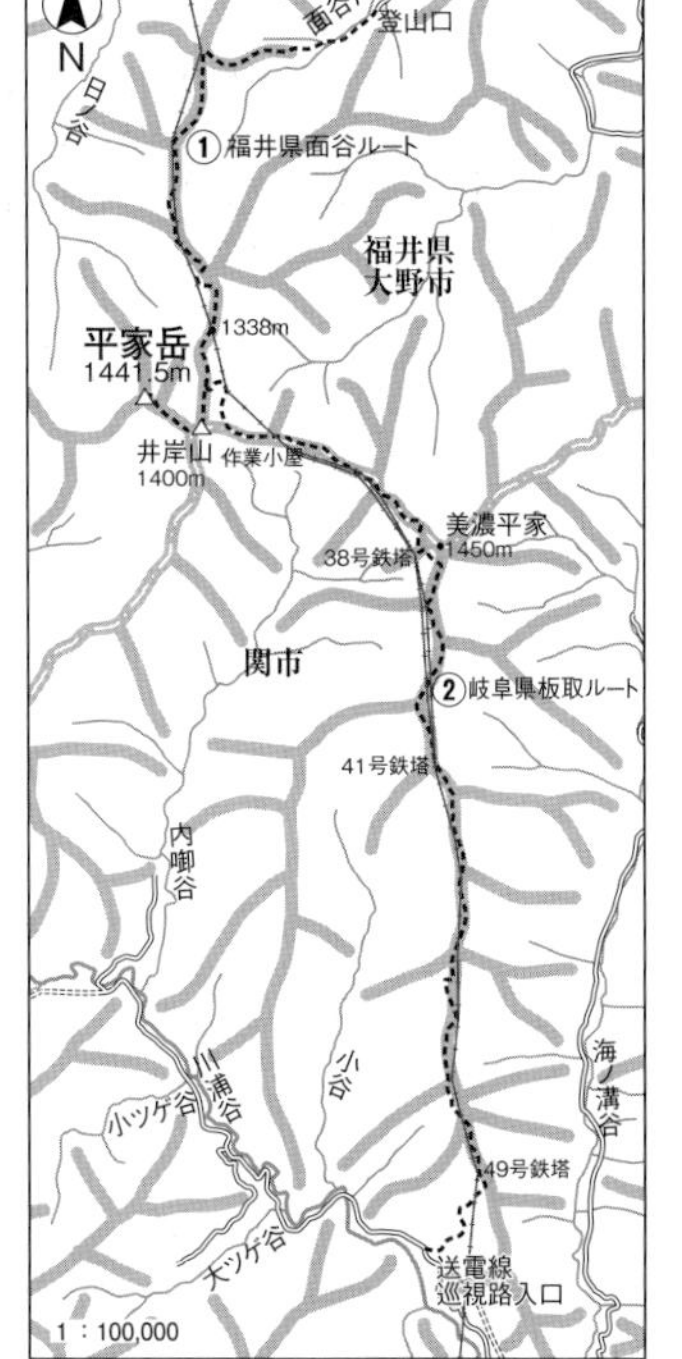

岐阜百秀山
コラム❻

奥美濃の難峰
千回沢山・不動山

岐阜・滋賀・福井県境の雪深い樹林の山々を、京都や岐阜の岳人は「奥美濃の山」と呼び、愛してきた。

「奥美濃」は、奥秩父や奥多摩のように明確に定義された地理上の名称ではない。同じ岐阜県でも、奥飛騨は「岐阜県北部、神通川の支流である高原川流域をいう」（小学館『大辞泉』）とされるが、「奥美濃」は辞書に載っておらず、わずかに『岐阜県地名大辞典』（角川書店 一九八〇年刊）に郡上郡の説明として「古代～現在の郡名・かつては奥美濃と通称した所」という記述が見つかる程度で、その範囲は、岳人がイメージするエリアとは大きくかけ離れている。「奥美濃の山」とは、岳人のロマンが定義する山域といえるのかもしれない。

この奥美濃の山を、最初に紹介したのが、一九四〇（昭和一五）年刊行の京都の岳人森本次男の『樹林の山旅』で、その冒頭には、「奥美濃はかくれたる登山地帯である。 ―中略― 新しき山への希望を持つ人達に、美しき樹林に満ちた、變化多き溪谷に恵まれた、自然のまゝの日本の山（所謂アルプスと稱するもの、模型でない）を歩きたい人に、深い自然の中に融合した人間と自然との生活、山住人や傳説の香りの高き山地へ彷徨の足を進めたい人に、かうした意味で私は蕪筆をかへり見ず奥美濃紀行―樹林の山旅―を贈りたいと思ふ。」と記されている。第二次世界大戦下の世相に背を向けたような同書は、以来、奥美濃の山と渓谷を愛する者たちの聖典になってきた。

しかし、奥美濃の山と渓谷は、戦後大きな変転を余儀なくされる。同書の中心舞台のひとつである揖斐川源流部の徳山村は、縄文時代から住み継がれ、狩猟採集文化の伝統を色濃く残す山里だった。しかし、役場のあった本郷集落や、揖斐川の支流西谷沿いの門入（かどにゅう）集落で連続して大火に見舞われる苦境の中、一九五八（同三三）年には馬坂峠越えで岐阜乗合のバスが乗り入れ、一九六三（同三八）年には電気が通じ、遅ればせながら「高度経済成長」の荒波が押し寄せる。一九七〇年代には、大手製紙会社がパルプ用材を求めて揖斐川源流部の山々に林道を開き、徳山村の人びとはそこで働くことで現金収入を得た。現在も地形図に記載されたままの山深くまで入り込んだ林道の多くは当時のもので、実際には皆伐後に放置され、廃道状態になっている。

そして、一九五〇年代から進められていた揖斐川源流部へのダム建設の議論が進み、さまざまな紆余曲折を経て、二〇〇八（平成二〇）年徳山ダムが完成し、徳山村は消え去った。徳山湖周辺の道路は、左岸に福井県に抜ける国道四一七号線が冬でも通行できるよう整備される計画があるほかは、水没しても付け替えはせず、その代わりに、旧村民らの持つ山林を買収し、公有地化する方針がとられた。そのため笹ヶ峰、美濃俣丸、千回沢（せんがざわ）山、不動山（ふどうさん）、烏帽子山など右岸側の山へのアプローチに使われていた道路は水没したままとなり、岐阜県側からの登頂はきわめて困難になってしまった。

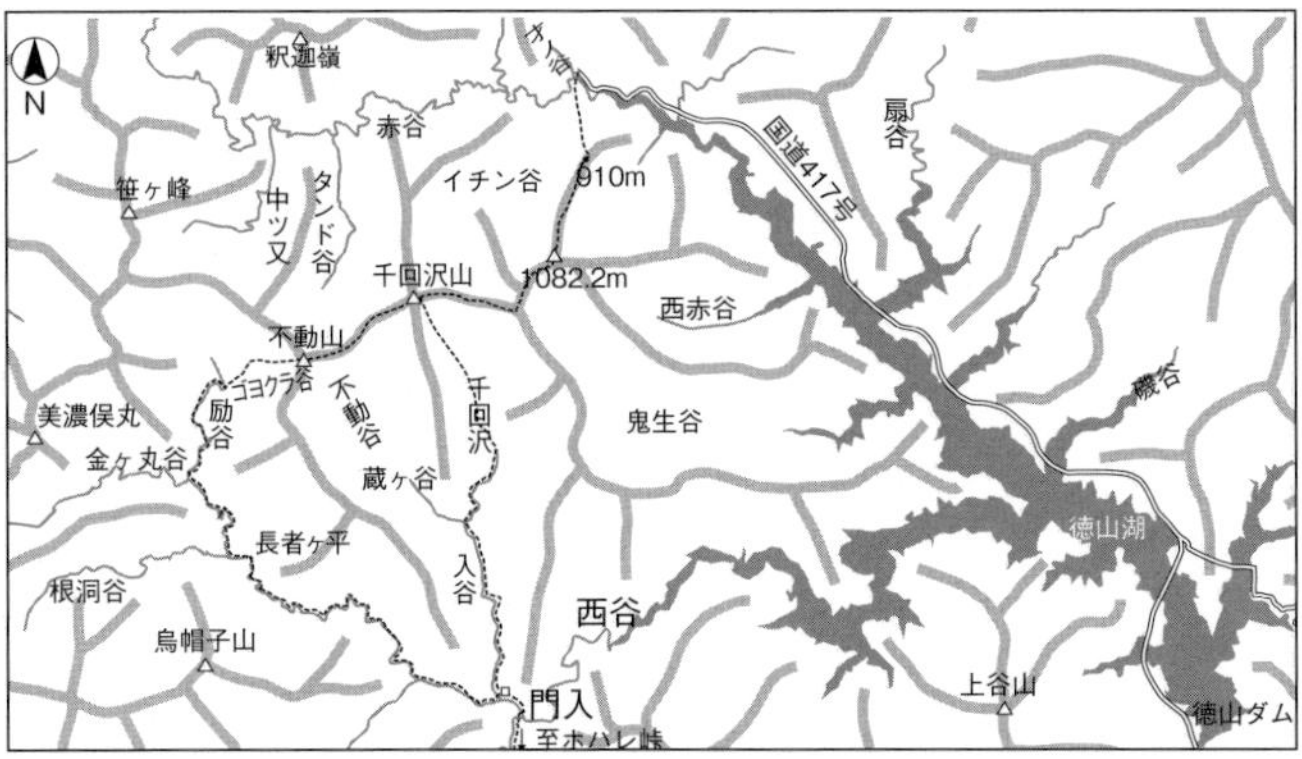

その中でも、門入の奥に二km弱の距離で頂きを並べる千回沢山（標高一二四六m）と不動山（一二四〇m）は、林道が使えた一九七五年の『ぎふ百山』刊行当時ですら、「山の姿は平凡だが、谷はなかなか第一級である。　―中略―　相当の年期（ママ）を入れたものでないと危険だからよした方がよい。」と記される難峰だったが、門入までの林道が水没してしまった現在では、三〇〇〇m級の飛驒山脈の山々よりも登頂困難な、岐阜県きっての遠い山になってしまった。

このような山を、「岐阜百秀山」に入れることは控えざるを得なかった。しかし、遥かな山であればあるほど、『樹林の山旅』に記された原初の森や渓が今も秘されているのでは、と憧れてしまうのが山馬鹿の性分というもの。この難儀な山についてご紹介したい。

1　アプローチ―ホハレ峠から門入へ

門入は、旧徳山村の中心からさらに約一六km遡った最奥の集落で、不動山、千回沢山など秘境の山への重要な登山基地として『樹林の山旅』にも登場する。最奥で標高四〇〇mあまりあるため水没を逃れたけれども、集落に至る道路が水没することを前提に補償がされ、全員が離村。そのため、現在登山者が門入に至るには、標高約八〇〇mのホハレ峠から徒歩で入るしかなくなっている。峠には、国道三〇三号線沿いの揖斐川町坂内川上の集落から、林道をうねうねと約六kmのぼり、ようやくたどり着く。その名は門入から大きな荷を背負って峠まで登ると頬が腫れるほどだったことにちなむという。

峠から門入に向けて黒谷を下る道は、進むほど谷は深くなり、急斜面をへつったり、沢をまたいだりの繰り返しとなる。黒谷本流を飛び石伝いに渡渉し、ようやく門入側からのびる夏草に埋もれかけた林道をたどり、コンクリートの沈下橋を渡って門入に入る。(1) 八幡神社跡に立つ『門入集落略史碑』には、各戸の家長の名と屋号、そして縄文時代から延々と住み継がれてきた歴史が記されている。

（1）門入には、今も土地の所有権を持ち、そこに新たに山小屋を建て雪のない時期に滞在する旧住民がおられる。われわれは、沈下橋の傍に小屋を持たれるIさんとお付き合いがある。ホハレ峠への帰路、移転先の自宅に帰られるIさんと同道したことがある。八〇余歳とは思えぬたしかな足取り。かつて門入では、トチの板材を背負って、ホハレ峠を経由し、近江まで出していたのだという。その重さ、実に二〇貫（約七五kg）。歩荷は集団で行われたので、峠までの休む場所は、門入から半里のコウジヤスマ、一里のイチリヤスマと定められていて、それ以外では杖で荷を支え、立ったまま休むしかなかったとのこと。木地屋が小屋掛けをしていた木地ヶ平という沢の小平地で一服しながら、繊維を取ったというイラメ（ミヤマイラクサ）を手に、子供の頃の思い出をしてくださる。門入の歴史をなんとか語り継ぎたいという、Iさんの姿に胸を打たれた。

2 千回沢山—千回沢遡行

千回沢山と不動山は、岐阜・福井県境稜線の美濃俣丸と笹ヶ峰の中間から東（岐阜県側）に派生する尾根に頭を並べる。登山道のないびっしりチシマザサに覆われた奥美濃の山の典型ともいえ、主に沢を詰めて登られてきた。まずは、千回沢山の西谷から分流する入谷（にゅうたに）から千回沢谷を遡行するルートをご紹介する。

かつて製紙会社が伐採のために開削した入谷林道は、廃道になって久しく、草に埋もれている。不動山に向かう蔵ケ谷を左に分けた地点で沢靴に履き替え入渓、林道を離れてからは、全山ブナの森となる。最初に出合う二mほどの滝ふたつを右岸高巻きで通過。地形図の六七六m地点近くで見事なカツラの巨木に出会い、そのしばらく先の小平地に幕営。焚火を囲んでの夕暮れ、奥美濃の山の味わいを凝縮した山だなあとしみじみ思う。

二日目。ここまで比較的穏やかで明るい印象だった谷は、左手に滝を見るあたりから、谷が狭まり急登となり、水しぶきをあげる小滝を高巻きする。標高一〇〇〇mあたりで涸沢となり、一一〇〇mあたりで谷は丈高いチシマザサの中に消え、急斜面のヤブ漕ぎの果て、山頂に到達。ヤブ山ゆえ山頂からの展望は期待していなかったが、灌木が落葉し、北側の釈迦嶺は標高が七〇m程低いので視界を阻むことがなく、さらに福井県境稜線の山々からも程よく離れるためそれぞれ立派に見え、白山、能郷白山などは、冠山からより、むしろ立派に拝める。さらに、南側は西谷によって空間が開けているため、笹ヶ峰、不動山、高丸、烏帽子山、蕎麦粒山、五蛇池山、小津三山などの奥美濃の山々が、『樹林の山旅』当時の姿のままで眺められた。往路は下りのホハレ峠の道も、帰りは長い登り道。気を抜かずに帰路につく。

[登山記録]
2017年11月13日（日）快晴
—ホハレ峠（駐車）7：05…門入9：00…（入谷林道）…千回沢出合10：00…カツラの樹12：45…テント場（泊）13：00
14日（月）晴のち時々曇
テント場6：50…千回沢山山頂9：00〜9：30…テント場（撤収）11：10〜11：45…出合13：40…門入14：50…ホハレ峠16：45—

3　不動山―励谷（はげんだに）遡行

不動山には、門入を起点に、①西谷の支流入谷から蔵ヶ谷に入り、これを遡行する蔵ヶ谷～不動谷ルート、②西谷の上流部で励谷に入り、これを遡行する励谷ルートが代表的である。蔵ヶ谷～不動谷ルートは、途中不動滝など難場が多い。ここでは大垣山岳協会の三角点踏査山行のため二泊三日でたどった励谷ルートをご紹介する。

初日、ホハレ峠から門入をめざす。前年の台風で、途中の沢部分の道が流失し渡渉しなければならなかった。林道の状態は少しずつ悪くなっている。

門入から、西谷林道を上流に向けて進む。放置久しい林道は、路肩が崩れた箇所もあり、林道から谷底までは一〇〇m以上あるため気が抜けない。門入から約三時間で、標高約七〇〇mにある長者ヶ平に出る。そのしばらく先の林道終点手前の小尾根を谷に向け下る。林道から離れ手付かずの原生林の深い森に入り込んでいく。下降点に目印もないが、途中からは虎ロープが現れ、釣り人の通い道になっているらしい。ここで向こう岸に三周ヶ岳を源流とする根洞谷（こんど）を分けると、西谷上流部は、金ヶ丸谷と名前を変える。沢靴に履き替え入渓。しばらくで、通称「玉冷やしの深瀬」と呼ばれるゴルジュ（岩に挟まれた狭い谷）に差し掛かり、深い所は名前どおり股下すれすれまである。三周ヶ岳へ向かう金ヶ丸谷と、不動山に向かう励谷が分かれる手前に小平地を見付けテントを設営。焚火を囲み明日の作戦会議。

二日目。いよいよ励谷に入る。金ヶ丸谷と分かれ水量が減った反面、小滝などが連続するようになる。沢へ大きく腕を差し出す一本だけでも森をなすようなミズナラの巨木に何度も出会う。奥美濃の深い森の核心部に居るのだなあと静かな感動にひたされる。沢べりは、次第にトチやサワグルミの畏怖の念にとらえられるほどの巨木が太古の森に居並ぶ。岸をへつり、渡渉を繰り返しながら、遡行すること約一時間半で、標高約七五〇mのゴヨクラ谷の出合に至る。県境稜線方向に流れる励谷と別れ、不動山に向かうゴヨクラ谷に入る。次第に急傾斜となり、絶えまなく岩を飛び移り、よじ登る。このあたりになると、GPSでも進路を読み切れないので、慎重に地形と方位を確認していく。

ゴヨクラ谷を一時間あまり進んだ標高約九五〇m地点で沢はさらに二股に分かれる。地形図には、そんな細かな分岐まで記載がなく、不動山が四度目となるNuリーダーは、左手の壁のように立ちふさがる滝を登るとおっしゃる。滝から三〇分ほどで、涸れ沢となり、登りつめていくと三点支持をしないとずり落ちてしまう急な溝状態になり、ザイルを使う。

三角点から二〇mほどしか離れていない地点で稜線に出、チシマザサのヤブを漕いで三等三角点に到達。周囲を覆う目の高さほどのヤブを脚で踏みつけ、山々を観察。まず三角錐の蕎麦粒山を同定、芋づる式に烏帽子山、高丸、金糞岳などを確認。北側の釈迦嶺や、東隣の千回沢山は、ヤブがうるさくて見えずじまい。いずれにしても、峠越え・長い林道歩き・沢登り・ヤブ漕ぎで到達したピークの展望としては、あまりに地味なもの。しかし、奥美濃の山に取り付かれた山馬鹿にとって、それは万感の光景である。

帰路三日目。水を含んで重い荷物でようやく登り切ったホハレ峠では、建設会社の人たちが働いておられる。伺ったところ、二〇二一年まで三年かけて、門入に向け作業路を整備するのだという。もし、門入まで車で入れるようになったら、不動山ももう少し近い山になるのではと期待したが、「一般には開放せず、ゲートを設けることになるのでは」とのこと。当面、不動山は岐阜県で最も遠い山の地位を守るようだ。

[登山記録]（—：車、…：徒歩）

2019年8月24日（土）曇

—ホハレ峠（駐車）7：25…門入9：30…長者平12：45…尾根下降点13：05…励谷出合手前（テント泊）14：30

25日（日）早朝雨　のち曇時々晴

テント場6：30…励谷出合6：35…ゴヨクラ出合8：05…九五〇m二俣部分9：20…不動山10：55～11：30…ゴヨクラ出合13：30…テント場15：30（泊）

26日（月）晴

テント場7：30…林道取付5：50…門入集落11：40～12：35…ホハレ峠15：10

4　千回沢山、不動山残雪期往復

徳山ダム完成後、不動山、千回沢山への長いアプローチを避けるため、残雪期に福井県の広野ダム側から入山するルートが開拓されている。美濃俣丸から笹ヶ峰までの岐阜・福井県境稜線の途中にある、かつて雨量観測所があったことから「ロボットピーク」と通称される一二九四mピークから千回沢山、不動山へと続く支尾根を往復するもので、途中数百メートルのアップダウンが繰り返される長丁場で、不動山の手前鞍部あたりでテント泊が必要となる。しかも、数少ない先行レポートの半数ほどは、不動山手前の急斜面に大きな亀裂が入っていたりして撤退を余儀なくされている。

一方、わが大垣山岳協会の猛者は、岐阜県側、揖斐川源流部の冠林道オノ谷出合まで車で入り、揖斐川を渡渉し、東側の一〇六二mの三等三角点（基準点名「滝谷」）を頭とする尾根から両山を往復するルートで残雪期に両山山頂を極めている。このルートも長丁場で、先行メンバーはテント泊二日でたどっているが、荷を軽くすれば、何とか日帰りも可能のよう。ルート最大の難関となるのが、揖斐川が赤谷とオノ谷とに分かれるポイントから対岸の尾根に取り付く最初の渡渉である。二〇一八年三月、四月と何度も下見に足を運んだが、増水が続き、渡渉のチャンスが得られないまま残雪期が終わってしまった。翌二〇一九年の下見では、水嵩は前年に比べれば少なく渡渉可能にみえた。あとは、天候と尾根上のヤブの露出具合次第。最悪ビバークできる装備も加えて翌週土曜日の決行と定める。

当日は薄曇り。六時一五分、川底が見えるようになる時間をじりじり待ちオノ谷出合を出発。合流点直下の本流部分の、白波が立たない箇所を狙い、カヤックを漕ぐ時使っているドライスーツ上下を着こみ、沢靴で流れに突っ込む。対岸にたどり着く直前が股下近くと最も深く、水流に押し流されないのが精一杯で、今一歩足が出ない。思わずエイヤと声をあげて気合を入れ、何とか岸にたどり着く。

標高約四〇〇ｍ地点から始まる尾根は、すでにヤブが露出しているが、かつての伐採作業の名残りらしい跡がわずかに残されている。そのうち尾根はやや広いブナの二次林となる。地形図の八一〇ｍポイント直下で、ふたたび尾根は狭まって急登となる。痩せ尾根にびっしりシャクナゲのヤブが張り付いているため、やや右手下にある獣の踏み跡をたどる。シャクナゲが、したたか頭をひっかくので、持参したヘルメットが役に立つ。ようやく残雪をひろいながら進めるようになり、九一〇ｍの小ピーク直下に到着。ビバーク用装備をデポし、アイゼンを装着。一〇八二ｍの三等三角点「滝谷」まで、二度のアップダウンがあり、ふたたび登場したアイゼンに絡みつくシャクナゲと格闘する。滝谷ピークを越えると尾根が広くなり、残雪もたっぷりあって快適に進むことができ、雪庇や隠れた亀裂に注意しながらピッチを上げる。再度胸を突く急登で一一九四ｍの小ピークに出ると、行く手に千回沢山のおだやかな三角錐のピークが目の当たりになる。稜線上に、ブナの巨木群も登場。山頂が近づくにつれ、梢は樹氷に白く覆われ、一二時一五分、登頂開始から六時間で千回沢山山頂に到着。振り向くと、たどってきた長い尾根の向こうに、能郷白山が白く大きく横たわる。

時に追われ、次なる目的地、不動山へ向う。アップダウンはさほどきつくもなく、快適に進む。不動山の山容はよりピーク感がなく、とらえどころがない。ただし、稜線や斜面のブナは、さらに立派になる。

一三時二〇分登山開始から七時間あまりで樹氷の花咲く不動山山頂に到達。山頂部は、ヤブも灌木も雪の下になって展望は三六〇度。千回沢山から直線距離で二㎞弱移動しただけなのに、見える山々はずいぶん変わり、滋賀・福井県境の山々が近い。振り返ると、千回沢山から今回たどってきた長大な尾根があり、その右手に能郷白山、左手に冠山や若丸山、さらに、その奥に、白山連峰が傾きかけた陽に輝いている。

帰路も長丁場。オノ谷出合の岸でヘッドランプを出し、ふたたびエイヤと気合を入れて渡渉を完了したのが、一九時一五分。ずっしり手ごたえある一日だった。

［登山記録］（—：車、…：徒歩）
2019年3月23日（土）曇午後時々晴
—（国道四一七号線・冠林道）—オノ谷出合（駐車）6：15—（渡渉）—右岸6：45—九一〇ｍ小ピーク9：30—一〇八二ｍピーク（三等三角点「滝谷」）10：20—千回沢山12：15～12：30—不動山（昼食）13：20～13：40—千回沢山15：03—九一〇ｍ小ピーク17：20—右岸18：50—（渡渉）—オノ谷出合19：15

両白山地

白山山地

87 大日ヶ岳
88 丸山
89 野伏ヶ岳
90 願教寺山
91 銚子ヶ峰
92 三ノ峰
93 別山
94 白山
95 日照岳
96 三方崩山
97 妙法山
98 野谷荘司山
99 三方岩岳
100 笈ヶ岳

位置

両白山地北部にあたる白山山地は、福井・石川・富山・岐阜各県にまたがる。中核となる白山は、最高峰の御前峰（ごぜんがみね）（標高二七〇二m）、剣ヶ峰、大汝峰（おおなんじみね）からなる「白山三峰」を中心に、白山連峰を構成している。主要な山岳は白山国立公園に指定されている。

気候

日本海側気候であり、冬季北西風により日本海からの多量の水蒸気が山岳部にぶつかり豪雪を降らせる。白山の初雪は一〇月中旬頃であり、厳冬期には五m以上の厚い雪に覆われる。その一方、春から秋にかけては前線や台風の影響も受け、年間を通じて降水量が多い。この豊かな水が、九頭竜川、手取川、庄川、長良川などの源となっている。

自然

⑴山地の形成

大日ヶ岳、鷲ヶ岳は、その西に並ぶ野伏ヶ岳、願教寺山、三ノ峰、赤兎山、経ヶ岳とともに、今から約三一〇万年前から七二万年前の鮮新世から更新世にかけての火山活動によって形成された。これら東西に並ぶ火山群は九頭竜火山列と呼ばれる。その後、約四二万年前の更新世中期には、白山、丸山、毘沙門岳など南北に並ぶ白山火山列が、これに交差するように形成され、今ある山並みの原型ができあがった。

⑵植生など

白山山地の山々は、日本海側気候の影響を受ける豪雪地帯らしく、ブナ、ミズナラなどの原生林や二次林の樹林に、背丈を越すチシマザサが生い茂る山が多い。

そのうち白山連峰は、高山帯を持つ山域の西限で、豪雪地帯であることとあいまって高山植物の種類と数が豊富であり、中腹にはダケカンバやオオシラビソの森が広がり、山麓は日本有数のブナ林となっている。また、ツキノワグマ、ニホンカモシカ、ニホンザルなどの哺乳類や、イヌワシなどの野鳥が多く生息する。

人との関わり

日本三霊山のひとつとされる白山は、七一七（養老元）年 泰澄が開山したと伝えられ、長い信仰の歴史を持つ。詳しくは、次頁の「コラム7　白山信仰と信仰の道」を参照いただくとして、ここでは千年以上の歴史を持つ登山基地石徹白について紹介する。

郡上市白鳥町市街から標高約九六〇ｍの桧峠を越えてたどり着く山中にある石徹白集落は、白山長滝神社（旧白山中宮長滝寺）から始まる美濃禅定道の中間地点にあたり、白山中居神社（旧白山中居権現）を中核として、白山への登山基地の役割を果たしてきた。同神社は、養老元（七一七）年、白山を開山した泰澄が、同年社域を整えたと伝えられる。平安時代から江戸時代初期にかけて、藤原能信、今川義元、織田信長、豊臣秀吉、徳川家康など、多くの貴族や武将の信仰を集め、中でも奥州藤原氏三代の秀衡との関わりは殊に深かった。白山を崇敬していた秀衡は、元暦元（一一八四）年、家来の上杉宗庸らに銅像鍍金の虚空蔵菩薩像を奉献させ、追って宗庸と、上村十二人衆と呼ばれる小武士団を送った。菩薩像は、白山中居権現の神体とされ、彼らの子孫は、これを守りながら、社家、社人として、夏は白山へ向かう巡礼者の手助けを行い、冬は御師と呼ばれる布教者として各地の信者を回って護符を配布し信仰を全国各地に広めた。

石徹白は、このような地理条件や白山信仰との関わりから、伝統的に独立の気風が強く、複雑な歴史を持っており、藩政時代には「石徹白騒動」と呼ばれる過酷な経験もしている。さらに、明治初年においては廃仏毀釈の趨勢の中で、神体とされてきた虚空蔵菩薩像が破却の危機に見舞われた折も、上村十二人衆の末裔である石徹白の人々は、中在所の祠山に堂を建て大師講を作り、像を守った。

現在、石徹白は、東海北陸自動車道の白鳥インターチェンジから四〇分ほどとなり、岐阜県側の白山山地への登山基地となっている。登山に合わせて当地の歴史を偲ぶのも、この山域を深く知るうえで意義深いことではないだろうか。

石徹白大師堂虚空蔵菩薩像
（『白鳥町史通史編』白鳥町教育委員会編 白鳥町）より

白山山地

岐阜百秀山 コラム⑦

白山信仰と信仰の道

白山信仰について

白山は、古代より神聖な山とされ、富士山、立山と並び、日本三霊山とも称されてきた。白山神社は広く全国に三千社近くあり、特に岐阜県には約四百社が集中している。

白山が霊山とされる理由の第一に、ひときわ白い山であることがある。日本で最も西にある森林限界を超える高山であり、日本海からの冬の季節風で積雪が五m以上にも及ぶため、夏でも白く聳える姿を、古代の人々は聖なる存在として仰いだ。都までその名はとどろき、「しらやま」（万葉集　巻十四　作者不詳）「こしのしらやま」（古今和歌集　九八〇番　紀貫之）「こしのしらね」（千載集　七六番　藤原俊成）などと和歌にも詠まれてきた。

第二に、水を育む山として重要なことがある。その広大な山域と豊富な雪が育んだ水は、金沢平野に至る手取川、砺波平野に至る庄川、福井平野に至る九頭竜川、そして濃尾平野には長良川が流れ出る。

さらに、白山は成層火山で、一二世紀の中頃に成立した白山の基本史料『白山之記』には、長久三（一〇四二）年白山が水蒸気爆発して、翠ヶ池が形成されたことが記録されている。また、天文一六（一五四八）年以降万治二（一六五九）年までの約一〇〇年間白山はたびたび火山活動を起こし、畏敬されてきた。

白山の信仰の歴史は、古代にはじまるが、霊山として特別な信仰を集めるようになったのは、越前の僧泰澄が養老元（七一七）年白山に登頂・開山し、十一面観音を中心にした神仏習合の信仰を広めたことに始まるとされる。

白山の山頂は、神仏の住む世界とされ、越前国（現在の福井県）、加賀国（同石川県）、美濃国（同岐阜県）から、それぞれ頂きをめざす「禅定道（ぜんじょうどう）」が形づくられた。登山口には、「馬場（ばんば）」と呼ばれる信仰の拠点として、越前は白山中宮平泉寺（神仏分離後は平泉寺）、加賀は白山寺白山本宮（同白山比咩神社）、美濃は白山中宮長滝寺（同長滝白山神社と長滝寺に分けられる）ができた。白山信仰の基本資料『白山之記』には、天長九（八三二）年に三馬場が開かれたとされ、平安時代後期に、白山信仰は隆盛を極めた。

中世を通じて修験者が白山山地の峰々を活発に巡っていたことが出土した遺物からも伺われるが、室町時代に一向宗の勢力が急速に伸長し、美濃馬場でも末寺の多くが一向宗に転宗し、その基盤が揺るがされた。それもあって石徹白を中心とした御師たちは全国を回り布教活動を活発化させた。

また、白山の管理権や入山料徴収権は大きな利権をともなったことから、三馬場間の利権争いが中世から江戸時代まで続き、寛保三（一七四三）年、寺社奉行の裁定で、御前峰・大汝峰の山頂は越前馬場の白山中宮平泉寺が、別山山頂は美濃馬場の白山中宮長滝寺が管理することとされた。しかし、明治維新により状況は一変、神仏分離令によって、白山にあった仏像仏具はすべて山から下ろされ、明治五（一八七二）年、白山各山頂と主要な禅定道は、白山比咩神社の所有とされた。白山は石川・岐阜両県にまたがるにもかかわらず、「加賀の白山」とことさらに言われるのには、このような経緯も背景にある。

白山への信仰の道

長い信仰の歴史を持つ白山周辺の信仰の道のうち、美濃・飛騨の道をご紹介する（269頁「白山禅定道概要図」参照）。

⑴白山美濃禅定道（石徹白道、南縦走路）

美濃や尾張側からの登拝路である白山美濃禅定道は、白山中宮長滝寺から、桧峠を越え、中間地点である白山中居神社のある石徹白を経て、石徹白大杉のもとから峰に入り、銚子ヶ峰、一ノ峰、二ノ峰、三ノ峰、別山を経て白山に至る長大な信仰の道である。かつては、「登り千人、下り千人、宿に千人」と言われるほどの隆盛を極めた。

現在は、石徹白大杉への遊歩道入口から白山までの区間が石徹白道、または南縦走路とも呼ばれる登山道となっており、沿道には信仰の名残りを数多くとどめている。

⑵行者道（鳩居十宿）

かつては禅定道のほかに、白山中宮長滝寺から西山、毘沙門岳、水後山、大日ヶ岳、天狗岳、芦倉山、丸山と峰を繋いで神鳩（かんばた）ノ宮で禅定道に合流する「行者道」があった。主に山岳修験の回峰行に使われ、桧峠は、この行者道と禅定道が交差する地点でもあった。行者道は、途中に「宿」という行場が十ヶ所設けられていたことから「鳩居十宿」とも呼ばれたが、今は一部の宿の跡を残すだけで、廃道となっている。

⑶平瀬道

現在、岐阜県側からの最短ルートとして広く登られている白川村平瀬を登山口とする平瀬道は明治末期頃開かれたもので、それ以前には飛騨国側からの登拝路である旧平瀬道があった。地獄谷を詰めて南竜ヶ馬場に達する険路で、今は全くの廃道である。

⑷念仏尾根（北縦走路）

岐阜・石川県境稜線は念仏尾根と呼ばれ、古くから人の往来があり、三方岩岳や妙法山の山中からは修行者の遺物も発見されているが、戦国時代末期頃にここにあった道は廃絶した。かつてをしのんで、「白山の主」とも呼ばれた故大杉鶴平が五年の歳月をかけて一九六二（昭和三七）年に開設したのが、白川村馬狩集落を登山口とする北縦走路である。

87

両白山地・白山山地

大日ヶ岳

だいにちがたけ　別名　三国山、大日嶽

一七〇九・〇ｍ　一等（三角点名／大日ヶ岳）

両白山地は滋賀・岐阜・福井・石川・富山各県にまたがる広大な山域で、九頭竜川を境界として、能郷白山が主峰の越美山地、白山が主峰の白山山地に分かれる。大日ヶ岳（標高一七〇九ｍ）は、白山山地の最南部、いわばその玄関口に位置し、郡上市白鳥町、高鷲町、高山市荘川町にまたがって裾野を広げている。東海北陸自動車道の、ひるがの高原サービスエリアから、その山容を目にされた方も多いだろう。

山名の由来は、奈良時代前期の養老元（七一七）年、白山を開山したとされる泰澄が、この山の頂きに大日如来を祀ったことによると伝えられる。大日ヶ岳と南側の毘沙門岳（一三八五ｍ）をつなぐ稜線鞍部にある標高約九六〇ｍの桧峠は、長滝白山神社から白山に至る美濃禅定道の最初の難所だった。峠を越えてたどり着く白山中居神社を中心に禅定道の登山基地の役割を担ってきた石徹白の集落は、一九五八（昭和三三）年に岐阜県に編入されるまでは福井県（越前国）だった。そのため大日ヶ岳は、美濃・飛騨・越前国境に位置する山として、三国山とも呼ばれていた。

火山活動とともに形成された大日ヶ岳の

野伏ヶ岳からの大日ヶ岳

二万五千分の一地形図／石徹白、大鷲、二ノ峰、新淵

適期　5月中旬〜11月中旬

登山道　①②③◎

標準タイム　①ひるがの高原からのルート：登り4時間　②ダイナランドからのルート：登り2時間40分　③桧峠からのルート：登り3時間40分（夏季運行ゴンドラで1時間短縮できる）

難易度　①③Ⅱ　②Ⅰ＋

［登山記録］（—：車、…：徒歩）
２０１８年５月６日（日）晴
—ウイングヒルズ白鳥リゾート駐車場6：45…ゲレンデ最高点7：45…水後山8：30…鎌ヶ峰9：00…大日ヶ岳10：00〜10：40…ゲレンデ最高点12：30…駐車場13：15

〈メモ〉
●白山山地でも観光開発の進んだ山で、ベテラン登山者から昔日の面影はないと言われるが、今なおすばらしいブナ林に出会う。
●③のルートの場合、ゲレンデを離れるとブナ樹林が続き、水後山（一五五九ｍ）に出ると、ササと背の低い灌木の見晴らしのいい稜線となり、鎌ヶ峰（一六六六ｍ）経て、大日ヶ岳まで縦走気分が味わえる。眼下の深い谷を刻みながら広がる斜面のブナ純林は新広い裾野は、豪雪地帯であることもあって、豊かなブナなどの広葉樹林を育み水豊かで、長良川の源流となり、阿弥陀ヶ滝（長滝）という白山信仰に深く関わる名瀑もある。

近年、高速道路の発達に伴い、この広い裾野が奥美濃地方を代表するウインター・スポーツのゲレンデとなり、中京地方や関西地方から多くの人々を集めている。登山の山としても人気があり、次の三つの登山道が代表的で、いずれもよく整備されている。

①東北側の、ひるがの高原からのルートは、水道山を登山口とし、尾根道をたどる。途中からはブナを中心とする広葉樹林帯を抜ける。途中の「いっぷく平」という小平地を包み込むブナの巨木たちの黄葉に息を呑んだことがある。

②東側のダイナランドからのルートは最短で、前大日を経て山頂に至る。スキー場に沿って登るため、見晴らしが良く初級者向けであるものの、人工的な景観であることは否めない。

③南側の桧峠からのルートは、ウイングヒルズ白鳥リゾートのゲレンデ脇を抜け、水後山と鎌ヶ峰を経て山頂に至る。

大日如来の石像が迎えてくれる大日ヶ岳山頂は、さすが岐阜県に一七しかない一等三角点の独立峰、三六〇度の展望はすばらしく、特に白山の純白の山巓には言葉を失う。かつて霊峰をめざした行者たちもこの頂きで胸を震わせたことだろう。

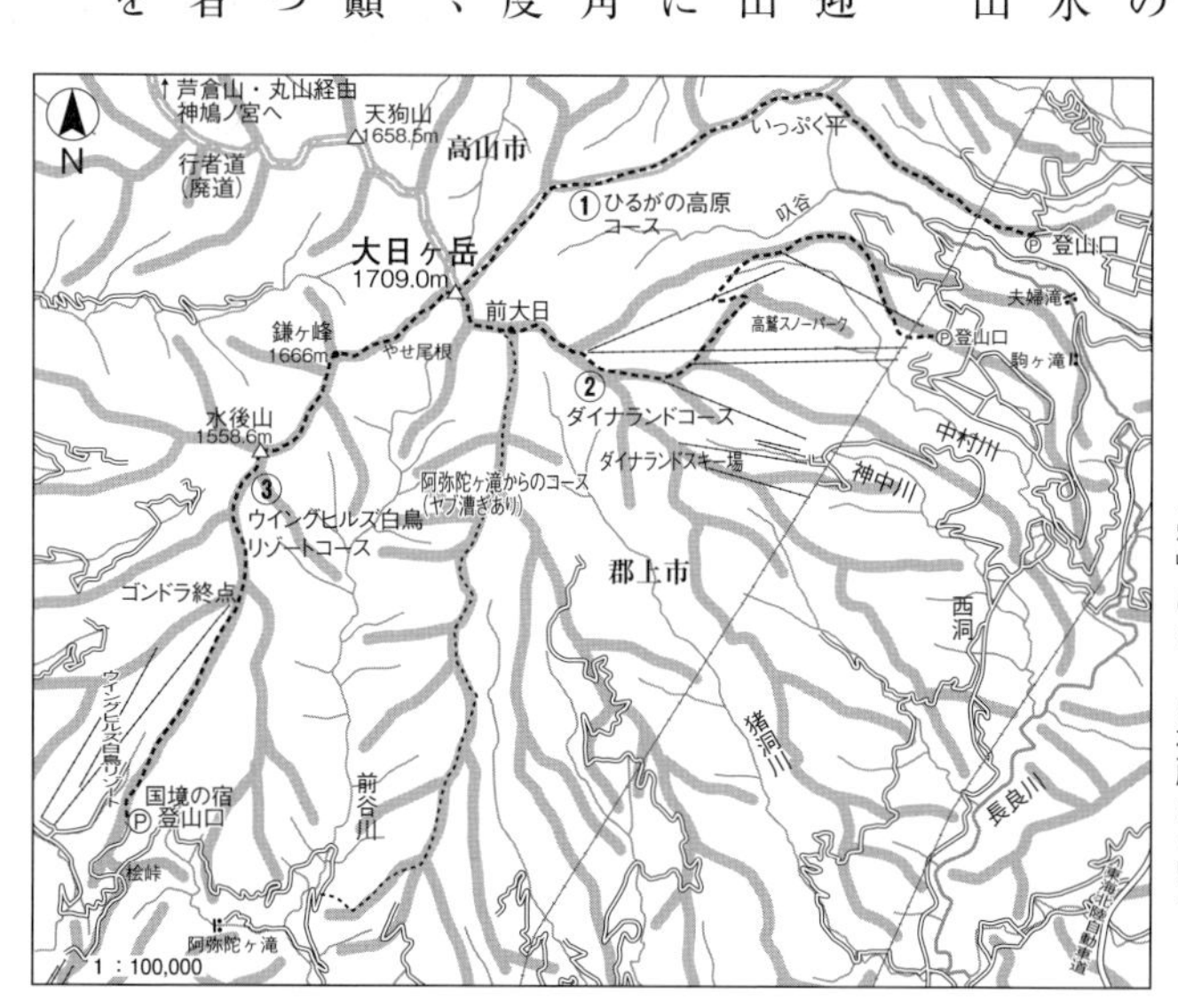

緑、黄葉いずれも絶景。帰路、ゲレンデからスギ林の中の登山道に入ると、地に臥すような大石と祠に出合う。「鳩居十宿」とも呼ばれた行者道の行場のひとつ「国境ノ宿」のあった場所だという。

88

丸山

まるやま

一七八六・〇m　二等（三角点名／丸山谷）

白山美濃禅定道の登山基地の役割を果たしてきた石徹白集落を取り囲む山々は、いずれも豪雪で知られる。禅定道の通る銚子ヶ峰とスキー場のある毘沙門岳、大日ヶ岳をのぞくと登山道はなく、夏は背を越すヤブにびっしり覆われるので、ヤブが雪に押さえられ積雪が固く締まる残雪期が登山適期となる。登山道のある山しか知らない登山者には、最初はなじみにくいかもしれないが、地図を読みながら残雪の森を自由にたどる喜びを知ってしまうと、毎年足を運びたくなる魅力的な山域である。

　丸山（標高一七八六m）も、そのような山のひとつで、銚子ヶ峰の東に連なる稜線上にある。最も登りやすいルートは、①美濃禅定道の銚子ヶ峰手前の神鳩ノ宮避難小屋からの尾根の往復で、石徹白川沿いの大杉林道終点まで車が利用でき雪の残る晩春が適期となる。また、バックカントリーのスキーヤーには、②白山中居神社から雪崩の心配の割合少ない保川沿いの林道に入り尾根から芦倉山（一七一七m）を経るルートも取られる。ほかに、難易度は上がるが、③大杉林道から、初河山（一六一三m）の尾根に取り付き丸山に至ることもできる。

白山美濃禅定道から見る丸山

二万五千分の一地形図／二ノ峰

適期　①4月下旬～5月（大杉林道除雪後）②③3月～5月中旬

登山道　―

標準タイム　―

難易度　①②（芦倉山まで）S❄　②（丸山まで）③　S❄❄

【登山記録】（―：車、…：徒歩）

2018年3月11日（日）　快晴、霧・雪のち晴

―白山中居神社（駐車）6：00…初河谷出合7：15…初河山10：30…丸山12：15…芦倉山14：30…林道出合16：35…白山中居神社18：00―

〈メモ〉

●芦倉山を直下の鞍部から見上げると、山頂部は白い壁になってそそり立つ。最後にほとんど垂直ともおもわれる氷雪の壁となって立ちふさがる。アイゼンのつま先を何度も蹴り込み、ピッケルを突き立てながら慎重によじ登る。芦倉山山頂からは尾根がいくつも派生しているが、幸いスキーのシュプールが切れ切れに残っており、西方向の明確な尾根に入る。ブナ

今は登山道のない丸山だが、かつては白山中宮長滝寺から毘沙門岳、大日ヶ岳を経て、芦倉岳、丸山から神鳩ノ宮で禅定道に繋がる「鳩居十宿」という行者道があった。山の大先輩でもある行者たちをしのんで、まだ大杉林道が雪に埋もれる三月上旬、③と②のルートを繋ぎ、初河山、丸山、芦倉山を周回した。

白山中居神社から一メートル以上の雪に覆われた大杉林道に入る。雪崩の跡を乗り越えながら進み、初河谷の橋を渡ったところでわかんを装着、尾根に取り付く。二次林の明るい尾根筋を登高すると、初河谷を挟んで芦倉山が見えてくる。次第に斜度がきつくなり、アイゼンに履き替える。初河山の山頂からは、北に銚子ヶ峰から別山へ続く美濃禅定道の稜線、その手前に銚子ヶ峰、丸山、芦倉山を結ぶ行者道の稜線が横たわる。丸山と芦倉山は火山活動で同時期に形成されたこともあって、平坦な山頂部を持つ山容は似通うが、標高が七〇mほど高い分、丸山の方が風格において勝って見える。

丸山の山頂直下は、幅一五mほどに成長したものすごい雪庇が張り出し、その脇のヤブに覆われた樹林帯との間に深い亀裂が幾筋も入る。亀裂をよじ登り、南北に長い山頂に出る頃には小さな気圧の谷が通過し、粉雪混じりの風が吹きつけてくる。

幾度も地図・磁石・GPSを確認しながら芦倉山に向けて大下りし、何とか明確な尾根まで下る。ようやく風もおさまり、ほっとしながら振り返ると、芦倉山から丸山までの長い白い尾根が再び輝きはじめた。

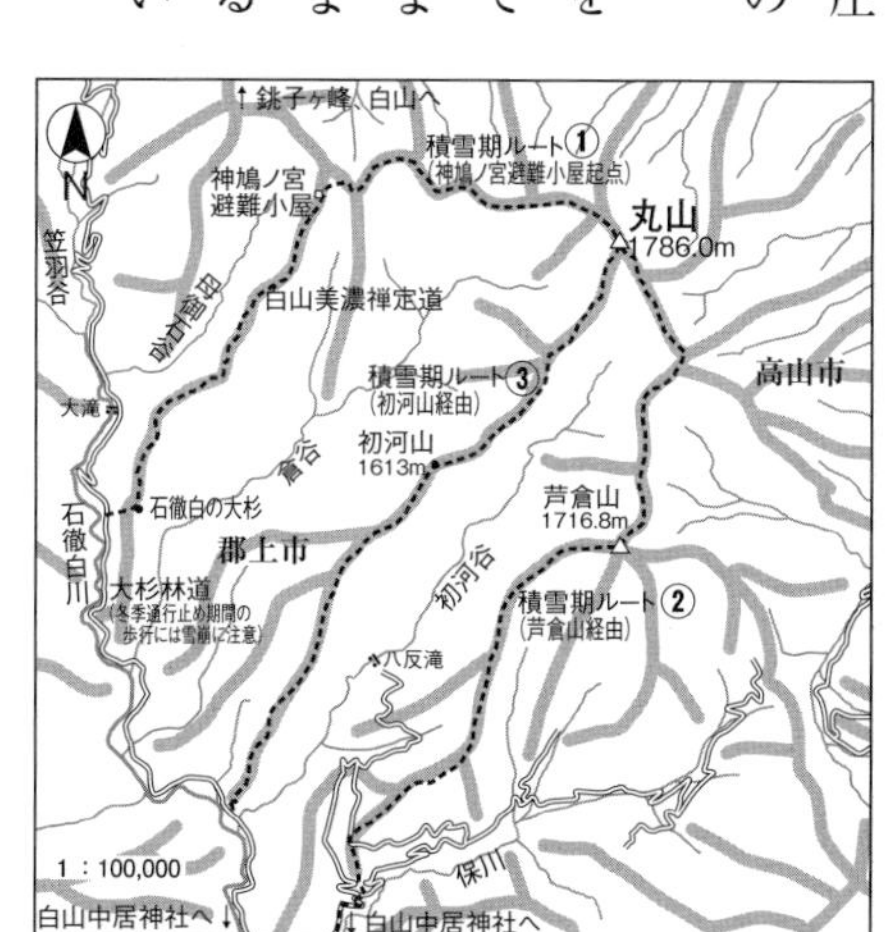

の巨木や黒々とした天然のヒノキの森からスギの植林帯に入り、急降下して保川沿いの林道に出る。
●大杉林道は雪崩のリスクが高い。雪のゆるむ時間は避ける。林道除雪後の方が安全。保川沿いの林道は雪崩の可能性が低いので、スキーヤーはこちらから入山し、芦倉山を中心に滑っている。芦倉山だけであれば、保川側をお勧めしたい。

野伏ヶ岳

のぶせがたけ

一六七四・三m　三等（三角点名／野伏）

白山美濃禅定道の登山基地ともいえる石徹白集落西側の岐阜・福井県境の稜線には、南から小白山（標高一六〇九m）、橋立峠を挟んで野伏ヶ岳（一六七四m）、薙刀山（一六四七m）、日岸山（一六六九m）、よも太郎山（一五八一m）、願教寺山（一六九一m）が連なり、美濃禅定道の最初のピークである銚子ヶ峰（一八一〇m）の北で禅定道に接する。一年の半分近くが雪に埋もれ、無雪期は豪雪の山につきもののチシマザサにびっしり覆われるため、雪の締まる残雪期以外は入山困難な寡黙な山たちである。野伏ヶ岳は、その中核的な山で、山野を自在に駆け巡る野伏たちの姿を彷彿させる。天候と雪の状態が安定する三月、四月頃になると、この山を目指す登山者やスキーヤーの車で白山中居神社周辺の駐車場は一杯となり、関西や関東のナンバープレートも混じる。

寡黙な山域にあって野伏ヶ岳が別格の人気を誇る理由は次のような点がある。まず、頂きがすっきりとした円錐形に極まりひときわ秀麗であることで、日本山岳会の「日本三百名山」にも選定されている。そして白山からほど良い距離があるため、白山美濃

薙刀山からめざす野伏ヶ岳

二万五千分の一地形図／願教寺山・二ノ峰・下山・石徹白

適期　2月中旬～4月上旬（3月に集中）

登山道　ー（残雪期登山）

標準タイム　ー（往復7～8時間程度）

難易度　S❄

【登山記録】（…：徒歩）

2018年3月31日（土）快晴

白山中居神社（駐車）5：00…大杉登山口7：15…石徹白大杉7：25…（置き忘れたピッケルを取りに戻り1時間ロスタイム）…神鳩ノ宮避難小屋…銚子ヶ峰11：45…一七八四mピーク分岐12：20…願教寺山13：50…よも太郎山15：05…日岸山15：55…薙刀山16：40…野伏ヶ岳18：05…白山中居神社20：50

〈メモ〉

●県境稜線について

願教寺山は、山頂直下から仰ぐと、福井県側は急峻な斜面となり、登りだけでなく下降にも緊張を強いられる。よも太郎山は、すぐ後ろに控える日岸山手前の小ピークという感じだけれども、雪の斜面

禅定道の全容を展望できる。また、アプローチがこの山域では例外的に良好で、東海北陸自動車道の白鳥インターチェンジから白山中居神社までは車で四〇分ほど、そこから石徹白川に架かる大進橋を渡ると、除雪はされていないものの、標高約一一〇〇mの和田山牧場跡まで林道が通じている。その先から取り付く通称「ダイレクト尾根」は、ほど良い斜度で直接山頂につながり、山頂までの往復は、七～八時間程度と、中京地方や関西地方から早立ちすれば日帰りも可能で、積雪期の登山入門に格好である。また、牧場跡は、快適な幕営地にもなる。

この山には、幾度も登っているが、三月の快晴の日を選んで、白山中居神社を起点とし、美濃禅定道で銚子ヶ峰まで入り、県境稜線の山々をたどって神社に戻る単独日帰り縦走をした折のことが忘れられない。

この山域の積雪は半端ではなく、夏には快適な登山道のある銚子ヶ峰でさえ、稜線には厚さ二～三mに及ぶ雪庇が発達し、山頂近くは雪の重みで深い亀裂が入る。いったん大下りし、ようやく県境稜線に入る。

雪と格闘しながら、願教寺、よも太郎、日岸、薙刀を越え野伏ヶ岳の登りにさしかかる頃には陽が傾きかけた。何とか日没前に山頂に到着。ここまでの山頂と打って変わり、多くの足跡が残されているが、夕暮れのひと時、山は静寂にかえっている。見納めに北方を振り返ると、そこには白山を最奥にして、別山、三ノ峰、そして今日たどってきた銚子ヶ峰から連なる峰々が一堂に会した純白の山岳曼荼羅があった。西に沈みかける夕日に急かされ、ダイレクト尾根を駆け下りていくと、大日ヶ岳の上空に、満月が登り始めた。

に深い亀裂が何本も走って、ルート取りが難しい。日岸山は、丸いおだやかな姿をし、途中までは登りやすい。山頂手前で左手に雪の急斜面を巻くあたりが馬力のいるところで、けっこう脚にくる。薙刀山は、日岸山と同様、おだやかに丸い山容で、途中まで尾根をたどり、最後は左手に巻いて山頂に出る。目の前のゆったり広がる雪原の向こうに、三角錐の野伏ヶ岳がくっきりとした陰影を帯びて立ち上がる。

90

願教寺山
がんきょうじやま

一六九〇・九m　三等（三角点名／願教寺山）

願教寺山（標高一六九一m）は、石徹白集落の西側に連なる岐阜・福井県境稜線の山々のひとつで、白山美濃禅定道（南縦走路）をたどり銚子ヶ峰へ向かう尾根の西側に、ポコンと岩の頭を突き出した山容が眺められ、登高意欲をそそられる。その山名は、かつて北麓にあった寺院の名にちなむとも言われるが、定かではない。

県境稜線の山々は、いずれも残雪期が登山適期となる道なき山で、野伏ヶ岳を除くと、取り付きまでに、まずひと苦労させられる。特に最奥の願教寺山は、大杉林道の終点からさらに廃道となった林道を遡り、石徹白川源流の笠羽谷に架かる壊れかけた橋を渡って二度ばかり渡渉し、ようやく山頂につながる長い尾根の先端にたどり着く。この最初の渡渉が増水時には厄介である。

三度計画して挫折したという山仲間に同行。成功率を高めるために、禅定道で銚子ヶ峰（一八一〇m）まで登り、その先の一七八四mの小ピークから県境稜線に入り、願教寺山山頂に立った後、前述の南東に派生する長い尾根を下り笠羽谷から登山口に戻る、渡渉は後回しの一日周回コースで計画してみた。

銚子ヶ峰方向から見る願教寺山。背後は赤兎山（右）、経ヶ岳

二万五千分の一地形図／願教寺山、二ノ峰

適期　4月下旬～5月（大杉林道の除雪後）

登山道　ー（残雪期が登山適期山）

標準タイム　ー

難易度　S ❄❄

（1）県境稜線の岐阜県側がなだらかなのに対し、福井県側は切れ落ちている。これは、一帯が願教寺山・三ノ峰火山と呼ばれる今から三〇〇万年前後前の古い火山で、溶岩層が岐阜県側に傾斜して存在し、福井県側は断層活動などによって崩壊が進んでいるためと考えられている。中でも願教寺山は、一九六一年の直下型の北美濃地震で、南西面で山体崩壊が発生した。

［登山記録］（ー：車、…：徒歩）

2020年4月11日（土）快晴

ー大杉林道駐車点…白山美濃禅定道登山口6：50…神鳩ノ宮避難小屋8：55…銚子ヶ峰10：05…一七八四mピーク10：30…願教寺山12：35～13：05…最初の渡渉点14：15…笠羽谷橋手前渡渉点

四月第二週の週末、例年なら大杉林道に雪が残っている時期だが、幸いほとんど雪を踏まず登山口に立つ。石徹白大杉に登山の無事を祈念しブナの尾根に取り付く。最初の急登が緩んだあたりで、笠羽谷を挟み願教寺山が丸い頭を突き立てている。

神鳩ノ宮避難小屋を経て銚子ヶ峰に立つと、足元にはひろびろとした雪原が展開し、その先に、願教寺山をはじめ県境稜線のピークが頭を連ねる。願教寺山は、禅定道から眺めた山容とは全く異なり、福井県側の斜面が赤黒い地肌をみせて切れ落ち、不規則にねじれた姿をしている(1)。一七八四mの小ピークで禅定道を離れ、一気に雪原に向け急降下する。気ままに歩ける広い雪原も、視界がきかない場合は正確に県境稜線に沿っていくのが無難だろう。二つ起伏を乗り越した鞍部から、両側が刃のように切れ落ちた山頂部を観察する。以前県境稜線の縦走をした時は大きな亀裂が入り難渋したが、今回は目立たない。わかんからアイゼンに履き替え、最後の急斜面を登りつめる。

真っ白い広場状の山頂で相棒とがっちり握手、三六〇度の展望を心ゆくまで眺める。北には三ノ峰の右肩に別山が、左肩には白山が頭をのぞかせる。南には、今しがたたどった美濃禅定道の尾根、そして大日ヶ岳からのかつて行者道のあった稜線が重なり、その向こうに御嶽山が噴煙を上げている。南から西にかけては、県境稜線の山々がひしめき合う先に、滝波山、平家岳、能郷白山から、伊吹山も確認できる。荒島岳をはじめ、福井県側の山々も、手が届きそうに近い。相棒は満足げに目を細めた。

14：40…禅定道登山口15：15…駐車点

〈メモ〉

●下山は、稜線を少し引き返し、南東の長い尾根に下る。慎重に読図しながら尾根の先端に降り立つ。沢を渡渉し、対岸の小規模な河岸段丘上をしばらくたどり、笠羽谷に架かる橋を見下ろす場所で川に降り、橋の手前で渡渉。好天続きだったので何とかしのげたが、雨の後などは、苦労しそうだった。崩れそうな橋を渡り、廃林道たどり、往路に合流。

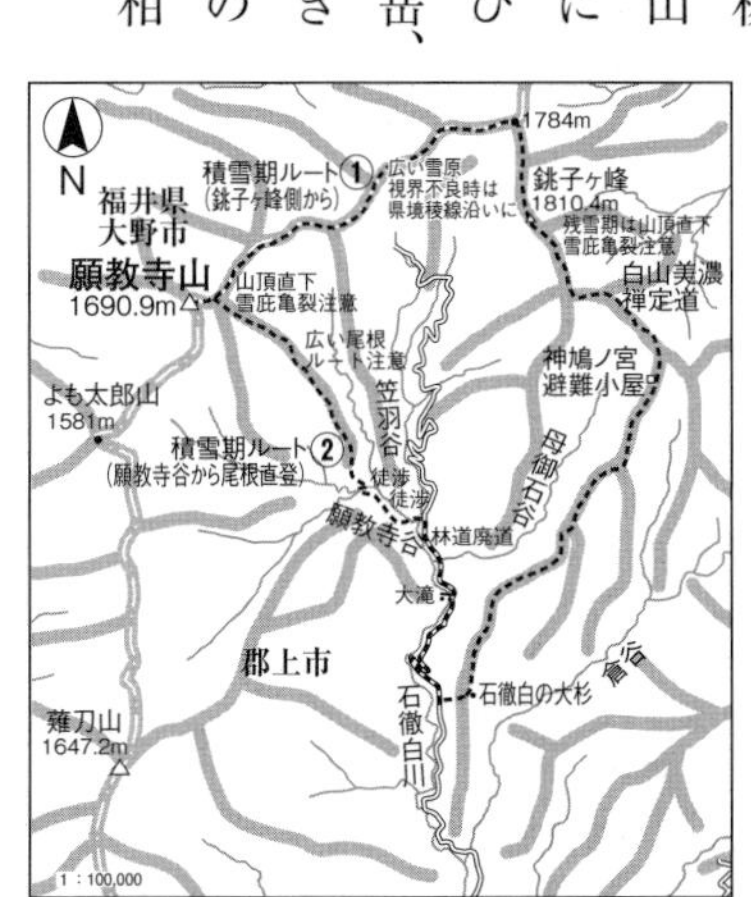

91

ちょうしがみね
銚子ヶ峰

一八一〇・四ｍ　三等（三角点名／銚子峯）

二万五千分の一地形図／二ノ峰

適期　5月下旬～11月上旬
※残雪期登山の適期は4月下旬～5月上旬
登山道　◎
標準タイム　石徹白登山口から：登り3時間、下り1時間45分
難易度　Ⅰ＋　※残雪期登山（難易度S❄）

白山の岐阜県側からの登山道のひとつ、南縦走路（石徹白道）は、石徹白の大杉林道終点を登山口とする。そのルートは千年以上の歴史を持つ白山美濃禅定道に重なる⑴。日本の山との人の関わりをより深く知るため、この禅定道をたどるのが、長年の願いだった。

七月の梅雨明けを期して、美濃禅定道で白山に登頂、これも古い信仰の道である「中宮道」から「念仏尾根」に入り、妙法山、野谷荘司山を経て鶴平新道で白川郷に下山するクラシックルートを、単独行・テント泊で計画した。その最初に出合うピークが銚子ヶ峰（標高一八一〇ｍ）である。

東海北陸自動車道ができたおかげで、往復五時間のこの山だけなら、中京地方や関西方面から十分日帰り可能になっている。

大杉林道終点に開かれた石徹白大杉への遊歩道入口兼南縦走路の登山口が、禅定道の現在の実質的な起点。石段を四百余段登りつめたところに、半ば化石化したような巨大な大杉が姿を現す。泰澄が挿した杖が生い茂ったものとの伝説があり、推定樹齢は一八〇〇年、特別天然記念物に指定され

白山美濃禅定道（南縦走路）からの銚子ヶ峰

⑴白山美濃禅定道は、美濃馬場ともいわれる郡上市白鳥町の白山長滝神社が起点となるが、石徹白大杉のもとからが本格的な山道となる。

大杉林道が昭和二〇年代にできる以前は、白山中居神社から山道をたどって大杉に至っていた。

［登山記録］（—：車、…：徒歩）
2016年7月28日（木）曇のち晴
—白山長滝神社5：00—白山中居神社5：35—石徹白大杉入口（駐車）6：15…石徹白大杉6：30…神鳩ノ宮避難小屋8：15…銚子ヶ峰9：20…三ノ峰避難小屋12：15…三ノ峰12：40…別山14：45…南竜ケ馬場17：50（テント泊）

〈メモ〉

ている。この場所で、「登り千人、下り千人、宿に千人」といわれた禅定道を行く人々をすべて見下ろしてきたのだと思うと畏敬の念に打たれる。

大杉からは本格的な山道に入り、急斜面にブナやミズナラの巨木が次々登場。このあたりの山の深さ・豊かさは、飛騨山脈などではまずみられない豪雪の山ならではのもの。尾根に出るといったん緩やかになり、ブナ林の向こうに、願教寺山、薙刀山、野伏ヶ岳など岐阜・福井県境の山々が眺められる。泰澄の母が息子を追って女人結界を越えたため試練を受けたという「おたけり坂」を踏ん張って登ると、行く手にゆるやかな円錐形の銚子ヶ峰の山容が見え、もうひと登りで神鳩ノ宮避難小屋に出る。かつて「神鳩宿」という社と信者を泊める宿があった場所で、東側の稜線には大日ヶ岳、芦倉山、丸山と続く行者道があり、ここで禅定道と合流していた。小屋は冬季には二階からも入れる造りで、山スキーや積雪期限定の周辺の山々への拠点としても使われている。

小屋を後に登高すると、ブナの森は次第に灌木とササに変わり、「母御石」という割れ目のある丸い大岩に出会う。母が制止を振り切って白山に登ろうとしたのを、泰澄がこの岩を割り閉じ込めたという伝説がある。さらにひと登りで銚子ヶ峰山頂に到着。

三六〇度遮るものはなく、両白山地、飛騨山脈などの山々を方位盤で同定できる。しかし何より心を奪われるのは、一ノ峰、二ノ峰、三ノ峰と標高を上げながら別山へ続く禅定道。別山の背後になり白山はまだ拝めないだけに、これからたどる長い道のりに気を引き締める。

●尾根通しに登る銚子ヶ峰は、残雪期登山入門にも良い山で、登山口までの大杉林道が使えるようになる四月下旬から五月上旬が登山適期。

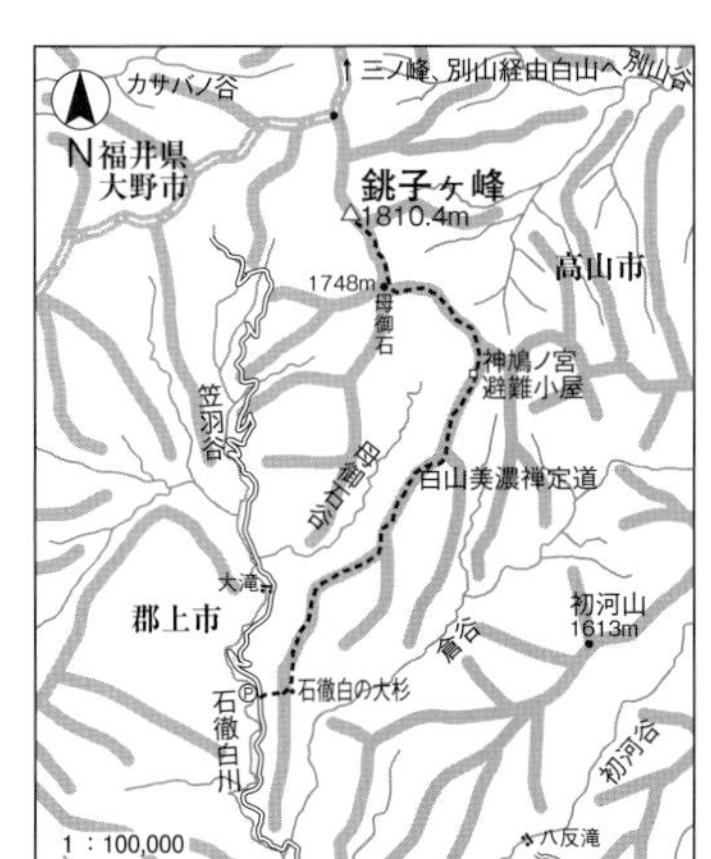

92

三ノ峰

さんのみね

二一二八ｍ

三角点なし

二万五千分の一地形図／白山、加賀市ノ瀬、二ノ峰、願教寺山

適期 6月下旬～10月

登山道 ①②◎

標準タイム ①銚子ヶ峰から：3時間30分、別山から：1時間30分
②上小池からのルート：登り4時間10分、下り3時間

難易度 ①Ⅲ、②Ⅱ

霊峰白山に向かう古い信仰の道、美濃禅定道は、最初のピーク銚子ヶ峰を過ぎると、緩やかにアップダウンを繰り返しながら一ノ峰（一八三九ｍ）、二ノ峰（一九六二ｍ）、三ノ峰（二一二八ｍ）と次第に高度を上げていく。かつて信仰によって禅定道をたどった人々にとって、これらのピークは、霊峰へと向かう里程標のようなものだったのだろう。

しかし、現代登山者の視点でみると、美濃禅定道は「南縦走路」と呼ばれる登山ルートであり、三ノ峰は、日本で最も西にある二〇〇〇ｍ峰、三ノ峰手前の避難小屋のある南三ノ峰（二〇九五ｍ）は、福井県の最高峰ということになる(1)。

願教寺山からの一ノ峰（右）、二ノ峰（中央）、三ノ峰（左）

三ノ峰に至るには、①美濃禅定道（南縦走路）を、南の銚子ヶ峰方向または北の別山方向からたどるほか、②福井県大野市の上小池から六本檜と三ノ峰避難小屋を経て山頂に至る直登ルートがある。この上小池からのルートは、往復七時間程度と最短で、よく利用されており、登山口の東側には、紅葉の美しさで知られる刈込池があって自然研究路も整備されている。そのため、三ノ峰は、山頂のある岐阜県および石川県よ

（1）美濃禅定道は、南三ノ峰以南が岐阜・福井県境、以北は岐阜・石川県境に重なる。三ノ峰の山頂は、岐阜県高山市と石川県白山市にまたがる。

（2）水呑釈迦堂は、水呑権現社とも呼ばれ、神鳩社と別山社との間の大切な行場で、釈迦如来像が祀られた堂があった。水場は涸れていることが多い。

［登山記録］（—：車、…：徒歩）
2016年7月28日（木）（「91 銚子ヶ峰」248頁参照）
2019年4月27日（土）　曇時々雪、のち晴
—石徹白登山口（駐車）6：40…神鳩避難小屋9：15…銚子ヶ峰10：35…一ノ峰11：55…二ノ峰12：55…三ノ峰避難小屋13：50…

りも、福井県の岳人に親しまれている山といえるかもしれない。しかしここでは、銚子ヶ峰に続き美濃禅定道をたどるルートをご紹介したい。

　銚子ヶ峰からいったん一〇〇mほど下り、登り返した一ノ峰は、ササを切り開いた道の脇に標柱が立つばかり。二ノ峰は、登山道脇に三等三角点の標石があるが、周囲のササのため眺望はあまり得られない。

　二ノ峰を後にすると、ササの中に桃色のハクサンフウロが目に留まりはじめる。次第にお花畑に移ろい、白いイワオウギやイブキトラノオ、黄色いクモマニガナやニッコウキスゲ、そして数を増すハクサンフウロにシモツケソウやカライトソウの赤も加わる。高山植物は、標高が高い気候が苛酷な場所では、チングルマなどのように丈が低いものが多いが、標高二〇〇〇mほどのこのあたりでは、やや丈のある花が草原状に群れ咲いて、明るくのどかなたたずまいをつくり出している。白山連峰は高山帯を持つ日本最西の山域なので、三ノ峰が最西端となっている花もあるのだろう。二ノ峰と三ノ峰間の鞍部で「水呑釈迦堂跡②（水場）」の標柱に出会い、登り返すと、赤い三ノ峰避難小屋が見えてくる。小屋の西には上小池からのルートが上ってきている。小屋からひと登りで、三角点はないが見晴らしのいい三ノ峰山頂に出る。別山がいよいよ近く、白山もその左肩に姿をのぞかせる。

　このお花畑に彩られた通過点のような山を見直したのは、残雪期願教寺山に向かう折だった。一、二、三ノ峰と階段状になった個性ある山塊として聳え、別山が隠れることもあり、立派な山だなあと惚れ直した。

三ノ峰14：10（三ノ峰避難小屋泊）

〈メモ〉

●残雪期は、三ノ峰避難小屋直下が雪の壁になり、アイゼンをきかせて登ることになる。

●風除けのしつらえられた避難小屋は、二〇人ほどが泊まれそうなしっかりした造りで、トイレもあり、積雪期も利用できる。

別山

べっさん　別名　四海浪山（しかいなみさん）

二三九九・三ｍ　二等（三角点名／別山）

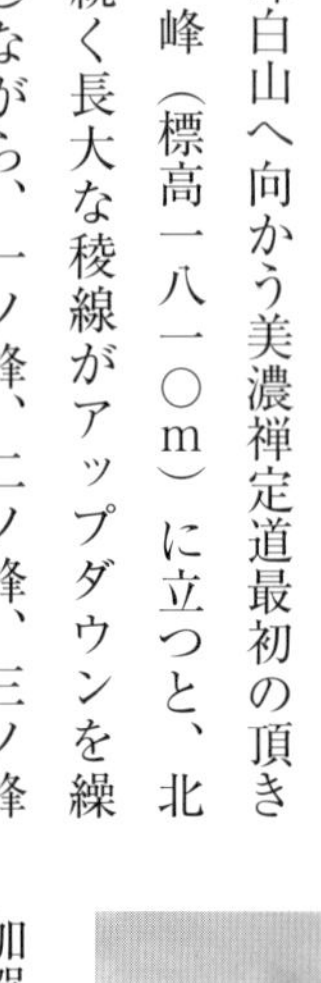

霊峰白山へ向かう美濃禅定道最初の頂き銚子ヶ峰（標高一八一〇ｍ）に立つと、北方に続く長大な稜線がアップダウンを繰り返しながら、一ノ峰、二ノ峰、三ノ峰（二一二八ｍ）と次第に標高を上げていくのが眺められ、その最奥に別山（二三九九ｍ）が別格の存在感で横たわる。別山とは、少し離れたところにある山という意味で、白山と同様古くから霊峰として知られた立山や大山にも同名の山がある。(1)

美濃禅定道からは、別山を越えるまで白山の全容を拝むことはできず、本尊の厨子の前に立つ前立仏のような別山を目当てに登りつめていくことになる。美濃・越前・加賀三つの禅定道のうち、別山を経由するのは美濃禅定道だけであり、同禅定道を象徴する山ともいえる。

登山の対象として見た場合、白山と別山は直線距離で約五km、標準的な歩行時間で約五時間の隔たりがあり、白山が火山であり地質は火成岩であるのに対し、別山は隆起により形成され水成岩であること、白山のたおやかな姿に対し、別山は南面の大平壁や、北に続く大屏風などの荒々しい姿を見せること、さらに両山の間には鞍部の南

銚子ヶ峰から望む残雪の別山

二万五千分の一地形図／白山、加賀市ノ瀬、二ノ峰

適期　7月～10月上旬

登山道　①～④◎

標準タイム
①平瀬道から南竜ヶ馬場経由：登り8時間50分、下り6時間50分、①-2白山室堂から：5時間50分
②美濃禅定道（南縦走路）経由：登り8時間、下り5時間45分
③チブリ尾根コース：登り5時間30分、下り3時間50分
④上小池から三ノ峰経由：登り6時間10分、下り4時間

難易度　①～④Ⅲ

（1）「白山」は、いくつもの峰の総称で、中核は最高峰の御前峰、剣ヶ峰、大汝峰からなる「白山三峰」だが、別山と三ノ峰を加え「白山五峰」とも呼ばれる。別山は江戸時代、飛騨側では山頂直下の岩に波型の模様があることから、四海浪山と呼ばれていた。

［登山記録］（…：徒歩）
2019年4月28日（日）快晴
三ノ峰避難小屋7：00…別山9：40～10：00…御舎利山10：20…（大屏風）…油坂の頭12：15…南竜ヶ馬場13：30…室堂15：40…白山御前峰17：10…室堂（冬季避難小屋泊）

〈メモ〉
●残雪期に山の会の仲間と雪の美濃禅定道の踏破に二年連続で挑ん

竜ケ馬場が挟まれることから、白山とは別個の山ととらえられる。

登山道は、岐阜県側からは、①白山への最短ルートである平瀬道を経由するルート、②石徹白登山口から美濃禅定道（南縦走路）をたどるルートがあり、どちらも別山往復には一泊は必要になる。ほかに、③石川県側からの白山市市ノ瀬の白山温泉を登山口とし、御舎利山から西に派生する「チブリ尾根登山道」、④福井県からの上小池から三ノ峰を経由するルートがあり、どちらも長丁場だが日帰りができる。

美濃禅定道は、三ノ峰を越えると岐阜・石川県境稜線をいったん下降し、ニッコウキスゲの咲く中を標高二〇〇〇メートル分ほど登り返すと、別山平に出る。白銀色の水をたたえた御手洗池は、いよいよ霊域に入るにあたり禊（みそぎ）の行われた行場で、池畔の四角に囲った石積みの建物跡は、加宝王子社と宿泊所の別山室の跡だという。

別山平を後に、山頂直下の大平壁という岩壁を二〇〇mほど急登すると、石垣に囲われた別山神社の祠の前に出る。二等三角点は岐阜県側にあり、江戸時代にはここまでを石徹白側が統制していた。御手洗池で禊を済ませた信者や行者は、ここで初めて白山の全容を目の当たりにし、胸を熱くしたことだろう。

この先、御舎利山（二三九〇ｍ）を経て大屏風と呼ばれる美濃禅定道最大の難所が待ち構え、気は抜けない。

だ。初年は吹雪に見舞われ、御舎利山で撤退。再挑戦の翌年は天候に恵まれ、雪と岩の壁となった大屏風を、ピッケルを打ち込み、アイゼンを効かせながら乗り越え、南竜ヶ馬場を経て室堂に到着、積雪期美濃禅定道踏破を成し遂げた。

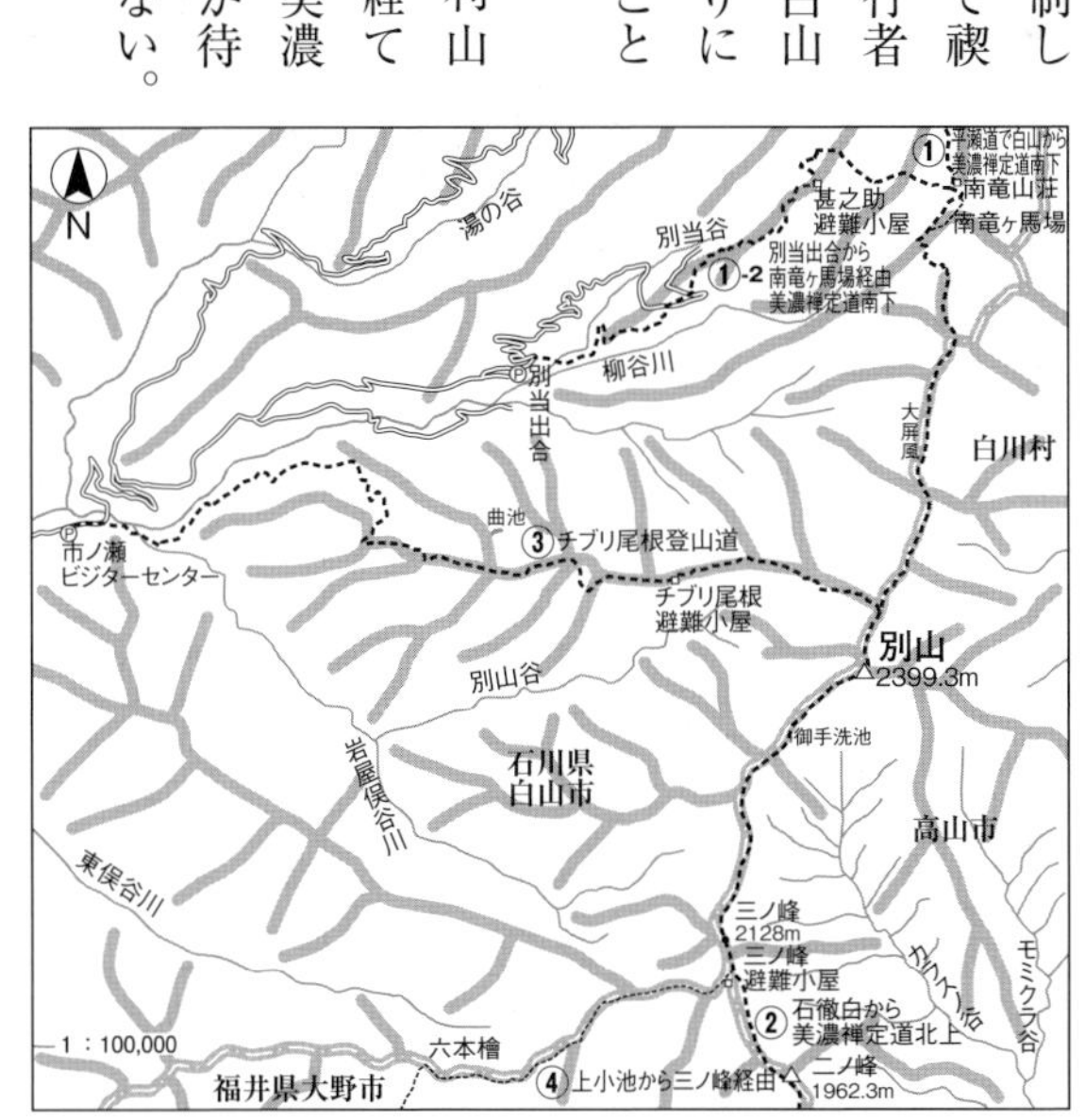

94

白山

はくさん　別名　越白嶺（こしのしらね）

二七〇二・一ｍ　一等（三角点名／白山）

二万五千分の一地形図／白山、加賀市ノ瀬、新岩間温泉、白峰

適期　7月～10月上旬

登山道　①～③◎（5、6月は残雪あり、10月中旬で室堂小屋は閉鎖）

標準タイム　①平瀬道：登り4時間50分、下り3時間20分　②砂防新道：登り4時間40分、下り3時間　③観光新道：登り5時間、下り3時間10分

難易度　①～③Ⅱ

飛騨高地の山の頂きから見晴るかすと、東の飛騨山脈には名山高峰がひしめき合うのと対照的に、西には唯一無二の白い姿が望まれる。奥美濃の道なき山の頂きにやっとたどり着き、北遥かに白い姿をとらえると、登頂の喜びが心底湧きあがる——飛騨にも美濃にも、白山は特別な山である。

白山は、両白山地の最高峰でもある御前峰（ごぜんがみね）（二七〇二m）を中心に、大汝峰（おおなんじみね）（二六八四m）、剣ヶ峰（二六七七m）の三峰で頂上部が構成される。富士山、立山と並び、日本三霊山と称され、山岳信仰の長い歴史を持ち、登拝のための古い信仰の道を持っている。その詳細は、「コラム7白山信仰と信仰の道」（238頁）を参照いただくとして、ここではその豊かな自然と登山道について紹介したい。

鷲ヶ岳からの白山

白山連峰は、日本で最も西寄りに位置する森林限界を超える山域で、山上は高山植物の宝庫となっている。ハクサンコザクラ、ハクサンフウロ、ハクサンチドリ、ハクサンシャクナゲ、ハクサンイチゲ、ゴゼンタチバナなどこの山に由来する植物名が多いのは、植物が豊富なことに加え、霊山として古くから登られていたことにもよる。

（1）室堂周辺の室堂平、弥陀ヶ原や南竜ヶ馬場などはハイマツと高山植物に覆われる。山上には大小七つの湖があり、最も大きい翠ヶ池や、紺屋ヶ池、油ヶ池、血の池、五色ヶ池、百姓池、千蛇ヶ池があり美しい水をたたえ、白山を代表する景観の一つとなっている。大展望を染めるご来光、日本海に沈む夕日、室堂や南龍ヶ馬場に泊り、見所をじっくり探訪することをお勧めしたい。

【登山記録】（…：徒歩）
2016年7月29日（金）晴
南竜ヶ馬場5：30…（エコーライン）…室堂7：10～7：40…御前峰8：20～8：40…大汝峰9：45…お花松原11：15…北弥陀ヶ原12：30…ゴマ平避難小屋（泊）15：35

白山のお花畑は、規模では大雪山系や白馬岳などに及ばないが、登山道沿いに多品種の花が一斉に咲き競うこと、同じ品種でも不思議と優美に咲くことにおいて抜きん出ている。さらに、白山を象徴する名花クロユリは、日本一の規模を誇り、特に御前峰から北のゴマ平避難小屋へ向かう途中のお花松原から北弥陀ヶ原にかけてはお花畑全面を埋め尽くす絶景が展開する。

白山の自然の豊かさは、高山帯にとどまらず、標高二四〇〇ｍから一六〇〇ｍにかけてはダケカンバやオオシラビソの深い森で、それ以下はブナを中心にした落葉広葉樹の原生林となっている。そこにはニホンカモシカ、ツキノワグマ、イヌワシをはじめ多様な生き物が生息・分布している。

白山に至る主な登山道は、岐阜県側では、①白川村の大白川ダムが起点となる平瀬道、石川県側では、手取川上流の別当出合からの②砂防新道、③観光新道で、これらの道は最高峰御前峰直下の室堂に集まる。(1)いずれも登山口は一二六〇ｍほどで、危険個所は少なく、標準コースタイムは往復八時間前後なので、何とか日帰りも可能である。また、④南縦走路とも呼ばれる石徹白道（かつての白山美濃禅定道）や、⑤北縦走路などのバリエーションルートは、長丁場で時間も体力も必要だが、その分広大な森を心ゆくまで味わうことができる。ピークハントだけではもったいない、幾度も足を運びたい魅惑の山域である。

〈メモ〉

(1)●白山は、過去二千年間に一〇回ほど噴火している活火山で、いつ活動が再開されてもおかしくないので注意されたい。登山届提出が義務付けられている。

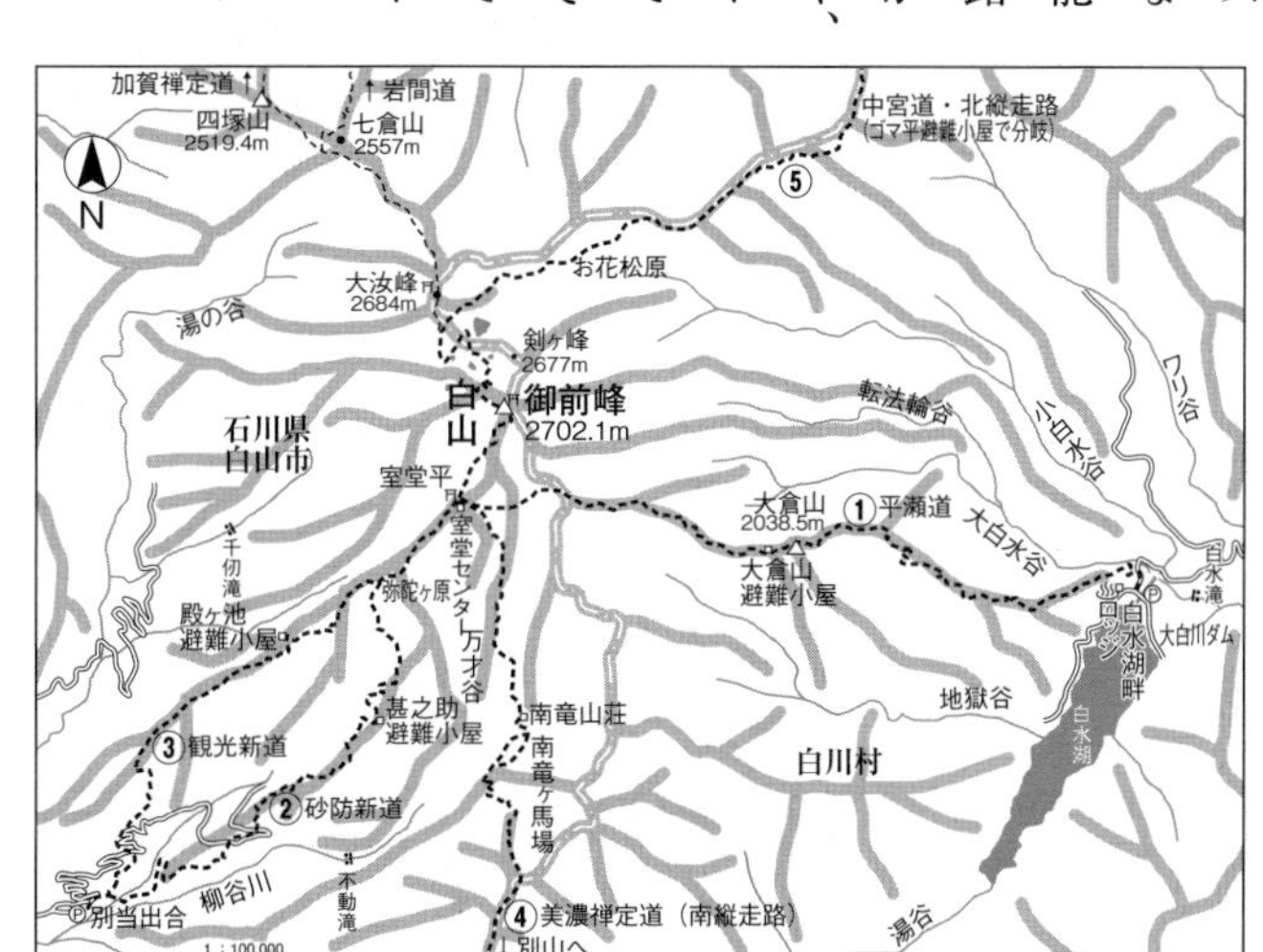

95

日照岳

ひでりだけ

一七五一・〇ｍ　二等（三角点名／尾神岳）

日照岳（標高一七五一ｍ）は、大野郡白川村と高山市荘川町（旧大野郡荘川村）にまたがる。庄川を塞き止めてできた日本を代表するロックフィルダム、御母衣（みぼろ）ダムの西岸に立ち上がる。

白川郷というと、ユネスコの世界遺産指定の白川村の荻町集落が知られるが、かつては、上流の荘川村にも合掌造り集落群があり、白川村の下白川郷に対し上白川郷と呼ばれていた。日照岳は、その上白川郷の岩瀬集落から、朝日が最初に照らす山として親しく眺められたことが、山名の由来になっている。東に庄川本流、南にその支流の尾上郷川、北に同じく福島谷があることから、独立峰の風格を備えている。

登山道はなく、無雪期には厳しいヤブ漕ぎとなるため、積雪期をねらっての登山が中心となる。しかし、庄川に沿う国道一五六号線から直接登り出せ、積雪期なら往復五時間程度なので、東海北陸自動車道を利用すれば、関西地方や中京地方から日帰りができる。好展望でもあるため、雪山登山入門の山として、また最近ではバックカントリー・スキーで、春先の週末ともなると、賑わいをみせる。

鷲ヶ岳中腹からの日照岳

二万五千分の一地形図／御母衣

適期　2月下旬～4月上旬（残雪期）

登山道　―（残雪期が登山適期）

標準タイム　―（残雪の状態によるが、往復約5時間）

難易度　S❄

（1）キクザキイチゲやカタクリなど、春先に花を咲かせ落葉広葉樹の若葉が広がる頃には姿を消してしまい翌春まで地下茎で過ごす植物は、Spring ephemeral と呼ばれ、そのはかない美しさから「春の妖精」とも称される。

［登山記録］（―：車、…：徒歩）

2016年4月9日（土）晴

―国道一五六号線七七三・二ｍ地点（駐車）8：00…一二五五ｍ地点10：30（テント泊）

10日　晴のち曇

テント場7：00…日照岳9：15～10：00…テント場（撤収）11：15～11：55…登山口13：10

〈メモ〉

●登山道はなく、無雪期は厳しいヤブ漕ぎとなるため、春先の残雪

日帰り登山が多いこの山に、四月の週末、山の会の仲間とテント泊で登った。

かつての白川街道に重なる国道一五六号線沿いにある標高七七三・二mの三角点近くに駐車し、水底に沈んだ集落のものだろう古い墓石群の脇の送電線巡視路から入山。陽だまりには、キクザキイチゲの淡い紫の花びらがいち早く春を告げている。(1) せせらぎを二度渡り、鉄塔に至ると、巡視路は終わる。例年なら、このあたりから雪を踏んでいけるが、暖冬のため尾根通しに灌木の茂みをかき分けていくことになる。頭上に大きく腕を広げるブナ林には、ミズナラ、クロベ（ネズコ）、サワラ等の巨木も混じる。約一二五〇m地点の落葉の敷き詰められた場所にテントを設営。大ブナの下での温かい鍋に残雪で冷やしたビール、そして山談義と楽しみは尽きない。

翌朝、山頂を目指し灌木をかき分けていくと、一五〇〇mあたりから、ようやく雪を踏めるようになる。ブナの梢には秋にツキノワグマが冬眠に備え枝を手繰り寄せブナの実を食べた跡の「熊棚」がみられる。一六〇〇mあたりで稜線はぐっと狭まる。例年なら大きく雪庇が発達し、通過に肝を冷やすポイントも、貧雪のおかげで無事通過、白一面の広い山頂に立つ。

まずは西に連なる白山連峰の長い白い稜線をしっかり拝んでから、四方を眺める。尾上郷川を挟んだ南には、大きく裾野を引く大日ヶ岳や芦倉山、丸山など、大白川を挟んだ北には三方崩山、そして庄川を挟んだ東側の対岸には、籾糠山、帰雲山の大崩落地が目印となる猿ヶ馬場山、白山遙拝の御前岳などが横たわる。その先に展開するはずの穂高や槍など飛驒山脈の稜線は、春霞の中だった。

期に登られることが多い。平年であれば四月頃まで残雪があり、雪が道路際まで残る時は福島保木トンネル南口あたりから尾根に直接取り付き尾根通しで山頂を目指すことが一般的。

●山頂直下に発達する雪庇の踏み抜きに注意。残雪期登山入門の山とされるが、遭難も発生している。基本に忠実に登高したい。

さんぽうくずれやま
三方崩山

二〇五八・七m　二等（三角点名／三方崩岳）

阪神・淡路大震災や東日本大震災など、われわれは地震の多い国に生まれたことを身をもって感じさせられている。大陸プレートと海洋プレートがぶつかり合う日本は、山岳密集地帯であるとともに、世界のマグニチュード六以上の地震の二〇%以上が発生する地震集中地帯でもある。

　過去の大地震の中でも戦国末期の天正一三（一五八六）年に発生した天正地震は、北陸・中部・関西に及ぶ大規模な内陸地震だった。白山大地震の別名があるほど白山周辺の被害は大きく、帰雲山の山崩れによって帰雲城が埋没し、城主内ヶ島氏一族が滅亡したことはよく知られる。庄川を挟んで帰雲山に向かい合う三方崩山（標高二〇五九m）も、この時山名の由来ともなる山頂部から北東、南東、南西の三方向に八〇〇mに及ぶ大崩落を起した。おだやかな山容の白山周辺の山々の中にあって、赤茶けた崩落面を剥き出す三方崩山は異端児で、それだけに登高意欲をそそられる。

　登山口は、大野郡白川村の平瀬集落に開かれている。かつてはのんびりした共同浴場の脇から登りだしたものだけれども、現

1624mポイントからの三方崩山

二万五千分の一地形図／新岩間温泉、平瀬

適期　6月〜10月

登山道　◎

標準タイム　林道終点から：登り4時間、下り3時間　道の駅「飛騨白山」から：登り4時間40分、下り3時間30分

難易度　Ⅱ

【登山記録】（―：車、…：徒歩）2020年6月7日（日）快晴
―荘川I.C―三方崩山林道終点（駐車）7：00…一六二四mポイント8：35…三方崩山10：20〜10：45…一六二四mポイント12：05…林道終点13：30

〈メモ〉

●登山道は、急登で体力を要し、山上の崩落地の通過に注意が必要だが、整備はしっかりされている。東海北陸自動車道ができてアプローチが格段に良くなっており、日帰りで白山周辺の深山の雰囲気を楽しめる登りごたえのある山としてお勧めする。下山してすぐ目の前に温泉があるのもうれしい。熊鈴は必携。

●飛騨・加賀国境の稜線は念仏

在は立派な日帰り温泉施設の併設された「道の駅飛騨白山」の向かいの林道に入ると、すぐに登山ポストのある登山口に出る。道は良くないが、車でさらに一㎞あまり先の林道終点まで上がることもできる。

熊鈴を付け登山開始。入口周辺が大きく変貌しても、山に入れば深々とした森のたたずまいは変わらない。歩きだして尾根に取り付くまでのジグザグの急登部分はブナにミズナラ、トチなどの大木が連続し、尾根に出ると、雪深い山らしくまっすぐ三〇ｍほどの高さに伸びたブナの純林となる。白山周辺のブナ林は、世界遺産の白神山地に次ぐ規模といわれるが、このエリアの登山道のある山のうちでも、三方崩山は風格がある巨木ぞろいで、ほれぼれと見上げる。一三七三ｍの四等三角点を通過、一本調子の急登が続くけれども、新緑に映える赤紫のヤマツツジや、白い穂花のウワミズザクラが目を楽しませてくれる。

一六二四ｍポイントで樹林帯を抜け、いきなり激しく崩落した山肌を剥き出しにする三方崩山が姿を現す。登山道は、崩落の縁を巻くように山頂に続いている。標高二〇〇〇ｍあたりの崩落すれすれの登りと下りが最大の難所。鎖も取り付けられており、三点支持の基本を守って慎重に通過すると、再び道はしっかりし、二等三角点のある山頂に到着。

すぐ西に奥三方岳（二一五〇ｍ）が迫るため、白山は頭の部分しか見えないが、東側は足元からすっぽりと切れ落ちた「白ガレ」と呼ばれる崩落地のため、展望はすこぶるいい。登って来た痩せた稜線の向こうに、猿ヶ馬場山が樹林に包まれ大きく横たわり、その向こうに剱岳をはじめ残雪の立山連峰の峰々が連なる。それぞれの山域の個性の違いが際立って眺められた。

尾根とも呼ばれ、修験者の往来があったことが妙法山、三方岩岳、笈ヶ岳からの出土品によって知られる。しかし、このような往来は、江戸時代にはまったくみられなくなる。天正地震の崩落は、三方崩山の西にあたる国境稜線上の間名古の頭（二一二四ｍ）も激しい。この折に信仰の道は途絶したのだろうか。

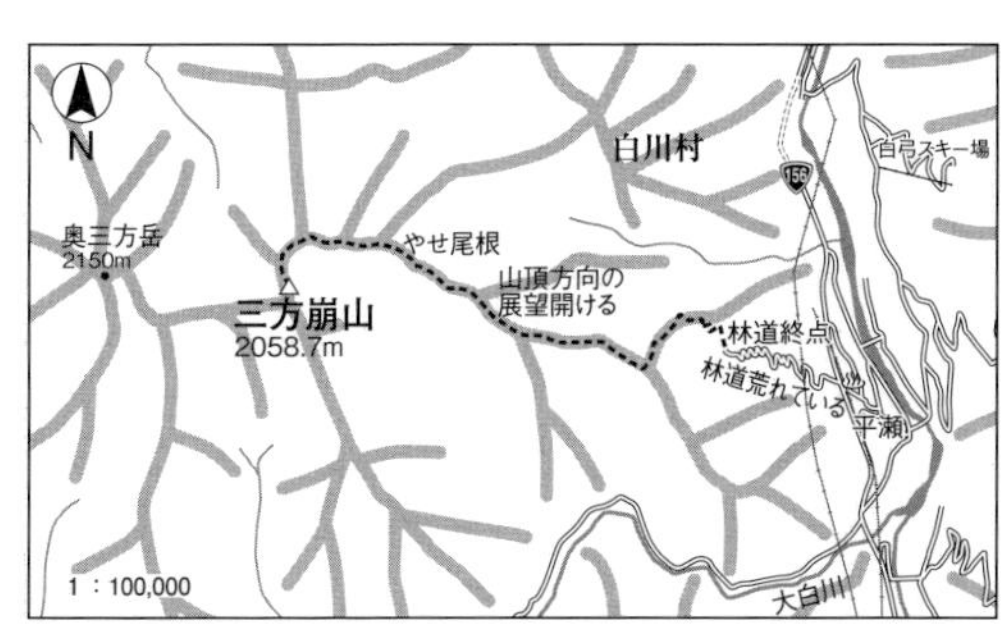

97

妙法山（みょうほうざん）

一七七五・五m　三等（三角点名／妙法山）

霊峰白山北方の岐阜・石川県境稜線は、「念仏尾根」と呼ばれ、かつては修験者らの往来があったという。この稜線に位置する妙法山（標高一七七六m）も、その山名は信仰にちなみ、山中からは錫杖などの遺物も発見されている(1)。

この古い信仰の道は天正一三（一五八六）年の天正大地震を経て、江戸時代には廃絶していた。それを「白山の主」とも呼ばれた白川村大窪で民宿を営んでいた大杉鶴平が、五年の歳月をかけて一九六二（昭和三七）年に再興したのが、「北縦走路」である。登山口の白川村馬狩から三方岩岳（一七三六m）、野谷荘司山（一七九七m）、妙法山の頂きを経てオモ谷に下り、登り返した場所にあるゴマ平で、石川県中宮温泉を登山口とする「中宮道」に合流する。

妙法山へは①馬狩登山口から北縦走路をたどると、片道七時間、②大窪登山口から鶴平新道経由で五時間二〇分、③白山からは八時間要する。しかし、一九七七（昭和五二）年に、白山スーパー林道（現白山白川郷ホワイトロード）が開通したことにより、④標高約一四五九mの三方岩岳駐車場から片道四時間三〇分で到達できるように

北縦走路からの妙法山

二万五千分の一地形図／新岩間温泉

適期　6月〜10月

登山道　①②③◎（ゴマ平から稜線までは○）

標準タイム　④三方岩岳駐車場から：往路4時間、復路3時間30分

難易度　①②③Ⅲ、④Ⅱ

（1）一九三二（昭和七）年大聖寺営林署の調査隊が、頂上で木箱に収まった古銅の小箱を発見し、一九三五（昭和一〇）年には、石川県側の蛇谷源流部に詳しい金沢市のナチュラリスト糸田敬仁が妙法山の山頂から一〇〇m下った祠で、錫杖、刀、教典など修行者の用具を発見している（『新日本山岳誌』）。

（2）妙法山〜ゴマ平間は、登山者が特に少ないので、登山道整備があまり行き届かず、ササが覆いかぶさることも多いと聞いていた。しかし、ありがたいことに刈り払いされたばかりで、オモ谷源頭のシンノ谷の沢に、鉄の橋も渡されていた。

【登山記録】（…：徒歩）

なった。それでも、日帰り登山としては長丁場で、登山者も三方岩岳や野谷荘司山に比べ格段に少なく静けさに包まれている。

この山に、①馬狩登山口から一〇月の紅葉の極みの時季を選んで三方岩岳、野谷荘司山を経てめざした。

野谷荘司山から妙法山までは約二時間。途中の、もうせん平という湿原までは新雪の白山を望みながらの明るく快適な縦走路で、その先はアップダウンの多い針葉樹林の道となる。一七五六mの小ピークを経ていったん一〇〇mほど大下りし、登り返すと、ササと灌木の山頂に出る。白山は一気に近い。北縦走路はこの先、県境稜線を離れ大下りしいったん深い森に入る。その先遥か天上の大伽藍のように輝く白山を目の当たりにすると、いつか踏破したいと強く憧れた。

その願いが、二年後の七月に実現。かつての白山美濃禅定道に重なる南縦走路で白山登頂後、中宮道でゴマ平避難小屋に宿泊、北縦走路から鶴平新道を経由して白川郷に下山することとした。ゴマ平から中宮道を外れ、北縦走路に出るまでの、つなぎともいえる区間が実はヤブの中の踏み跡をたどる難場で、人気のない樹林を行者のようにひたすら歩く。②沢を渡り登り返して何とか県境稜線に出て岩肌を露わにせり上がる妙法山の頂きに到達。白山を振り仰いだ後、たどってきたシラビソやダケカンバに覆われた深い谷を改めて見下ろす。これだけ手つかずの美しい森を望める場所は、本州でもそれほど多くない。

2014年10月18日（土）
（馬狩登山口からの記録は、「99三方岩岳」264頁参照）

2016年7月30日（土）
曇時々晴のち霧下山後雷雨
─ゴマ平避難小屋5：15…シンノ谷鉄の橋6：30…妙法山8：30…（北縦走路）…野谷荘司山10：40…分岐11：05…（鶴平新道）…大窪登山口12：55

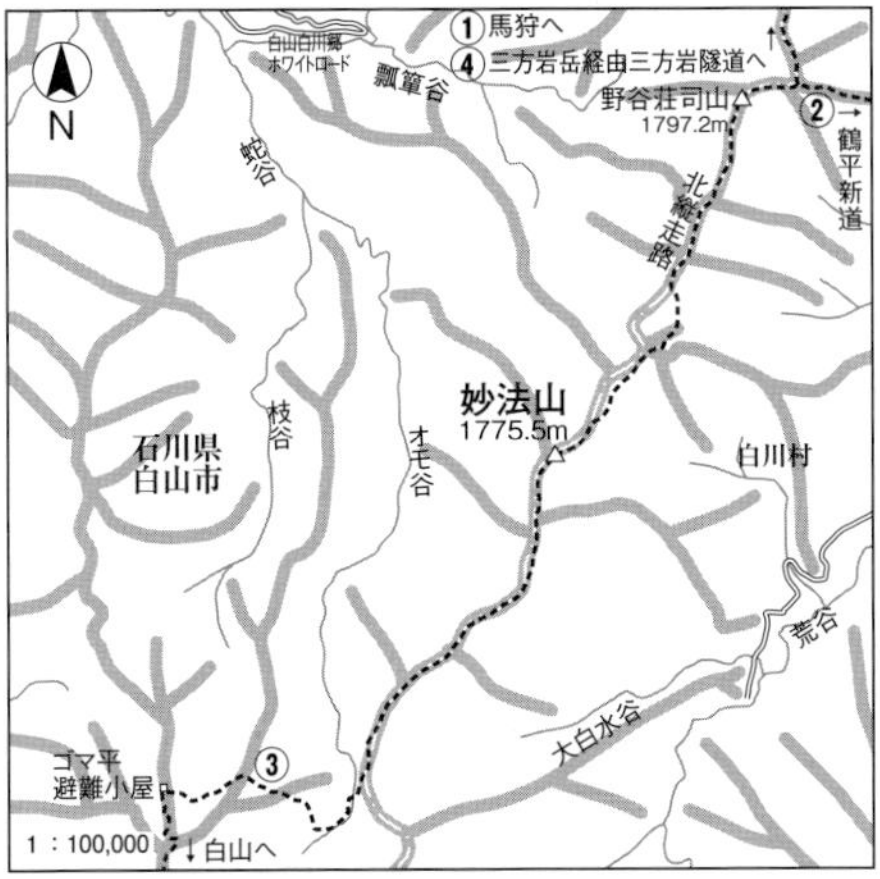

98

野谷荘司山

のだにしょうじやま　別名　野谷庄司

一七九七・二ｍ　二等（三角点名／野谷荘司）

二万五千分の一地形図／中宮温泉、新岩間温泉

適期　6月～10月

登山道　◎

標準タイム　①三方岩岳駐車場から：往路1時間50分、復路1時間30分　②鶴平新道：登り3時間20分、下り2時間

難易度　①Ⅰ　②Ⅱ

白山の北に続く「北縦走路」の山々は、岐阜県白川村と石川県白山市吉野谷地区にまたがり、その中央部に位置する野谷荘司山（標高一七九七ｍ）が、最も高い。

一風変わったその山名のうち、「野谷」とは、かつて山麓にあった白川村野谷集落（鳩谷ダムの建設により水没）にちなむもので、この山と三方岩岳の間にある馬狩荘司山も、馬狩集落にちなんでいる。「荘司」については諸説あって、例えば天保年間作成の飛騨国の国絵図には、「野谷障子山」、『斐太後風土記』には、「野谷鹽坵（＝塩尻）」と記される。

その山容は、尾根から西側の石川県側にかけては穏やかで、北縦走路をたどる場合、南の妙法山、北の三方岩岳いずれから向かっても険しい箇所はない。最短ルートとなる①白山白川郷ホワイトロードの三方岩駐車場（標高約一四五〇ｍ）から三方岩岳を経由するルートなら二時間足らずの快適な稜線漫歩で山頂に立てる。

しかし白川村に面した東面は、三方崩山などと同様、天正の大地震の山体崩落による赤茶けた崩壊壁が露出し、荒々しい。この東面に、山麓の白川村大窪からの

北縦走路三方岩岳側からの野谷荘司山。背後は白山

［登山記録］

（二〇一四年馬狩登山口からの記録は、「99 三方岩岳」264頁参照）

（二〇一六年妙法山からの記録は「97 妙法山」260頁参照）

〈メモ〉

●大窪も馬狩も今は廃村となっている。一度目に鶴平新道を下山した折、一息入れていたら、腰に鉈を吊るした男の人が話しかけてこられた。それが鶴平さんの息子さんで、今は離村し、折々、こちらに来られるのだという。『鶴平新道』なんて、親父が名付けたわけじゃない、『岳人』（山岳誌）が勝手に付けたんだ」などと教えてくださった。二度目の石徹白から白山経由で下山した折、鶴平さんの墓の前で重いザックを放り出し休んでいたら、何とまたお会いし、

直登ルート②「鶴平新道」が通じている。一九六二年に北縦走路を開いた「白山の主」とも言われた故大杉鶴平が、一九七三年に開いたものである。

この山には、一度目は馬狩登山口から三方岩岳を経て北縦走路を南下して登り、二度目は白山から妙法山を経て北縦走路を北上して登り、いずれも鶴平新道で下山した。北縦走路については三方岩岳および妙法山の項に譲り、ここでは山頂および鶴平新道のありさまを記したい。

野谷荘司山の頂きは、東側が足元から崩落壁となって切れ落ち、ゆったりした気分にはなれないが、眺望はすこぶる良い。北縦走路の彼方に白山が拝めるほか、庄川の鳩谷ダムや、白川郷、大崩落の跡を見せる帰雲山を従えた飛騨高地の最高峰猿ヶ馬場山越しに飛騨山脈や御嶽山を望むことができる。

鶴平新道への下降点は、馬刈荘司山との間の鞍部にあり、両側が崩落した痩せ尾根を一気に下る。特に取り付きから赤頭山（一六〇二m）あたりまでの急斜面は高度感があり緊張を強いられ、ルートを拓いた鶴平さんの苦労がしのばれる。庄川沿いの飛騨高地の山並み越しに飛騨山脈の展望がすこぶる良い。

急降下で標高を下げていくと、巨木の連続するブナやミズナラの森に入り込む。スギが混じりだし、林業用の作業道のたたずまいになってしばらくで、大窪登山口に到着。入口の老スギの下に鶴平さんの墓がある。黄泉の国からなおこの道を見守っておられるように思われてならなかった。

「この道のおかげで石徹白から縦走できました」と改めてお礼した。北縦走路について伺うと、「妙法山までは親父が開き、その先は、親父と石川県側と両側から作ったはず」とのこと。徒歩一時間かかる白川村本村まで車で送っていただき、その足で自宅に戻られるのを感謝の気持ちで見送った。その直後激しい夕立がやって来た。

99

三方岩岳

さんぽういわだけ

一七三六ｍ

三角点なし

三方岩岳（標高一七三六ｍ）は、庄川の西、白川村と石川県白山市吉野谷地区にまたがり、対岸の白川郷荻町集落を見下ろすようにそびえる。その名は、山頂直下に「飛騨岩」「越中岩」「加賀岩」という、巨岩を三方に張り出していることにちなむ(1)。

登山道は、一九六二年に白川村馬狩集落から三方岩岳まで直登で約四時間を要する「北縦走路」が開かれた。その後、一九七七（昭和五二）年に白山スーパー林道（現白山白川郷ホワイトロード）が開通し、三方岩岳駐車場（約一四五〇ｍ）からの登山道で、一時間かからずに山頂に立てるようになった。ユネスコの世界遺産に指定された白川郷から近く、ナナカマドやヤマウルシの紅葉、ブナやミズナラなどの黄葉を気軽に楽しめる名所としても知られるようになったため、一〇月中旬の見頃には、観光客も多く訪れる。その分、静けさを求めることは難しくなった。

しかし、労を惜しまなければ何とかなるはず。朝八時に開く馬狩料金所からの人出より前に山頂に立とうと、一〇月の紅葉の極まる快晴の早朝、馬狩登山口を発った。

馬狩からの登山道の1586mピークからの三方岩岳

二万五千分の一地形図／中宮温泉、鳩谷

適期　6月～10月

登山道　①②◎

標準タイム　①三方岩岳駐車場から：往路50分、復路30分
②馬狩から：登り4時間、下り3時間

難易度　①Ⅰ、②Ⅱ

（1）かつて白山信仰の拠点ともなっていたようで、越中岩にある行者窟という岩屋からは一三世紀の中国製の小瓶が見つかっている。しかし、江戸時代にはまったく廃れ、飛騨国の絵図類に野谷荘司山、馬刈荘司山は記されるが、この山は見当たらない。

（2）自然豊かな森には、ツキノワグマも多いもの。クマは基本的に警戒心が強く、早朝や夕暮れ中心に活発に活動する。熊鈴や、ホイッスル、クマ避けスプレーなどで自衛する必要がある。特に見通しの悪い場所では、あらかじめホイッスルなどでこちらの存在を知らせるなど、いきなり鉢合わせにならないよう警戒したい。

［登山記録］（―：車、…：徒歩）

熊鈴を鳴らしながら尾根に向けブナの純林の斜面を登高。豪雪を物語るようにブナは根方が大きく曲がり、その梢は天をめざして一斉に枝を伸ばしている。白川郷の背後にある猿ヶ馬場山方向から朝陽が差し込むと、黄色く色づいたブナが一斉に輝きはじめる。自動車道との合流点を過ぎ、高度を上げていくと、背後の猿ヶ馬場山から人形山にかけての飛騨高地の山並みの上に、飛騨山脈がくっきりと姿を現し、槍ヶ岳から穂高岳にかけての稜線を目で追う。また、御嶽山の噴煙にしばし黙祷する。

登山道はよく整備されているが、周辺はブナに付きものの丈高いチシマザサに覆われている、一五八六mの小ピークの手前で、ヤブがガサガサっと揺れる。気が付けば、あたりはものすごい獣のにおい。鈴をちぎれるほど鳴らし、息を殺して登山継続。豊かな森は、ツキノワグマをはじめ多くの生き物の棲む場所でもあるので、登山者は彼らの家にお邪魔する心で自衛して共存を図っていきたい[2]。

小ピークを越すと、三方岩岳の、三方に大きく岩を突き出したシンボリックな姿が目の当たりになる。飛騨岩直下を巻き、くぼ地をよじ登って山上に出る。頂きは二つピークがあり、南東側の飛騨岩上が最高地点、北西側の加賀岩上が三方岩岳展望台となっている。そこはまさしく白山の遙拝場。そして北側には、頭をぐいともたげた笈ヶ岳、重厚な大笠山など道なき名峰を心おきなく眺められる。

中京、関西、北陸各方面から、気軽に山頂からの大展望や、白山山地の新緑や紅葉を探勝できる。しかし、ルートの選び方次第では、岐阜県でももっとも規模の大きい手つかずのブナ原生林の中核部をじっくり味わうこともできる、懐深い山である。

2014年10月18日（土）快晴
—馬狩三方岩岳登山口（駐車）6：20…三方岩岳9：00…野谷荘司山10：20…妙法山12：00…野谷荘司山13：55…鶴平新道分岐14：05…鶴平新道入口15：35—馬狩登山口16：00

〈メモ〉
●残雪期登山にも好適（「100笈ヶ岳」266頁参照）。

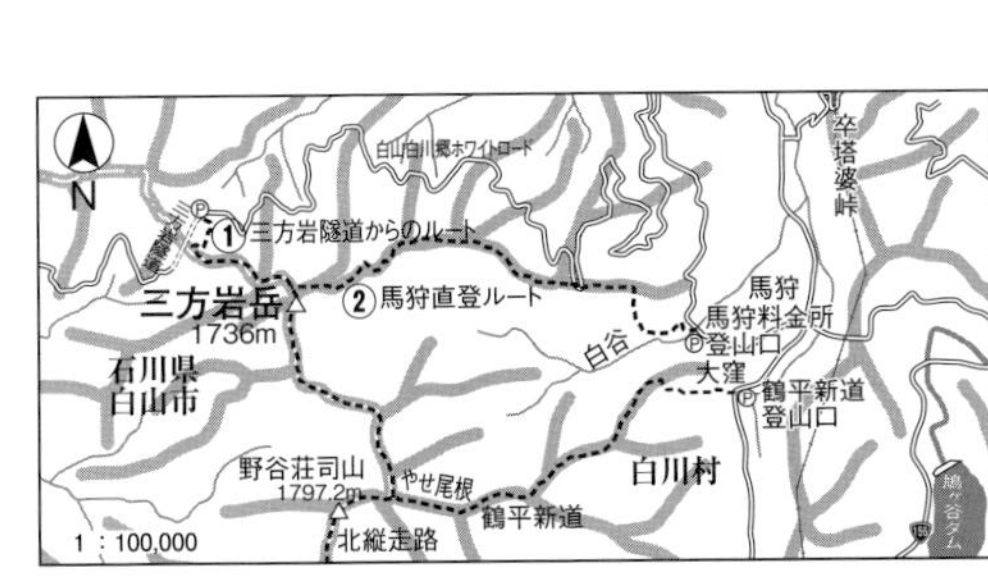

100

笈ヶ岳

おいずるがたけ　別名　笈摺岳（おいずりだけ）

一八四一・三m　三等（三角点名／笈岳）

笈ヶ岳（標高一八四一m）は、白山山地北部主脈の最高峰で、石川県白山市吉野谷地区、富山県南砺市上平地区、岐阜県大野郡白川村にまたがる三国境の山でもある。北隣の大笠山（一八二二m）が、笠のようなゆったりした山容をみせるのとは対照的に、生半可には近付きがたい迫力で、岩の頂きを持ち上げている。

実際、登るのは困難で、どちらから入るにしても多くの峰や岩壁となった沢を越えねばならず、無雪期は猛烈なヤブに阻まれる。三角測量も過酷を極めたようで、一九〇四（明治三八）年、まず農商務省山林局が、翌一九〇五年に参謀本部陸地測量部が行っているが、残された陸地測量部の点の記の短い記述に、「急峻ナル崖ヲ上ル」「本点ハ急峻ナル頂上ニアリ」と、急峻の文字が繰り返されている。しかも、驚くべきことに、点の記には、前年の山林局の三角点標の設置時に、刀剣や金属製の仏像を掘り起こした旨が記されている。この時出土した経筒は、銘文から永正一五（一五一八）年のものと判明し(1)、この難峰に古くから修験者たちが登っていたことの証しとなっている(2)。

仙人窟岳1646m地点からの笈ヶ岳。頂上は右奥

二万五千分の一地形図／中宮温泉

適期　①ジライ谷からはゴールデンウィーク前後が適期　②三方岩隧道からは残雪豊富な3月末前後が適期　ただし、白山白川郷ホワイトロードは冬季閉鎖中

登山道　ー（残雪期が登山適期）

標準タイム　ー

難易度　S ❄❄

（1）この時の出土品は東京国立博物館が所蔵。経筒には、「武州太田庄光福寺」の銘があり、永正一五（一五一八）年光福寺の僧実栄が旦那の正朝に依頼され、六十六部聖十覚坊に託して笈ヶ岳に埋めたものであることが知られる（『宮代町史』）。

（2）笈（おいずる）という山名も、修験者などが仏像、仏具、経巻、衣類などを入れて背負う用具に由来している。

（3）深田は『日本百名山』の「後記」に、「北陸では白山山脈の笈ヶ岳か大笠山を是非入れるつもりだった。これは私のふるさとの山としての身贔屓ばかりでなく、こんな隠れた立派な山があることを世に吹聴したかった。しかしまだ登頂の機会を得ないので遺憾にも割愛した。」と記している。

深田久弥は、この山に憬れながら『日本百名山』刊行時には登れておらず(3)、その三年後の一九六八年五月に、日本山岳会石川支部の若手と地元の山案内人を伴い、吉野谷側蛇谷の枝谷であるジライ谷の左岸にあたる急峻な尾根を攀じ登り、笈ヶ岳より山毛欅（ぶな）尾山に向けて伸びる尾根に出て、冬瓜平（かもうりだいら）から岐阜・石川県境の尾根に達し、念願の登頂を果たしている。

その後、笈ヶ岳は一九七八年に日本山岳会によって日本三百名山に選定され、広く知られるようになり、今では登山道のない残雪期登山の難峰として、岳人の憧れの的となっている。深田のたどったルートが、現在でも最短コースとされる。ただし往時と違い石川県側の白山白川郷ホワイトロード沿いにある白山自然保護センター中宮展示館からジライ谷まで遊歩道が整備され、アプローチが格段に良くなり、長丁場ながら何とか日帰りも可能となった。そのため、登山適期のゴールデンウィーク前後ともなると、多くの登山者が集中する。

このルートは、山仲間と前夜テント泊で、四月の終わりに登った。

遊歩道をジライ谷野猿広場までたどり、尾根に取り付く。地形図標高一二七一m地点までの急登後に控える冬瓜山（一六二八m）山頂前後の両側が切れ落ちたナイフリッジの通過が難所で、稜線左手側の冬瓜平へ迂回する登山者も多い。冬瓜山山頂からは、小笈ヶ岳を従え屏風のような壁となってそびえる笈ヶ岳の全容が眺められる。次

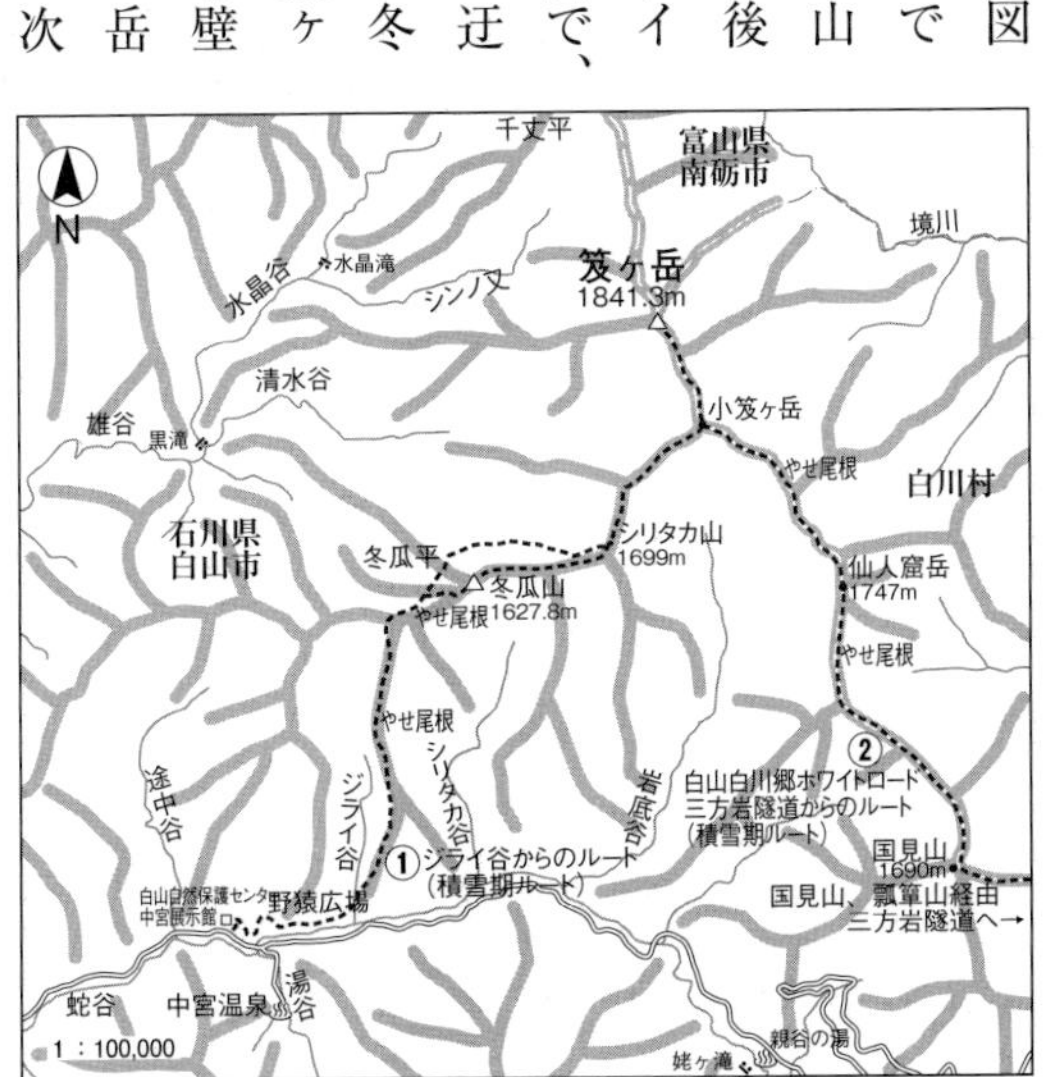

のシリタカ山（一六九九ｍ）は穏やかなピークで、振り返ると蛇谷越しに純白の白山が目の当たりになる。いったん下り、小笈ヶ岳まで壁のような斜面をアイゼンの爪をきかせながら踏ん張って登ると、南西面が黒々と切れ落ちた笈ヶ岳の山頂が目の前に迫った。

笈ヶ岳には、もう一つ岐阜県側から入山するルートがある。白川村馬狩から岐阜・石川県境稜線に出て、瓢箪山、国見山、仙人窟岳（せんにんいわやだけ）とたどり、中宮からのルートと合流して山頂に至るもので、テント泊二日が必要になる。『岐阜百秀山』最後の山を、ぜひともこの岐阜県側からのルートで締めくくりたかった。ところが、あいにく新型コロナウイルスの流行で登山は制限を余儀なくされ、日帰り単独行で、行けるところまで行くことにした。

五月一日、快晴。三方岩隧道まで冬季閉鎖中の白山白川郷ホワイトロードの車道を歩くのは無粋なので、馬狩料金所脇の三方岩岳登山口から入山する。登山道沿いのブナ純林はいつ見てもほれぼれするもので、芽吹き前のひととき、タムシバの白い花がわずかに春を告げている。登高につれダケカンバからオオシラビソに移り変わり、一五八六ｍピークに出ると、雪の中に飛騨岩・加賀岩・越中岩と三方に岩をそそり立てる三方岩岳（一七三六ｍ）が真正面となる。この山からも、修験者の遺物が発見されている。

三方岩岳山頂で、白山から北縦走路の山々を眺め、いよいよ県境稜線に入る。瓢箪山、国見山までは穏やかだが、その先は、石川県側の斜面が谷底まで大規模に崩落し、稜線に張り付いた薄い雪に亀裂が入り、ところどころ落ちて濃いヤブが露出してい

【登山記録】（―：車、…：徒歩）
2006年4月30日（日）晴
（前夜テント泊）
―白山自然保護センター中宮展示館4：45…ジライ谷野猿公園5：15…冬瓜山9：20…笈ヶ岳山頂12：10…自然保護センター17：10
※比較的ゆっくりしたペース

2020年5月1日（金）快晴
―馬狩料金所前三方岩岳登山口（駐車）5：05…三方岩岳9：05…瓢箪山10：30…国見山11：30…仙人窟岳手前一六四六ｍ地点12：55〜13：15…国見山14：40…瓢箪山15：40…三方岩岳16：40…登山口19：10
※全行程単独ラッセル

る。仙人窟岳の斜面も、崩落と雪崩が繰り返され、樹木はほとんど見られない。何とか笈ヶ岳を真正面に拝もうと、仙人窟岳の肩まで踏ん張ってみる。わかんに絡みつくヤブと格闘していると、ふと足もとに微かな踏み跡が残ることに気付く。この厳しい稜線を、かつて修験者たちが往来し、また、わが大垣山岳協会の先輩が岐阜県境八〇〇km完全縦走に挑んだ時にもたどったのだなあと、感慨が湧きおこる。そこにある限り、時を超え、山は人を誘い続ける。

仙人窟岳の肩の大きなブロックによじ登ると、笈ヶ岳の頂きが、眼前に大きく現れる。空に向けて一点に極まるその姿は、県境稜線からならではのもの。いつかまた、このルートであの頂きをめざそうと心に誓い、秀麗な極みを目に焼き付けた。

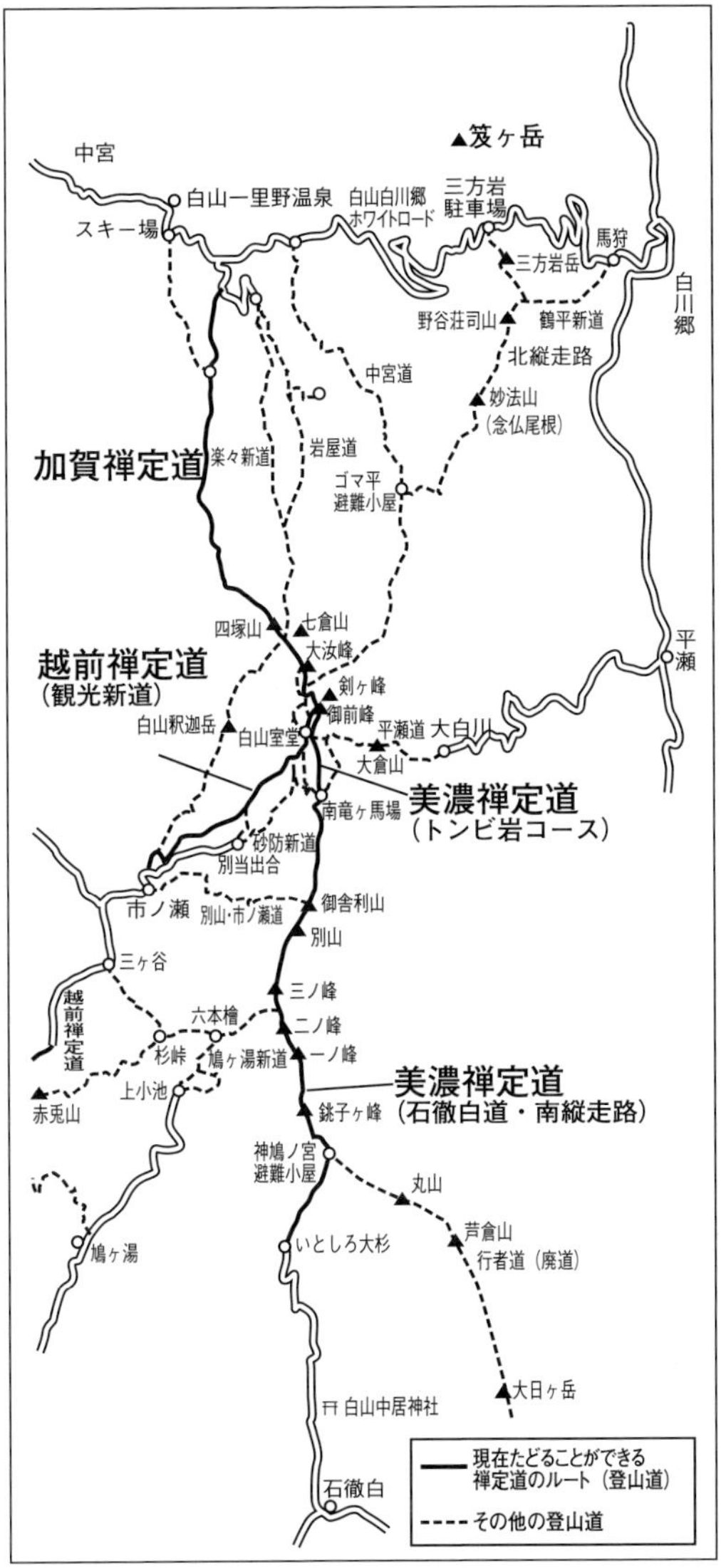

白山禅定道概要図

『岐阜百秀山』選定の流れ

選定の考え方

日本人は、百という数字に特別な思いを抱いている。岐阜県の山の総数は四五四山とされ[1]、これを一〇〇に絞ることは、多すぎず・少なすぎないとの相場観もあり、百の山を妥協なくかつ愛情をこめて絞り込んだ。

また、本書を『岐阜百名山』ではなく、『岐阜百秀山』というタイトルにしたのは、「名山」とは、名高い山、すなわち評価の定まった山という意味合いとなるけれども、本県には、登山道さえなく、広く知られてはいない山の中にも、多くの佳き山があることを伝えたく、あえて名山という言葉を使わないこととした。

選定の視点

①高さ（標高に加え、山麓からの標高差を考慮して評価）

②山容（山の姿に加え、氷河遺跡や火山など地球科学的な価値を考慮して評価）

③眺望（登山適期を前提に、山頂および登山中の視界の広がりと景色の良さを評価）

④自然（自然が保全されているかに加え、個性ある動植物などを考慮して評価）

⑤人との関わり（信仰、歴史や伝説、登山者の人気、登山道整備状況[2]などを総合的に評価）

選定作業

1 候補リストの作成

①日本最大の山岳事典、日本山岳会編『改訂 新日本山岳誌』掲載の一六六山全数

②『ぎふ百山』の一二四山全数[3]（①に掲載がないのは一一山）

③文献調査により①②以外に三八山

計二一五山を、候補としてリスト化

2　踏査

候補としてリストアップした山に登って評価するのは当然だが、山の様相は時とともに変わっていくため、評価のブレを減らしできる限り公正な評価をするため、なるべく次の条件にあるよう留意した。

①短期集中して踏査

作業の期間を五年間と設定（二〇一六年〜二〇二〇年）

②各山域の特徴を把握しその代表的な山を選出するため、同一の山域を集中して踏査

③その山にとっての登山適期に踏査

④山容と眺望を確認できるよう、なるべく好天時に踏査

3　選定

全候補の踏査結果がそろった段階で、百の山の選定を行った。特に評価がボーダーラインあたりとなる山々は、登山した時の天候・気候などの条件次第でブレが生じる可能性があるため、必要に応じ季節や天候を変えて再踏査を行うなどして精査した。

（1）武内正・石丸哲也共著『日本の山の数を数えてみた―データで読み解く山の秘密』（二〇一五年、山と溪谷社発行）

（2）「コラム2　道なき山に登る」（118頁）で詳述したように、岐阜県では登山の対象となるような山にも登山道がない場合が多いため、登山道の有無は「人との関わり」の一要素にとどめた。結果として『岐阜百秀山』には、登山道の整備された山（◎）が七六山、おおむね整備（整備状況にはムラあり）（〇）が六山、踏み跡程度の山（△）が二山、登山道がない山（－）が一六山という内訳になっている。

（3）『ぎふ百山』の続編『続ぎふ百山』（一九九三年　岐阜県山岳連盟編集　岐阜新聞社発行）には、一三一山が掲載されているが、標高一〇〇〇m以下の植林の進んだ低山が相当数含まれていることから、リスト作成には使用しなかった。ただし、結果して五〇山が候補リストに入った。

参考文献

◯総　合

【基礎資料】
◎日本山岳会編『改訂　新日本山岳誌』二〇一六年　ナカニシヤ出版
◎岐阜県山岳連盟編『ぎふ百山』一九七五年　岐阜日日新聞社
◎飛驒山岳会編『飛驒の山―研究と案内』二〇一〇年　ナカニシヤ出版
【補助資料】
◎岐阜県山岳連盟編『続　ぎふ百山』一九九三年　岐阜新聞社
◎大垣山岳協会編『美濃の山』第一巻～第三巻　一九九六年～一九九八年　ナカニシヤ出版
◎日本山岳会東海支部編『東海・北陸の200秀山 上（東海・北陸編）、下（東海・信州編）』二〇〇九年　中日新聞社
◎深田久弥『日本百名山』一九六四年　新潮社
◎清水栄一『決定版　信州百名山』一九九〇年　桐原書店
◎富山県山岳連盟編『富山の百山　改訂版』二〇一七年　北日本新聞社
◎徳久球雄、武内正、石井光造編『日本山名辞典』二〇一一年　三省堂
◎武内正『日本山名総覧―1万8000山の住所録』一九九九年　白山書房
◎角川日本地名大辞典編纂委員会編『角川日本地名大辞典21 岐阜県』一九八〇年　角川書店
【地図・地質図】
◎国土地理院　電子国土
◎国土地理院　基準点成果等閲覧サービス
◎国立研究開発法人　産業技術総合研究所　地質調査総合センター　地質図Navi
【国絵図関係】
◎川村博忠『国絵図』（日本歴史叢書）一九九〇年　吉川弘文館
◎国絵図研究会『国絵図の世界』二〇〇五年　柏書房

◎『天保国絵図（飛騨国・美濃国ほか）』（国立公文書館デジタルアーカイブ）
◎飛騨国絵図類　高山市ＨＰ　（高山市史編纂事業室デジタルアーカイブ）
◎岐阜古地図研究会編『美濃・飛騨の古地図』一九七九年　教育出版文化協会
◎『細見　美濃国絵図』天保五（一八三四）年　（名古屋市図書館デジタルアーカイブ）

【地誌関係】

◎長谷川忠崇『飛州志』（原典　延享二（一七四五）年）二〇〇一年　岐阜新聞社復刊
◎富田礼彦『斐太後風土記』（原典　明治六（一八七三）年）一九一六年　住伊書院
◎松平君山『吉蘇志略』（原典　宝暦七（一七五七）年）（国文学研究資料館デジタルアーカイブ）
◎平塚正雄 編『濃州徇行記　濃陽志略』[1]一九八九年　復刻再版　大衆書房

（1）『濃州徇行記』は、寛政年間樋口好古著。『濃陽志略』は、宝暦六（一七五六）年　松平君山著。

○岐阜県の山岳概要

【岐阜県の自然】

◎岐阜県ＨＰ『岐阜県の自然環境の概要』
◎林野庁ＨＰ『都道府県別森林率・人工林率』等
◎日本の地質『中部地方Ⅱ』編集委員会編『日本の地質５　中部地方Ⅱ』一九八八年　共立出版

【山岳史関係】

［通史］

◎布川欽一『明解日本登山史』（ヤマケイ新書）二〇一五年　山と溪谷社

［近代以前］

◎本郷新紹『白山信仰の源流―泰澄の生涯と古代仏教』二〇〇一年　法藏館
◎長谷川公茂『円空の生涯』二〇一五年　人間の科学新社
◎穂苅三寿雄、穂苅貞雄『槍ヶ岳開山　播隆　（増訂版）』一九九七年　大修館書店

［近現代］

◎上條武『孤高の道しるべ　穂高を初縦走した男と日本アルプス測量登山』一九八三年　銀河書房
◎ウォルター・ウェストン著『日本アルプスの登山と探検』（英国初版一八九六年）一九九七年　岩波文庫

◎飛騨山岳会HP『飛騨山岳会の歴史』
［その他・木地師関係］
◎永源寺町史編さん委員会編『永源寺町史　通史』二〇〇六年　東近江市
◎田畑久夫『木地屋集落　系譜と変遷』二〇〇二年　古今書院

○岐阜百秀山

【飛騨山脈】

◎原山智・山本明『「槍・穂高」名峰誕生のミステリー　地質探偵ハラヤマ出動』（ヤマケイ文庫）二〇一四年　山と溪谷社
◎松本市・松本市教育委員会『特別名勝及び特別天然記念物上高地保存管理計画　改訂版』二〇一七年　松本市
◎今田重太郎『穂高に生きる―五十年の回想記』一九七三年　読売新聞社
※飛騨の山に関しては、木下喜代男氏のブログを参考にさせていただいた。

【御嶽山・阿寺山地】

◎青木保『御岳巡礼―現代の神と人』（講談社学術文庫）一九九四年　講談社
◎旧加子母村HP「加子母村と山林の歴史」

【両白山地（越美山地）】

◎森本次男『樹林の山旅』一九四〇年　朋文堂（『復刻　樹林の山旅』一九七八年　サンブライト）
◎高木泰夫『奥美濃―ヤブ山登山のすすめ（三訂版）』二〇〇七年　ナカニシヤ出版
◎水資源開発公団徳山ダム建設所編『美濃徳山の地名』一九九七年

【両白山地（白山山地）】

◎石川県白山自然保護センター『白山の自然誌21　白山の禅定道』二〇〇一年　同センターHP
◎石川県白山自然保護センター『はくさん第45巻　第1号　特集白山登山道のあゆみ』二〇一七年　同センターHP
◎上村俊邦『白山修験の行者道』一九九九年　岩田書院

あとがき

そろそろ岐阜県についても、多様な価値観が併存する今の時代に即した「佳き山」が改めて選定されてもいい時期が来たのではないだろうか——そんな単純・素朴な思いから岐阜県の山岳を巡った五年間は、想像を超える深い登山体験だった。

岐阜県の山の約半数、二〇〇を超える山の踏査は、天候優先のため単独行も多く、そのうち四六山には登山道がないなど困難も伴った。しかし、途中で「登山道さえないような手付かずの自然が残された懐の深い山が多いことこそ岐阜県山岳の魅力のひとつであり個性なのでは」と意識し始めてからは、次第に道なき山に分け入ることに、心ときめくようになっていった。考えてみれば、日本の山岳に今のような登山道が整備されたのはまだ数十年のこと、われわれは快適さや安心感と引き換えに失ったものも多いのかもしれない。

また、開山一三〇〇年の歴史を持つ霊峰白山を中心に、長い歴史を持つ信仰の山や信仰の道を数多く持つのも、岐阜県山岳のもうひとつの特徴と知った。そして円空や播隆の足跡に、美濃の山、飛騨の山のあちこちで出合い、偉大な山の先達として惹かれていった。

ただし、三〇〇〇m峰が多く含まれ、さらに道なき山も多いだけに、『岐阜百秀山』は、結果として地域版の百の山を集めた類書の中で、たぶん最も難易度が高いラインアップとなった。そのためポイントラリーのような安直な感覚で完登をめざすにはなじまないことをあらかじめお断りしておきたい。それぞれの難易度や登山適期を考慮して、安全登山の鉄則〈①自分の現在の体力や技量に合わせて山を選び、②情報を収集し登山計画を立て、③登山届を出し、④必要な装備をそろえ、⑤天候などに注意し無理はしない〉を守り、少しずつレベルアップしてもらえば「山を見る眼」が養われ、きっと登山者として成長していただけるのではないかとおもう。道なき山や沢を安心して探訪する近道として、地元の山岳会に加入することもお勧めしたい。

本書は、さまざまな方との「縁」があって初めて刊行に至ったもので、私個人が作り上げたという感じがしない。それら縁(ゆかり)の方々を感謝の念とともにご紹介したい。

まず、大先輩で「奥美濃の主」と呼ばれていた、故富沢明文さん。信州出身で筋金入りのクライマーだったのに、奥美濃の山に宗旨替えされ、名山高峰しか目に入らない若輩の私に熱くその魅力を語ってくださった。大切にされていた昭和一五年刊の『樹林の山旅』は、縁あって私の手元にあり、今も聖典であり続けている。

次に、生涯一八〇一山登られて逝かれた、故堀文昭さん。他人の価値観に流されず自分なりの「面白い山」を求められるストイックな姿勢に大いに感化を受けた。遺贈いただいた古き『ぎふ百山』『続ぎふ百山』を手にしたことが、『岐阜百秀山』の取り組みへとつながった。

第三に、同じくストイックな山の先輩、辻章行さん。日本山岳会東海支部に所属され、中央分水嶺踏査などにあたられた豊富な資料や知見を、病を押しながら惜しげもなくご提供いただき、本書刊行を見守ってくださった。

踏査の段階では、旧き山仲間、小林元紀さんと山下直太さんに幾度も同行願った。「佳き山」とはなんだろうとあれこれ議論させてもらい、原稿を初読いただき、率直なご意見を賜った。他にも多くの山仲間に同行してもらった。

選定と原稿作成の段階は、私という一個人の視点に基づくものとはいえ、なるべく独りよがりは避けたかったし、正確を期したかった。特に飛騨の山岳は、近代登山史のメインステージを含むだけに生半可に書けるものではなかった。一一〇年の歴史を持つ飛騨山岳会の会長を長く務められ、前岐阜県山岳連盟会長でもある木下喜代男さんに査読いただき、また飛騨山岳秘史など多くの知見を賜った。一方、美濃の山は道なき山が多く、谷や沢の名前などに正確を期すのが至難だった。日本山岳会会員として『新日本山岳誌』の改訂作業にもあたられた大垣山岳協会の堀義博会長には美濃部分および全体を精緻に査読いただいた。また、同会丹生統司理事長には、道なき山々に関する生きた情報を伺い、同行した山では、その「魂」の部分を教えていただいた。

さらに「コラム1　円空の山」については、円空学会の小島梯次理事長に査読いただいた。縁あって石徹白大師堂の調査に同行し、白山に最も近い場所にある円空仏の確認に立ち会えたのは望外の体験だった。

そして、編集者の草川啓三さんには、山と出版両面の豊富な知見で多大なサポートを願った。

以上の皆さまに重ねてお礼申し上げます。

最後に、週末ごとに道なき山に出かける「山馬鹿」の夫をこころよく送り出し、また原稿を通読して山の素人にも分かる表現をとアドバイスしてくれた連れ合いの泰代には感謝しかない。

二〇二〇年　初冬

清水　克宏

清水克宏

1958年岐阜県大垣市に生まれる。
1981年早稲田大学法学部卒
日本山岳会編日本三百名山、全都道府県最高峰、信州百名山など、日本全国800あまりの山に登る。モンブラン、キリマンジャロなど海外の山にも登頂。
所属山岳会　大垣山岳協会、日本山岳会（東海支部）

○大垣山岳協会概要

事務局所在地	〒503-1500 岐阜県不破郡関ケ原町関ケ原3071-40 丹生統司内 Tel/Fax：0584-43-0159　携帯：090-1628-0059
代表	会長　堀　義博
設立	昭和32年7月（1957年）
加盟団体	（公財）大垣市体育連盟、岐阜県山岳連盟
ホームページ	https://ogakisangakukyokai.club/

森の国 水の国　**岐阜百秀山**

2021年5月20日　初版第1刷発行　定価はカバーに表示してあります

著　者　清水　克宏

発行者　中西　良
発行所　株式会社ナカニシヤ出版
〒606-8161　京都市左京区一乗寺木ノ本町15番地
電　話　075－723－0111
FAX　075－723－0095
振替口座　01030－0－13128
URL　http://www.nakanishiya.co.jp/
E-mail　iihon-ippai@nakanishiya.co.jp

落丁・乱丁本はお取り替えします。ISBN978-4-7795-1579-8 C0025

装丁　草川啓三
印刷・製本　ファインワークス